共建　共知　共享

——BALIS建设十周年

主　　编　黄朴民　刘春鸿
副 主 编　张奇伟　严潮斌　徐　飞
　　　　　季淑娟　熊　丽　魏　微

北京邮电大学出版社
www.buptpress.com

内容简介

本书是“北京地区高校图书馆文献保障体系”(BALIS)建设项目十周年成果总结。全书内容全面而深入,包括原文传递、馆际互借、资源协调、馆员培训、联合咨询、系统平台建设、对外交流合作等服务项目的开展情况,并对这些服务进行了总结和效益分析。同时,对 BALIS 建设项目未来的发展规划进行了阐释。

本书在促进高校图书馆区域联盟建设,加强图书馆界之间的交流和了解,为社会公众了解高校图书馆事业发展提供了重要的渠道和窗口。

图书在版编目(CIP)数据

共建 共知 共享：BALIS建设十周年 / 黄朴民，刘春鸿主编．-- 北京：北京邮电大学出版社，2018.1
ISBN 978-7-5635-5371-6

Ⅰ．①共… Ⅱ．①黄… ②刘… Ⅲ．①院校图书馆－图书馆服务－研究－北京 Ⅳ．①G258.6

中国版本图书馆 CIP 数据核字（2018）第 002124 号

书　　名：共建　共知　共享——BALIS 建设十周年
著作责任者：黄朴民　刘春鸿　主编
责任编辑：刘　佳
出版发行：北京邮电大学出版社
社　　址：北京市海淀区西土城路 10 号（邮编：100876）
发 行 部：电话：010-62282185　传真：010-62283578
E-mail：publish@bupt.edu.cn
经　　销：各地新华书店
印　　刷：北京鑫丰华彩印有限公司
开　　本：787 mm×1 092 mm　1/16
印　　张：20.75
字　　数：525 千字
版　　次：2018 年 1 月第 1 版　2018 年 1 月第 1 次印刷

ISBN 978-7-5635-5371-6　　定　价：128.00 元

· 如有印装质量问题，请与北京邮电大学出版社发行部联系 ·

序

为了进一步加强北京地区高校图书馆的整体化建设，推进北京地区高校图书馆文献资源的共建、共享工作，2007 年，北京市教育委员会决定成立“北京地区高校图书馆文献资源保障体系”(Beijing Academic Library & Information System，BALIS)，并委托北京地区高等学校图书馆工作委员会组织建设。

根据北京市经济建设和社会发展以及高校人才培养、科学研究、社会服务以及文化交流工作的需要，由北京市财政教育经费专项支持，中央在京高校联合设立了建设项目——“北京市与中央在京高校共建项目”。设立共建项目的目的是，支持中央在京高校的发展，引导中央在京高校为北京市经济建设和社会发展服务，促进中央在京高校与北京市属市管高校的联合，带动北京市属市管高校整体水平和实力的提升。

2007—2017 年，“北京地区高校图书馆文献资源保障体系”(BALIS)作为“北京市与中央在京高校共建项目”之一，经过十年的建设，北京地区高校图书馆的文献资源共建、共享工作，已经初步取得了阶段性建设成果，主要有：北京地区高校文献资源的统一检索平台的上线使用；原文传递服务、馆际互借服务、联合参考咨询服务数量和水平逐年提高；实现了部分数字资源的联合采购；开展了馆藏文献资源的评价；非书资料云服务系统的全面使用；中国人民大学博士生主文献数据库的投入使用；图书馆馆员通过线上线下的各类培训，业务素质显著提高。

为了更好地总结十年来 BALIS 项目建设经验，查找问题根源及寻找解决问题的措施，进一步明确未来 BALIS 项目建设发展方向，BALIS 管理中心决定成立编写组，撰写《共建共知　共享——BALIS 建设十周年》。该书是北京地区高校图书馆区域联盟成立以来第一部正式报告，其编撰受到了北京市教委的高度重视和 BALIS 成员馆的密切关注，得到了 BALIS 管理中心、原文传递中心、馆际互借中心、资源协调中心、培训中心、联合信息咨询中心主任馆的积极参与和大力支持。该书由北京高校图工委秘书长黄朴民教授和副秘书长刘春鸿任主编，BALIS 五个分中心主任：张奇伟、严潮斌、徐飞、季淑娟、熊丽和 BALIS 管理中心办公室主任魏微等担任副主编。第一章“北京地区高校图书馆概况”、第二章“BALIS 项目建设概况”、第三章“BALIS 建设成果”、第十章“BALIS 项目建设未来规划”由刘春鸿编撰；第四章“对外合作与共享状况”、第六章“原文传递服务状况”由徐飞、陆尧编撰；第五章“馆际互借服务状况”由严潮斌、王茜编撰；第七章“资源协调与平台建设”由熊丽、董丽莹编撰；第八章“图书馆馆员培训状况”由张奇伟、李书宁编撰；第九章“联合信息咨询服务状况”由季淑娟、王晓丽编撰；第十一章“借鉴与案例分享”、附录 A“大事记”由魏微编撰。

数据来源有：教育部官方网站、“高校图书馆事实数据库”、BALIS 各个系统平台的服务统计数据。

由于准备时间和经验不足，资料来源有缺失，书中难免有错漏和缺憾，欢迎读者批评指正。

BALIS 管理中心编撰组

目录

第一章 北京地区高校图书馆概况

一、北京地区高校的类型及数量

北京作为我国的首都，是我国现代高等教育的发源地，在我国高等教育中占据着举足轻重的地位。北京的高校众多，2016 年，北京地区共有普通高等学校 91 所，其中，中央部委属高校 37 所，北京市属高校 54 所(公办高校 38 所，民办高校 16 所)。本专科毕业生 153 005 人，招生 154 715 人，在校生 588 389 人；教职工 138 544 人，专任教师 66 149 人；占地面积 46 221 347平方米，校舍建筑面积 38 604 181 平方米；固定资产总值 1 548.75 亿元，其中教学、科研仪器设备资产 545.90 亿元。在 91 所普通高校中北京市属公办高校 38 所；当年本专科毕业生 58 662 人，招生 58 006 人，在校生 211 743 人；教职工 33 205 人，专任教师 18 922 人；占地面积 12 671 720 平方米，校舍建筑面积 9 622 254 平方米；固定资产总值 396.29 亿元，其中教学、科研仪器资产 160.35 亿元。

(一) 北京“211 工程”大学名单

北京地区高校众多，既有教育部和其他部委所属，也有市属市管高校，还有民办高校。进入国家“211 工程”的大学北京有 26 所，占全国“211 工程”大学(112 所)的 23.2%。具体名单如下：

清华大学、北京大学、中国人民大学、北京工业大学、北京理工大学、北京航空航天大学、北京化工大学、北京邮电大学、对外经济贸易大学、中国传媒大学、中央民族大学、中国矿业大学(北京)、中央财经大学、中国政法大学、中国石油大学(北京)、中央音乐学院、北京体育大学、北京外国语大学、北京交通大学、北京科技大学、北京林业大学、中国农业大学、北京中医药大学、华北电力大学(北京)、北京师范大学、中国地质大学(北京)。

(二) 北京“985 工程”大学名单

列入国家“985 工程”的高校北京有 8 所，占全国(39 所)的 20.5%。具体名单如下：北京大学、清华大学、北京师范大学、中国人民大学、北京航空航天大学、中国农业大学、中央民族大学、北京理工大学。

(三) 北京“双一流”建设高校名单

2017 年，教育部、财政部、国家发展和改革委员会公布了世界一流大学和一流学科(简称“双一流”)建设高校及建设学科名单，共有 137 所高校入围。其中，一流大学建设高校共计 42 所，一流学科建设高校共计 95 所。北京有 8 所高校进入 A 类(实力超强)一流学校，分别是北京大学、清华大学、北京航空航天大学、北京理工大学、中国农业大学、北京师范大学、中央民族大学。北京地区入选一流学科建设的高校和科目如表 1.1 所示。

表 1.1 北京"双一流"建设高校名单

序号	高校名称	A类（引领学科）总计:46 个	B类（提升学科）总计:78 个	C类（培育学科）总计:116 个
京		总计:41 个	总计:53 个	总计:66 个
1	北京协和医院	生物学、基础医学、药学	临床医学、护理学	口腔医学、公共卫生与预防医学
2	中国农业大学	农业工程、食品科学与工程、作物学、农业资源与环境、植物保护、畜牧学、兽医学	生物学、园艺学、生态学、草学	化学、机械工程、农业经济管理
3	中国人民大学	统计学、理论经济学、应用经济学、法学、社会学、马克思主义理论	哲学、新闻传播学、工商管理、公共管理学	政治学
4	北京师范大学	地理学、教育学、心理学	数学、化学、生态学、环境科学与工程	物理学、马克思主义理论、戏剧与影视文学、公共管理学
5	北京航天航空大学	仪器科学与技术、控制科学与工程、航空宇航科学与技术	力学、机械工程、材料科学与工程、计算机科学与技术、信息与通信工程、软件工程、管理科学与工程	数学、物理学、动力工程及工程热物理、电子科学与技术、生物医学工程、网络空间安全
6	北京理工大学	兵器科学与技术	机械工程、材料科学与工程、信息与通信工程、控制科学与工程、光学工程	数学、化学、力学、仪器科学与技术、电子科学与技术、计算机科学与技术、软件工程、化学工程与技术、航空宇航科学与技术
7	北京科技大学	材料科学与工程、冶金工程	安全科学与工程、矿业工程	机械工程、控制科学与工程、动力工程及工程热物理
8	北京化工大学	化学工程与技术	化学、材料科学与工程	控制科学与工程、环境科学与工程
9	北京交通大学	交通运输工程	系统科学、信息与通信工程	机械工程、光学工程、电气工程、计算机科学与技术、土木工程
10	北京邮电大学	信息与通信工程	电子科学与技术	计算机科学与技术、软件工程、网络空间安全
11	首都医科大学		临床医学	基础医学、口腔医学、药学
12	中国地质大学(北京)		地质资源与地质工程、地质学	海洋科学、测绘科学与技术
13	中国石油大学(北京)	石油与天然气工程	地质资源与地质工程、化学工程与技术	地质学
14	中国矿业大学(北京)		矿业工程、安全科学与工程	测绘科学与技术、地质资源与地质工程
15	北京工业大学		材料科学与工程、土木工程	机械工程、光学工程、控制科学与工程、计算机科学与技术、环境科学与工程

续表

序号	高校名称	A类（引领学科）总计：46个	B类（提升学科）总计：78个	C类（培育学科）总计：116个
16	北京林业大学	林学、风景园林学	林业工程	生态学
17	北京中医药大学	中医学、中药学	中西医结合	
18	华北电力大学(北京)		电气工程	动力工程及工程热物理
19	中央财经大学		应用经济学	统计学、理论经济学、工商管理
20	中国政法大学		法学	政治学
21	对外经济贸易大学			应用经济学、工商管理
22	中国传媒大学	新闻传播学	戏剧影视文学	音乐与舞蹈学、艺术学理论、设计学
23	首都师范大学		数学、美术学	地理学、音乐与舞蹈学
24	中央民族大学	民族学		
25	外交学院			政治学
26	中央美术学院	美术学	艺术学理论、设计学	
27	中央音乐学院	音乐学与舞蹈学		
28	中央戏剧学院	戏剧与影视文学		
29	北京电影学院	戏剧与影视文学		
30	中国音乐学院		音乐与舞蹈学	
31	北京体育大学	体育学		
32	北京建筑大学			建筑学
33	北京舞蹈学院	舞蹈学		

《2017中国大学评价研究报告》最新发布2017年中国各地区大学综合竞争力排行榜，北京、江苏、上海、湖北和广东名列前五强。北京市名列2017年中国各地区大学综合竞争力排行榜榜首，19所高校跻身2017年中国大学排行榜100强，21所高校跻身2017年中国一流大学名单。

二、北京地区高校图书馆概况

（一）2013年北京地区高校图书馆文献资源购置费

2013年，共有65所北京地区高校图书馆在“教育部高校图书馆事实数据库”中填报了文献资源购置费用数据，数据有效的为57所。北京地区高校图书馆年度文献购置总经费为3.67亿元，平均值约为643万元，高于全国高校图书馆平均值500万元，高出22.23%，表明北京地区高校图书馆年度总经费水平符合地区经济发展的状况，在全国处于领先地位。2013年北京地区高校图书馆总经费分布如表1.2所示。

表1.2 2013年北京地区高校图书馆总经费分布

数量/家	年度经费/万元	百分比	向上累积百分比
	<10	0.00%	0.00%
4	10～49.99	7.01%	7.01%
6	50～99.99	10.53%	17.54%
3	100～149.99	5.26%	22.80%
4	150～199.99	7.01%	29.81%
16	200～499.99	28.07%	57.88%
14	500～999.99	24.56%	82.44%
6	1 000～2 000	10.55%	92.99%
4	2 000～5 409	7.01%	100.0%

文献资源购置费排在前五位的是：清华大学图书馆3 408万元、北京大学图书馆3 262万元、北京师范大学图书馆3 075万元、中国人民大学图书馆2 413万元、首都师范大学2 011万元。

（二）2013年北京地区高校图书馆纸质文献资源购置费

2013年，共有57所北京地区高校图书馆提交了有效的纸质文献资源购置费，总数约为1.76亿元，均值约为308.7万元（全国为243.1万元）。排在前五位的是：北京大学图书馆，约为1 921万元；北京师范大学图书馆，约为1 476万元；清华大学图书馆，约为1 053万元；中国人民大学图书馆，约为991万元；北京科技大学图书馆，约为729.7万元。

（三）2013 年北京地区高校图书馆电子资源采购费

2013 年，共有 52 所北京地区高校图书馆提交了有效的电子资源采购费，电子资源的总采购费用约为 1.84 亿元，平均值约为 354 万元（全国约为 187.9 万元），约占馆均文献资源购置费的 50.13%（全国约为 45.2%）。排名前五名的为：清华大学图书馆 2 100 万元、北京师范大学图书馆 1 500 万元、首都师范大学 1 500 万元、中国人民大学图书馆 1 422 万元、北京大学图书馆 1 305 万元，总计 6 405 万元，占总额度的 34.8%。在 52 家图书馆中，8 所“985”大学总计电子资源采购费 8 160 万元，平均 1 020 万元，占总额度的 44.3%。13 所“211”大学总计电子资源采购费 4 720 万元，平均 363 万元，占总额度的 25.6%。28 所北京市属院校总计电子资源采购费 4 655 万元，平均 166 万元，占总额度的 25.3%。

（四）2013 年北京地区高校图书馆馆舍面积

2013 年，共有 56 所北京地区高校图书馆提交了有效的 2013 年度馆舍面积的数据，建筑总面积约为 97.29 万平方米，馆均约为 1.74 平方米（全国均约 2.3 万平方米）。北京地区高校图书馆建筑面积位居前五名的是：北京大学图书馆，约为 5.78 万平方米；清华大学图书馆，约为 5.73 万平方米；北京理工大学图书馆，约为 5.55 万平方米；中国人民大学图书馆，约为 5.49 万平方米；中国人民公安大学图书馆，约为 4.4 万平方米。

（五）2013 年北京地区高校图书馆读者人数

2013 年，共有 51 所北京地区高校图书馆提交了有效的 2013 年度读者人数的数据，总计 668 457 人，平均 13 107 人。

（六）2013 年北京地区高校图书馆图书馆在编职工人数

2013 年，共有 65 所北京地区高校图书馆提交了有效的 2013 年度在编职工人数的数据，总计 2 754 人，平均每个图书馆 42.4 人。

（七）2016 年北京地区部分高校图书馆的统计数据

2016 年，北京地区共有 20 余家图书馆填报了全国高校图书馆事实数据库，表 1.3 提供了部分图书馆的统计数据。

表 1.3　2016 年北京地区部分高校图书馆统计数据

序号	机构名称	馆舍总面积/平方米	工作人员总数/人	读者总人数/人	文献总经费/万元
1	清华大学图书馆	70 647	239	57 690	4 810
2	北京大学图书馆	58 530	246	97 840	6 392
3	中国人民公安大学图书馆	44 000	88	29 420	485
4	北京师范大学图书馆	34 438		32 444	3 679
5	华北电力大学(北京)图书馆	33 874	155	46 110	1 079
6	首都师范大学图书馆	28 243	96	25 827	2 568
8	北京工商大学图书馆	25 793	84	17 108	1 060

续 表

序号	机构名称	馆舍总面积/平方米	工作人员总数/人	读者总人数/人	文献总经费/万元
9	中国政法大学图书馆	24 050	85	19 998	714
10	北京科技大学图书馆	24 006	75	23 277	1 836
11	北京工业大学图书馆	20 713	88	26 547	1 368
12	北京邮电大学图书馆	16 556	76	10 738	661
14	北京交通大学图书馆	13 887	102	30 151	1 369
15	首都医科大学图书馆	13 800	119	14 960	1 176
16	北京中医药大学图书馆	13 171	68	11 038	291
18	北京工业职业技术学院图书馆	10 000	70	6 687	254
19	首都体育学院图书馆	6 122	23		299
20	中央民族大学图书馆	0	100	26 697	1 000

第二章 BALIS 项目建设概况

北京高校图工委作为项目实施的领导机构积极发挥研究、咨询、协调和指导作用，BALIS 管理中心与各个分中心协同发展，积极发挥主观能动性，在各个图书馆的积极支持配合下，项目进展顺利，成绩喜人。

一、BALIS 项目建设背景

（一）CALIS 的成立促成建立各地区的文献保障体系

1997 年，国家教委制订了建设“中国高等教育文献保障体系（CALIS）”的规划，要求各省市尽快建立本地区的文献保障体系。随后的两年多，四个国家中心（CALIS 管理中心设在北京大学，下设了文理、工程、农学、医学四个全国文献信息服务中心）和七个大区中心（华东北、华东南、华中、华南、西北、西南、东北）相继建成并投入使用。从 1998 年开始建设以来，CALIS 管理中心引进和共建了一系列国内外文献数据库，包括大量的二次文献库和全文数据库；采用独立开发与引进消化相结合的道路，主持开发了联机合作编目系统、文献传递与馆际互借系统、统一检索平台、资源注册与调度系统，形成了较为完整的 CALIS 文献信息服务网络。

（二）江苏等地区率先启动区域文献保障体系

为推进高等学校文献信息资源合理布局、优化配置、集成整合、共知共享，提高图书文献建设水平与服务教学科学成效，江苏省于 1997 年在全国率先启动“江苏省高校文献信息保障系统”（JALIS）建设，即江苏高校数字化图书馆建设。

2004 年，经天津市教育委员会批准，由“天津市高校数字化图书馆建设管理中心”改建成立“天津高等教育文献信息中心”，后经中国高等教育文献保障系统（CALIS）批准成为 CALIS 天津省中心，简称 TALIS 中心。

CALIS 浙江省文献信息服务中心由浙江大学承建，其总体建设目标是，将浙江省地方文献信息保障体系建设与 CALIS 建设相连接，加强 CALIS 现有三级保障体系的保障与服务能力，将浙江省文献信息服务中心建成本省的“文献信息服务中心”“培训中心”和“宣传中心”。自 2005 年浙江省中心正式启动建设以来，结合 CALIS 项目建设投入以及学校配套投入，浙江省中心在机构建设、系统技术支撑、资源建设以及培训服务推广等方面积极推进项目建设，完成了本省中心建设任务并配合完成 CALIS 管理任务，取得了良好的成效。浙江省中心的建设同时促进了浙江省高校数字图书馆（ZADL）的建设。

河南省文献信息服务中心是在河南省高等教育文献保障体系（Henan Academic Library & Information System，HALIS）建设的基础上，于 2004 年 11 月 5—6 日，由教育部高等教育司主办，中国高等教育文献保障系统(CALIS)管理中心承办，在北京大学召开的“中国高等教育数字化图书馆(CADLIS)项目建设启动大会”上，由郑州大学与 CALIS 管理中心签署了 CALIS 首批启动建设的六个 CADLIS 省级中心之一“CALIS 河南省文献信息服务中心”的承建协议，将 HALIS 建设正式纳入 CALIS 三级文献保障与服务体系，作为省级“文献信息服务中心”“培训中心”和“宣传中心”，承担河南省高等教育文献资源“共建、共知、共享”的组织协调和建设任务，标志着河南省 HALIS 建设跨入全国省级高等教育文献保障体系建设的先进行列。

山东省文献信息服务中心自 2005 年成立以来，在 CALIS 管理中心、山东省教育厅的大力支持和各成员馆的积极配合下，积极致力于为山东省各高校提供信息服务，密切保持与全国性 CALIS 项目的衔接和合作，通过业务延伸和业务创新，提高全省高校文献资源的保障率和服务覆盖面，加强省级服务体系的保障与服务能力。山东大学承担 CALIS 山东省文献信息服务中心和 CASHL 学科中心建设任务，积极发展 CALIS 成员馆，推广宣传 CALIS 的服务，组织山东省区域性大中型高校图书馆参与 CALIS 项目建设。为全省高校、高职高专、企事业单位和科研院所提供文献信息服务。

(三) 恢复成立“北京地区高校图书馆文献资源保障体系”

2007 年 3 月，根据北京地区高校图书馆事业发展的实际情况，北京地区高等学校图书馆工作委员会进行了换届调整工作。经学校推荐，北京市教委研究批准，产生了北京地区高等学校图书馆工作委员会第五届委员会组成人员：北京市教委副主任郭广生任主任委员，中国人民大学校长助理兼图书馆馆长倪宁任副主任委员兼秘书长，市教委高等教育处徐宝力处长，北京大学图书馆朱强馆长，清华大学图书馆杨毅副馆长，北京师范大学图书馆刘利馆长，北京邮电大学图书馆代根兴馆长，首都师范大学图书馆馆长胡越任副主任委员。本届图工委组建之初就将工作重心放在了“以北京地区高校图书馆文献资源共享项目为龙头，进一步加强北京高校图书馆文献资源共享工作”。

北京是我国的首都，是全国政治、文化中心，拥有不少教育部直属全国重点大学和颇具实力的市属重点大学，具有得天独厚的地域优势、技术优势和专业学科门类齐全的文献资源优势。但是在自动化软硬件水平、网络条件，馆藏数据库的数量和质量，文献保障水平，馆际互借能力等方面，在保证北京地区高校重点学科的教学科研与国际国内同步发展，为北京地区的经济建设和社会发展服务方面还存在着较大的差距。在北京市教委的支持下，在北京高校网络图书馆建设的同时，2007 年 11 月 29 日，北京市教育委员会正式批准恢复成立“北京地区高校图书馆文献资源保障体系”(Beijing Academic Library & Information System，BALIS)，并委托北京地区高等学校图书馆工作委员会(简称图工委)组织建设。力图在部属和市属大学之间开展资源与服务的共知、共建与共享，实现优势互补。

项目的主要内容如下：

(1) 在全市高校范围内完善馆际互借和原文传递服务体制，提供馆际互借和原文传递服务和相应的用户培训、技术支持；

(2) 组织全市高校范围内的资源建设，包括文献评价、集团采购、资源协调等；

(3) 开展培训工作，培养一批适应高等教育和现代图书情报事业发展的干部队伍。

二、组织架构及运行管理机制

(一) 组织架构

BALIS由北京高校图工委领导下的BALIS管理委员会负责,下设的管理中心具体负责BALIS项目的实施和管理。管理中心设在中国人民大学图书馆。根据工作需要和项目进行情况,BALIS管理中心下设五个分中心,分别由有关大学图书馆负责具体项目的运行:(1)文献传递管理中心,由中国人民大学图书馆负责;(2)馆际互借管理中心,由北京邮电大学图书馆负责;(3)资源协调中心,由首都师范大学图书馆负责;(4)培训中心,由北京师范大学图书馆负责;(5)联合信息咨询中心,由北京科技大学图书馆负责。五个分中心分别又组成了由5～7名图书馆馆长担任主任委员的领导班子,在BALIS管理中心业务指导下,按照分工不分家、协同作战的策略,开展项目建设。特别聘请北京大学图书馆、清华大学图书馆为BALIS项目建设的顾问馆。

BALIS管理中心是一个"北京地区文献保障体系"建设项目的管理机构,办公室设在中国人民大学图书馆,由北京高校图工委秘书处代为管理,管理中心的主任由中国人民大学图书馆馆长(北京高校图工委副主任兼秘书长)兼任,办公室主任也由北京图工委秘书处办公室主任兼任,BALIS管理中心副主任由北京市教委高教处处长、北京高校图工委副主任兼秘书长、副秘书长、BALIS分中心主任组成。

BALIS项目的申报是由BALIS管理中心秘书处牵头,根据管理及各个分中心当年或第二年的需求汇总,在符合BALIS项目总体目标的基础上,填报项目申报书,待市教委批准项目额度并将经费下拨到中国人民大学后,管理中心根据下拨额度,经过细化论证,将经费额度下拨到各个分中心。

BALIS管理中心负责管理中心及各个分中心的项目招标、设备购置、财务报销等事项。各个分中心按照项目经费管理办法的相关规定到管理中心履行报销手续。BALIS组织管理架构如图2.1所示。

(二) BALIS项目管理运行机制

1. BALIS的建设采用项目管理制

BALIS管理中心根据北京市教委批准的BALIS项目,确定各建设子项目。各子项目设承建单位一个,具体组织落实项目建设的所有相关事宜,对管理中心负责。BALIS管理委员会根据子项目具体情况,在成员馆范围内采用指派、邀标、招标三种方式产生承建单位。

各子项目由承建单位牵头,成立子项目管理小组,实施子项目管理。多馆参与建设的子项目,管理小组成员须有1～2名来自非承建单位,由承建单位提名并报BALIS管理中心批准。

承建单位根据管理委员会发布的《子项目建设指南》,编制《子项目建设可行性研究报告》,提交管理委员会审批。

2. 项目的检查、验收与绩效考评

根据北京市财政局和市教委关于项目管理的规定,BALIS项目接受北京市财政评审中心的中期检查、验收和绩效考评。

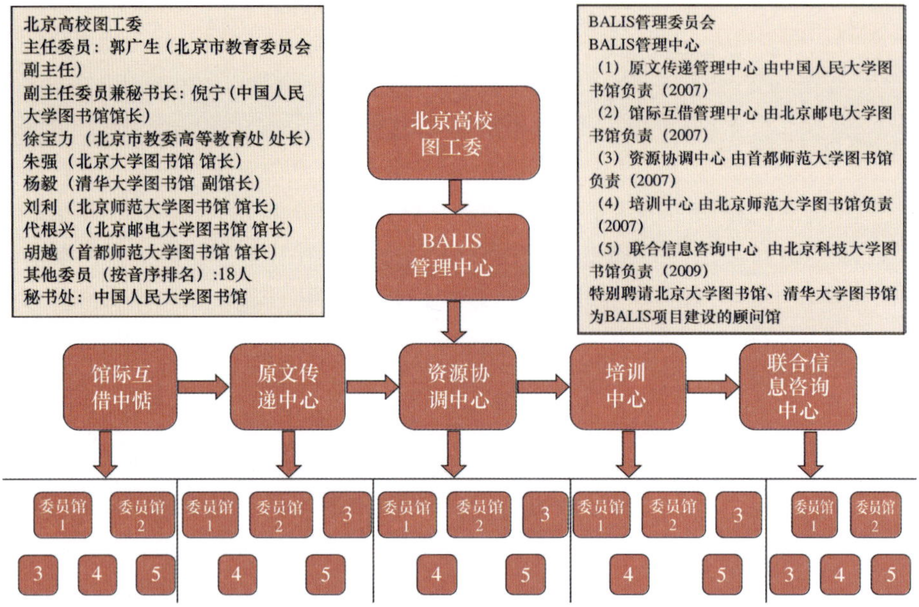

图 2.1　BALIS 组织管理架构

管理委员会需提前 1 个月根据《子项目承建协议书》安排承建单位的中期检查、验收和绩效考评。承建单位须向管理委员会分别提交《子项目中期检查报告》《子项目验收报告》和《子项目绩效考评报告》，管理委员会审查后，视情况组织检查组进行现场检查，根据审查或检查的结果，提出报告，必要时由管理委员会组织专家组现场评审，提出《子项目验收结论》。

管理中心汇总各子项目的材料按照北京市财政局和市教委的要求，编制提交《项目中期检查报告》《项目验收报告》和《项目绩效考评报告》。

3. 项目的经费管理

BALIS 建设项目经费用于 BALIS 各项目和子项目建设。BALIS 项目经费管理由 BALIS 管理委员会委托 BALIS 管理中心负责。BALIS 项目经费的管理和使用，必须符合国家有关财政、财务制度和本办法的规定，同时要有利于项目建设。

子项目承建单位应按照本办法规定，本着实事求是、精打细算的原则编制。项目支出费用包括以下内容。

(1) 资源建设费：用于建设和购买用于共享的文献资源的费用。

(2) 设备购置费：设备购置、运输、安装、维护等费用。

(3) 系统购置和开发费：技术支持环境建设中所需软件的购置和开发费用。

(4) 培训费：项目实施过程中相关人员学习、进修或培训所产生的费用。

(5) 项目实施过程中购置项目必需的耗材（低值易耗品）以及数据收集、整合、加工费用等。

(6) 开展各馆文献资源采购协调、馆际互借、文献传递、联合信息咨询等业务工作中所需的相关费用：如物流费、通信费、复制费、咨询费等。

(7) 会议费：项目实施过程中组织开展相关学术研讨、咨询等活动发生的会议费用。

(8) 差旅费：项目实施过程中开展国内外业务调研、学术交流等发生的差旅费、交通费等。

(9) 出版印刷费:项目实施过程中发生的版面费、编写出版费、印制费等。

(10) 专家劳务费和成果鉴定费:项目实施过程中发生的专家劳动报酬和成果鉴定等费用。

BALIS 管理委员会组织专家对 BALIS 子项目的经费预算进行评审或评估,资助额度依据 BALIS 项目经费情况和评审专家的意见,以及相关的财政、财务制度并按照规定的程序审核后确定。

4. 子项目建设内容

为了进一步整合北京地区高等学校图书馆文献资源,实现信息资源的共建、共知和共享,BALIS 第一批确定成立四个中心,随后成立一个中心,分别由有关大学图书馆负责运行。

BALIS 原文传递管理中心　由中国人民大学图书馆承建,该中心的建设目的是:依托成熟的系统平台,充分利用北京高校丰富馆藏资源和高校间便捷的网络环境,采用集中式门户平台和分布式服务结合的方式,为北京地区高校读者提供原文传递服务。

BALIS 馆际互借管理中心　由北京邮电大学图书馆承建,该中心的建设目的是:采用集中式门户平台和分布式 服务相结合的方式,充分利用北京高校丰富的馆藏资源和便捷的网络环境,为北京地区高校读者提供馆际互借服务。

BALIS 资源协调管理中心　由首都师范大学图书馆承建,该中心主要承担北京地区高校图书馆文献资源建设中的文献评价、协调采购、资源共建以及组织文献集团采购、联合订购和统一采购的任务。

BALIS 培训中心　由北京师范大学图书馆承建,该中心的建设目的是:为北京地区各高校图书馆之间提供学习、交流的平台,以期提高图书馆员的整体业务水平。中心将关注国内外图书馆事业发展动态,有计划地组织业务、技术等方面的培训和学习交流,为促进北京地区高校图书馆事业的发展发挥积极作用。

BALIS 联合信息咨询中心　由北京科技大学图书馆承建,该中心的建设目的是:充分发挥北京地区高校多、综合实力强、学科特色突出等优势,以强带弱,以大带小,带动北京地区高校图书馆信息咨询服务的开展,必将有助于发挥北京高校的学科整体优势,共享高校的文献信息资源、人力资源和物质资源,提高北京高校图书馆的综合信息服务实力,为高校教学和科研的上层次、上水平做好文献信息保障,为北京地区的高等教育服务,为北京的经济建设和社会发展服务。

BALIS 管理中心特聘请北京大学图书馆和清华大学图书馆为 BALIS 项目建设顾问馆。

第三章 BALIS 项目建设成果

2007—2017 年，“北京地区高校图书馆文献资源保障体系”(BALIS)作为“北京市与中央在京高校共建项目”之一，在北京市教委的支持帮助下，经过十年的建设，北京地区高校图书馆的文献资源共建、共享工作，已经初步取得了阶段性建设成果，主要有：北京地区高校文献资源的统一检索平台的上线使用；原文传递服务、馆际互借服务、联合参考咨询服务数量和水平逐年提高；实现了部分数字资源的联合采购；开展了馆藏文献资源的评价；非书资料云服务系统的全面使用；中国人民大学博士生主文献数据库的投入使用；图书馆馆员通过线上线下的各类培训，业务素质显著提高。

一、BALIS 各项服务数据

(一) 馆际互借服务数据统计

2008—2016 年馆际互借服务数据统计如表 3.1 所示。

表 3.1　2008—2016 年馆际互借服务数据统计

统计项＼年份	2008	2009	2010	2011	2012	2013	2014	2015	2016	总计
系统注册人数/人	839	5 121	9 348	10 908	12 108	10 052	10 262	11 194	7 717	77 549
提交请求数量/条	628	3 979	6 742	15 564	22 606	22 369	23 305	24 841	18 504	138 538
文献满足数量/条	297	2 221	3 859	8 049	14 809	16 250	17 281	16 092	11 683	101 494
满足率/%	47.3	57.9	57.2	60.5	71	73	63.38	64.79	63.84	62.10
发展成员馆数/家	55	63	69	73	77	77	78	80	80	80
物流费用/元	4643	26 000	58 300	111 763	151 105	167 844	193 550	229 920	164 552.8	1 107 677.8

(二) BALIS 原文传递本地系统服务数据统计

2007—2017 年上半年 BALIS 原文传递本地系统服务数据统计如表 3.2 所示。

表 3.2 2007—2017 年上半年 BALIS 原文传递本地系统服务数据统计

年份	服务量	注册人数	满足量	满足率/%	平均完成时间
2007	65	69	53	81.54	17.52
2008	2 931	1 695	2 034	69.40	5.02
2009	13 092	7 539	9 557	73.00	1.49
2010	19 910	6 847	15 088	75.78	1.14
2011	26 581	9 005	21 083	79.32	1.62
2012	27 632	9 865	23 101	83.60	1.14
2013	23 086	6 449	20 012	86.68	1.54
2014	18 816	5 162	16 818	89.38	1.23
2015	14 840	5 158	13 023	87.76	0.37
2016	15 212	6 446	12 959	82.80	1.89
2017 上半年	12 560	5 771	10 365	82.52	1.80

(三) 联合信息咨询服务统计

自 2011 年联合信息咨询服务平台投入使用以来，中心成员馆累计为社会各界用户提供科技查新、论文收录引用等各类信息服务 16 000 余项，为用户申报科技项目立项、鉴定、报奖及个人学术评价、职称评定等提供了有力的支撑材料。2011 年前 11 个月，由于平台刚刚投入使用，用户对系统平台不熟悉，使用量较少；随后五年受理服务数量不断增长，2016 年受理各类服务达到 6 049 项。2011—2016 年联合信息咨询服务统计如图 3.1 所示。

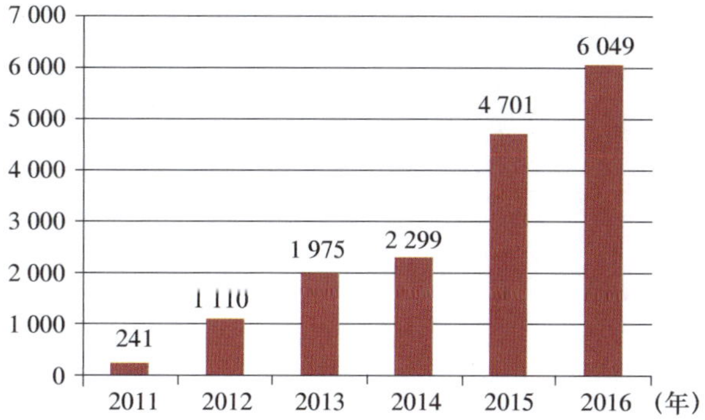

图 3.1 2011—2016 年联合信息咨询服务统计

(四) 培训中心举办培训、学术会议统计

2007—2017 年培训中心举办培训、学术会议统计如表 3.3 所示。

表 3.3 2007—2017 年培训中心举办培训、会议统计

序号	年份	日期	培训班主题	参与馆数量	参与馆员数量
1	2007	11 月 20—23 日	文献资源建设培训班	60	160
2	2008	5 月 23 日	图书馆发展战略研究专题培训班		200

续表

序号	年份	日期	培训班主题	参与馆数量	参与馆员数量
3	2008	12 月 25 日	北京地区高校图书馆统计工作培训班	50	100 多
4	2009	6 月 5 日	北京地区高校图书馆工作社会化高层论坛	50	130
5	2009	10 月 28 日	图书馆学论文的写作与投稿		200
6	2009	11 月 2—20 日	北京地区高校图书馆馆员专业知识与职业技能培训班		42
7	2010	4 月 23 日	北京地区高校图书馆新馆建筑/建设研讨会		60 多
8	2010	5 月 27 日	数字图书馆的用户与电子图书——以人为中心的多媒体数字图书馆		
9	2010	5 月 28 日	美国大学图书馆过去、现在与未来		
10	2010	7 月 5—9 日	北京地区高校图书馆馆员“图书馆绩效评估”培训班	20	50
11	2010	10 月 13—14 日	“文献分类与主题标引”基础培训	38	68
12	2010	11 月 16—17 日	文献资源建设实证分析培训班		80
13	2011	5 月 25—27 日	《中图法》第五版及《中分表》网络版培训班	30	80
14	2011	6 月 10 日	北京/天津地区数字图书馆新服务应用研讨班		100
15	2012	3 月 26—30 日	图书情报专业知识英语培训“Data Curation”		30
16	2012	5 月 31 日	“北京地区高校图书馆工作社会化(第二期)”研讨会	46	80
17	2013	5 月 31 日	新技术新服务应用、新趋势发展讲座	24	100
18	2013	6 月 25 日	“大数据时代图书馆创新服务”研讨会		80
19	2013	10 月 17 日	古籍类大型文献出版交流研讨会	15	30
20	2013	12 月 4 日	“非书资料联合管理系统”研讨会	43	70
21	2014	6 月 6 日	北京地区高校图书馆新技术应用与服务模式创新研讨会	50	150
22	2015	5 月 15 日	“数图新服务研讨班”培训会	50	170
23	2015	11 月 20 日	“学科服务实践与思考”培训会	50	140
24	2016	4 月 20—21 日	北京地区高校图书馆“非图情学科背景馆员图情专业知识提升研讨班”	47	160
25	2016	11 月 2 日	北京地区高校图书馆“数字环境下美国高校图书馆实践进展”研讨会	40	130
26	2017	5 月 10 日	北京地区高校图书馆馆长论坛研讨会	30	42
27	2017	6 月 20 日	中国矿业大学(北京)图书馆定制培训——图书馆组织文化与科学管理	1	32
28	2017	6 月 30 日	北京地区高校图书馆“美国高校图书馆嵌入式学科服务实践进展”研讨会	38	100 多
29	2017	7 月 4 日	中国矿业大学(北京)图书馆定制培训——图书馆职业道德	1	32

(五) 北京地区文献资源数据统计

北京地区高校图书馆文献资源统一检索平台服务于北京高校 90 余家，从 2013 年开始建立，从最初的 2.7 亿条元数据，以每年大约 6 000 万条数据的速度更新至今年的 5.4 亿条元数据。其中图书 2 500 万条（中文图书 550 万种，外文图书 1 950 万种），期刊 3.36 亿条（中文期刊 2.6 万种，外文期刊 6.2 万种），报纸 1.5 亿条，学位论文 800 万条，会议论文2 100万条，数据库数量 310 个。2013—2017 年北京地区文献资源数据统计如表 3.4 所示。

表 3.4 2013—2017 年北京地区文献资源数据统计

年份	2013	2014	2015	2016	2017 年 1—8 月
访问量/次	14 109	94 012	369 438	565 638	334 561

二、BALIS 系统平台建设

BALIS 针对北京地区高校图书馆区域联盟建设在资金、技术、人才等方面面临的困难，在进行资源整合和共享平台的建设中不能单纯依靠参建图书馆的自身力量，而是按照社会化分工的规律，依靠市场与社会力量，优化图书馆与系统供应商的资源配置，把平台建设、导航体系建设以及书目数据整合等技术性的工作与专业化公司合作，使图书馆从耗资耗时的联合书目共享体系建设中解放出来，高效、低成本、高水平地建设区域联盟资源整合与共享平台。因此，BALIS 在建设区域联盟资源整合与共享平台时，先后搭建了九大系统服务和管理平台，选择商用资源整合系统作为联盟资源整合与共享平台的基础。

（一）原文传递系统

为了实现北京地区高校图书馆之间的文献传递服务，2007 年经过调研，BALIS 管理中心、原文传递中心在综合了中国科学院原文传递系统、CALIS 馆际互借系统的优点基础上，决定采用北京创讯未来软件技术有限公司的原文传递系统。该系统只需在中心馆安装一套系统，在系统中根据成员馆的权限进行设置就可进行集中式管理，不必在各个成员馆都安装此系统。采用 B/S（浏览器/服务器）工作模式，成员馆和用户只要具备上网条件，进行相应权限登录，即可进入系统进行业务处理。无论从硬件还是软件上，Solaris 运行平台的安全性和稳定性要高于 Windows 运行平台。

该系统已经运行 7 年，是一个稳定成熟的系统平台，为实现高校间文献共建共享打下了很好的技术基础。

（二）馆际互借系统

2007 年开始调研，当时没有一个机构真正开展图书的馆际互借服务，馆际互借系统功能开发得不是很完善。鉴于这种情况，BALIS 管理中心与馆际互借中心委托北京创讯未来软件技术有限公司在 BALIS 提出的需求的基础上，开发研制适合北京地区 88 所高校的同城馆际互借服务系统。该系统于 2008 年上线运行。

（三）联合信息咨询系统

BALIS 联合信息咨询中心与北京万方软件有限公司合作开发了联合信息咨询系统，该系统在一期实现了科技查新、论文收录引用、文献/专题服务、情报分析、学科服务、培训服务、期刊论文投稿指南及信息咨询等八大服务的基础上，在联合信息咨询中心的不断要求下，加强了平台的功能建设及管理。联合信息咨询服务系统二期建设在一期实现“线上委托，线下服务”的基础上对服务功能和管理功能进行改进，极大地提高了联合信息咨询服务自动化和管理精细化水平。系统二期于2014年10月20日通过验收，已接替一期平台投入运行。

该系统的使用旨在帮助联合参考咨询中心进一步发挥北京地区高校图书馆信息咨询聚合优势，拓宽各高校图书馆的咨询服务范围，为高校和社会用户提供更快、更好的联合信息咨询服务。

(四) 非书资料云服务平台

为了加强非书文献资源的建设，避免各个图书馆重复购置非书资料管理系统，聚合优势资源，节约人力、物力，资源协调中心与杭州麦达电子有限公司合作开发非书资料管理系统。2012年12月14日，博文光盘云系统是在博文非书资料管理系统的基础上升级改造的一个最新版本。这个升级版本中最重要的功能就是引进了云计算；升级后的博云系统基于不同的网络环境(如教育网、电信、网通等)，建立了一个由几十台服务器组成的全国光盘云，光盘的保障率达到95%，并同时可为本地用户服务。

该系统实现了如下功能。

(1) 自动读取元数据：系统可自动从学校的自动化系统中读取图书的元数据信息。

(2) 访问光盘云资源：学校可以不用制作光盘，读者可以直接从光盘云中访问资源。

(3) 自动清理缓存：自动删除部分使用率低的光盘，节省服务器空间。

(4) 云查找：除了本地资源外，还可以通过光盘云获取其他学校的资源。

(5) 提高下载速度：改善了原有的通信协议，从而将光盘的下载速度至少提升了50%。

(6) 增加预览功能：增加了光盘预览功能，可以直接根据光盘的目录打开光盘，并浏览各个目录下的各种资源。

(五) 文献资源建设分析管理数据库需求分析系统

文献资源建设分析管理数据库需求分析系统以图书馆文献资源建设为目标，通过采访评价、馆藏评价、对比分析、缺藏补充等手段，提高图书馆文献资源保障水平；通过定期和持续的文献资源评价，可以帮助图书馆：(1)了解馆藏是否能满足读者需求，是否能支持本校教学和科研发展，是否符合图书馆的方针任务；(2)作为向学校申请文献购置经费的依据；(3)向上级部门和读者显示图书馆的价值；(4)提供客观、标准的馆藏信息，帮助管理者做出正确的判断，确保馆藏文献资源得到有效利用。

数据库建设的内容包括建立数据库平台，利用统一检索、数据挖掘处理、数据统计分析、规范控制等技术建立可供线上和线下使用的文献资源建设分析管理数据库。该平台于2014年上线运行。

(六) BALIS数字资源集采平台

数字资源集采平台的建设目的是规范数据库联合采购的流程，各馆能以统一、合理的价格订购数据库产品，使各高校图书馆不断增加的数字资源经费避免因信息不公开造成的浪费。通过这个平台，把数字资源供货商、各个图书馆负责采购的馆员、数字资源审核人员、BALIS资源中心谈判小组等四方连接起来，该平台实现的功能如下。

供应商发布产品的基本信息，供应商上传产品清单。

管理员对供应商发布的信息进行审核；审核通过后，设置试用开始/结束时间。系统自动向各个成员馆发送邮件通知。成员馆登录集采平台，查看产品的详细信息，供应商/生产商信息；如需试用，单击试用按钮，发送试用信号。根据试用情况，数字资源工作组确定是否成立谈判小组。

数字资源工作组指定牵头馆，谈判小组通知供应商参加组团。

供应商根据模板提供组团方案，在线提交方案。谈判小组与团采供应商谈判，确定组团方案；方案交中心讨论，通过后在平台发布。成员馆在线下论证，如果适合本校，即可购买；在线提交购买回执。

该平台是北京利昂公司开发的，于 2014 年上线运行。平台接下来将进一步开发数字资源的分析和评价功能。

（七）北京地区高校图书馆文献资源统一检索系统

通过北京地区高校图书馆文献资源统一检索系统将北京区域内 88 所高校图书馆电子资源的导航与检索、馆藏书刊目录查询、馆际互借和文献传递、虚拟参考咨询、参考文献引用以及网络搜索引擎等扩展服务有机地整合在一起。通过一个平台，读者可以远程访问，无缝获取所需信息和服务，更为有效地利用被图书馆提供和揭示的信息资源。

北京地区高校图书馆文献资源统一检索系统具体包括北京地区高校图书馆所有馆藏文献类型的书目数据采集、元数据标引、整合平台搭建，与现有 BALIS 管理中心的馆际互借系统、原文传递系统对接，全面完成全北京地区高校图书馆的文献资源的整合揭示，统一检索，对北京地区高校所有师生开放。主要内容有：全文搜索引擎与导航，元数据挖掘存储管理系统，移动图书馆系统，资源调度系统，统一认证管理系统，文献服务统计管理系统，与现有 BALIS 管理中心的馆际互借系统，原文传递系统对接、相嵌，统一对读者服务。

该系统由北京世纪超星公司开发，于 2014 年正式投入使用。

（八）中国人民大学博士生主文献资源库

中国人民大学博士点学科专业主文献库，是以全国所有 100 个博士点学科专业为基础平台，由责任教授牵头，整合学科全体教师的学术力量，共计 97 卷 146 册古今中外书籍资料。本项目主要是对“博士生学科专业主文献”进行数据的收集与整合，设计构建中国人民大学博士点学科专业主文献数据库，提供网络全文浏览，便捷检索。

通过提取中国人民大学博士点学科专业主文献与其他相关数据的结构、数据模式及共享信息标准，提出集成数据管理的物理组织方法。依托 BALIS 网络系统，建立信息数据发布及信息共享。

该数据库由杭州麦达公司开发，已于 2014 年正式投入使用。

（九）BALIS 培训平台

BALIS 培训平台集 BALIS 培训中心主页、培训报名、培训需求调查、在线学习、在线交流、在线测试等功能于一体。该平台是 BALIS 培训中心对外提供服务的主页面，承担 BALIS 培训中心对外展示和宣传的全部功能，包含培训中心介绍、组织架构、联系方式等。

平台能够配合线下培训完成培训通知发布，在线报名、在线统计管理、数据导出等功能，并能够根据需求定制在线的培训需求调查问卷、培训反馈问卷和回收问卷。

为了满足在京高校图书馆馆员随时随地、系统、自助培训学习的需求，培训中心将在现有线下培训的基础上，建立网络培训学习平台。平台提供在线学习、在线交流、在线测试功能，满足上述五个层次馆员的培训需求。平台同时推出手机版。平台由现在与 BALIS 合作的第三方公司根据培训中心的需求建立。

网络培训学习平台的内容涵盖上述四大培训体系的相关内容，以获得授权的音视频资源为主，辅以相关的课件资源、工具资源、经过整理的使用说明书等资源。课程资源包括培训中心已经获得授权的培训现场录像、相关专家已录制的在线课程、互联网国内外免费的精品专业课程、聘请相关专家新录制的在线课程，也会从已有商家的视频数据库中购买少量的相关课程资源，并鼓励在京高校图书馆将各馆获得授权的培训课程录像、专家讲座录像丰富到在线课程中。培训中心也将通过优秀案例评比等方式征集各馆实践中好的想法、做法，做成培训交流的课件纳入在线课程库。在线课程库中含有一定数量的 15 分钟以内的“微”课程，方便馆员利用碎片时间进行学习。

该系统由北京世纪超星公司开发，于 2017 年正式投入使用。

三、BALIS 项目建设的效益分析

（一）通过 BALIS 项目建设，大大提高了北京地区高校教学科研的文献保障率

对于读者而言，除了使用本馆文献资源外，还可以从北京地区、高校、全国高校、国家图书馆、上海图书馆、科学院图书馆、首都图书馆等机构获得所需资源，这样的成果在七年前是无法想象的。

对于图书馆而言，在采购文献时，就无须仅仅依托学校下拨的图书经费，竭尽全力地试图满足校内所有读者的需求，因为单个图书馆或某所学校经费再充裕也不可能完全满足学校教学科研方方面面的需求，有了馆际互借和原文传递服务，图书馆就可以借用“他山之石”完善本学校的文献建设体系。

对于国家而言，在投入教育经费时，会因为不同层面的馆际互借和原文传递服务体系建设和使用，缓解教育经费的不足，同时提高了文献经费的使用效益。

（二）依托北京地区高校图书馆文献保障体系，有效地加强了区域内文献资源的配置和调控

北京地区高校图书馆文献保障体系通过整合北京地区高校图书馆馆藏的印本文献、电子资源的书目信息，并将这些信息纳入北京地区文献资源统一检索平台以及 CALIS 系统与 CASHL 系统的融合，充分利用了区域内、国内高校、公共图书馆的文献资源。图书馆可以根据这些信息查缺补漏或进行查重，避免了不必要的重复和浪费；同时，通过文献资源评价系统，查找本馆文献资源建设中存在的问题，进行馆藏政策的调整，真正实现了文献资源的共建、共知、共享。实现了在北京地区用最少的文献资源配置成本换取一定或最大的配置效益，最大化地满足不同层次、不同学科的需求。

（三）BALIS 项目建设的成果受益面广，经济效益高

2007—2014 年，根据原文传递、馆际互借、非书资料云服务等系统平台统计，累计 152 072人次的读者使用了 BALIS 开展的服务项目，占读者人数的 22.75%，即有近四分之一的读者使用并享受了 BALIS 的建设成果，受益面之广是图书馆开展的其他项目不可匹敌的。

同时，从经济效益上看，BALIS 建设的成果也是很可观的。以中国人民大学图书馆为例，2007—2014 年，图书馆从馆外借入中文书 3 023 册、外文书 5 979 册，中文书以 30 元/册计算，3 023×30=90 690 元，外文书以每册 500 元计算：5 979×500=2 989 500 元，两项合计共为图书馆节约图书经费 3 080 190 元。

馆际互借中心七年来共完成 62 766 的请求量，按中文书、外文书各占 50%计算，中文书约合人民币 941 490 元(每册 30 元)，外文书约合人民币 15 691 500 元(每册 500 元)，这两项合计为 1 663 万元。原文传递中心完成 227 468 条文献量，以每篇论文按 10 元购置费计算(以外文论文为主)，可以减少 2 274 680 元的文献购置费；但是，如果有 20 个图书馆重复购置这些数据库，这个费用要乘以 10，那要花费 2 000 余万元文献购置费。

以上的推算虽然不很科学，但大致可以推断出 BALIS 文献保障体系对于图书馆节约文献购置费，实现文献资源合理配置所起到的作用。依此类推，这七年来项目经费的投入产出比是非常高的，实现了很好的经济效益。

（四）推动了图书馆各项服务工作标准化和规范化

北京地区高校图书馆文献保障体系运行七年来，在原文传递、馆际互借、信息咨询服务、编目、馆员素养等方面进行了多场次、多维度的培训，并且通过研究、探讨、论证，陆续制订了相关的服务标准和规范，对重要的服务项目采用考核颁发合格证书的形式，促使从事相关服务的馆员按照规范流程、服务标准开展服务，发挥了各个图书馆参与服务、改进服务、争当先进的积极性。大中型图书馆在 BALIS 建设中起到了中流砥柱的作用，通过参与 BALIS 项目培训活动，进一步理顺了本馆的服务流程，完善了各项服务标准；小型图书馆以积极的姿态参与项目建设，从培训中汲取了先进馆的经验，结合本馆情况制订馆藏建设方针，调整文献采购策略，以更加标准化、规范化的服务满足读者需求。

（五）强化了专业人才培养机制

人才问题是高校图书馆资源共建、共享的一个大问题，因此，为促进北京地区高校图书馆资源共建、共享，提升各种类型图书馆的服务水平，推动北京地区高校图书馆整体水平，BALIS 管理中心以及五个分中心分别举办了各种形式和内容的培训、学术论坛、交流会，既加强了馆际交流，推动了平台及服务的使用，又培养了人才。现在各馆都有一批能够使用各类服务平台的专业馆员，增强了馆员的工作积极性，推动了图书馆事业的发展。

（六）BALIS 项目建设为高校图书馆社会化服务开启了窗口

北京地区文献保障体系的建设虽然是高校系统的文献共建、共享，但是七年的建设，随着 BALIS 服务的影响力日趋高涨，吸引了为社会公众服务的公共图书馆系统、中国科学院

图书馆系统与 BALIS 系统的对接，构建了以高校图书馆为主体，上通 CALIS、CASHL，下链国家图书馆、上海图书馆、首都图书馆等公共图书馆的文献资源保障网，把高校读者、科研人员、社会公众汇聚到一个体系中。BALIS 不仅满足北京地区的高校读者，同时也服务了科研人员、社会公众，为他们的学术需求提供服务。所以说，高校图书馆的社会化服务，不能简单地理解为：高校图书馆敞开大门迎接社会大众的到馆服务，更应该理解为 BALIS 为北京地区的“文化建设、科研、创新”做出多少实质性的成果，而且，高校图书馆的社会化服务必须定义为“学术服务”，而不能等同于“大众化服务”。

（七）通过项目建设，加强了北京地区高校图书馆的凝聚力，在全国起到了引领示范作用

在北京市教委的支持帮助下，在北京高校图工委的领导下，BALIS 管理委员会承担了制订北京地区高校文献资源保障体系的总体规划和建设方案，协调区域内各行业、各系统的 80 余家图书馆工作，促进了北京地区图书馆系统资源建设的整体化进程。在项目建设过程中，各个图书馆积极参与 BALIS 开展的各项工作和活动，特别是大型图书馆以奉献的精神，付出人力、物力，帮助中小型图书馆提高服务水平。很多基础薄弱的小馆，积极参加各种培训活动，努力缩小与先进服务馆的差距，充分体现了北京地区高校图书馆之间的凝聚力，能为北京高校的读者提供优质的服务。

通过七年的项目建设，取得了阶段性的成果，BALIS 已经确立了并发挥了地区中心的作用，突出表现在：从最初的 BALIS 单方面请求 CALIS、CASHL、中国科学院系统、国家图书馆、上海图书馆、首都图书馆的支持和帮助，到现在双方都在谋求合作途径，BALIS 所做的努力，已经得到 CALIS、CASHL、NSTL 以及其他兄弟省市图书馆界的认可。

四、存在的问题与解决措施

（一）专职人员不足，缺少长期规划

2017 年北京高校图工委成立 34 年，BALIS 项目启动 10 年，经过大家的共同努力，做出了一些成绩，在业界影响力不断提升。随着图书馆的发展及科学技术的进步，社会、政府、高校都对图书馆的工作提出了更高的要求，各个图书馆对于图工委和 BALIS 也寄予了更高的期望值，但是由于图工委、BALIS 管理中心都是虚拟的组织，没有专职人员，所有参与建设的馆员都是兼职人员，投入的精力非常有限，每年的工作都疲于应对，以致力不从心，顾此失彼。各界缺少对北京高校图工委工作的全盘考虑和规划。

对策：在条件艰苦的情况下，还需要发挥图工委委员以及各个图书馆的积极性，由北京高校图工委牵头，组成规划小组，设立研究项目，专题研究图工委的发展规划问题。

（二）BALIS 项目建设中的平台之间缺少整合，项目整体化推进需要加强

BALIS 项目建设至今，各个分中心在管理中心的领导下，各自发挥优势，搭建了九个服务平台，都取得了优异的成绩。但是，各个服务平台之间缺少整合和融合，还没有完全做好文献数据、服务数据、用户数据之间的共用、共享，BALIS 项目的整体化推进有待加强。

对策：组织 BALIS 管理中心以及分中心的骨干班子，专题研究系统融合问题以及数据的共建、共享问题，研究整体化推进服务的思路和办法。

（三）BALIS 没有专设的、集中的数据中心

BALIS 的项目建设是由单一系统平台，逐步建设多个、不同功能的系统平台，并且分散在五个分中心所在的图书馆，数据分头建设，信息分布管理，这种建设模式虽然灵活、方便，有利于参建图书馆发挥积极性，但是随着服务业务的大规模开展，优势会逐渐变为劣势。如推动平台之间互通互联会有难度，数据共用共享难以做到，读者要面对多个系统、多个平台，使用的便捷性不易实现。

所以，如果条件允许，整合系统平台、整合数据，建设高校图书馆共建数据中心的必要性就凸显出来。为了利用技术上的后发优势，BALIS 未来可以主要依靠云计算技术。随着云计算的成熟和应用，利用云计算平台共建数据中心可能成为未来高校图书馆区域联盟的重要发展趋势之一。

（四）BALIS 运作模式不是很完善，亟待加强

我国高校图书馆区域联盟往往采取比较松散的管理形式。从实践来看，BALIS 虽然设立了管理中心，却没有应有的行政权力，有机构无权力，管理中心难以真正行使协调管理职能。从运作模式的角度来看，应该成立专门的管理机构，负责 BALIS 的日常运作、发展规划、资金分配、矛盾协调等。从国外的经验来看，一般会实行两层机构管理，高层为理事会，负责监督总部的财政及行政运行情况；低层为系统管理委员会，负责具体的运作管理。综合国内外的经验，只有建立承担管理与规划事务的中心机构，实施统一步骤和计划，制订并自觉遵守章程和协议，联盟的各成员馆才能实现深入的合作。

（五）项目建设经费需求增大，需要北京市教委对项目的支持力度持续增长

目前投入使用的九个系统平台都进入了全面上线提供服务的发展期，随着人力、设备、物流、服务奖励等成本增加，每年的项目建设维持经费也会相应增加；有些项目一直以来也没有给予经费补贴；每年，BALIS 还会有新的系统平台的引入，新增项目也需要经费的投入。所以，为了让 BALIS 能够健康、持续地开展下去，北京市教委的经费支持是必要条件，持续增加项目建设经费额度也是必需的。

第四章 对外合作与共谋发展

BALIS 建设项目开展十年来，一直在寻找合作伙伴，力图通过与国内文献资源丰富的机构合作，提升北京地区高校图书馆文献保障水平，拓展北京高校的学者、学生获取文献的渠道，先后与 CALIS 、CASHL、国家图书馆、上海图书馆、首都图书馆、NSTL 开展合作，签署了合作协议。

BALIS 原文传递中心作为 BALIS 建设项目的核心组织机构，率先打破区域高校资源共享系统的壁垒，走协作、开放服务之路，充分满足本地读者多元化、个性化的文献需求，使读者受益，便捷使用；节约资源，方便管理；提升服务，共同发展。因此，在练好内功、稳步前进的基础上，BALIS 原文传递中心一直在积极探索合作发展共赢之路。

一、与国家图书馆、上海图书馆的合作

2010 年 5 月 27、7 月 13 日，BALIS 原文传递中心与国家图书馆参考咨询部代表在中国人民大学图书馆分别举行合作会议，商讨和落实 BALIS 与国家图书馆原文传递合作事项，就合作模式、收费标准、文献传递方式、申请完成时间、设置专职文献传递员等事项达成合作意向。2010 年 6 月 29—30 日，双方联合组织“国家图书馆文献资源与原文传递服务利用”培训，和国家图书馆开展进行互换馆员、联合宣传等方面的合作。

2010 年年底，上海图书馆专程来参加 BALIS 原文传递系统的年终总结大会，作为一个合作成员馆加入本地系统。

开展合作服务至今，BALIS 读者从国家图书馆申请文献 7 153 条，BALIS 读者从上海图书馆获取文献 1 256 条，如图 4.1 至图 4.4 所示。

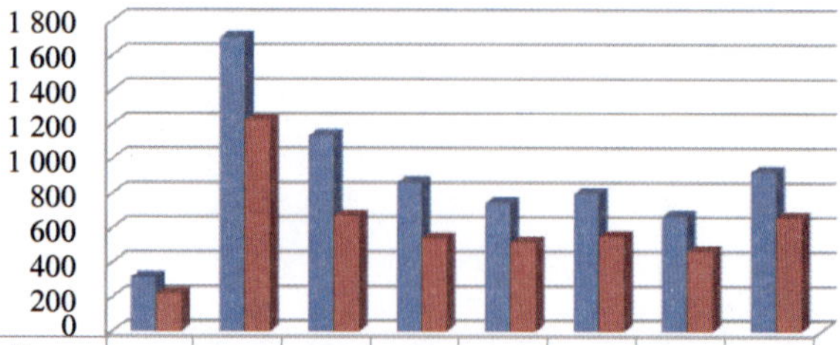

年 份	2010	2011	2012	2013	2014	2015	2016	2017
申请单数	314	1 705	1 134	864	745	797	669	925
满足申请单数	219	1 224	669	540	517	550	465	659

图 4.1 国家图书馆申请单统计

年 份	2010	2011	2012	2013	2014	2015	2016	2017
——平均完成时间(天)	2.36	4.14	1.78	1.93	1.63	1.84	1.12	2.17

图 4.2 国家图书馆平均完成时间统计

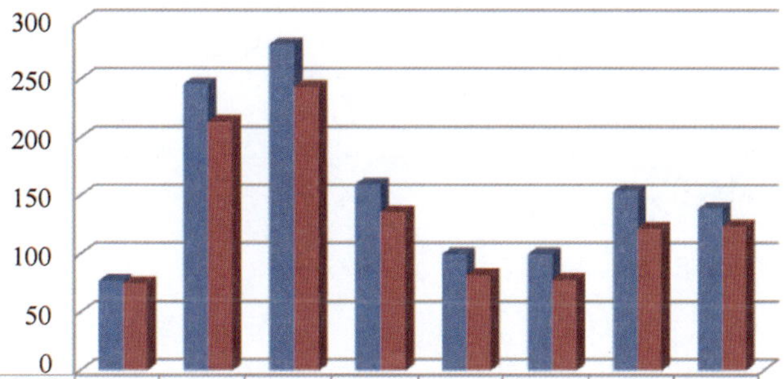

年 份	2010	2011	2012	2013	2014	2015	2016	2017
■申请单数	77	246	280	160	100	100	154	139
■满足申请单数	75	214	244	136	82	78	122	124

图 4.3 上海图书馆申请单统计

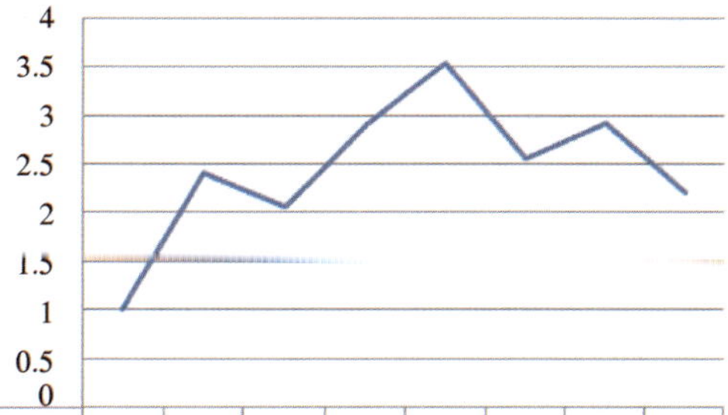

年 份	2010	2011	2012	2013	2014	2015	2016	2017
——平均完成时间（天）	1.01	2.41	2.07	2.91	3.55	2.56	2.93	2.22

图 4.4 上海图书馆平均完成时间统计

二、与 CALIS、CASHL 的合作

2011 年，BALIS 原文传递中心探索与 CALIS 开启系统融合服务之举，争取“以降低服务成本、提高服务质量”为目标，在保持 BALIS 品牌的前提下，条件成熟时，分阶段逐步实现与 CALIS 系统的融合。此后两年，在“积极推进、稳妥实施”的原则下，BALIS 原文传递中心将该项工作作为年度工作重点，经过周密的准备和双方耐心的协调配合，圆满完成预期目标。具体历程如表 4.1 所示。

表 4.1 BALIS 与 CALIS 融合历程

时间	参与者	内容
2011 年 4 月	原文传递委员馆	调研思考阶段：调研 ZADL、JALIS 等地域性原文传递服务，调研报告中，通过对比分析 3 个系统，初步提出了服务融合观点
2011 年 5 月	原文传递中心	以“BALIS 原文传递服务面临的困境与对策思考”为题向 BALIS 管理中心提交服务融合申请报告
2011 年 10 月	原文传递中心馆	向 BALIS 管理中心提交服务融合方案，细化了服务融合前提、需求、阶段和步骤。中心馆组织相关人员针对方案进行了可行性论证和修订
2011 年 12 月	委员馆、成员馆	融合方案交委员馆会议讨论通过。在年终总结大会的工作设想中正式提到了融合服务并进行了 CALIS 系统使用培训
2012 年 3—5 月	原文传递中心	细化向 CALIS 提出的各种系统改进需求
2012 年 5 月	BALIS 原文传递中心、CALIS 北京中心、CALIS 中心	在 CALIS 技术总部召开“BALIS 与 CALIS 原文传递系统融合会议”，针对 BALIS 原文传递中心推出的需求，CALIS 中心相关人员表示积极配合。会议细化和落实系统融合时间和具体内容
2012 年 8 月	CALIS 技术中心	针对 BALIS 需求进行技术改进
2012 年 9 月	委员会	中心汇报融合进展情况，将发展方略“1 个中心，2 个保障，3 个重点”修订为“1 个中心，2 种协调（协调与 CALIS 的关系、协调系统内成员馆关系），3 项重点”。提出，侧重做好宣传培训，做好与 CALIS 结算，做好年终评估和总结等工作。讨论和落实了组织成员馆使用 CALIS 系统培训会议的时间、地点和方式
2012 年 9—10 月	中心馆、CALIS 技术中心	测试、完善改进系统
2012 年 11 月	原文传递中心	与 CALIS 北京中心联合组织 BALIS 与 CALIS 原文传递系统利用培训活动
2012 年 12 月	成员馆	借年终总结大会之际启动融合服务仪式
2013 年 1 月	成员馆	正式利用融合系统开展服务

2013 年 1 月 1 日，融合系统正式启动服务。该年服务总量增至 7 万多条，服务成本却相对下降。据 2012 年底结算统计，本年度 CALIS 系统请求约 3 万条，结算费用 148 455 元，约 5 元/1 条；据 2013 年融合系统结算统计，本年度 BALIS/CALIS 系统服务量约 3 万条，结算费用仅 54 901.5 元，约 1.8 元/1 条。2013—2016 年，BALIS/CALIS 融合系统总服务量已达 271 540 条，注册人数 32 343 人次。2012 年 BALIS 与 CALIS 合作服务启动仪式如图 4.5 所示。

2013 年年底，为了充分利用 CASHL 的建设成果，扩大信息资源共建共享的范围，让 BALIS 原文传递成员馆经常利用 CASHL 的免费服务，推动 BALIS 原文传递服务的拓展和深化，营造更有益于教学科研的信息服务环境，BALIS 与 CASHL 自 2013 年 11 月 1 日起开展了合作服务，并于年终总结大会上正式签订了合作协议。2014 年，BALIS 中心组织成员馆侧重宣传和推广 CASHL 服务，效果良好。2014—2016 年，CASHL 总服务量达 14 639 条，注册人数8 103人。2013 年 BALIS 与 CASHL 合作服务签约仪式如图 4.6 所示。

图 4.5 BALIS 与 CALIS 合作服务启动仪式

图 4.6 BALIS 与 CASHL 合作服务签约仪式

三、与首都图书馆合作

随着我国社会经济的发展，高校图书馆在推动地区的科学教育和经济发展，提高国民素质等多方面发挥着越来越重要的作用。推动高校图书馆为社会服务，不仅是知识经济时代的社会需求，更是其回馈社会，加快自身发展的应有之义。况且，高校图书馆资源特点学科性强，但大众资源、古籍收藏及地方文献等方面在某种程度上难以满足系统内读者多元化的需求，有待共享公共图书馆资源。鉴于首都图书馆及联盟的资源特色及其影响，探寻与首都图书馆及联盟的合作问题继而深受 BALIS 领导的重视。

而作为北京地区最大的公共图书馆联盟，首都图书馆现藏各类文献逾 650 万册(件)，资源丰富，尤以古籍善本、北京地方文献、近代书报最富特色。经费有限，需求无限，公共图书馆的性质决定了它以满足最普通人的基本文化需求为主要办馆方向，随着社会的进步、文化地平线的抬高，越来越多基本层次以外的文献需求加速上涨，首都图书馆在提升读者文献信息需求的满足能力方面还需加强。

基于双方的战略发展需求，以及最大化激活北京行政区域内资源效能的客观要求，2014年6月，BALIS原文传递中心人员前往首都图书馆进行了调研和座谈。双方就文献传递工作中的相关问题和进一步合作的可能性进行了热烈交流和讨论。此次调研使BALIS深入了解了首都图书馆的特色馆藏及文献传递服务情况，为两馆之间更深入的交流与合作迈出了坚实的一步。2014年BALIS原文传递中心调研首都图书馆如图4.7所示。

图4.7 BALIS原文传递中心调研首都图书馆

为更好地了解首都图书馆读者对高校文献资源的需求，BALIS原文传递中心还向首都图书馆读者随机发放了200份调查问卷，共计收回有效问卷163份，抽样结果覆盖了首都图书馆大部分读者范围，涉及工作单位、年龄段、学历背景等内容。

从调研结果中发现：社会读者使用文献资源的频率并不是太高，每月1～2次的人数最多，各个学科领域均有感兴趣的人群，以人文社科领域居多，且大多数读者使用文献资源的目的主要是为了工作。

从对文献的需求来看，仅有21%的读者认为首都图书馆的资源“完全可以”满足需求，大部分读者认为首都图书馆的资源仅“基本可以”满足需求，仍有少部分读者认为首都图书馆的资源不够用，或者不好说。

从文献获取的途径来看，大部分读者还是利用百度或者网络免费资源来获取需要的资源，82%的读者没有使用过原文传递服务，说明读者对原文传递服务的了解度还远远不够。但是82%的读者非常希望了解并使用原文传递服务，而86%的读者希望能够通过首都图书馆进一步获取北京市高校图书馆的资源。首都图书馆读者调查结果如图4.8所示。

经过前期的调研与磋商，2014年12月24日，在“2014年度BALIS原文传递服务总结大会”上BALIS/首都图书馆原文传递合作签字仪式隆重举行，北京高校图工委副主任/秘书长、BALIS管理中心主任、中国人民大学图书馆馆长黄朴民教授与首都图书馆邓菊英副馆长分别代表BALIS和首都图书馆联盟签署《BALIS管理中心与首都图书馆合作协议》，正式启动二者合作服务。2014年BALIS/首都图书馆原文传递合作签字仪式如图4.9所示。

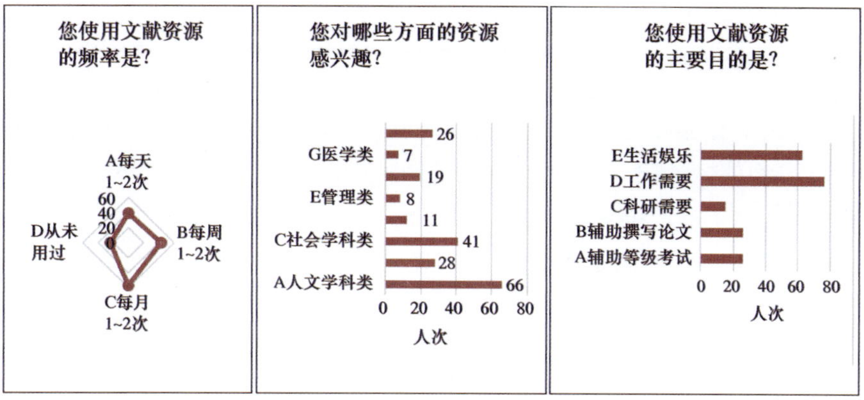

(a)

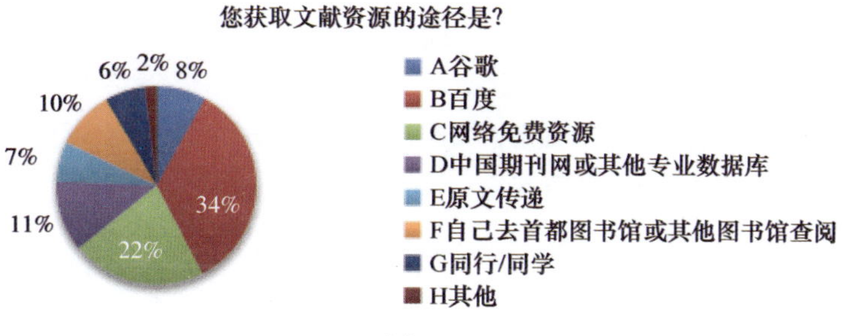

(b)

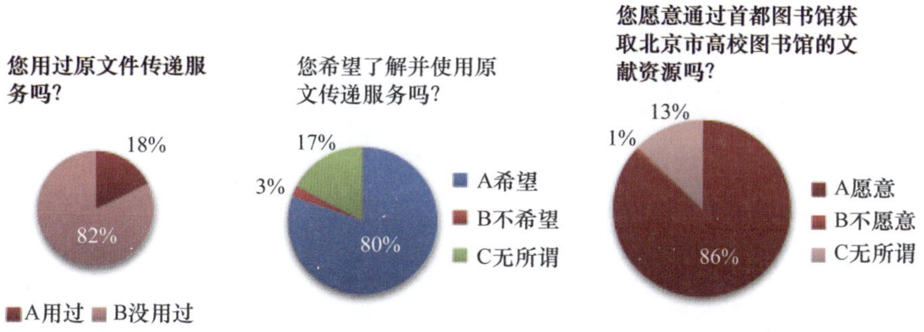

(c)

图 4.8 首都图书馆读者调查结果统计

图 4.9 BALIS/首都图书馆原文传递合作签字仪式

《BALIS 管理中心与首都图书馆合作协议》是经双方多次讨论和修订并经由首都图书馆律师鉴定而成，其主要内容如下。

BALIS，即北京地区高校图书馆文献资源保障体系，是北京高校图工委领导下的北京地区高等教育公共服务体系之一。BALIS 现有成员馆 91 家，其中包括 2 个合作馆（国家图书馆和上海图书馆），1 个团体馆（北京地区医院图书馆协会）。首都图书馆是北京市属公共图书馆服务体系中的龙头馆，下属 18 个区级图书馆。BALIS 与首都图书馆之间文献特点和内容存在较大的互补性。为了满足首都图书馆及 BALIS 用户对文献的需求，首都图书馆和 BALIS 原文传递中心通过多次交流商讨，达成以下良好的合作意向。

1. 合作模式：BALIS 成员馆以中国人民大学图书馆、北京大学医学部图书馆、北京师范大学图书馆、北京交通大学图书馆、北京科技大学图书馆、北京邮电大学图书馆等 6 家学科服务馆为节点向首都图书馆提交原文委托请求；同时首都图书馆作为北京市公共图书馆的节点，向 BALIS 原文传递系统提交原文委托请求。

2. 联系人：首都图书馆配备一位老师做固定联系人，并将其联系方式包括电话、E-mail、QQ 号（以备加入 BALIS 原文传递交流群）等告知 BALIS 原文传递管理中心；BALIS 原文传递管理中心老师负责与首都图书馆联系。

3. 收费标准：BALIS 成员馆基于各馆馆藏的期刊文献、学位论文等文献收费按照 0.3 元/页，加急请求每条另加收加急费 10 元；缩微文献 1.3 元/页，保存本拍照 2.3 元/页，专利文献收取 10 元/条检索费＋0.3 元/页，标准文献 3.5 元/页；首都图书馆向 BALIS 成员馆收费按照对等原则收取。

* 费用结算采用实报实销的方式，即协议双方每年 1 月对上一年实际发生的费用进行统计结算。

4. 文献传递方式：双方以数字资源为主，提供电子版的文献传递方式。古籍善本等纸质文献的复制，依各馆实际情况处理。

5. 完成时间：基于本馆馆藏的普通请求，双方在 3 个工作日内完成；委托请求需要转到其他图书馆处理，则处理时间有一定顺延。

6. 其他方面：如有未尽事宜，双方协商解决。协商未果的，可提请北京市朝阳区人民法院诉讼解决。

7. 本协议一式两份，自双方签章之日起生效，本协议为长期有效，任何一方提前一个月书面通知可终止本协议。本协议终止后应进行统计结算。本协议项下的书面通知，以合同载明的地址发送给对方，第二日视为送达给对方。

自 2015 年 1 月 1 日启动服务以来，截至 2017 年 6 月 30 日，首都图书馆总服务量 386 条，其中接收请求 219 条，满足 107 条；发送请求 240 条，满足 146 条。用户注册人数 77 人次。在 BALIS 北京地区 95 家包括国家图书馆、上海图书馆在内的成员馆中，首都图书馆接收请求量排名第 18 位，发送请求量排名第 36 位。

从具体申请单内容可以看出，不管是 BALIS 各个成员馆还是首都图书馆，都对彼此资源的获取有着迫切的渴求，二者之间提交的文献类型多样，包括图书、期刊、标准等，学科类型也涉及人文社科、理工、医学等多个方面。

首都图书馆读者向 BALIS 申请的文献主要以英文期刊为主，其中文化、科学、教育、体育类文献申请最多，综合性图书次之，符合调研中读者的实际需求；而 BALIS 各高校读者对首都图书馆的资源需求主要集中在中文期刊方面，工程技术类文献和综合性读书占比最大，也符合首都图书馆的资源特色。首都图书馆服务情况统计如图 4.10 所示。

单位名称	发送请求量	满足发送	接收请求量	满足接收	用户注册人数
首都图书馆	240	146	219	107	77

(a)

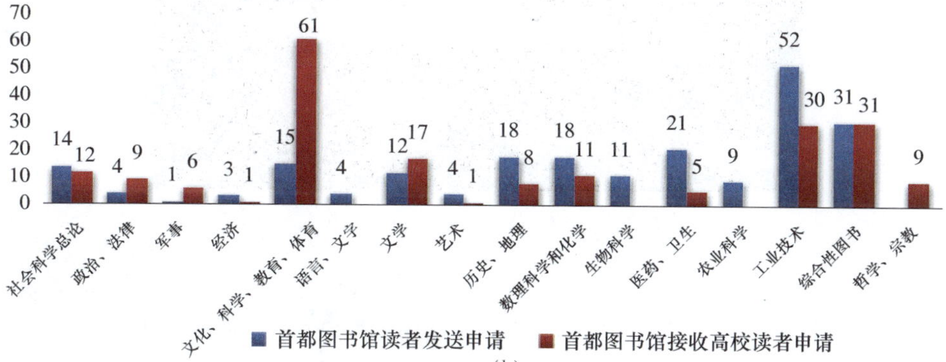

(b)

图 4.10　首都图书馆服务情况统计图

双方的合作尝试对各自的馆藏资源均形成了有益的互补，便利了读者，也实现了服务的双赢。但在合作的初期阶段，由于双方对彼此馆藏不了解及系统磨合等问题，也造成了不少读者的请求不能被满足的情况发生。

四、与 NSTL 的合作

"国家科技图书文献中心"(NSTL)是根据国务院领导的批示于 2000 年 6 月 12 日组建的一个虚拟的科技文献信息服务机构，成员单位包括中国科学院文献情报中心、工程技术图书馆(中国科学技术信息研究所、机械工业信息研究院、冶金工业信息标准研究院、中国化工信息中心)、中国农业科学院图书馆、中国医学科学院图书馆。网上共建单位包括中国标准化研究院和中国计量科学研究院。中心设办公室，负责科技文献信息资源共建共享工作的组织、协调与管理。

作为我国外文科技信息资源保障主体，NSTL 常年保持科技类印本资源采集量的稳定，并以"国家许可"的模式引入多个外文数据库，目前是我国最大的科技文献保障和服务机构，共有科技类期刊 16 930 种，会议录 5 241 种，科技报告 1 351 种，科技丛书 2 278 种，文集 462 种，工具书 237 种，文摘总量约为 2.89 亿，引文总量约为 1.88 亿。

NSTL 的资源能够对 BALIS 形成有益的补充，因此，为了更好地满足读者对文献的需求，经过充分调研与多次交流商讨，BALIS 与 NSTL 于 2016 年年终总结大会上正式签订合作协议，达成以下合作意向：BALIS 从 NSTL 各成员馆馆藏范围内获取文献传递，执行 NSTL 的收费标准的 50%；BALIS 为 NSTL 在 BALIS 系统中建立账号，分配相应的权限；NSTL 各成员单位负责 BALIS 的文献传递服务，并由 NSTL 用户服务中心统一协调双方服务人员对接及联系；NSTL 配合完成与 BALIS 的系统对接工作，并配合做好技术维护。2016 年 BALIS/NSTL 合作签约仪式如图 4.11 所示。

图 4.11 BALIS/NSTL 合作签约仪式

2017 年年初，BALIS 与 NSTL 系统正式完成系统对接并上线运行，读者可通过 BALIS 统一检索平台直接检索到 NSTL 的资源并提出申请。BALIS 原文传递中心还与 NSTL 专门联合成立了工作小组，建立了 QQ 群、微信群，以便及时解决读者和文献传递员在处理 NSTL 订单时遇到的各项问题。

截至 2017 年 6 月 30 日，BALIS 成员馆读者向 NSTL 总提交申请单 1 967 条，提交成功 1 828 条，满足 1 455 条，满足率 79.60%，具体数据如图 4.12 至图 4.15 所示。

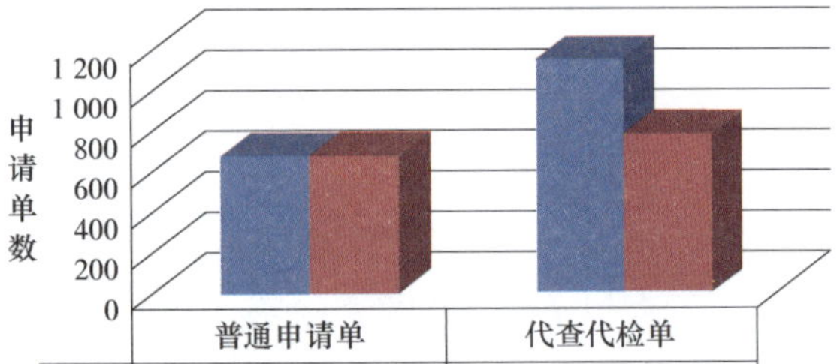

	普通申请单	代查代检单
接收	675	1 153
满足	670	785

图 4.12 NSTL 接收满足申请单统计

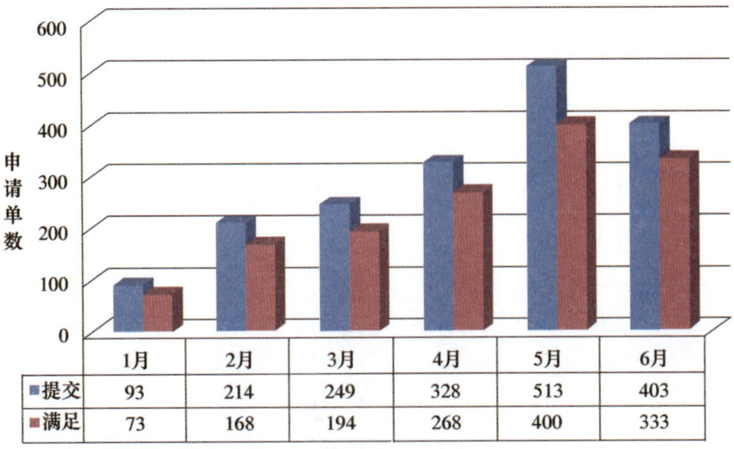

	1月	2月	3月	4月	5月	6月
提交	93	214	249	328	513	403
满足	73	168	194	268	400	333

图 4.13 NSTL 服务量按月统计

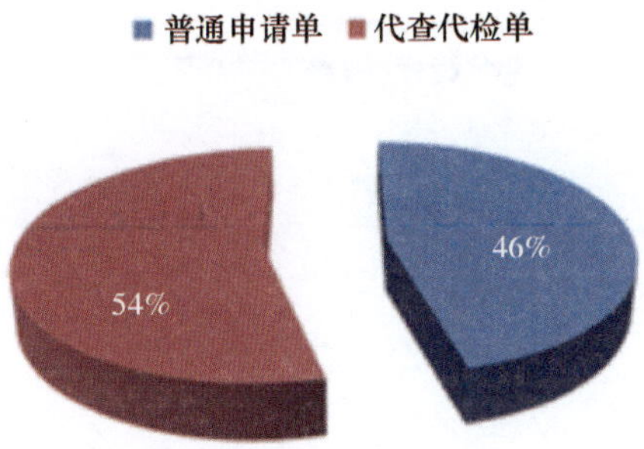

图 4.14　满足申请单统计

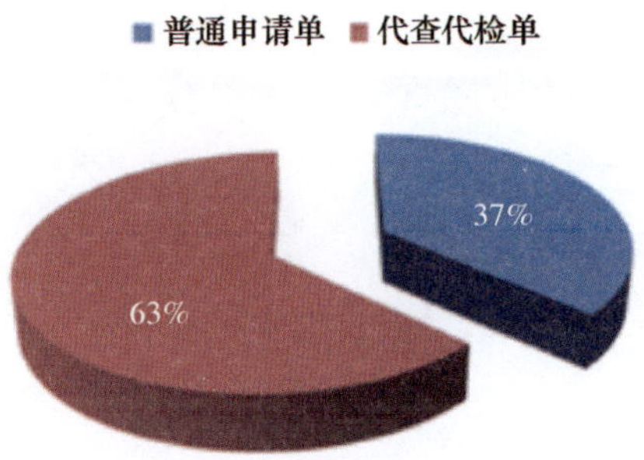

图 4.15　接收申请单统计

第五章 BALIS 馆际互借服务状况

一、资源共享理论

资源可分为通用性资源与专有性资源两大类。通用性资源通常是一般的,公开可得的,独立于特定的资源主体之外的;而专有性资源通常是具体的,与环境密切相关的,为特定人群所拥有的。共享的资源需要对共享成员具有相同的价值,而且能为各方所理解。这就让人产生了误解,以为能够共享的资源只能是通用资源,而专有性资源的共享是不可能的。其实,从这两类资源的区分来看,资源共享具有相对性。一方面,通用资源所面对的共享范围是相对的,这可能是纵向(系统)的或者横向(地域)的范围,而对这个范围之外的人来说,通用性资源又近乎是专有性资源;反之,任何专有性资源在相对允许的范围内,也是通用的。在一定区域内,资源共享机制要解决的问题,就是由这两类资源所衍生出来的共同利益共享与城市利益扩张的矛盾。信息资源同物质资源、能源资源、人力资源共同构成现代社会资源的四大支柱,并被视为一个国家的战略资源。我国经济要持续稳定高速发展,仅仅依靠传统观念上的物质、能源和人力资源是远远不够的。在人类社会已经进入信息化社会,知识经济初露端倪的今天,开发和利用信息资源是一个国家发展的必由之路。相对于物质、能源和人力资源等消耗性资源,信息资源属于非消耗性资源,具有快速增殖和增值的双增效应,并且越对其开发利用,双增效果越显著。图书馆界的资源共享主要是信息资源共享,当然是广义上的信息资源。

图书馆联盟发起的初衷与实现的最终目标皆为资源共享。因此,资源共享理论毫无疑问地成为图书馆联盟的理论基础之一。美国图书馆学家肯特(Allen Kent)认为:“资源共享最确切的意义是指互惠,即每个成员都拥有一些可以贡献给其他成员的有用事物,并且每个成员都愿意和能够在其他成员需要时提供这些事物。”肯特还特别指出:“开展资源共享的唯一途径是拥有可供共享的资源,具有共享资源的意愿和实施资源共享的计划;否则资源共享就是一个空洞无物的概念,因为非此则不能按需提供帮助。”[①]20 世纪 80 年代,肯特提出的图书馆资源共享的概念开始在我国流行,我国学者也将其本土化,孟广均先生与张树华女士就将图书馆资源共享定义为:“图书馆的职能由一些图书馆共同分担的运转方式。目标是提高图书馆的经济和社会效益,即读者可获得更多的资料和服务。各馆可以用最少的经费提供尽可能多的资料和服务。共享的资源可以是实物、人员或资金,包括馆藏资料、图书馆目录、工作人员的专长、存储设施和计算机等设备。”20 世纪 90 年代,鉴于图书馆资源的概念过于宽泛,而资源共享只限于图书馆,过于狭窄。我国图书馆学者提出用“文献资源共享”取代“图书馆资源共享”,并认为“文献资源是人类生产、收集、储存和积累的文献总和,是物化

① 王丽华. 图书馆联盟理论基础探寻[J]. 大学图书馆学报,2010(6):35.

了的信息和知识财富的存在方式，它广泛地分布于社会，形成了庞大的文献资源系统；而'共享'则是文献资源系统的各个子系统间开展广泛合作，共同开发和利用文献资源的活动，目标是充分发挥文献资源的社会效益和经济效益。"

20 世纪 90 年代中期以后，由于图书馆数字化和网络化的迅速发展，文献资源共享的概念已经不能完全涵盖图书馆的实践，于是"信息资源共享"开始成为一个新的广为流行的专业术语。所谓信息资源共享，是指图书馆在自愿、平等、互惠的基础上，通过建立图书馆与图书馆专家和图书馆与其他相关机构之间的各种合作、协作、协调关系，利用各种技术、方法和途径，开展共同揭示、共同建设和共同利用信息资源，以最大限度地满足用户信息资源需求的全部活动。资源共享这一术语经过了最初的图书馆资源共享，到文献资源共享，再到信息资源共享，是一个内涵不断清晰的过程，也是一个与时俱进的过程。从 20 世纪 80 年代前期到当前，我国学者对资源共享理论的研究经历了如下的发展轨迹：宏观文献资源建设理论与图书馆协作或图书馆网理论并存→资源建设与资源共享成为一个问题的两个方面→注重资源的可获知能力与可获得能力，可以看出，随着理论研究与实践的发展，资源共享理论的精髓逐渐演变为资源的共建、共知、共享三方面协同共进，图书馆人也越来越认识到资源共享需要以共建与共知作为基础，资源共享又能很好地引导共建，同时资源共享也需要多种形式来实现，图书馆联盟便是其中一种。马费成教授在《信息资源管理》一书中将我国资源共享的现状总结为三种模式：垂直型共享、水平型共享、网络型共享。前两者分别是一个系统或一个地区内的资源共享，高校图书馆系统是垂直型共享，上海市的各类图书馆共享是水平型共享；而网络型共享，他认为"是指全国所有的图书情报机构之间都可直接相互联结，共享信息资源。这在理论上是最理想的模式，但在实践中操作难度也最大，在现阶段不可能真正实现"。但这毕竟是我们追求的目标，要分阶段有步骤地进行。①

二、组织结构

北京是全国高校最集中、重点大学最多的城市，具有地域优势、技术优势、文献资源优势和学科门类齐全发展优势，同时也是在全国开展图书馆联盟研究与实践活动比较早的城市。随着北京高校区域性信息资源共建共享联盟建设条件的日趋成熟，为加强北京高校图书馆的整体化发展，最大限度地发挥北京高校图书馆文献信息资源的社会效益和经济效益，在北京市教委和北京高校图工委的共同领导下，2007 年正式启动了北京地区高校图书馆文献资源保障体系(BALIS)。其建设宗旨是："在北京市教委的领导下，把国家的投资、现代图书馆理念先进的技术手段、高校丰富的文献和人力资源整合起来建设北京高等教育文献联合保障体系，依托中国高等教育文献保障系统(CALIS)，实现北京地区高校文献信息资源的共建、共知、共享，为北京的高等教育和北京地区的经济建设、社会发展服务。"

十年来，在北京市教委的经费支持和 BALIS 管委会的正确领导下，BALIS 馆际互借全体同仁携手奋进，馆际互借服务工作围绕"共知 · 共享"的主旨开展。管理中心组织开展了

① 冯云廷．地区性资源共享机制研究[J]．天津社会科学，2006(3)：61-66.

BALIS馆际互借宣传月等一系列活动,开通了自取自还服务,推动了BALIS馆际互借服务各项数据稳步增长;同时馆际互借中心十分重视服务的深化工作,强调对BALIS馆际互借服务进行总结和研究,极大提高了BALIS馆际互借服务水平和在业界的影响。

(一) 成立背景

2007年11月,在北京市教委和北京高校图工委的领导下,面向所有在京高校图书馆的"北京地区高等教育文献资源保障体系"(BALIS)正式开始运作。

馆际互借中心设在北京邮电大学图书馆,中心建设目的是:在北京高校图工委的统一领导下,采用集中式门户平台和分布式服务相结合的方式,充分利用北京高校丰富的馆藏资源和便捷的网络环境,为北京地区高校读者提供馆际互借服务。

十年来,BALIS馆际互借不断提高资源共享程度,比以前单纯利用提供图书馆借书证的方法具有更大的灵活性和更高的效率。

(二) 组织架构

BALIS馆际互借体系构建体现在两个方面,一是集中式管理的制度体系的构建,二是分布式服务的业务体系的构建。BALIS馆际互借服务组织及业务管理结构如图5.1所示。

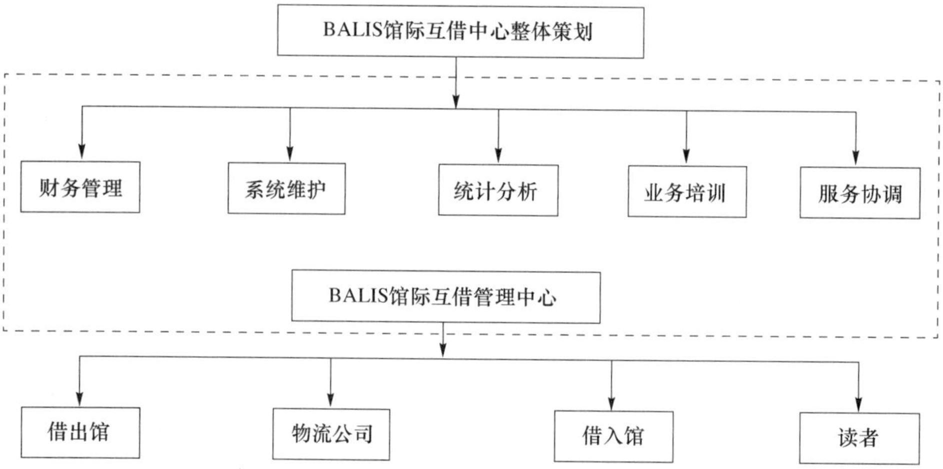

图5.1 BALIS馆际互借服务组织及业务管理结构

1. 集中式管理的制度体系

BALIS馆际互借服务在制度体系构建上采取了集中式管理的模式。即管理的集中监控,资源的集中配置,系统的集中共享。在管理方面,BALIS馆际互借中心由一个中心馆和四家委员馆组成。中心馆的主要职能为协调各成员馆间的服务,提供技术服务支持,制订馆际互借各项规章制度,负责服务的宣传推广,负责组织策划与服务相关的各项活动。四家委员馆分别为北京航空大学图书馆、北京交通大学图书馆、北京化工大学图书馆和北京工业职业技术学院图书馆。四家委员馆负责协助中心馆开展各项工作。

资源配置方面,BALIS建立了联合检索系统、中文电子化资源联合目录、英文电子化资源联合目录、OPAC联合目录及CCC西文期刊目录次库,将北京各高校的图书文献资料都整合到该体系中，读者只要进入 BALIS 系统，通过查找、申请就能足不出户地从北京各高校获得想要的图书资料。这不但大大方便了读者，还提高了高校图书资料的利用率，为各高校的图书资料增添了不少活力，也使各高校节省了大量财力，可以根据各自的发展特色购置相应的资料，更好地促进本校图书馆的发展。

系统方面，馆际互借系统在技术上也是集中控制的。应用系统安装在中心馆，各成员馆通过 Web 方式访问馆际互借系统。由中心馆负责各成员馆的账号申请、审批，补贴费用的申请及发放，负责各成员馆馆际互借量的统计并与第三方物流公司进行费用结算。中心馆的对象是成员馆，而不是最终用户。

因此，BALIS 馆际互借服务在管理上实行集中式管理，对整个图书馆联盟内的资源进行整合，建立完善的信息共享机制。BALIS 的集中式管理是全方位立体组合的，旨在建立一种集中式管理思想，构建新的图书馆联盟组织模式。

这种制度体系易于协调管理，有利于政策的有效执行及信息的快速反馈；同时，系统出现问题就会有专业的开发人员迅速解决，有利于系统的稳定运行；集中经费，减少资源的重复建设，提高文献使用率。

2. 分布式服务的业务体系

业务体系构建方面，BALIS 馆际互借采取分布式服务的方式。各成员馆均是服务的执行机构，是开展服务及管理用户的团队。它们负责管理本校的读者用户，对注册用户身份进行审核，为其在提交馆际互借请求时提供必要的担保。各成员馆须每月按时向馆际互借中心上报业务量，同时对馆际互借服务功能和相关政策进行宣传，提供咨询服务，使本校大多数读者了解该服务。

从系统运行模式来看，具体服务事务和读者则是由成员馆分散管理。BALIS 馆际互借系统内的所有成员馆既是请求的发出者，又是请求的满足者，不受图书馆规模限制。各成员馆均设有馆际互借员，由他负责处理与读者间的馆际互借事务。也就是各成员馆管理员自行管理本馆读者，包括审核账户、馆际互借业务量及费用统计，该馆的所有读者申请均由馆际互借员审核。馆际互借员须及时登录馆际互借系统，检查并处理读者的馆际互借申请，以保证读者的馆际互借申请能及时得到响应。该模式下，各成员馆的读者经过馆际互借员审核通过后，可以直接在系统中注册开户，向系统提交馆际互借申请。

分布式管理的业务体系对成员馆来说，代价和成本最低，其用户注册、馆际互借事务的管理等服务都可以通过浏览器访问中心馆馆际互借服务网关的方式来实现，不需要添置服务器，也不需要专业的计算机维护人员。同时，该业务体系也极大地方便了读者。读者通过馆际互借系统，可以直接向出借馆提交馆际互借请求，增强了馆际互借事务处理的时效性。

（三）成员构成与组织方式

1. 成员构成

图书馆联盟成员的组成要考虑成员馆的结构，每个中心的成员要包括各个类型的图书馆，这样在制定政策和实施工作时能够照顾各类型的成员，图书馆联盟的成员不仅包括大馆、强馆，也要包括小馆、弱馆，这样才有利于联盟内各类成员的利益均衡，共同发展。

从图书馆类型划分，BALIS 馆际互借成员的构成包含了北京各个类型的图书馆。即包含教育部直属高校图书馆，又包含北京市属高校图书馆、高职高专类学校图书馆、民办高校图书馆。各种类型的图书馆成员使北京地区高校图书馆联盟资源全面而丰富，客观上能够保证联盟目标的实现。从行政区域划分，BALIS 的成员包括北京市各成员馆的总分馆，覆盖了北京市各个行政区，原则上应包括北京地区全部高校图书馆，但在现实条件下，可以根据具体情况进行联合。

2. 组织方式

BALIS 馆际互借中心的组织方式分为委员馆的组成、各成员馆的组成两方面。

由于馆际互借中心内的成员馆分属的系统，上级管理机构，经费来源渠道和发展历史不一，联盟成员之间共建共享机制的形成必须有强有力的领导和核心。所以首先成立了组织核心，即中心馆。同时由于 BALIS 是一个图书馆的联合组织，为了确保组织的有效运行，必须组建合理的组织机构，对联盟内部的事宜进行统一的管理、规划、执行。

中心馆负责使各成员保证采取统一的馆际互借标准，是信息资源共享的基础；委员馆负责协助中心馆对各成员馆进行培训和指导，同时保证馆际互借共享系统的正常维护和运行；中心馆与委员馆们共同负责馆际互借新技术的研究开发工作，同时负责新的服务模式探索。BALIS 是一个统一的整体，内部成员关系的协调和争取外部援助工作都需要一个专门的机构——管理中心来负责；BALIS 管理中心设在中国人民大学图书馆，管理中心负责联盟发展的规划工作，进行各个方面工作的规划和各个阶段工作的规划工作，办公室负责联盟日常工作的各项事宜。

三、资源共享

（一）共享原则

1. 统一规划

在北京地区范围内统一指挥，BALIS 指定专门的部门负责联盟之间的宏观规划布局及协调指挥工作。区域图书馆联盟之间的资源共享建设属于地区信息基础建设的范畴，是有益于地区文化发展的事业，任何一个单一的成员馆都不可能站在全局的高度统筹规划，只有联盟管理部门才能够全盘指导。

2. 科学发展合理规划

目前各省已经建成许多区域图书馆联盟，并且发展情况良好，但是这些区域图书馆联盟往往是同系统类型的，特别是高校图书馆联盟。区域图书馆联盟的成员馆结构应该更加多元、更加丰富，这样不仅能促进各类图书馆的发展，而且能更全面地满足不同类型图书馆用户的需求。BALIS 馆际互借中心的成员既包含高校类图书馆，也有公共图书馆，如国家图书馆、上海图书馆，还有专业类图书馆，如中国盲文图书馆。

3. 全局观念态度积极

从长远的角度看，资源共享是互惠互利的。区域图书馆联盟的全面发展对区域内的任何成员都有益处，各个区域的资源各具特色，资源共享无论对于大型图书馆还是中小型图书馆都是互惠互利的。资源丰富的成员馆有责任为资源相对薄弱的成员馆提供帮助。BALIS 馆际互借服务具有高度的使命感和责任感，在明确目标的基础上积极地开展资源共享。从 2010 年开始，馆际互借内的各成员馆均免费使用国家图书馆及上海图书馆的服务。

(二) 资源共享的保障

1. 技术保障

只有完善的技术作为保障，才能够保证成员馆之间资源共享的畅通。馆际互借系统中联合检索、自取自还等技术均为服务的顺利开展提供了保障。

2. 制度保障

资源共享需要有约束力的制度作为保障。BALIS 馆际互借中心制定了一系列的规章制度，既包括资金的使用制度，又包括联盟之间资源共享的管理制度等。制度的制定要根据资源共享的实际情况，同时要保证制度的执行。

3. 资金保障

BALIS 馆际互借服务资源共享的资金来源主要由 BALIS 管理中心每年统一划拨，进行资源共享的基础设施建设。包括服务费用的支付、平台建设、服务宣传等。

4. 机构保障

机构保障是 BALIS 馆际互借开展资源共享必不可少的条件，由于成员馆之间共享的范围广阔，需要有专门的机构负责组建、协调等工作。联盟内部也要有专门的机构负责管理服务的一切事务，实行统一的管理方式，建立统一信息资源保障系统，并通过系统间的协调与合作，优化信息资源结构，形成相互依存、共同发展的共享体系。具体来说，第一级是 BALIS 管理中心，第二级是各分中心与各自的委员馆，第三级是各成员馆。

(三) 资源共享内容

1. 资金资源共享

馆际互借中心组建以后，定期制订服务预算。馆际互借服务在同一时间段内的全部支出统一由全体成员馆共同支配，支配的具体项目，如物流费用、成员馆补贴费用等，馆际互借中心根据需求上报预算计划，最终由管理中心统一审批和协调。

2. 人力资源共享

由于馆际互借服务各成员馆内部人员的人力资源质量参差不齐，需要对馆际互借员进行定期培训。在 BALIS 内部，各图书馆内建立了定期的人才交流制度。通过这种制度，使区域内图书馆的人才流动起来，实现了人才资源的合理配置和充分利用。当然，这种流动是有序的、理性的、健康的，能够为 BALIS 馆际互借服务联盟的可持续发展提供坚实的智力支持和人才支撑。

3. 信息资源共享

馆际互借服务内部的成员馆能够平等地分享联盟的信息资源，借助现代的物流业务为读者传递纸质文献资源，此外还有会议音视频资源、讲座资源等，全面实现了信息资源共享。

4. 服务资源共享

图书馆是为读者提供信息服务的机构，只有好的服务才能够更好地满足信息需求。北京地区各个高校图书馆的服务都开展了特色化、个性化的服务，这些也是 BALIS 联盟的宝贵资源。把好的服务推广到各个成员馆也是馆际互借服务共享的内容之一，例如建立相邻学校、校区间开展自取自还服务等。

四、制度建设

一种制度就是一系列行为规则的总和，这些规则涉及社会、政治及经济行为，即制度是管束人们行为的规则集合。图书馆联盟的行为规则是一种集体行为属性的行动规则，与单个图书馆相比，其主要不同点在于图书馆联盟的行为规则是基于合作的规则，合作是贯穿图书馆联盟始终的内在精神。

BALIS 馆际互借中心成立之初就规定了馆际互借的一系列规章制度，包括馆际互借的服务内容、成员馆的责任、借出馆与请求馆的职责及中心馆职责等。例如 2007 年年底出台的《馆际互借协议》，规定了馆际互借服务的内容、目的、成员馆资格、借出馆的责任、借入馆的责任、义务范围、借阅条件等。《BALIS 馆际互借管理办法》规定了馆际互借的服务对象、互借文献范围、借阅数量、期限、费用等。《BALIS 馆际互借补贴方案》规定了馆际互借补贴的具体要求等。

（一）馆际互借的基本原则

《BALIS 馆际互借管理办法》规定了资源共享的基本原则：(1)服务对象加入 BALIS，并与 BALIS 项目管理中心签订协议的北京地区高校图书馆及其用户；(2)文献范围各成员馆收藏的中文普通图书(注：鼓励各馆根据实际情况增加自己外借文献的范围)；(3)使用标准化的馆际互借表格，即借还书流转单；(4) 馆际互借的书目应根据请求馆的需要提供。

对于外文文献资料，馆际互借中心与国家图书馆、上海图书馆分别签署了《馆际互借合作协议》，其基本原则包括：(1)所指文献提供服务包括通过复制提供原文和原书出借服务；(2)协议双方在进行文献传递的过程中，都应当自觉遵守《中华人民共和国著作权法》《中华人民共和国著作权法实施条例》和我国已经参加的各种国际版权公约；(3)不应出借珍贵资料、有特殊版权的资料或其他受法律限制而禁止流通的资料；(4)双方必须配备专职人员负责本馆的服务工作和系统管理工作，如发生人员出差等变动，应及时安排其他人员，保证该项服务正常进行；(5)双方积极开展馆际互借与文献传递服务工作，一旦出现差错或设备故障，要求在三天之内解决；(6)双方应该详细记录双方发生的每条请求申请人、请求馆、文献信息、时间、费用和请求结果(对于未成功请求应说明具体原因)。

（二）馆际互借请求及响应时限

《BALIS 馆际互借管理办法》对服务时限做了明确规定。

1. 基于本馆馆藏

馆际互借请求在一个工作日内做出响应，三个工作日内送出文献，遇节假日顺延。

2. 基于其他服务馆馆藏

馆际互借请求在一个工作日内做出响应，并把请求转发到适当的借出馆。借出馆一个工作日向借入馆做出应答，三个工作日内向借入馆送出文献。遇节假日顺延。

3. 基于上海图书馆、国家图书馆馆藏

双方每天至少两次查看请求情况，检查用户申请单的内容，并核查本馆馆藏。对于接收到的借出请求，必须在三个工作日（加急时一个工作日）内完成本地处理，发出请求文献。如果无法满足，应在三个工作日（加急时一个工作日）内向请求方说明原因。

（三）馆际互借借出限制

1. 关于费用结算的规定

费用结算关系到中心馆与物流，读者和其所在馆，成员馆与中心馆，各成员馆相互间的结算。

补贴结算：主要关系到成员馆与中心馆之间的结算。中心馆每年一次给提供图书借出服务的成员馆发放一定的补贴，补贴的发放办法见《BALIS馆际互借补贴方案》。

物流结算：主要关系到中心馆与物流的结算。物流一般由专业的物流公司承担，每月月底的最后一个工作日，由中心馆和物流公司进行馆际互借经费结算。

各成员馆相互之间的结算：由于读者在借阅过程中出现违章（如过期、污损、遗失等）导致的费用，原则上先由各借入馆将罚款垫支给借出馆，是否向读者追缴，由各馆自行决定。

与国家图书馆、上海图书馆之间的结算：

（1）双方按照各自的收费标准计价，在每年的12月对上一年度的费用进行结算；

（2）国家图书馆、上海图书馆的馆际互借和文献传递的价格标准参考《馆际互借和文献传递政策》中的费用内容节，双方按照附件中书面规定的价格计费；

（3）费用结算采用抵扣的方式，即协议双方将每年发生的费用相抵扣，费用多的一方支付双方费用的差额部分；

（4）双方约定，最终价格按照应付差额部分计算，并按照附件《协议双方的联系和支付方式》中的“支付方法”一节进行支付。

读者和其所在馆之间的结算：读者和其所在馆之间的结算关系。主要包括读者在借阅过程出现的违章罚款费用，其结算方式由各成员馆自行规定。

2. 关于借出期限的规定

读者借阅期限为一个月，考虑物流送还所需时间（按各一周计），建议各馆将互借时间设置为一个半月。如遇特殊情况，外借图书不论到期与否，各图书馆有权随时索回。

（四）馆际互借补贴方案

《BALIS馆际互借补贴方案》规定了馆际互借补贴的具体规定。方案指出：为提供馆际互借服务的各成员馆发放补贴。补贴的范围包含借书补贴及物流补贴。

1. 借书补贴

借书补贴为给提供图书出借服务的借出馆发放的补贴。

(1) 借书补贴的原则

依据各馆的业务量、评估成绩以及配合中心馆相关工作等方面的考核结果进行补贴;宣传月占评估成绩的30%,年终评估占70%。

(2) 借书补贴的比例

BALIS馆际互借服务系统中各成员馆为给提供图书出借服务的借出馆每册2元的补贴经费。

国家图书馆、上海图书馆一律使用CALIS融合系统提供服务,融合后馆际互借服务补贴经费发放如表5.1所示。

表5.1 国家图书馆、上海图书馆补贴价格

	价格	CALIS补贴	BALIS补贴
国家图书馆	19元/册	9元/册	10元/册
上海图书馆	18元/册	9元/册	9元/册

注:以上费用含往返物流费、包装费、馆际互借服务费。

(3)借书补贴的发放

每年由BALIS馆际互借管理中心统计各借出馆的总借出量,计算出总额后报请BALIS项目管理中心,再由BALIS项目管理中心分发给各借出馆。

2. 物流补贴

物流补贴为物流公司在图书运输过程中所产生的物流费用。

(1) 物流补贴的比例

在原馆际互借系统提交的申请,物流费用全部免费,由BALIS项目管理中心承担。

在融合系统中提交的申请,物流费用一律由国家图书馆、上海图书馆承担,BALIS馆际互借中心不再负担。

(2) 物流补贴的发放

每月月底的最后一个工作日起,至下月中旬之前,由BALIS馆际互借管理中心统计出各成员馆当月的总物流费用,计算出总额后报请BALIS项目管理中心,再由BALIS项目管理中心和物流公司统一结算。

(五) 馆际互借资源的归还政策

借出馆可能随时召回图书,借入馆应及时将图书归还给借出馆。借出馆直接向请求馆发送逾期通知。借出馆负责通知借入馆未及时归还的图书。借入馆对所借的图书承担最终责任。如果图书延期归还、损坏或丢失,借出馆可要求请求馆更换、赔偿或支付罚款费用等。

(六) 馆际互借资源的运输政策

各馆外借的图书统一由BALIS馆际互借管理中心指定的物流公司进行运输,附加一份《BALIS馆际互借借书流转单》或《BALIS馆际互借还书流转单》。若物流公司在运输过程中出现图书遗失、污损情况，请借出馆或借入馆与物流公司协商解决。因物流公司单方原因导致的图书长时间未能送达指定馆，责任由物流公司承担。

（七）馆际互借评估政策

为了对 BALIS 馆际互借服务质量进行阶段性、综合性评价，鼓励先进，推动 BALIS 馆际互借服务的进一步发展，BALIS 馆际互借管理中心于 2009 年起制订了服务评估方案。每年定期对 BALIS 馆际互借服务工作进行评估和总结，并设“BALIS 馆际互借优质服务馆”和“BALIS 馆际互借服务先进个人奖”等奖项，对为项目建设做出突出贡献的单位和个人进行表彰。

1. 评估目的及对象

(1) 为奖励在 BALIS 馆际互借工作中做出突出贡献的成员馆，表彰先进，提升服务水平，推动 BALIS 馆际互借工作繁荣发展，BALIS 馆际互借中心特制订本办法。

(2) 开展了 BALIS 馆际互借服务的成员馆均是本办法评估的对象。

2. 评估标准

(1) 服务能力：BALIS 资源的富足程度，人员、设备的配备情况。

(2) 服务态度：包括在服务过程中是否认真、细致，及时提供服务情况等以及自取自还的情况。

(3) 服务质量及服务效果：馆际互借业务量（包括接收请求量、提交请求量和开户人数及使用量等），在本校宣传推广和培训的情况，馆际互借满足情况及服务导航情况。其中第三部分是最主要的评估内容。

3. 评估程序与步骤

(1) 确定评估目的与评估对象，建立评估指标体系，指标体系包括一级指标和二级指标，以及指标定义。

(2) 确定评估标准，给出指标的权重比例，以及每个指标的具体分值。

(3) 采用以下方法收集指标数据：通过馆际互借系统统计和各成员馆上报，结合读者反馈意见获取数据。

(4) 对数据进行统计、分析和研究，得出评估结果。

(5) 拟评估名单在“BALIS 馆际互借中心网站”进行为期一个星期的公示。

(6) 中心馆向 BALIS 管委会报告评奖结果，由管委会批准后，召开本年度年终总结大会进行授奖。

4. 评估原则与计分方法

(1) 全面了解与重点评估相结合。既要考虑整体成员馆，又要对平时认真、细致开展服务的成员馆进行重点评估。

(2) 评估与引导相结合。既要对服务工作开展情况做出判断，更要为服务的发展与改进提出建设性思路与办法。

5. 评估体系与计分方法

馆际互借评估体系与计分方法如表 5.2 所示。

表 5.2　馆际互借评估体系与计分方法

<table>
<tr><th>一级指标</th><th>分值</th><th>二级指标</th><th>分值</th><th>指标定义</th><th>数据来源</th><th>评分方法</th></tr>
<tr><td rowspan="4">服务能力</td><td rowspan="4">20</td><td>服务设备</td><td>2.5</td><td>馆际互借服务所需设备：计算机、打印机</td><td>由各成员馆上报</td><td>配备计算机、打印机 1 项且运行良好各得 1 分，配备传真机得 0.5 分</td></tr>
<tr><td>人员配备</td><td>2.5</td><td>是否有专职从事 BALIS 馆际互借服务的工作人员，并参加本年度馆际互借业务培训</td><td>由各成员馆上报</td><td>配备专职人员 2 分，仅配备兼职人员 1.5 分。参加培训加 0.5 分</td></tr>
<tr><td>馆藏资源</td><td>10</td><td>可提供外借的图书种数、册数</td><td>由各成员馆上报，管理中心统计</td><td>可提供外借图书种数、册数排名前 5 名的学校得 10 分，6～15 名学校得 8 分，16～30 名学校得 5 分，30 名以下得 3 分，未参加者得 0 分</td></tr>
<tr><td>服务导航</td><td>5</td><td>是否对 BALIS 服务进行清晰指引、介绍和导航</td><td>由各成员馆上报</td><td>服务介绍、指引清晰 5 分，较清晰 4 分，不够清晰 2 分，无介绍 0 分</td></tr>
<tr><td rowspan="2">服务态度</td><td rowspan="2">5</td><td>配合中心馆工作</td><td>3</td><td>衡量 BALIS 成员与中心馆的信息沟通程度，通过成员馆上报本馆相关情况，帮助中心馆实现信息更新和成员馆资源优化</td><td>管理中心统计</td><td>积极配合 3 分，配合 2 分，不够积极配合 1 分，不配合 0 分</td></tr>
<tr><td>自取自还</td><td>2</td><td>是否开通自取自还</td><td>管理中心统计</td><td>开通得 2 分，未开通得 0 分</td></tr>
<tr><td rowspan="7">服务质量与效果</td><td rowspan="7">75</td><td rowspan="3">业务量</td><td rowspan="3">60</td><td rowspan="3">完成的 BALIS 馆际互借各种业务量（件/年）：接收请求量、提供图书外借数量、提交请求量和开户人数及使用量等</td><td rowspan="3">管理中心统计</td><td>提供图书外借量 600 册以上得 30 分，400～599 册得 25 分，300～399 册得 20 分，200～299 册得 15 分，100～199 册得 10 分，50～99 册得 8 分，10～49 册得 6 分，5～9 册得 3 分，2～4 册得 2 分，1 册得 1 分，“0”数据 0 分</td></tr>
<tr><td>提交请求量 2 000 册以上得 20 分，1 000～1 999册得 17 分，600～999 册得 13 分，300～599 册得 10 分，200～299 册得 7 分，100～199 册得 5 分，50～99 册得 3 分，10～49 册得 2 分，10 册以下得 1 分，“0”数据 0 分</td></tr>
<tr><td>使用人数排名前 5 名得 10 分，6～10 名得 8 分，11～20 名得 5 分，21～30 名得 3 分，30 名以下得 1 分，“0”数据 0 分</td></tr>
<tr><td>满足率</td><td>5</td><td>满足率</td><td>管理中心统计</td><td>85%～100%为 5 分，70%～85%为 4 分，60%～70%为 3 分，60%以下 2 分</td></tr>
<tr><td>响应时间</td><td>5</td><td>平均满足天数</td><td>管理中心统计</td><td>符合承诺工作日（三日）为 10 分，每拖延 1 天，扣 0.5 分</td></tr>
<tr><td>培训</td><td>5</td><td>开展 BALIS 馆际互借服务培训次数、人数</td><td>由各成员馆上报</td><td>本年度开展培训一次且人数在 100 人以上者得 5 分，培训人数不足 100 人得 3 分，未开展培训 0 分</td></tr>
</table>

五、服务工作开展

(一)明确目标 通力合作

BALIS馆际互借服务在资源建设方面充分整合和利用了北京市80家高校图书馆以及2家公共图书馆的资源和能力,发挥整体优势,为我国图书馆联盟的运行提供了良好的范本。

为加强北京地区图书馆、文献信息机构之间的协作,充分利用文献资源满足北京地区高校读者的文献信息需求,实现本地区文献资源共享,BALIS馆际互借中心于2010年5月与国家图书馆签订了馆际互借合作协议。自2010年5月31日起,国家图书馆馆藏中近3年以前、20年以内的外文基藏库图书均可向BALIS馆际互借各成员馆提供外借。国家图书馆已有文献资源3 100多万种,半数以上是外文资源,而且每年都在不断增加,丰富了馆藏文献数量。自与国家图书馆馆际互借服务开通以来,接收请求数共计33 114册,请求已满足数21 186册,满足率65.54%。借出册数共计21 186册,国家图书馆补贴共计169 488元。

2011年5月,BALIS馆际互借中心又与上海图书馆签订了馆际互借合作协议。自2011年5月25日起,上海图书馆馆藏中1949年以来的外文参考外借类资料(其中包括阅览室图书)均可向BALIS馆际互借各成员馆提供外借。目前上海图书馆可提供馆际借阅的参考外借类图书有1 000多万册,其中外文图书(包含英、法、俄、德、日文等多语种)160多万册。自上海图书馆服务开通以来,接收请求数共计3 854册,请求已满足数2 893册,满足率81.58%。借出册数共计2 893册,上海图书馆补贴共计72 868元。国家图书馆与BALIS馆际互借的地域性文献传递服务的合作模式,充分推动了双方文献提供服务的发展。

全国性信息资源共享机构并存的时代,各种共享组织必须开放和合作,才具有发展活力。BALIS馆际互借服务要尽快摆脱目前服务成本过高的困境,有效办法之一是实现与CALIS的有机融合。自2015年BALIS馆际互借中心与CALIS管理中心正式签署了服务与系统融合协议后,在实践中建立起了一条相对稳定、成本低、效率高的文献获取通道。

1. 读者受益,便捷利用

BALIS馆际互借服务与CALIS系统的有机融合,有利于北京高校读者高效、快捷、优惠地利用服务。许多北京高校图书馆都同时利用CALIS、BALIS开展服务。

由于经费支持和文献获取范围的区别,读者需要分别在不同的系统注册用户和提交请求,容易造成混淆,许多读者经常反映这些问题,也多次要求从一个入口登录获取各个系统的文献,BALIS馆际互借服务与CALIS系统的融合正好可以满足这种读者方便利用的需求。

2. 节约成本,方便管理

近年,BALIS馆际互借在业务量大幅增加的同时,服务成本也大幅上升。补贴费用、物流成本连年攀升。二者融合可以充分利用CALIS资源开展服务,解决馆际互借服务长期存在的资源瓶颈问题。CALIS目前已经搭建起e读同一检索平台,该平台集成高校所有资源,整合图书馆纸本馆藏、电子馆藏和相关网络资源。利用这些资源可大量节约经费,如果直接利用CALIS系统每年还可以节约数万元的系统维护费。

(二) 共享促进共建 联盟富有特色

BALIS作为北京地区高校图书馆联盟体系，成立十年以来，已逐步发展为完善的区域性信息资源保障体系。BALIS通过利用彼此馆藏，为读者提供更充足的资料，达到了资源共享的目的；同时提高了北京地区高校图书馆的整体效益，促进了北京地区高校图书馆，特别是中小型高校图书馆信息化的发展，更好地满足了用户的信息需求。

BALIS馆际互借中心自成立以来，结合热点主题，组织大型活动，一方面加强了成员馆之间的沟通；另一方面促进了联盟文化的构建，培养了成员馆间的合作意识，增强了联盟的凝聚力。其主要体现在文献保障，技术支撑，完善的制度建设，合作平台的保障，稳定的资金等五个方面。

(三) 共享观念 协调管理

BALIS馆际互借服务的制度建设主要包括共享观念体系、协调组织、管理方法等建设。

1. 共享观念体系

资源共享的实现需要有一个观念基础，应通过多种方式提倡和推行全局观念、资源观念、合作观念、双赢观念。

北京地区高校的资源共享、构建信息服务机制对于北京地区高校文献资源保障工作的整体发展有着深远的历史意义。十年来，资源共享降低了文献资源建设成本，提高了文献资源建设质量；区域性文献共享提高了读者对文献资源的利用率；同时通过馆际互借服务合作极大地推动了组织机构的合作。共享合作促进各馆展示各自馆藏，了解各自馆藏优势与劣势，促进各馆的文献资源建设；同时对促成资源联合采购、特色数据库共建以及资源建设标准统一都将产生重要的影响。

2. 强化组织建设

BALIS馆际互借服务历经探索、发展和思考后，提出“1个中心(读者)，2个保障(资源、系统)，3个重点(宣传、服务、管理)”的发展方略，BALIS馆际互借的发展方略修订为“以读者为中心，以补贴服务和提升服务为保障，以宣传推广、培训交流、评估总结为重点”，着重做好宣传推广、使用培训、读者补贴和对成员馆的服务评估等工作。同时协助BALIS管理中心做好馆际互借系统与其他系统的协调工作。

进一步完善组织机构，加强BALIS项目建设的监督、检查、评估机制。首先，要有意识地培养各成员馆的团体精神，形成相互学习、团结一致、不虚夸、乐于奉献、有难同当的氛围；其次，应建立一种相互信任的机制，不猜忌，同进退；最后，各成员馆要有明确的分工，并能勇于承担各自的责任。各成员馆之间良好的信任与合作将直接影响着图书馆联盟的发展。

3. 集中协调管理，激励约束并举

成功的图书馆联盟既需要有效协调联盟和成员馆之间的关系，在联盟的整体目标和成员馆的个体目标之间寻找平衡点；又需要协调成员馆之间的利益。协调的过程就是管理的过程。馆际互借中心自成立以来负责协调各馆之间的业务往来以及在服务过程中出现的问题；同时，出台了一系列的激励与约束办法，以保障馆际互借服务工作的正常开展。

十年来，BALIS 馆际互借中心按时进行物流费用、外借册数、件数、各馆补贴费等多项指标的统计工作，并及时向管委会上报馆际互借服务的各项统计数据(外借图书数量、各馆补贴费用、物流件数、册数等)。在主页及系统中发布这些文件及相关通知，方便各馆下载浏览。馆际互借中心的老师经常接到各馆打来的各类咨询电话，每位老师均认真、细致地解答，并根据经验向各馆提出许多指导性的意见和建议。各位老师勤勤恳恳地忘我工作，为BALIS 馆际互借中心的发展做出了贡献。以上管理工作使得馆际互借工作有规可依，有章可循，服务可以规范、公正、高效地运行，且保持制度的公开性、透明性。

为了使图书馆联盟中各成员馆更加有效地合作，BALIS 馆际互借中心采取了激励手段以提高成员馆的积极性。从管理方式上运用评估和激励相结合的方法，对开展的重大活动和年度服务进行评估，例如宣传月活动评估和年终评估等，奖励先进集体和先进个人；同时还定期公示系统服务数据和服务排行榜，在系统内形成向先进看齐的良性竞争氛围。

(1) 修订评估指标体系，修订补贴方案

2016 年，依据发展需要，BALIS 馆际互借中心再次修订了评估指标体系，减少自评分，加大服务效果分值，并交委员馆会议讨论通过，从而使评估依据更加客观公正。本年度对馆际互借中心支付给国家图书馆、上海图书馆的补贴费用进行了修订，并上报管理中心。

(2) 定期公布服务统计数据和排行榜数据

按学期、按年度，按某项活动的评估时限公布服务统计数据和排行榜数据，做到各馆心中有数。

(3) 评分过程

评分过程减少人为干预，实现系统自动评分。

(4) 公式评估结果

每年度平均开展两次评估活动，一是宣传月评估，二是年终评估。每次的评估结果都会通过邮件、中心主页和 QQ 群及时向成员馆公示。BALIS 馆际互借成员馆 QQ 群已达 200 多人。

(四) 服务创新 质量提升

1. 扩展用户层次，提升读者群体

随着国家图书馆与上海图书馆的加入，BALIS 馆际互借服务的外文资源得到了极大的补充。目前馆际互借服务宣传工作已经有了很大效果，使用服务的读者群体也由本科生扩展到研究生和高校教师。馆际互借服务的使用率按照本科生—研究生—教师的顺序不断提高，这也客观反映了三个读者群体所需文献广度的差别和对馆际互借服务的需求情况。服务的深度得到了极大的扩展，BALIS 馆际互借服务用户注册人数、使用人数及读者职称统计分别如图 5.2 至图 5.4 所示。

服务也得到读者的极大认可，在此节选来自系统内部分读者的评价：

“清华大学的服务是无与伦比得好，老师反应速度超快，资源丰富，尽心尽力，不愧是清华！如果 100 分是满分，我想打 1 000 分。”

“国家图书馆的服务太方便了，经济快速的服务令人折服！国家图书馆是国家知识的海洋！”

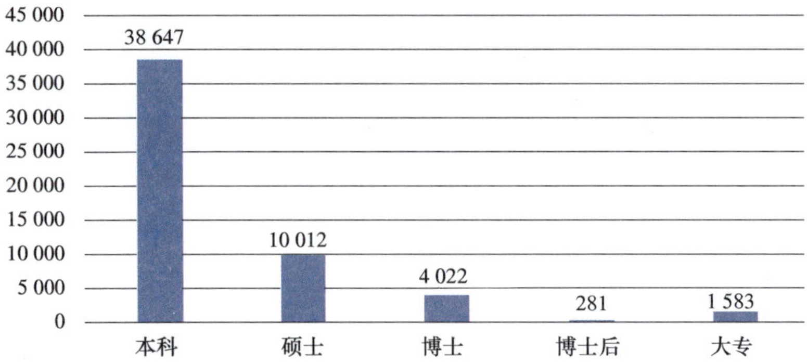

图 5.2 BALIS 馆际互借服务不同群体注册人数统计

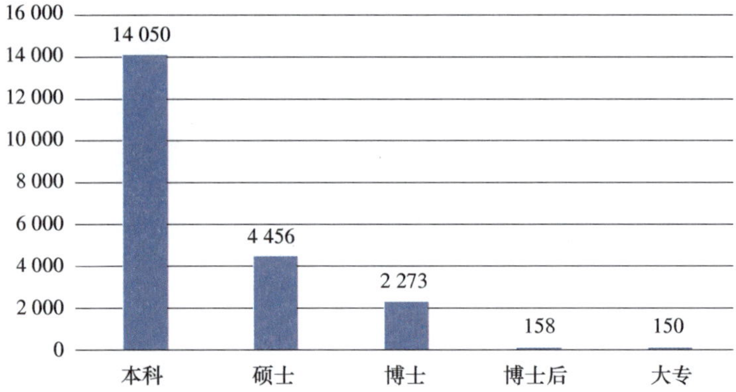

图 5.3 BALIS 馆际互借服务不同群体使用人数统计

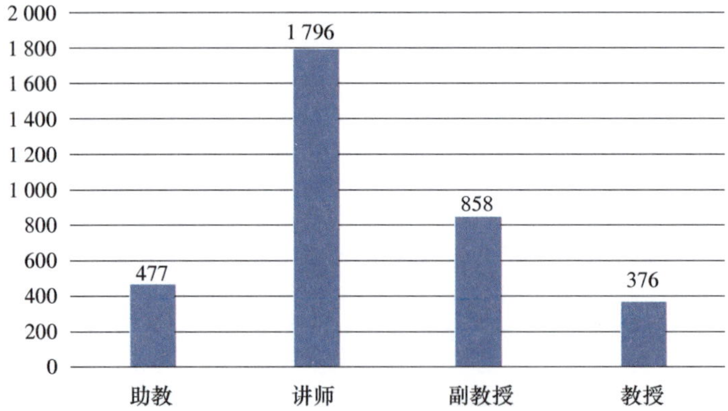

图 5.4 BALIS 馆际互借服务用户职称统计

“传递速度很快，很好用。以后还会一直用的。谢谢！”

“库不是很全，但服务真的没话说！赞一个！”

“北京交通大学图书馆的文科文献有时正好弥补了其他综合性大学的不足，很赞。”

“感觉太好了！老师很负责任！效率很高！！”……

2. *服务长足发展 质量稳步提高*

BALIS 馆际互借服务启动多年来，各种数据快速增长，服务质量稳步提高，2008—2016

年 BALIS 馆际互借服务数据统计如表 5.3 所示。

表 5.3 BALIS 馆际互借服务数据统计表

年份 统计项	2008	2009	2010	2011	2012	2013	2014	2015	2016	总计
系统注册人数/人	839	5 121	9 348	10 908	12 108	10 052	10 262	11 194	7 717	77 549
提交请求数量/条	628	3 979	6 742	15 564	22 606	22 369	23 305	24 841	18 504	138 538
文献满足数量/条	297	2 221	3 859	8 049	14 809	16 250	17 281	16 092	11 683	101 494
满足率/%	47.3	57.9	57.2	60.5	71	73	63.38	64.79	63.84	62.10
发展成员馆数/家	55	63	69	73	77	77	78	80	80	80
物流费用/元	4 643	26 000	58 300	111 763	151 105	167 844	193 550	229 920	164 552.8	1 107 677.8

服务数据的增长与 BALIS 馆际互借中心开展的系列活动密不可分。BALIS 馆际互借中心外文图书外借统计如图 5.5 所示，2008—2016 年借出量统计如图 5.6 所示。

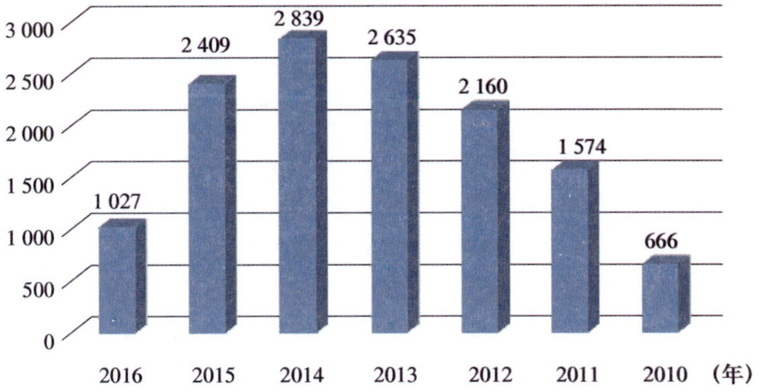

图 5.5 BALIS 馆际互借中心外文图书外借统计

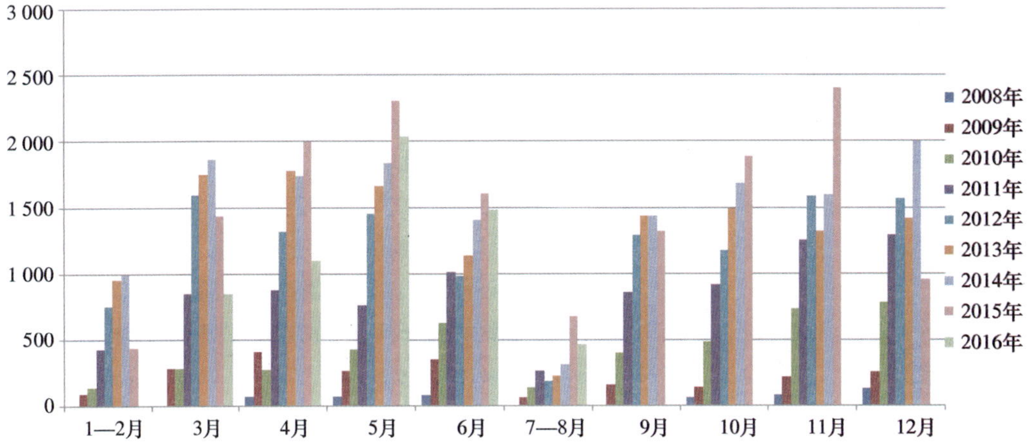

图 5.6 2008—2016 年借出量统计

BALIS 馆际互借服务系统内开户数 87 家，正式签约馆增至 78 家。读者注册人数达 54 550 人，提交请求 93 271 条。共计借出图书 52 607 册，满足率为 60.07%。

借出图书最多馆为:国家图书馆、上海图书馆、清华大学图书馆、中国人民大学图书馆、中国政法大学图书馆、北京大学图书馆、北京航空航天大学图书馆。提交请求最多馆为北京交通大学图书馆、中国人民大学图书馆、北京师范大学图书馆、中国社会科学院研究生院图书馆。

(五)宣传成效显著方法注重创新

自 2009 年以来,BALIS 馆际互借中心每年都在组织宣传月活动,成效较为卓著,经验相对丰富。2012 年以来,馆际互借中心与原文传递中心联合开展宣传月活动:在活动内容、活动方案的设计上,在沿用以往成熟做法的基础上增加了“专题宣传片”和开展“走进学生社团”等活动。BALIS 馆际互借中心编写、制作了统一的新版宣传页材料和读者调查问卷,率先制作宣传展板,拍摄专题宣传片,组织现场会。各成员馆的活动也是各显神通、各具特色,涌现出许多创新之举,例如:馆长、副馆长亲自参与现场咨询,开展现场注册有礼活动,通过校园 BBS、校园论坛、校园新闻网、OA 系统、校园社区向全校宣传,通过老师、勤工助学的学生上门宣传,与研究生合作,赠送宣传大礼包,深入院系、学生社团宣传,有些馆自投经费用于宣传,通过名人宣传等。

2011 年 4 月 22 日,在中国人民大学图书馆新馆大厅召开“BALIS 原文传递/馆际互借宣传月活动现场会”,北京电视台 e 线图情对此次活动进行了采访报道。BALIS 管理中心主任刘大椿馆长、BALIS 原文传递中心主任汪永红书记、BALIS 馆际互借中心主任严潮斌馆长、国家图书馆参考咨询部主任方自今、副主任陈荔京、中国人民大学法学院博士研究生张苏等分别在会上讲话、致辞和发言。此项活动通过媒体宣传对各成员馆的特色资源是一个充分的展示过程。北京电视台还专门对 BALIS 服务进行了新闻报道。

十年来,各成员馆共办 BALIS 馆际互借讲座 908 场,共计 155 010 名学生参加;回收来自 70 家成员馆的 33 469 份调研问卷;为 51 家成员馆设计制作了 195 张宣传展板,并组织了“馆藏资源巡展活动”。2008—2016 年宣传月外借图书数据统计如图 5.7 所示。

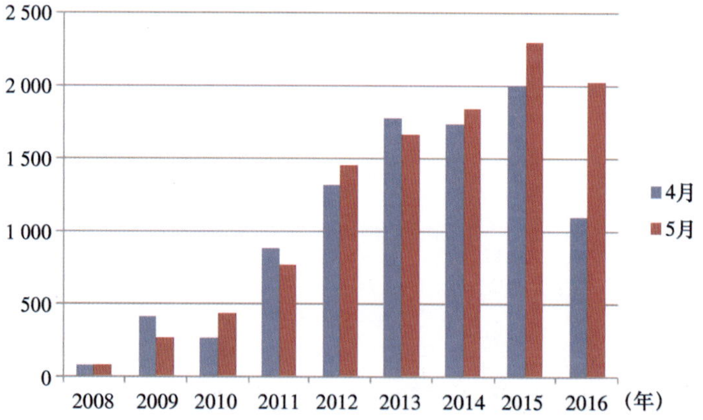

图 5.7　2008—2016 年宣传月外借图书数量统计

(六) 研讨思考明天 拓展共享渠道

为了提高北京地区高校图书馆的文献保障水平,充分实现馆际资源共享,推动馆际互借服务进一步向前发展,BALIS 中心于 2011 年 4 月 6 日、8 日组织调研了浙江大学图书馆玉泉校区、南京大学图书馆鼓楼校区。调研目的是:比较地域性文献资源保障体系的发展特点,把握地域性资源共享的发展趋势,修订和补充 BALIS 馆际互借/原文传递发展策略,推动 BALIS 馆际互借/原文传递进一步向前发展。

通过调研认识到:ZADL 和 JALIS 基本上都以“共建、共知、共享”为原则,以 CALIS 为依托,通过集团采购、自建特色数据库和自建联合目录等方式,着力于资源揭示和建设工作,同时也十分注重各种服务平台的搭建,为服务的开展和发展奠定了较好的基础;而 BALIS 基本上是资源和服务的共享体系,致力于开展原文传递、馆际互借、联合咨询、培训等各种服务,在服务宣传推广和深化方面颇有特色,但相对而言,BALIS 服务的基础如原文传递服务资源保障方面一直被视为瓶颈问题。

2014 年 10 月 30 日—11 月 5 日,BALIS 原文传递中心联合 BALIS 馆际互借中心组织成员馆负责人,参观调研了绍兴图书馆、绍兴文理学院图书馆、温州大学图书馆、福州大学图书馆、厦门大学图书馆五所图书馆。向 CALIS 福建省中心了解原文传递和馆际互借服务基础数据库建设情况:建设联合目录,了解了自建特色数据库的经验和启示;目前原文传递系统多系统并行情况下,对读者的导向情况以及读者的利用情况如何;厦门大学图书馆作为福建省中心,如何宣传推广和管理原文传递和馆际互借服务;作为成员馆,校内又如何对读者进行宣传推广等。

2016 年 3 月 23—28 日,BALIS 原文传递中心在管理中心协助下联合馆际互借中心,组织所属委员馆馆长参观调研了西安交通大学图书馆、西北工业大学图书馆、西安电子科技大学图书馆、陕西师范大学图书馆、陕西理工大学图书馆五所图书馆。西北工业大学图书馆的特色主要是为学校提供学科分析和决策支持,为学校学科建设和发展决策提供参考,为学校奖励计划提供权威数据与参考,在学校高端人才引进提供决策参考。西安电子科技大学图书馆已逐步形成了以信息和电子学科为特色,理、工、文、管、经等多学科文献并存的文献资源保障体系。陕西师范大学图书馆设施先进,藏书丰富。截至 2015 年 4 月共有纸本藏书 353 万册,其中馆藏古籍线装图书 25 万余册,古籍善本 700 余部、9 000 余册,其中有 14 部古籍善本入选《国家珍贵古籍名录》;历代石刻拓片 12 000 余通;地方志收藏较为丰富,尤其是陕西地方志收藏较为完备;另外,大型古籍丛书、古今名人字画收藏丰富。

为了提高北京地区高校图书馆的文献保障水平,充分实现馆际资源共享,推动馆际互借服务进一步向前发展,2016 年 10 月 31 日—11 月 4 日,BALIS 馆际互借中心秘书处组织参观调研了上海图书馆、中山大学图书馆两所图书馆。上海图书馆宾锋主任详细介绍了上海图书馆文献传递中心馆际互借工作的开展情况,Horizon 系统、文献传递系统的开发情况和文献传递工作的业务流程。在中山大学图书馆,BALIS 馆际互借中心人员与广东省高校图工委秘书长、中山大学罗春荣副馆长,周纯副馆长,东校区图书馆冯东馆长,技术部司徒俊峰主任以及馆际互借相关负责老师进行了座谈交流,详细了解学校的学科特色和图书馆的馆藏特色。周纯副馆长详细介绍了广州大学城高校图书馆资源共享项目——广东省教育厅“创新强校工程”。该项目共计包含资源、系统、服务三大模块,并于 2015 年年底建设完成“广州大学城高校图书馆资源共享系统平台”。项目顶层设计由广东省高校图工委整体规划、指导,项目具体建设由中山大学图书馆、华南理工大学图书馆、华南师范大学图书馆分工合作、协调完成。项目的实施过程由广州大学城 10 所高校图书馆配合协助完成。

通过参观考察,BALIS 馆际互借人员增长了见识,开阔了眼界。不仅领略到了各省、各地区图书馆事业现代化的发展程度,“一切从读者角度出发”人性化的服务理念,同时更深切地感受到这些地区的图书馆有许多值得学习和借鉴的方法和经验，也对自身工作的进一步开展与推进有了深入的思考。

（七）科研提升影响服务创新人才

北京地区各高校馆际互借员在工作之余，总结研究工作中的经验与方法，申请了各类课题项目，如图 5.8 所示，BALIS 馆际互借中心发表论文统计如图 5.9 所示。

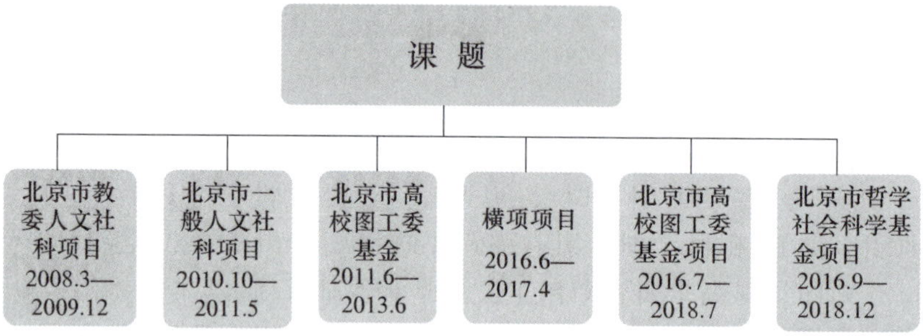

图 5.8 BALIS 馆际互借中心课题统计

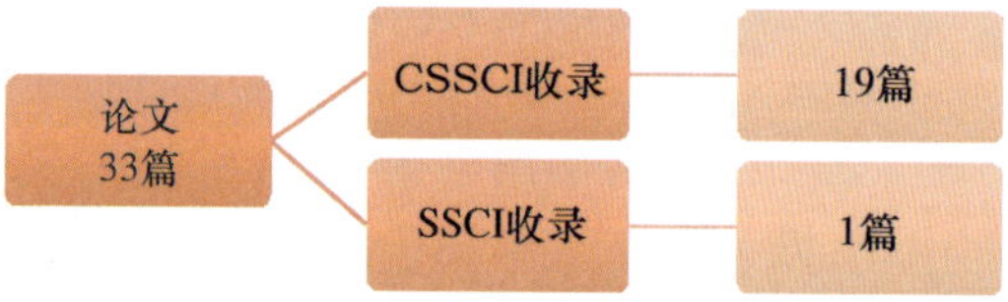

图 5.9 BALIS 馆际互借中心发表论文统计

BALIS 馆际互借中心论文成果展示如下：

（1）Qian Wang. Analysis of BALIS Interlibrary Loan Service Management. Interlending & Document Supply (ILDS). Volume 41 issue 3Published：2013，Start page：75 SSCI 收录

（2）王茜，董晓霞．BALIS 馆际互借运营管理研究图书馆学研究 2012-06-23 CSSCI 收录

（3）王茜．基于系统的 BALIS 返还式馆际互借服务研究图书馆学研究 2009-06-15 CSSCI 收录

（4）吴雪芝．BALIS 馆际互借用户行为与期望现状分析及对策研究——以首都师范大学图书馆为例大学图书情报学刊 2014-05-10

（5）严潮斌．BALIS 馆际互借管理研究大学图书馆学报 2012-12-21 CSSCI 收录

（6）廖虹，邢素丽．中小型高校图书馆 BALIS 馆际互借服务探析北京教育学院学报 2012-06-20

（7）赵晓晔．BALIS“馆际互借”的实践与发展图书馆建设 2009-09-20 CSSCI 收录

（8）王茜，李玲．BALIS 馆际互借服务管理探析图书馆论坛 2012-10-20 CSSCI 收录

（9）赵晓晔，李高虎．基于虚拟联合目录的 BALIS“馆际互借”新型应用与实践现代图书情报技术 2009-08-25 CSSCI 收录

（10）南玉霞．以实践评析 BALIS 馆际互借服务体系——以中国传媒大学图书馆为例图书馆学研究 2010-03-23 CSSCI 收录

（11）张慧萍．BALIS 馆际互借服务探析新世纪图书馆 2012-12-20

(12) 王利萍．中国农大东区图书馆馆际互借服务与问题分析——兼论 BALIS 馆际互借系统图书馆联盟建设与发展 2012-10-01 中国会议

(13) 王茜，严潮斌．BALIS 馆际互借服务绩效评估指标体系研究情报理论与实践 2012-08-30 CSSCI 收录

(14) 王茜．BALIS 馆际互借服务研究高校图书馆工作 2009-09-15

(15) 张福生．基于 BALIS 的联合体馆际互借传递成本归集研究图书馆理论与实践 2010-04-30

(16) 董晓霞．图书馆联盟馆际互借的运营模式研究——以 BALIS 馆际互借为例情报理论与实践 2012-03-30 CSSCI 收录

(17) 吴雪芝，钟文娟．BALIS 馆际互借满足率探析图书馆联盟建设与发展 2012-10-01 中国会议

(18) 解建红，王春华．BALIS 馆际互借的读者利用及影响因素分析图书情报工作 2013-12-15 CSSCI 收录

(19) 伊雷，张博婧．BALIS 馆际互借服务存在的主要问题及对策分析图书馆建设 2012-12-20 CSSCI 收录

(20) 仝卫敏．BALIS 馆际互借服务发展策略探讨中小企业管理与科技(下旬刊) 2010-02-25

(21) 赵晓晔．BALIS“馆际互借”任重而道远图书情报工作 2009-09-23 CSSCI 收录

(22) 何琼，武桂芹．制约 BALIS 资源共享的几个重要因素图书馆学研究 2010-08-08 CSSCI 收录

(23) 刘迎新．北京地区高校图书馆联盟运营管理及实践研究——以 BALIS 服务体系为例农业图书情报学刊 2012-10-05

(24) 杨林坡．馆际互借服务的具体实践及存在的问题——以北京语言大学图书馆为例图书情报工作 2010-06-15

(25) 余献平，仝卫敏．高校图书馆返还式馆际互借服务模式初探——以北京为例情报杂志 2009-12-30 CSSCI 收录

(26) 王婷，杨守文，张国强．BALIS 的运营机制与发展模式图书馆建设 2008-12-20CSSCI 收录

(27) 丁立刚，张重喜，罗红艳．BALIS 的实践与发展高校图书馆工作 2010-05-15

(28) 张慧萍．BALIS 资源共享服务研究科技情报开发与经济 2012-07-25

(八) 关爱残疾读者服务社会公益

“关心残疾人是社会文明进步的重要标志。”BALIS 馆际互借中心成立十年以来，结合热点主题组织大型活动，一方面加强了成员馆之间的沟通；另一方面促进了联盟文化的构建，培养了成员馆间合作意识，增强了联盟的凝聚力。

2015 年，馆际互借成员馆中北京联合大学特教学院提出：该院有部分盲人读者需要借阅中国盲文图书馆盲文书籍。BALIS 馆际互借中心了解到该情况后非常重视，在 BALIS 管理中心领导的大力支持下，与中国盲文图书馆取得联系，馆际互借中心老师亲自来到盲文图书馆调研该馆馆藏、服务、系统情况。经过 BALIS 馆际互借中心的不懈努力，最终与中国盲文图书馆签署了《合作协议》。该协议的签署不仅丰富了 BALIS 馆际互借服务在盲文图书

方面的馆藏，能够更好地促进 BALIS 馆际互借服务，让更多的读者受益；同时可以让盲人群体更好地共享人类文明成果，唤起社会更多的爱心来关注这个群体；而且能够点燃高校残障读者的读书热情，让高校阅读引领社会的风尚。

六、系统平台建设

BALIS 馆际互借中心的各项业务依托于馆际互借管理系统展开，馆际互借管理系统的改进和维护对于保障馆际互借服务及其推广应用有着至关重要的作用。BALIS 馆际互借中心积极和软件研发公司沟通，分析、解决软件系统运行中出现的各种问题，保证服务工作的顺利进行。在此基础上，应用 jQuery 和 EasyUI 等新技术提升了用户体验，利用馆际互借系统与国家图书馆借还系统的对接大大提高了服务效率，通过揭示更多成员馆的馆藏信息实现了更广泛的优质资源共享。

(一) BALIS 馆际互借系统的维护工作

1. 日常维护

(1) 备份

定期备份系统程序与数据，保障系统安全、稳定运行。

(2) 问题答复或解决

随时关注各成员馆提出的问题并尽快予以答复或解决，需要公司处理的通过消息、电话、邮件等多种形式及时反馈给公司并跟进处理。

(3) 事务回退处理

对管理员操作失误造成的事务流程进行回退，处理此类问题 10 余次。

(4) 单据修正处理

对系统运行中产生的多余或异常的借书申请单、物流单进行修正，处理此类问题 30 余次。

(5) 程序测试

及时对系统改进功能进行测试并编写相关的测试文档反馈给软件开发人员，保证系统新增功能的可靠性与安全性。

(6) 编写系统使用说明

针对与国家图书馆馆际互借相关的系统改进功能编写用户使用说明文档并发送给各成员馆，帮助管理员和读者尽快熟悉新功能的使用方法。

2. 特定维护

(1) 系统 IP 更换

适应北京邮电大学 IP 地址调整的要求，对 Web 服务器与数据库服务器更换 IP 地址，并更改系统和程序的相应配置，以保证系统正常运行。

(2) 宣传月页面制作

配合 BALIS 馆际互借宣传月活动，每年宣传月均制作宣传月页面，加强馆际互借服务的宣传力度。

(3) 数据添加与数据迁移

对新增校区进行数据添加，对校区合并的读者信息进行数据迁移，更改相应信息。

（二）BALIS 馆际互借系统的改进工作

1. 全面改善系统功能并提升用户体验

对 BALIS 馆际互借系统进行全面的功能改善，推出新版系统的用户服务子系统和成员馆事务管理子系统，推出新版系统的中心事务管理子系统，使用时下流行的 jQuery EasyUI 技术对系统界面进行包装，增强了系统的信息揭示能力，提高了操作的便利性和界面的美观程度，同时也加快了操作执行速度。

2. 用户服务子系统改进

可对设置开放续借的出借馆图书提交续借申请。

3. 成员馆事务管理子系统改进

（1）添加对自取自还申请单的处理功能。

（2）在事务管理中添加借入馆聚合功能，方便管理员查看相同借入馆的申请单。

（3）可对快到应还日期图书进行还书提醒操作，对读者发送系统消息和邮件进行提醒，可查看提醒还书日志。

（4）可对超期图书进行图书催还操作，对读者发送系统消息和邮件进行催还，可查看图书催还日志。

（5）添加申请单查询功能。可按申请单提交日期、申请单号、索书号、图书题名、读者姓名等进行检索，还可以按本校是借入馆还是出借馆以及申请单各种不同状态来进行组合检索。

（6）添加服务数量统计，将注册人数、发送接收申请单、满足量和满足率等信息统计在一起显示，并可查看发送份数、满足量和未满足量的申请单详细信息。

（7）对申请单添加事务操作时间轴信息，方便查看此申请单的操作时间信息。

（8）成员馆系统可根据自己本校提供的馆际互借服务设置续借和自取自还参数。

（9）在成员馆系统中添加补打物流单功能。

（10）在成员馆系统中添加批量打印物流单功能。

（11）由于成员馆之中有的申请单前缀设置重复，导致申请单号重复，系统在处理申请单和物流单时发生错误，重新整理申请单前缀并对对应的申请单号进行整理。

（12）在成员馆系统中添加问卷调查功能。

4. 中心事务管理子系统改进

（1）添加更新中心系统最新动态的功能。

（2）在中心系统中添加问卷调查统计功能。

（三）馆际互借系统与国家图书馆借还系统的对接

1. 实现系统对接功能

国家图书馆的加盟为北京高校师生提供了可以共享的丰富优质的图书文献资源。由于国家图书馆的图书借阅量很大，其馆际互借管理员需要完成大量重复的、烦琐的业务操作。针对这种情况，BALIS 馆际互借中心组织软件研发人员利用 X-Service API 实现了馆际互借系统与国家图书馆借还系统的对接，简化了国家图书馆的系统操作。通过定时扫描国家图书馆 X-Service 接口可自动完成借还书流程中的多项操作：预约借书、满足或拒绝申请单、归还图书、生成物流单等。此外还支持手动扫描 X-Service 接口，帮助管理员快速生成特定成员馆物流单。国家图书馆文献借还流程如图 5.10 所示。

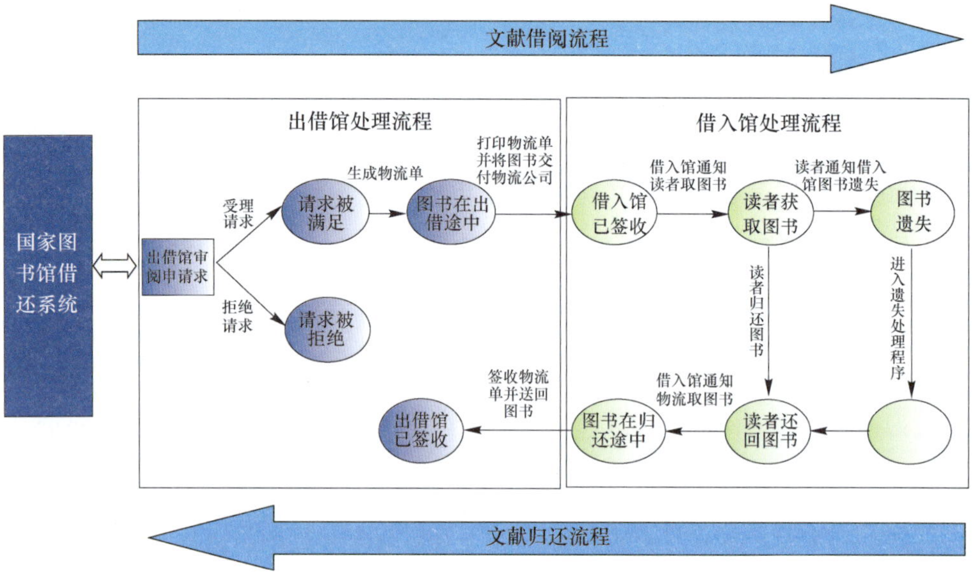

图 5.10　国家图书馆文献借还流程图

图 5.10 中，在馆际互借系统与国家图书馆图书借还系统实现对接之前，国家图书馆作为出借馆，管理员在借阅流程中需要审阅读者提交的申请单，根据图书状态决定受理或拒绝读者的请求，对受理的请求还要从本馆的图书借还系统中借出读者请求的图书，生成相应的物流单，打印物流单并将物流单和图书交付物流公司；在归还流程中，出借馆需要签收由借入馆发来的物流单并在本馆的借还系统中完成还书程序。而在实现了馆际互借系统与国家图书馆借还系统的对接之后，国家图书馆作为出借馆，其管理员只需完成借阅流程中的"打印物流单并将物流单和图书交付物流公司"(图中以浅蓝色方框标识)，其他所有操作步骤(图中以浅绿色方框标识)都由馆际互借系统通过与国家图书馆借还系统的信息传递来自动完成。这样就大大减少了国家图书馆工作人员的业务工作量，提高了系统的服务效率。

2. 添加国家图书馆读者卡设置功能

系统中增加了国家图书馆读者卡设置功能，可针对一所学校设置一张或多张读者卡，可对各学校的国家图书馆读者卡设置状态，当设置为欠费停借状态时不允许读者预约和借阅图书，并将已经预约成功的图书申请单改为拒绝状态。

3. 还书日期修正

考虑物流以及节假日对还书造成的影响，系统将国家图书馆物流单读者应还日期调整为 25 天，以保证及时归还国家图书馆借书，避免读者因为借书超过期限导致被罚款。

4. 中文借书量调整

系统在 9 月时允许每张国家图书馆借书卡向国家图书馆提交 50 本中文、50 本西文图书的申请单，考虑与其他馆相比国家图书馆在外文资源上更具优势，从节约物流费用的角度出发，调整为 11 月不允许向国家图书馆提交中文图书申请单。

(四) 联合检索子系统改进

1. 扩大资源检索范围

BALIS 馆际互借系统采用逻辑联合目录的方式来揭示共享资源，这种方法集成多个成员馆的 OPAC 系统，其优点是检索速度快，没有联合目录存储和上传的压力，检索的目录信息都是实时的馆藏数据；缺点是对成员馆 OPAC 系统依赖性强，成员馆 OPAC 系统的各种变动，如 IP 地址变化、软件升级等，都需要联合检索系统修改相应程序或配置。2017 年以来，多家成员馆的 OPAC 系统进行了升级换代，导致联合检索子系统原有程序无法检出其馆藏目录信息。在协作软件公司人手紧张的情况下，BALIS 馆际互借中心人员承担了改进联合检索子系统程序、接入更多新版 OPAC 系统的工作。具体完成情况如下。

(1)增加了汇文 5.0 版 OPAC 系统的接入功能，并通过增加或修改配置信息，可以正确显示以下图书馆的 OPAC 内容：

北京航空航天大学图书馆、中央财经大学图书馆、北京科技大学图书馆、华北电力大学(北京)图书馆、中国政法大学图书馆、中国石油大学(北京)图书馆、北京城市学院图书馆、二外中瑞酒店管理学院图书馆。

(2)修改了北创多个版本 OPAC 系统的接入功能，并通过增加或修改配置信息，可以正确显示以下图书馆的 OPAC 内容：

中华女子学院图书馆、北京服装学院图书馆、北京联合大学图书馆、北京联合大学应用文理学院图书馆、北京邮电大学图书馆、北京政法职业学院图书馆、北京青年政治学院图书馆、北京信息科技大学南校区图书馆、北京信息科技大学小营校区图书馆、北京化工大学图书馆、北京建筑大学图书馆、中央美术学院图书馆。

(3)通过增加配置信息，新增了中国青年政治学院图书馆的 OPAC 信息；通过修改程序，可以正确显示北京吉利大学图书馆的 OPAC 信息。通过联系高校图书馆 OPAC 系统维护人员修改其 OPAC 配置信息，解决了北京外国语大学图书馆 OPAC 信息无法显示的问题。

联合检索子系统的功能改进使得可检索馆藏资源的成员馆从原来的 10 多家增长为 40 多家，扩大了共享资源的检索范围，使更多资源得到有效利用。

2. 提高联合检索信息的准确性

由于 OPAC 页面链接时参数传递的限制，清华大学图书馆的书目信息之前在联合检索子系统中显示不准确，无论输入什么检索词，返回的检索结果都是 2 706 个，这样造成在实际检索结果不足 2 706 时超过实际结果的部分无内容显示，而在实际结果超过 2 706 时超过部分的内容又无法显示。为此，BALIS 馆际互际人员对清华大学图书馆的 OPAC 检索页面进行了反复试验和分析，修改了原来程序和配置中的错误，使清华大学图书馆的书目信息在联合检索子系统中检索到的结果数量与实际数量一致，提高了联合检索信息的准确性。

3. 优化检索界面

对检索界面进行优化处理，根据各高校特点及其馆藏资源特色将各个成员馆划分为工科类、艺术类、语言类、政法类、师范类、医药类等十几个类别，并添加了友好的提示信息，方便读者快速查找所需资源。

回顾多年来的发展历程，辛苦的付出使很多问题得到了解决，但依然有待完善：馆际互借系统与国家图书馆借还系统存在部分信息差异，联合检索子系统中有些成员馆 OPAC 系统无法接入，物流单多余或异常显示……有待今后进一步解决。技术是服务的基础和保障，服务水平的提升要靠技术创新来支撑，BALIS馆际互借中心有信心在新的一年里把技术工作做得更好！

七、资源共享的效益分析

按照经济学原理，经济价值是经济行为体从产品和服务中获得利益的衡量。就图书馆联盟而言，经济价值是指联盟在建设、运行等方面的人力、财力、物力的投入与联盟提供的服务对整个社会的满足程度之间的比例关系。图书馆联盟作为图书馆联合的最新形式，是为了实现资源共享、利益互惠的目的而组织起来的，不是一般的经济产业，而是文化教育和信息服务的公益性事业，一般都是无偿为用户、社会提供服务，以最大限度满足用户需求作为发展目标，所以它的经济价值不能以单纯的经济效益来衡量。BALIS当前的资源共享模式对提升北京地区高校图书馆联盟的服务具有重大作用。

（一）经济效益

经济效益主要是指信息服务单位在向用户提供信息服务过程中所获取的全部货币收入的总和。但就联盟效益来讲，很多经济收益具有一定的滞后性和模糊性。尽管信息资源并不直接产生物质财富，但是其为科研生产所用，间接所产生的经济收益，都会促进社会财富的增长。BALIS资源共享的经济效益主要体现在以下几个方面：

(1)降低资源的购置成本，提高各成员馆资源的保障率。任何形式的图书馆联盟的建设初衷都包括对降低资源购置成本效益的考虑。联盟的任何资源共享模式都可以直接或间接地实现资源购置成本的降低；各成员馆通过联合采购的形式，提高与资源供应商的谈判能力，降低单笔资源的购置经费；同时从联盟的角度出发，各成员馆按各自采购重点进行采购，有效减少资源的重复购置，节约购置用款，将文献购置经费利用效率最大化，进而提高各馆文献资源的保障率。

(2)有效节省时间，提高资源的利用率。联机合作编目、联合目录、统一检索平台等资源共享模式都可以有效节省图书馆员或者用户的时间。联机合作编目使资源著录标准化，提高各成员馆著录效率；联合目录和统一检索平台实现了成员馆资源的统一整合呈现，便于用户查询和检索信息，提高了信息获取和传递的速度。

(3)在各成员馆文献购置经费有限的情况下，利用联盟扩大资源获取范围。通过联盟资源共享，扩大读者可获取的资源范围。

(4)馆际互借大大便利了科研工作和文化教育工作。

（二）社会效益

社会效益是指联盟通过为社会提供的知识服务所产生的对社会有益的方面，包括社会对图书馆认知能力的提升等。BALIS资源共享所产生的社会效益主要包括以下方面：

(1)更大程度满足用户需求，实现信息资源价值的更大化，提升图书馆服务价值。通过联盟的形式实现资源共享，通过馆际互借和原文传递服务，满足读者在本馆资源外的文献需求，将信息资源的使用价值扩大化，对于提升图书馆的使用率和服务价值具有重要意义。

(2)有助于完善成员馆功能，提升馆员素质，进一步扩大图书馆的服务水平和社会影响力。通过联合信息咨询的区域性高校图书馆联盟资源共享模式实现馆际服务的交流和共享，在极大程度节省人力资源的同时，拓宽图书馆服务的广度；通过联合建设特色数据库、联合培训等方式增强馆际人员合作与交流，提高人员整体素质和业务能力，对于扩大图书馆整体服务水平，提升图书馆社会影响力具有重要意义。

(3)有助于改善联盟内部成员之间及图书馆各部门之间的协同能力，提升各馆乃至整个联盟的社会认同感和知名度。由于联盟资源的共建和共享并不是图书馆某个人或者某一部门可以独立承担的，需要各馆之间、各部门之间、各馆员之间的通力合作。充分调动联盟内部成员的协同参与程度，便于馆内各部门之间以及馆际各部门之间的交流和合作，有助于调动全馆员工的积极性，提高各馆乃至整个联盟的社会认同感和知名度。

(三) 利益平衡

1. BALIS是利益创造机制的有效实现形式

利益创造机制是指利益主体通过技术创新、制度创新、产品创新、市场创新等方式创造出产品或服务，并以产品或服务向社会换取经济利益、文化利益或政治利益的过程。它的基本要求是：第一，利益主体具有共同的愿景，即具有共同追求目标——经济利益、文化利益或政治利益，这是利益主体共同成立某一组织的前提；第二，利益主体的自主性，即利益主体在法律上是独立自主的自然人或法人，能自主参与利益创造而不受别人的非法干预，这决定利益是否具有较强的追利动机，只有利益主体具有自主性，利益主体才有较强的追利动机和自主依法经营；第三，利益主体有较强的创新能力，创新是利益创造的灵魂，只有创造出符合社会需要的产品或服务才能得到社会的承认，才能使产品或服务转换成经济利益、文化利益或政治利益；第四，成功的市场营销，这是利益主体实现其价值极其重要的一环，只有产品或服务成功推销出去，利益主体才能实现其价值，回收前期投入的成本，并获取相应的经济利益、文化利益和政治利益。

就 BALIS 而言，首先，BALIS 成立的动因是为了降低运行成本，实现共享，利益互惠，正是基于这一共同愿景而使各种不同的图书馆走到一起，共同组建北京地区的文献资源保障体系。如资源协调中心成立的目标是：通过联合采购提高信息资源保障能力，增加图书馆之间的合作，利用互联网的优势推销图书馆服务等。

其次，BALIS 具有良好的内部创新条件，有较强的创新能力。从内部环境来说，BALIS 具有良好的内部创新条件，一是具有较强的创新追利动机，即各成员馆的自主性决定了其具有独立的经济利益、文化利益和政治利益，使其具有通过创新追求利益的动机；二是 BALIS 具有创新所需的丰富的高级人力资源，BALIS 的成员不仅突破了行业、地区、国家界域的限制，还囊括了北京地区范围内众多的优秀人才，融会了创新思想，为创新提供了人才资源保障；三是 BALIS 内部形成了比较完善的科研体系，这个体系包括了计算机技术、网络技术、知识产权保护等方面。良好的内部创新条件使 BALIS 能够不断进行技术创新、管理创新、制度创新、产品创新和市场创新，并取得丰硕的成果，使之能成为我国领先的图书馆联盟之一。

最后，BALIS 能为成功的市场营销提供坚实的基础。一是要 BALIS 拥有庞大、完善的覆盖范围，可以说它存在的地方就是营销网络存在的地方，如包含北京地区全体高校及遍布各城区的图书馆；二是 BALIS 拥有技术先进、界面友好、检索和使用便利的网络技术、计算机技术、数字化技术和海量存储技术，为用户提供了便捷的通道；三是 BALIS 能大幅降低图书的使用成本，给用户带来切实的利益。例如，馆际互借中心统计数据表明，国家图书馆外文图书每册传递成本仅为8(补贴费用)+18(物流费用)=26元。

2. BALIS是利益分配机制的有效实现形式

所谓利益分配机制就是指在市场经济领域中，各个分配要素之间相互依赖、相互制约的关系以及它们在这个有机活动中相互作用的过程。利益创造需要合理的利益分配，利益分配是否合理直接关系到图书馆联盟关系能否维持，决定合作的成败。而要使利益分配趋向合理，一是要求图书馆联盟各个参与者平等协商；二是要求图书馆联盟各个参与者互惠互利，即图书馆联盟的各个成员中不存在一方无偿占有另一方利益的情况，各方都遵循“成本与收益对称”的原则参与对方的利益分配；三是图书馆联盟利益分配要强化激励机制，只有不断强化利益激励，使参与联盟的各个图书馆的积极性持续不断，联盟才能可持续发展。

就BALIS而言，首先，BALIS内部各个成员馆的自主性表明其具有平等性，可以为自主协商提供制度保障。其次，BALIS内部各馆之间能以互惠互利原则进行合作。例如，《协议》中明确成员馆的权利和义务，强调成员馆的平等利益，力求成员馆对文献信息资源的投入能得到应有的回报和补偿，保持其共建、共享的积极性。最后，BALIS具有较强的利益分配激励机制。利益分配激励机制主要体现在成本与收益对称的分配原则上，如馆际互借管理中心每年定期对馆际互借服务的工作进行评估和总结，通过评估，对为项目建设做出突出贡献的单位和个人进行表彰。

3. BALIS是利益协调机制的有效实现形式

利益协调机制是指不同利益主体之间相互联系协作的方式。有效的利益协调机制能够有效消除联盟内部的各种矛盾，使联盟能够持续、健康发展。而要有效发挥利益协调机制的作用，一是要有强有力的协调机构。联盟中，由于各馆服务对象、发展目标、图书馆规模等方面的差异，往往容易出现利益矛盾，而要消除矛盾，就要有强有力的协调机构加以调节，以化解矛盾。二是要有完善的协调规则。利益协调要长效化就必须对利益协调过程进行制度化，用制度来规范利益过程，包括共同的利益价值观、利益诉求规则、利益补偿规则、利益获取行为规范等。三是要有高效的协调措施。四是要有与时俱进的利益调节机制。联盟中的利益矛盾始终都是发展着，及时的利益调节可以使矛盾得到及时化解，使联盟不至于因矛盾而解体，从而保证联盟能够持续、健康发展。

就BALIS而言，首先，BALIS除了政府的直接干预管理外，其内部往往都建立有较强的协调机制。例如，各分中心除了有管理中心的统一管理外，还建立了各自的委员馆的协调机构，并制定和不断完善了各种相关管理办法、技术标准和评估体系，逐渐形成了一套行之有效的协调管理机制。

其次，图书馆联盟一般都制订了完善的协调规则。最主要的是制订管理章程，确立分中心的参加方法、运作的基本程序及有关评估办法等，规定和明确成员馆业务应符合的标准规范和通行惯例等；制订与具体工作项目相关的协议和文本等，明确图书馆参与分中心建设并享受分中心提供服务时应履行成员馆的责任和义务等，例如，馆际互借中心的《BALIS馆际互借服务管理办法》《BALIS馆际互借服务补贴方案》以及《BALIS馆际互借服务评估办法》等文件，从制度上确定了馆际互借工作的操作原则和操作规程。

再次，BALIS有合理引导利益观念，建立畅通的利益诉求渠道，规范利益获取行为，适度合理的利益补偿等协调措施。例如，加大资金投入，加强系统平台的基础设施建设；强化成员馆图书文献资源共享意识，贯彻落实 BALIS 的共享思想；依托重点大学图书馆，培养一批参与的核心图书馆，以加强核心馆的权威性等。

最后，BALIS 馆际互借服务拥有专职馆际互借人员。专职人员在发起、组织、协调和维持馆际互借服务的项目中发挥着巨大作用，能够根据 BALIS 利益的发展及时、高效地协调。例如，在馆际互借中心的 80 家成员馆内，共有近百名的专职人员，负责开展培训、系统、联盟目标规划事宜，为服务的健康、稳定发展提供了组织基础。

4. BALIS 是利益保障机制的有效实现形式

利益保障机制是图书馆联盟内实现各馆权利与义务平等，成本与收益对称的重要举措，是利益平衡机制的重要一环。一是要求图书馆联盟具有技术保障。由于各馆馆情不一，尤其是占图书馆多数的中小图书馆，人才少，研究能力弱，技术能力差，要与大馆实现共建、共享存在不少技术障碍，因此，联盟需要从技术上给予这些图书馆扶持，才能保证它们有能力、有积极性参与图书馆联盟的共建、共享。二是要求图书馆联盟具有资金保障。从图书馆内部来说，中小图书馆除了技术障碍外，也存在资金缺口，同样影响它们参与联盟共建、共享的能力，需要联盟加以扶持。三是要求图书馆联盟具有人才保障。利益的平衡实际上就是知识的平衡，是人才的平衡，要实现图书馆之间的平衡就必须给予中小图书馆培养人才的扶持。四是图书馆联盟应该具有制度保障。图书馆联盟内部一切利益关系要协调、巩固和持续必须加以制度化，以制度的形式把利益关系固化，使联盟利益关系获得平衡，尤其是对中小图书馆扶持更应该加以制度化。

就 BALIS 而言，首先，BALIS 拥有较强的技术保障能力。例如，分别开发了高校馆际互借和文献传递系统，分别推出了微信公众号等，从而有效地给予中小成员馆在技术上支持，保证 BALIS 内部具有统一、高效的技术服务平台。

其次，BALIS 对中小图书馆具有一定的资金保障。例如，馆际互借和文献传递分中心对成员馆的文献请求有相应的补贴政策，对各成员馆的物流补贴总费用的 100%；对文献提供馆给予每册 2 元的文献传递补贴优惠政策。

再次，BALIS 具有较强的人才保障。例如，各分中心定期举办多种形式的培训学习班，多年来共计培训了千余名图书馆专业技术人员，使 BALIS 内部有众多的人才，从而极大地促进了服务的迅速发展。

最后，BALIS 具有较完善的制度保障。例如，从利益创造制度化角度看，有产权规则、合同规则、竞争规则等，保证利益主体具有强烈的追利动机；有制订创新人才引进和培养制度，使图书馆联盟的创新具有人才支撑等。

（四）优化共享模式 提高整体效益

目前我国区域性高校图书馆联盟正处于不断壮大发展阶段，其资源共享模式亦在不断地开拓创新。在立足基础共享模式的同时，应用新型的技术手段和机制方法，拓展共享模式的广度和深度，对于进一步提升联盟的整体效益具有重大意义。

本着服务主导的理念，探索个性化的资源共享模式。区域性高校图书馆联盟的工作基础是资源，核心是服务。以用户为中心完善和发展 BALIS 当前的资源共享模式，例如，开展多校联动的全媒体环境下的读者服务工作和建设面向用户服务的导航系统。在合作参考咨询的基础上针对不同用户开展个性化信息服务，对信息资源进行个性化整合，根据用户的专业特征、研究兴趣和信息需求向其提供和推荐教学科研所需要的资料和信息，以不同的服务方式、不同的信息类型和信息传送途经来提供“适销对路”的信息服务，充分发挥信息的最大效用。

注重网络平台建设和服务渠道扩展。文献保障是BALIS建立的核心任务，而网络平台是完成这一任务的重要渠道。目前，只注重内容建设而忽视网络平台建设是图书馆联盟存在的比较普遍的问题。因此，要提BALIS的网络影响力，必须要加强网络平台自身建设，建立内容清晰、架构合理的统一门户，帮助用户快速、便捷地获取资源的可靠性与稳定性；利用微博、微信等新兴网络平台技术，建立多渠道、多形式的服务体系，适应高速发展的互联网环境下用户不断变化的需求。通过优质的网络平台建设来提高网络服务质量，提升用户满意度，增加平台影响力，为建立良好的北京地区图书馆联盟形象提供保障。

BALIS各成员馆应充分依托联盟平台，挖掘特色馆藏资源，建设特色数据库。借助BALIS的力量，定位特色馆藏，在筹措特色馆藏建设基金、人力、物力等方面通力合作，在资源合理使用的范畴内，实现本区域范围的特色馆藏数字化。

优化BALIS的沟通平台和人才交流培训机制。当前绝大多数区域性高校数字图书馆联盟具备网络平台提供现有的资源和服务。现有的技术保障体系已为区域性高校图书馆联盟提供了天然的技术平台。BALIS还可以借助全媒体网络平台的协调管理方法，采用网络动态检验体系，随时了解各成员馆的协议执行情况并及时发现问题。馆员素质的高低直接决定了服务质量的优劣乃至整个图书馆的发展。加强业务培训和工作交流非常重要，可以采用定期举办培训班、研讨会、网络课堂等形式，加强馆员交流，提升馆员业务修养，为BALIS整体效益的提升奠定良好的基础。

八、BALIS 馆际互借服务成功开展的经验

（一）良好的环境

松散的联盟组织不利于实现图书馆联盟服务地方建设的目标，因此必须实施严格的管理和联盟运行的资金支持。BALIS馆际互借服务的资源共享离不开好的发展环境，如内部环境、外部环境、技术支撑等。所以需要北京市教委、北京高校图工委等各级领导单位的督建协调、资金援助，也需要各成员馆的大力支持。同时，章程是图书馆联盟生存发展的制度保障，章程的制定离不开中心馆和全体成员馆的参与指导。

（二）多渠道合作的发展模式

BALIS馆际互借服务为了维持和提升自身的服务价值与竞争优势先后与国家图书馆、上海图书馆建立了短期或长期的合作关系，同时也在与中国科学院文献情报中心、中国社科院图书馆等机构寻求合作方式。与其他图书馆联盟合作，可以使服务、资金等渠道多元化。例如，中国人民图书馆既是CALIS的北京地区中心馆，同时也是北京市高校图工委、BALIS管理中心所在地。馆际互借服务成员馆中大多数高校图书馆是中国高等教育文献保障系统的成员，BALIS馆际互借服务采取了灵活的策略，借助其优势来发展壮大自己。

（三）有效的沟通协调机制

BALIS馆际互借中心内部的成员馆分属于不同的系统、不同的行政体系，只有加强联系才能够真正地实现联盟的作用。在BALIS组建的时候按照协议内容进行合作，同时在业务

运行的时候,各个行政区域和各类型的成员馆均协作共同完成服务。因此只有加强联系才能实现共享。在合作的基础上建立了 BALIS 统一检索平台,成为北京地区图书馆联盟的特色信息资源。

(四) 重视联盟文化体系建设

联盟文化是联盟组织的灵魂。加强联盟的核心价值建设,重视联盟组织文化的培育,这一点对于联盟各个方面的发展至关重要。BALIS 馆际互借中心多年来注重联盟文化建设,极大增强了联盟的凝聚力,形成了联盟的核心价值,促进了联盟馆之间更为积极、主动地合作与学习。作为北京地区高校图书馆联盟的一部分,馆际互借服务在良好的环境、灵活的策略、有效的沟通协调机制、联盟文化等条件的支撑下有效实现着资源共享。在技术、制度、资金、机构的保障下,从更大的范围上实现与国内其他图书馆联盟之间的资源共享。

当然这是一个理想模式,它的实现需要一个过程,同时也存在一定难度。例如,不同系统不同类型的图书馆资源整合问题,需要技术、标准等条件的支撑,但是随着整合经验和技术的发展,这些困难会逐渐克服的。BALIS 的资源共享一定会更加完善。

当今社会,无论是从图书馆的生存发展角度来看,还是就用户的需求角度而言,单一的图书馆已经无法满足形势的要求。图书馆联盟凭借其强大的整体力量,联合采购,共担风险,提升服务水平,最大限度地满足用户的信息需求的功能已经成为图书馆成长发展的一种新趋势、新力量和新理念,成为在现代社会中的生存模式,代表了当今图书馆的发展方向。区域图书馆联盟具有图书馆联盟的功能,同时又有图书馆联盟不具备的优势,特别是在地缘上和资源背景上,区域图书馆联盟的表现都很突出,能够发挥更大的作用。北京地区高校图书馆文献资源保障体系(BALIS)的建设通过各图书馆间互助合作共享资源的方式,满足了北京高校读者日益激增的需求,切实可行。BALIS 要在联盟内部和联盟之间充分的实现资源共享,使之成为具有地方特色的区域性信息资源中心,同时发挥地区资源优势,促进北京区域经济发展,实现更全面、更大范围的资源共享的使命。

第六章 原文传递服务状况

一、BALIS 原文传递中心

(一) 中心简介

BALIS 原文传递中心设于中国人民大学图书馆，现有成员馆 96 家，其中包括国家图书馆、上海图书馆、首都图书馆 3 家合作公共馆，以及 1 个团体成员馆，即北京地区医院图书馆协会。2007 年 12 月，原文传递中心正式启动服务，为 BALIS 成员馆的注册读者，包括教师、学生、科研人员及其他工作人员提供纸本期刊论文、学位论文、会议论文、科技报告、专利文献和电子全文数据库的原文传递服务。十年来，BALIS 原文传递服务稳步发展，不断揭示资源，系统逐步完善，管理日趋成熟，率先与国家图书馆、上海图书馆两家中国最大的公共图书馆协作。2014 年 12 月，BALIS 原文传递中心又率先与首都图书馆签订了合作协议。此外，BALIS 原文传递中心与 CALIS、CASHL、NSTL 等全国性文献资源保障体系均进行了友好合作。BALIS 原文传递成员馆分布如图 6.1 所示。

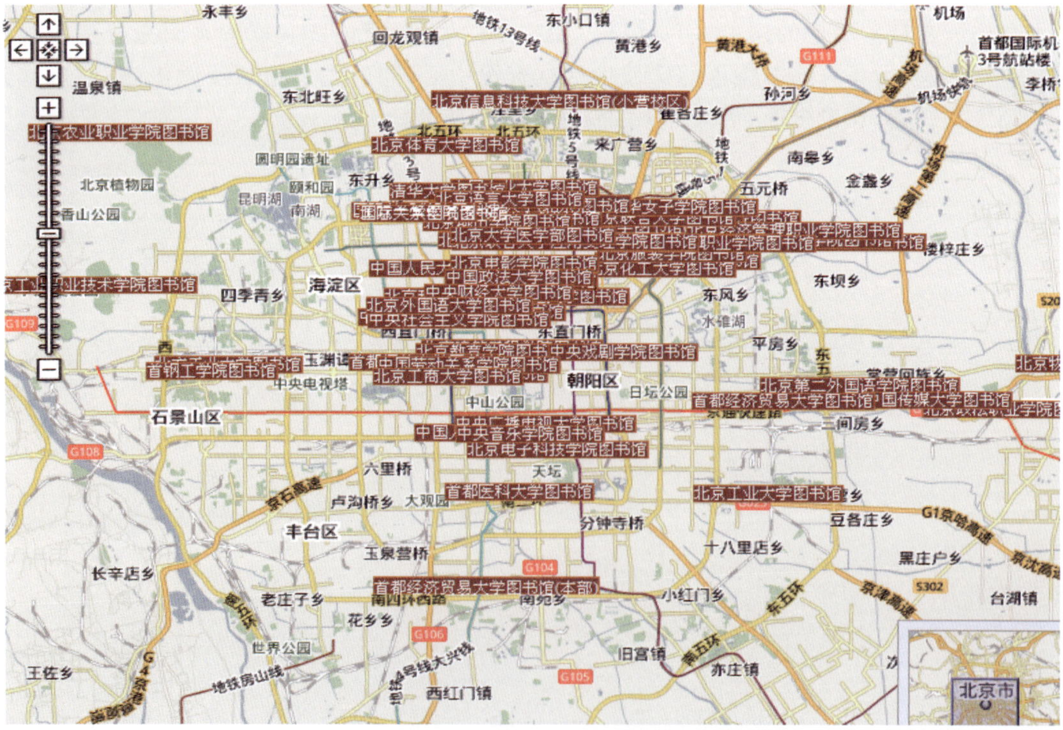

图 6.1 BALIS 原文传递成员馆分布图

（二）管理机制

1. 规范管理：制订各项规章制度

为使原文传递服务管理更加规范，BALIS原文传递中心先后起草和修订了《BALIS原文传递服务评估办法》《BALIS原文传递服务规范》《BALIS原文传递服务业务流程》《BALIS原文传递经费补贴方案》《BALIS原文传递学科服务馆申报办法》《BALIS原文传递学科服务馆工作办法》等管理性文件（详见附录B）。其中，仅《评估办法》中的评估指标体系与计分方法进行了四次修订，《补贴方案》也根据不同时期的需求与经费收支情况进行了三次修订。此外，根据每年的工作情况，BALIS原文传递中心还会提前制订《BALIS原文传递年度工作计划》《BALIS原文传递年度宣传月方案》《BALIS原文传递与CALIS服务合作需求》《BALIS原文传递系统二期开发需求》等，以期更好地指导和开展工作。

2. 协作管理：民主集中式管理体制

BALIS原文传递中心采取集中与分散相结合的民主集中式的管理体制。中心主要职能包括：协调各馆的资源及服务，提供技术支持，负责各成员使用经费的统计和补贴的发放，进行阶段性评估奖励，组织宣传培训活动等。中心下设五个委员馆，即中国人民大学图书馆、北京理工大学图书馆、北京农学院图书馆、首都医科大学图书馆和中央财经大学图书馆。北京理工大学图书馆和北京农学院图书馆侧重负责原文传递系统技术方面问题的收集与反馈，中央财经大学图书馆和首都医科大学图书馆侧重服务方面问题的收集与反馈。每年定期召开1～2次委员馆会议，共同总结上一年度工作完成情况，制订下一年度工作发展计划。任何重要政策的出台和重大活动的开展也都必须经过委员馆会议讨论、修订和通过，再由中心或某一个委员馆主要负责贯彻落实。例如，2009年4月的“宣传月”活动由首都医科大学图书馆、中央财经大学图书馆和中心主要负责组织；2010年4月的“宣传月”活动动员大会由北京理工大学图书馆和中心负责组织；2011年宣传月活动又由中心统一部署，各委员馆协作。2010年的“BALIS原文传递学科服务馆申报”由北京农学院图书馆和中心负责组织等。BALIS原文传递组织机构如图6.2所示。

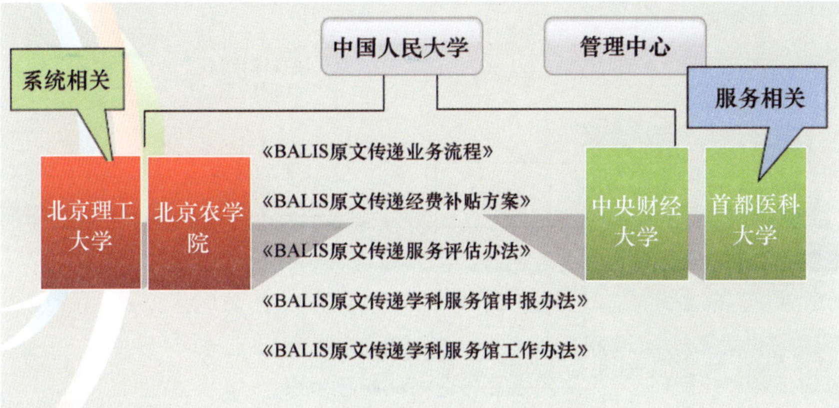

图6.2 BALIS原文传递组织机构

3. 科学管理：构建二级服务体系

为了让广大读者共享系统外文献资源，BALIS 原文传递中心特构建了二级服务体系，即一般成员馆提供本馆馆藏文献传递服务；学科服务馆还接收读者的委托申请，提供代查代检、代索取服务，学科服务馆也是 BALIS 与其他原文传递系统融合的重要节点。服务启动初期，暂定了 4 家中心馆临时承担学科服务馆的工作。为强化学科服务馆的规范管理，2010 年 5 月，BALIS 管理中心公示《BALIS 原文传递学科服务馆申报办法》，组织了学科服务馆的申报工作。2010 年 6 月，中心在中国人民大学图书馆召开学科服务馆专家评审会，按照“申报馆回避”的原则聘请了 7 位专家对申报材料进行评审，投票产生 6 家学科服务馆即北京大学医学图书馆、北京交通大学图书馆、北京科技大学图书馆、北京师范大学图书馆、北京邮电大学图书馆和中国人民大学图书馆。随后制订《BALIS 原文传递学科服务馆工作办法》，明确了学科服务馆的职责、工作流程、服务范围、收费标准、完成时限及相关权利和义务。每年年终，中心也会对 6 家学科服务馆的工作进行评估和考核。2016 年，随着 BALIS 原文传递中心与 NSTL 合作服务的开展，NSTL 也加入了 BALIS 原文传递学科服务馆的行列，大大提升了读者获取文献的范围和效率。

（三）业务流程

十年发展，无规矩不成方圆，为了更好地服务读者，BALIS 原文传递中心建立起了一整套规范的读者申请流程与文献传递员服务流程，指导每名读者根据要求规范申请，指导每名文献传递员依据规范服务读者。BALIS 原文传递用户注册流程如图 6.3 所示，BALIS 原文传递服务流程如图 6.4 所示。

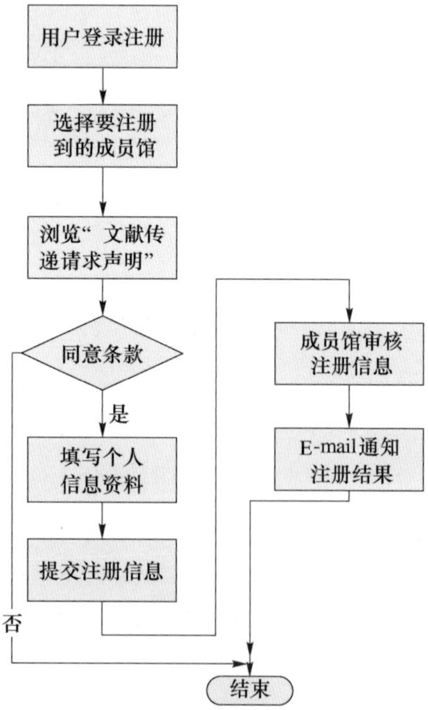

图 6.3 BALIS 原文传递用户注册流程

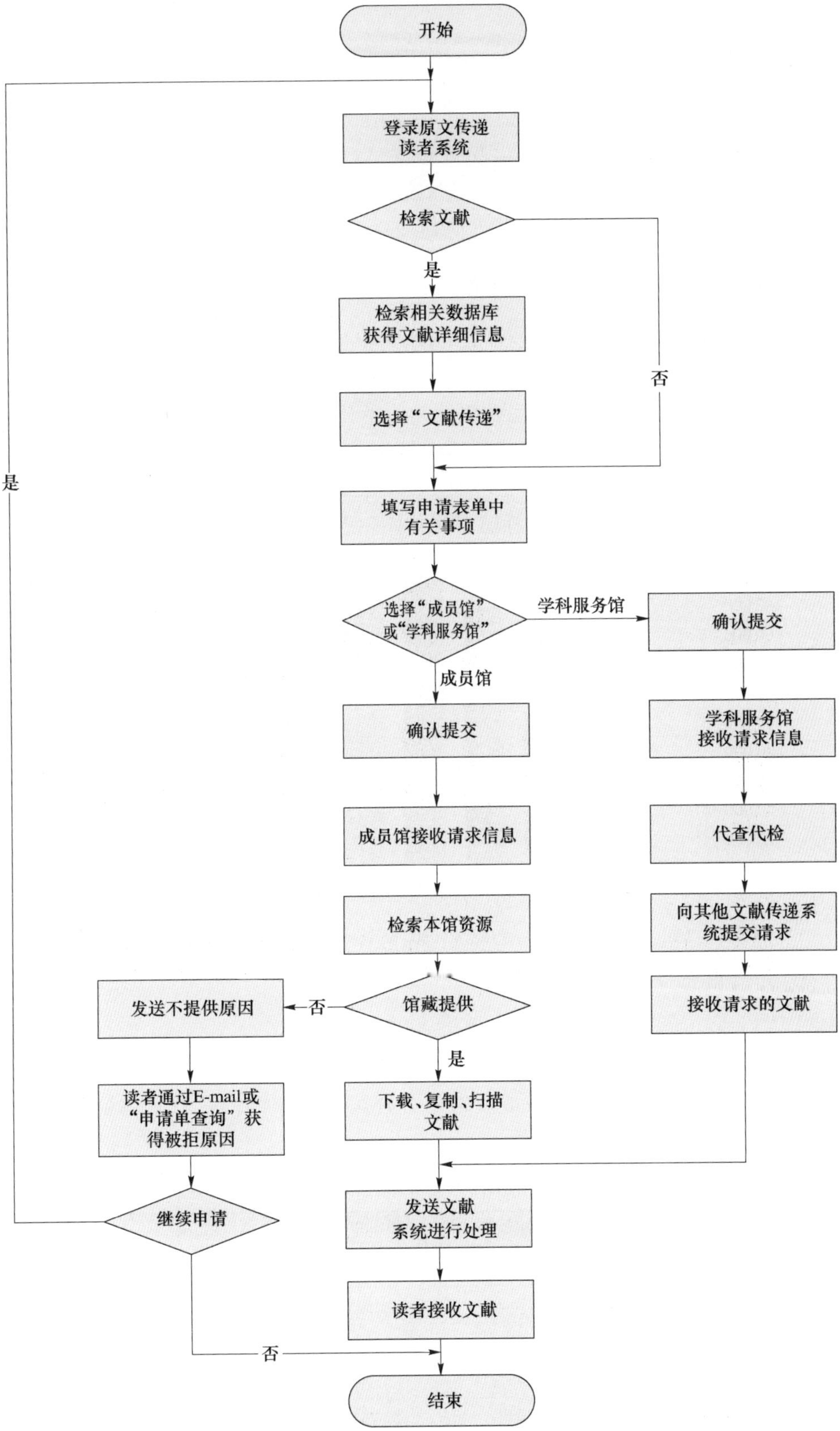

图 6.4　BALIS 原文传递服务流程图

二、BALIS 原文传递中心发展战略

回顾十年的发展历程，经过探索和思考，BALIS 原文传递中心总结出了“1 个中心（读者），2 个保障（资源、系统），3 个重点（提升服务、宣传培训、拓展合作）”的发展方略，形成了“年度工作，突出重点；注重尝试，推举创新；调研考察、取长补短；评估总结，激励推动”4 点特色，正朝着“读者满意，广泛利用”的方向稳步迈进。

（一）“1 个中心”：以读者为中心

作为一个地域性资源共享系统，BALIS 原文传递服务的目的是打造一个资源丰富，方便快捷，读者满意，广泛利用的资源共享平台。所以，一切工作都以“读者”为中心进行：揭示、整合资源是为了让读者方便查找，完善系统是为了让读者便于利用，开展宣传月等活动是为了扩大读者利用范围，开展培训、评估等活动是为了给读者提供高质量的服务。从十年来所拨经费的投入和利用就可见一斑，大多用于读者免费服务、开展宣传培训及服务评估总结等系列活动。2007—2017 年 BALIS 补贴费用如图 6.5 所示。

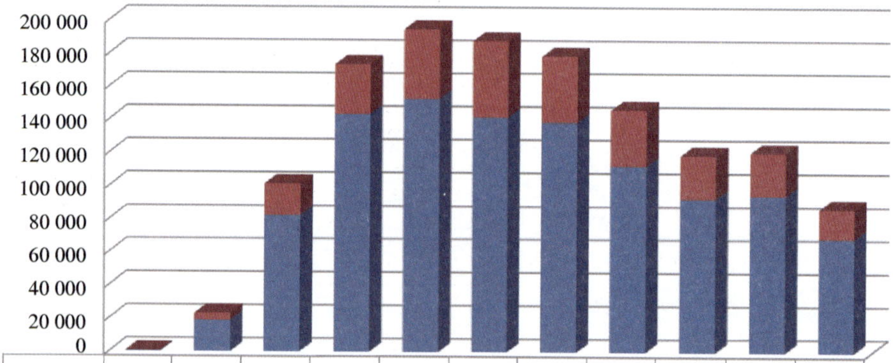

年 份	2007	2008	2009	2010	2011	2012	2013	2014	2015	2016	2017 上半年
■ 奖励费用	106	4 068	19 114	30 168	42 080	46 168	40 016	33 634	26 046	25 880	17 858
■ 补贴费用	397	18 820	82 175	143 246	152 574	141 544	138 644	112 538	92 850	94 661	68 777

图 6.5　2007—2017 年 BALIS 补贴费用

正是由于 BALIS 抓住“中心”不放手，十年来 BALIS 本地系统、BALIS/CALIS 融合系统以及 CASHL 中北京地区各高校成员馆的各种读者服务数据一直呈现稳步发展的态势，如表 6.1、表 6.2 及表 6.3 所示。

表 6.1　BALIS 本地系统历年服务数据统计

年份	服务量	注册人数	满足量	满足率/%	平均完成时间
2007	65	69	53	81.54	17.52
2008	2 931	1 695	2 034	69.40	5.02
2009	13 092	7 539	9 557	73.00	1.49
2010	19 910	6 847	15 088	75.78	1.14
2011	26 581	9 005	21 083	79.32	1.62

续表

年份	服务量	注册人数	满足量	满足率/%	平均完成时间
2012	27 632	9 865	23 101	83.60	1.14
2013	23 086	6 449	20 012	86.68	1.54
2014	18 816	5 162	16 818	89.38	1.23
2015	14 840	5 158	13 023	87.76	0.37
2016	15 212	6 446	12 959	82.80	1.89
2017上半年	12 560	5 771	10 365	82.52	1.80

表 6.2 BALIS/CALIS 融合系统历年服务数据统计

年份	服务量	注册人数	满足率/%	平均完成时间
2013	50 327	7 426	81.6	4.61
2014	75 725	8 089	84.46	3.73
2015	87 973	9 292	84.06	2.04
2016	57 515	7 536	78.89	5.89

表 6.3 CASHL 系统中北京地区高校历年服务数据统计

年份	服务量	注册人数	满足率/%
2014	6 539	4 732	89.78
2015	5 021	2 001	87.25
2016	3 709	1 370	86.60

(二)"2 个保障"

完备的"资源"和便捷的"系统"是读者获取满意服务的前提和保障。

1. 资源保障

BALIS 所属成员馆众多,资源总量虽然丰富,却分散于各个成员馆的馆藏之中,所以如何有效整合成员馆的馆藏与数据库资源,建设统一、准确的文献资源检索目录,使得读者能够一站式精确检索到所需文献资源,一直是困扰 BALIS 原文传递服务的瓶颈问题,从建立伊始,中心便一直致力于解决这个问题,并分阶段、分步骤实施了解决方案。

(1) 第一阶段:借鸡生蛋

2008 年,中心收集、整理 36 个成员馆外刊数据上载到"CCC 西文期刊目次库",并于 2008 年 5 月 30 日,在中国人民大学图书馆召开了"BALIS 原文传递系统如何利用 CCC 数据库座谈会",BALIS 原文传递中心、北京创讯未来软件技术有限公司、CCC 数据库独家代理中国科学出版集团期刊电子中心三家领导及相关人员参会,通过北创和中科两家公司的直接交流和探讨,初步达成从技术上解决问题的共识。

2009 年,中心继续收集、整理、更新 40 多家成员馆的外刊纸本馆藏,将 36 家成员馆外文数据库整合到 CCC 数据库。2009 年 6 月 10 日,BALIS 原文传递中心与中国科学院召开合作会议,达成"联合目录向 BALIS 成员馆提供查询服务,查询内容包括各文种印本图书、期刊以及电子资源;联合目录向BALIS原文传递中心提供转接原文传递服务,并为其提供必要的服务平台;BALIS向联合目录提供本地成员馆的馆藏目录数据,将包括电子期刊在内的BALIS成员馆资源整合到联合目录中"等协议。

2010年4月,中心对BALIS成员馆电子期刊品种进行核实,提交给中国科学院《全国期刊联合目录》。随后又将国家图书馆的馆藏目录体系和上海图书馆馆藏目录体系整合到读者系统,以便读者利用。借助《CALIS西文期刊目次数据库》《全国期刊联合目录》等本系统之外的目录数据库搭建成读者检索平台。

至此,BALIS原文传递中心完成了借助"CALIS外文期刊网""全国期刊联合目录""国家图书馆文津搜索""上海图书馆馆藏目录"等目录数据库搭建起读者检索平台的工作。

(2) 第二阶段:合作共享

2011年开始,为进一步扩大读者资源可获取范围,扩大信息资源共建、共享的范围,BALIS原文传递中心积极与CALIS、CASHL等国家级资源保障平台商讨合作的可能性。

2012年年底,BALIS与CALIS正式签署合作协议,建立BALIS/CALIS融合系统,读者可通过一卡通账号直接登录融合系统,获取全国各大高校文献资源,BALIS读者在融合系统中的申请费用,由CALIS与BALIS原文传递中心各补贴50%。2013年年底,BALIS与CASHL也正式签署了合作协议,将本地成员馆带入CASHL,BALIS读者如在CASHL系统中申请本馆之外的其他文献,由CASHL与BALIS原文传递中心各补贴50%。这两次合作的完成,使得BALIS原文传递中心的所有用户均可免费获取CALIS、CASHL的文献资源。

(3) 第三阶段:全面整合

2014年,BALIS管理中心主持建设了"中国人民大学博士生主文献数字化资源库"和"北京高校文献资源统一检索平台"。2014年10月22日,两大平台同时启动,中国人民大学校长陈雨露、常务副校长兼研究生院院长王利明,国务院学位办副主任黄宝印,北京市教委委员兼高教处处长黄侃等出席启动仪式。统一检索平台将北京地区88所高校图书馆的资源检索、馆际互借与文献传递有机整合在一起,全面整合和揭示了北京高校图书馆印刷型书刊文献和数字资源,提高了BALIS书目数据标准化著录水平,最终实现了北京地区高校文献资源的共建、共知、共享。博士生主文献数字化资源库则收录了中国人民大学博士点学科专业主文献目录及全文。这两个数据库的建成,为BALIS原文传递提供了基础数据库,标志着借用资源现状的结束。2016年年底,BALIS原文传递中心又与NSTL(国家科技图书文献中心)签订友好合作协议,利用NSTL提供的服务接口,将NSTL资源一并整合至BALIS统一检索平台,进一步扩大了BALIS读者资源可获取的范围。BALIS统一检索平台主页如图6.6所示。

2. 系统保障

良好的系统平台建设与保障是服务的前提,而系统运行效果主要取决于两方面:一是系统本身设计得科学合理,应当贴切显示具体业务的实际需求,方便读者与文献传递员操作,减少出错概率,节省时间;二是图书馆文献传递员本身的信息素质与系统操作的能力。为了实现以上两点,BALIS原文传递中心进行了不懈的努力和探索。

(1) 第一阶段:验收整改

BALIS原文传递读者系统与管理系统于2007年研发创建,在服务开展初期,BALIS在原文传递就不断探寻、收集和整理系统问题,并及时反映给系统人员,多达几十次提出系统改进意见。

图 6.6 BALIS 统一检索平台主页

2008 年年底，BALIS 原文传递进行了系统的一期改进工程，针对提出的问题逐一核实验收，并在此基础上继续提出了改进方案，以备系统二期改进工程参考，从而确保系统正常运转和更加完善。

2009 年，BALIS 原文传递中心数十次收集整理系统运行中遇到的实际问题，请系统开发人员进行修改并及时测试，编制了服务数据统计表、服务结算统计表和系统费用处理窗口计费表，在完成系统一期验收的基础上提出了二期改进需求 26 条。

2010 年，BALIS 原文传递中心改进并完善了系统的各个界面与功能，逐步实施系统数据分析与挖掘的基础工作。由于当前使用的系统是从中国科学院设计的系统移植过来的，数年来几经不同的编程人员修改，又没有留下最初设计与历次修改的文档，中心便利用 2010 年的暑期时间，将现有系统从软件系统底层内部，进行数据项的整理，统一完善，及时修改程序，为下一步系统的全面改进与完善打下了良好的基础。此外，中心还在本年度搭建了软件试用平台，设计出上机操作试题，利用培训机会，要求文献传递员每人一台计算机亲身体验实际操作。依据原文传递的特点和需要，中心又将国家图书馆 OPAC 整合到系统平台，方便读者利用国家图书馆资源直接向国家图书馆发送文献请求。BALIS 原文传递服务平台主页如图 6.7 所示。

(2)第二阶段：融合共建

2011 年开始，BALIS 原文传递中心启动了与 CALIS 共建融合系统的序幕，11 月 12 日，中心在中国人民大学图书馆 407 研讨室召开“实现 BALIS 与 CALIS 原文传递服务融合前期会议”。2012 年 5 月，BALIS 原文传递中心、CALIS 北京中心、CALIS 中心在 CALIS 技术总部召开“BALIS 与 CALIS 原文传递系统融合会议”。针对 BALIS 原文传递中心提出的需求，CALIS 中心相关人员表示积极配合，会议细化和落实了系统融合时间和具体内容。

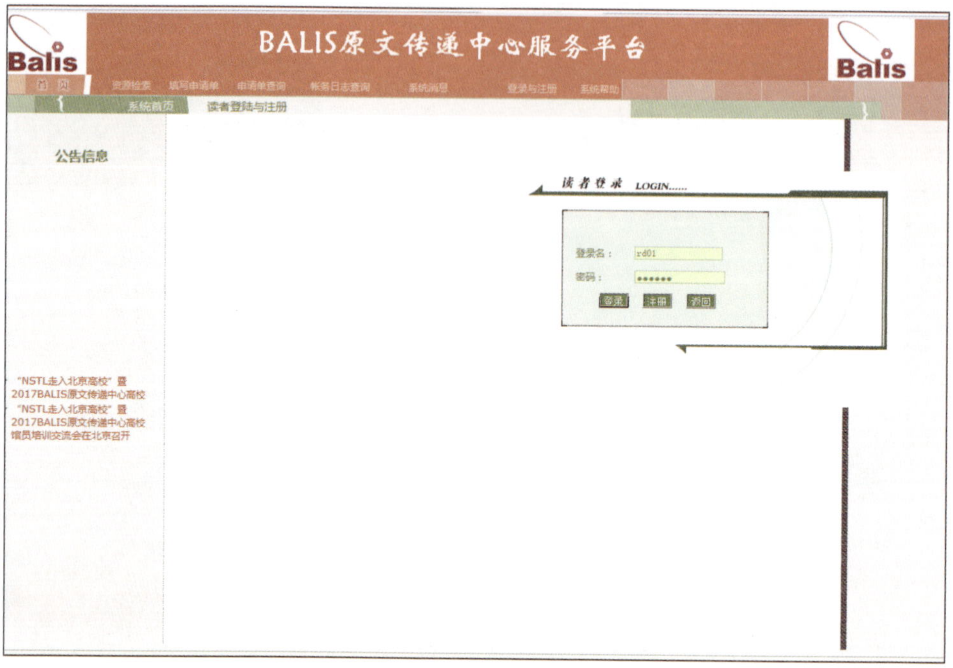

图 6.7 BALIS 原文传递服务平台主页

2012 年 11 月 20 日，在系统融合完成之后，中心在中国人民大学图书馆 307 多功能厅召开“CALIS 原文传递系统利用培训大会”。会议由中国人民大学图书馆副馆长宋姬芳主持。参加会议的领导与嘉宾有北京高校图工委常务副主任兼秘书长、中国人民大学图书馆馆长刘大椿教授，CALIS 管理中心副主任、北京大学图书馆陈凌副馆长，BALIS 原文传递管理中心主任、中国人民大学图书馆党总支书记兼副馆长汪永红，CALIS 管理中心文献获取主管曾丽军。来自北京高校图书馆参与 BALIS 原文传递工作的 77 家成员馆的 100 多名馆员参加了此次培训。中国人民大学图书馆系统部何雅琪老师和原文传递中心的吴宁老师、胡菊芳老师，分别就 CALIS 统一认证系统、原文传递读者系统以及原文传递管理系统的使用对参会人员进行了培训，并由 CALIS 管理中心文献获取主管曾丽军现场答疑。培训结束后，所有馆员还来到了中国人民大学图书馆 201 教室，亲自上机操作 CALIS 原文传递新系统界面的使用，中国人民大学图书馆负责原文传递工作的黄智武、阿童木等各位老师也都来到培训教室，对学员在上机期间遇到的各种问题及时进行解答。练习过后，学员参加了上机测试，经过一个小时的紧张考试，所有成员馆馆员都顺利完成了测试题目。最后，BALIS 原文传递中心领导和 CALIS 北京中心领导为学员颁发了结业证书。

经过前期的准备、建设、测试与培训工作，2013 年 1 月 1 日，BALIS/CALIS 原文传递融合系统正式启动服务，约 50 家成员馆加入系统开展服务。BALIS/CALIS 原文传递融合后页面如图 6.8 所示。

(3)第三阶段：发展创新

2015 年，BALIS 原文传递中心积极参加了“BALIS 统一检索平台”项目建设，将原文传递关联机构和检索工具整合到检索平台，同时还将融合系统和本地系统无缝链接到平台，使得读者在此可以享受资源检索及获取文献的一站式服务。2016 年，中心探寻了与 NSTL 打通服务的可能性，目前，BALIS 统一检索平台、BALIS 读者系统、BALIS 管理系统均已与

NSTL 检索接口和文献传递接口对接完成，上线运行，文献传递员可利用 NSTL 接口开展原文传递服务，读者也可从 BALIS 统一检索平台上便捷获取 NSTL 的资源。

此外，在信息化时代，各种新技术层出不穷，用户的行为模式也在发生着剧烈的变化，尤其是各种软件从 PC 端向移动端的转型，深刻改变着用户习惯。为适应读者不断发展的需求，中心也探寻通过微信、手机 APP 等多种形式为读者提供文献传递服务。

(a)

(b)

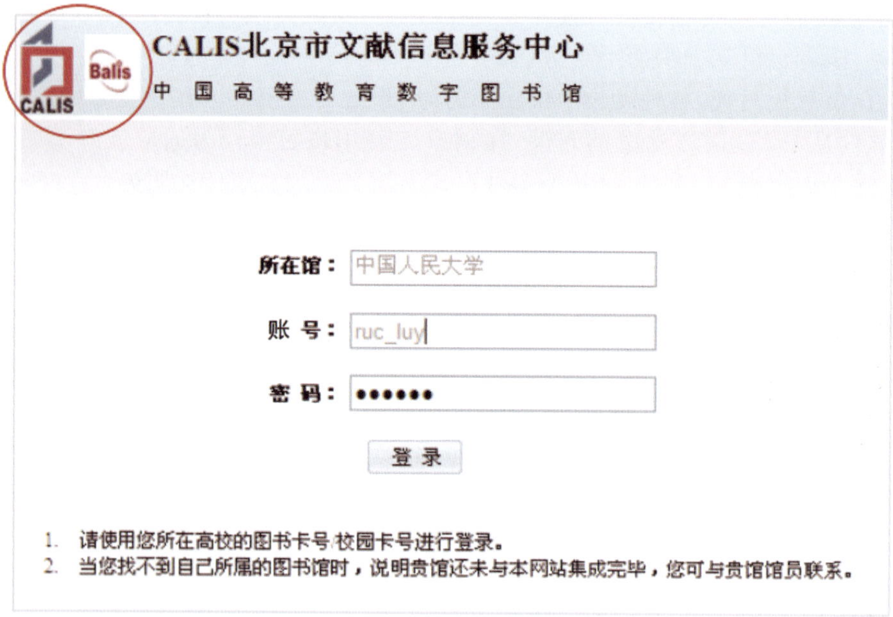

(c)

图 6.8　BALIS/CALIS 原文传递融合系统页面

目前，BALIS 文献传递员的微信群及 BALIS 原文传递的微信公众号已初步建立，作为一个服务平台，微信公众号能够使读者更好地获得信息和交互的机会。未来，读者通过关注 BALIS 文献传递公众号后可与已有的 BALIS 文献传递账号绑定，进入微信能够直接检索提交申请，也能够直接进入文献传递读者系统，查看文献传递申请单的处理情况，更能够通过手机在微信中随时随地阅读原文，了解文献传递服务的最新动态，管理员处理申请单的结果也可通过微信模板消息发送到读者手机上。BALIS 原文传递微信公众号服务平台如图 6.9 所示。

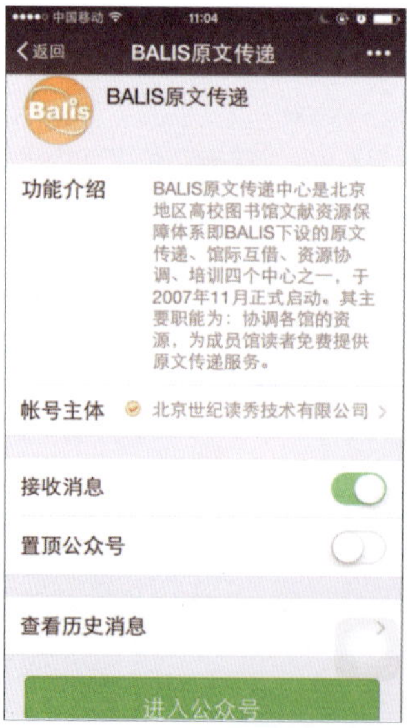

图 6.9　BALIS 原文传递微信公众号服务平台

同样,BALIS 文献传递安卓和 iOS 版 APP 也即将上线,并区分读者版与管理员版,读者能够在手机 APP 上登录读者系统,查看申请单状态,阅读文献原文。对于一些收到请求单较少的学校,管理员可以使用管理员版微信或 APP。在书库查找文献时,文献传递员可随时通过微信和 APP 查看文献名称,方便查找文献,还可将找到的文献直接拍照上传给读者。当读者向出借馆提交申请单后,微信或 APP 也会及时发出提示信息,提醒管理员有新的申请单等待处理。BALIS 原文传递 APP 服务平台如图 6.10 所示。

图 6.10 BALIS 原文传递 APP 服务平台

2017 年,BALIS 原文传递中心即将进行读者系统、管理系统的全面升级改版。到时,读者账户将与一卡通号、QQ 号、微信号进行关联认证,大大减少读者注册登录的步骤。此外,新提交的申请单会到中心文件系统中查询,如果刊名、文章名等信息相匹配,系统可直接将原文电子文件路径发送给读者,让读者提交申请单后直接获得原文,能够极大提高读者获取原文的速度。

期待在不久的将来,BALIS 原文传递也将插上新技术新媒体的翅膀,更好更快为更多读者提供服务!

(三)"3 个重点":提升服务不放松 宣传培训重头戏 拓展合作促成长

1. 提升服务不放松

(1) 倡导规范服务,提升服务水平

在每年的年终总结大会上,中心都会组织成员馆就上一年度服务中发生的典型问题进行讨论和解决,要求各成员馆严格执行服务规范。在实际工作中,如果工作人员通过中心系统发现有些馆出现了问题，也会及时告知。例如，2008 年，中心工作人员发现很多成员馆满足率较低，满足时间较长，针对该问题中心在委员馆会议上讨论决定将满足率和平均满足时间纳入之后的年终考核，激励成员馆更快更好地为读者服务。又如 2016 年，在系统的升级改版中，中心发现部分成员馆基本依靠“转发”完成读者申请，而没有真正提供给读者文献，继而决定不将“转发”申请计入“满足申请”条数中，以规范文献传递员的服务行为。BALIS 原文传递服务发展十年来，中心的文献满足时间不断下降，满足率不断上升，无故设置“暂停服务”的现象也已杜绝。

（2）组织参观培训，提升服务素质

做好读者服务，除了需要有资源和系统的保障外，文献传递员自身的素质提升必不可少，因此，中心每年都会定期组织各类服务培训与交流活动，帮助文献传递员提升自身素养。例如，每年的宣传月期间与年终总结大会期间，中心都会安排文献传递员的培训会议，帮助大家熟悉业务。2010 年 6 月，组织成员馆参加国家图书馆培训活动。2012 年 11 月，中心与 CALIS 北京中心联合组织 BALIS 与 CALIS 原文传递系统利用培训活动。2014 年 11 月，组织成员馆积极参加 BALIS 管理中心组织的 6 大系统的培训活动。2016 年，组织成员馆参加 NSTL 组织的各类培训活动。BALIS 原文传递中心组织的各类服务培训与交流活动如图 6.11 所示。

（3）实时交流经验，日常提升服务

充分沟通交流是做好原文传递服务的重要条件，为此，中心除了组织各种活动提供大家交流机会外，还十分重视实时交流的作用，BALIS 原文传递中心先后建立了 BALIS 原文传递邮件群组、QQ 群、微信群以及 BALIS 原文传递各类业务讨论群。目前 BALIS 原文传递交流群现有 228 人，BALIS 原文传递委员馆交流群 7 人，BALIS 原文传递学科服务馆交流群 10 人。各类型交流群的建立，方便了中心发布各项通知，评估考察工作，也方便了中心与成员馆之间、馆与馆之间、文献传递员之间实现不同层面上的交流和沟通。BALIS 原文传递 QQ、微信各类交流群如图 6.12 所示。

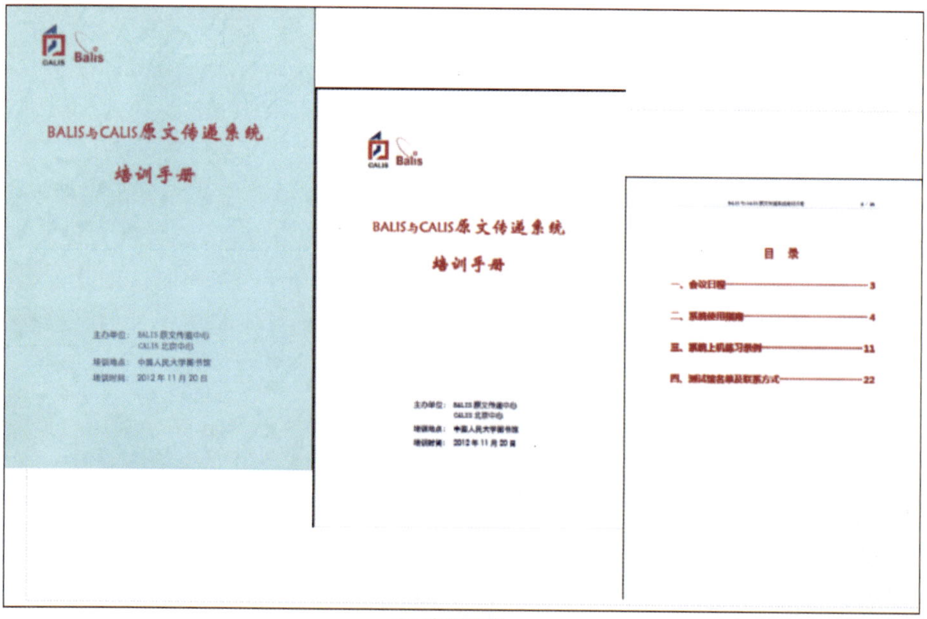

(a) 培训手册

CALIS统一认证系统的使用
CALIS北京地区中心
BALIS原文传递中心
中国人民大学|圖書館
Renmin University of China Libraries
2012-11-20
CALIS文献传递系统
读者使用流程
CALIS北京地区中心
BALIS原文传递中心
中国人民大学|圖書館
Renmin University of China Libraries
2012-11-20
CALIS管理系统使用介绍
CALIS北京地区中心
BALIS原文传递中心
中国人民大学|圖書館
Renmin University of China Libraries
2012-11-20

(b) 培训课件

CALIS原文传递系统利用培训大会
中国人民大学
CALIS原文传递系统利用培训大会
中国人民大学
CALIS原文传递系统利用培训大会
中国人民大学

(c) 培训讲座

(d) 会议

(e) 上机

图 6.11 BALIS 原文传递中心组织培训活动

2. 宣传培训不放松

宣传培训工作对于 BALIS 原文传递任重而道远，服务初期，针对读者，中心推出了“欢迎北京高校读者利用 BALIS 原文传递服务”宣传材料以供成员馆进行统一宣传。同时，首次对馆员进行了系统实用的专场培训并将培训课件放到了 BALIS 原文传递中心主页的“最新动态”栏目。

(1) 2009 年宣传月

鉴于 2008 年全年服务数据不足 3 000 条，2009 年年初，中心按照需求为成员馆统一制作了宣传展板，并组织了 2009 年 3—4 月的“宣传月”活动，活动内容包括现场咨询活动，宣传展板展示，原文传递讲座，问卷调查，摄影大赛，评选 BALIS 原文传递宣传活动优秀馆，召开总结交流大会等。活动场景正如某个成员馆所描述“‘耳盈鸟语，目满青枝’，宣传月工作的开展就如这生机盎然的春天，处处开花，专题讲座读者场场爆满，现场咨询活动读者热情

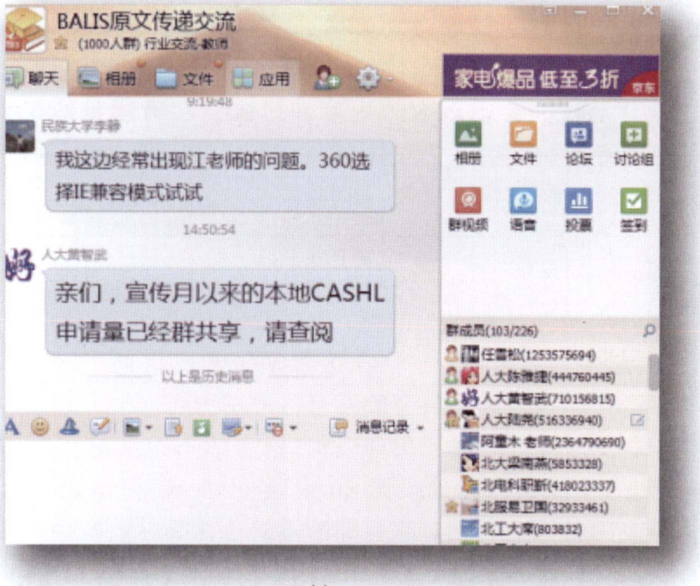

(a)

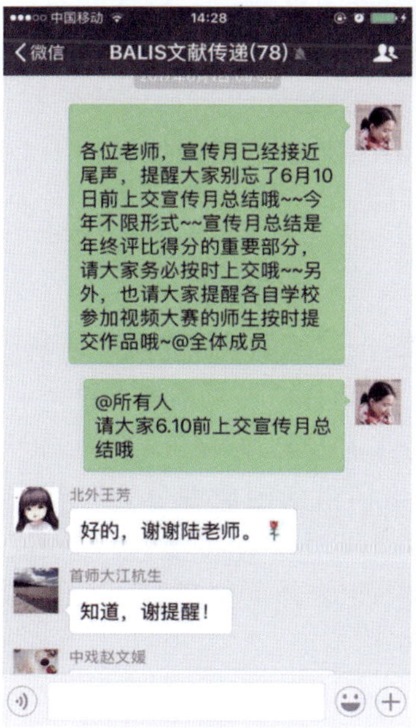

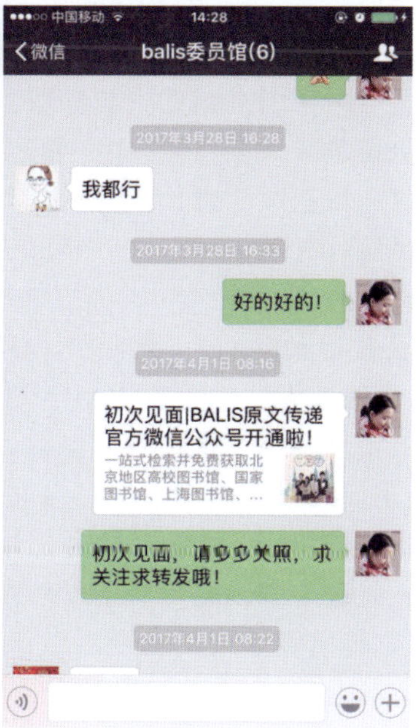

(b)　　　　(c)

图 6.12　BALIS 原文传递交流群

高涨，网络宣传深入广泛开展……”活动中，共计收回 42 份成员馆宣传月总结，5 份个人感想；各成员馆共举办讲座 41 次；回收纸质问卷 1 916 份(来自 37 家成员馆)，电子问卷 1 335 份；收到摄影大赛参赛作品 101 幅，随后中心采用 Google 网络相册进行了网络评选，共选出一等奖 5 幅，二等奖 10 幅，三等奖 20 幅。宣传月期间服务统计成果喜人，3—4 月活动期间，读者注册 4 213 人次，接收请求 3 063 条，满足 2 196 条，满足率约为 72%。2009 年 6 月，依据成员馆需求，借宣传月总结大会之际，中心请来了 CALIS 管理中心数据部张俊娥主任，为各图书馆文献传递负责人做了 CCC 数据库，即“CALIS 外文期刊网介绍”的培训。

(2) 2010 年宣传月

由于拥有 2009 年宣传月活动的成功经验，中心将 2010 年宣传月主题定为“欢迎您免费利用 BALIS 原文传递服务！”，号召成员馆自行开展活动，为此，中心提前编写活动方案，专门召开宣传月动员大会部署宣传内容和形式。同时还编写了《BALIS 原文传递快讯 · 2010 年宣传月专辑》作为统一宣传材料，拟定对宣传月活动结果进行评估。在 4—5 月活动期间，读者注册 3 413 人次，接收请求 5 150 条，满足 3 751 条，满足率约为 73.82%。

活动结束之际，48 个成员馆报来宣传月总结，各馆都按要求圆满完成了活动内容。针对系统全面升级和文献传递人员变更等问题，中心于 2010 年 6 月 17 日在中国人民大学图书馆进行了 BALIS 文献传递员培训，共计 61 人参加了此次培训。培训采取讲座与上机实习、试卷考试相结合的方式，为成绩合格者颁发合格证书。

6 月 29—30 日，中心与国家图书馆联合组织“国家图书馆文献资源与原文传递服务利用”培训。虽然国家图书馆的培训场地仅限 60 人，但参加者达 63 人，其中包括 4 位馆长。国家图书馆 9 位培训老师特别对科技文献资源的检索与获取方法及国际互借的使用等重点内容做了推介。此次培训安排了实地上机操作，让学员们能够学以致用，更快地掌握各种资源和检索技能。培训过后，学员们和诸位老师围绕国家图书馆资源利用、馆际互借/文献传递业务开展等问题进行了热烈交谈，并对下一步的具体合作提出了实际设想，从而为 BALIS 成员馆读者充分利用国家图书馆的资源和服务，与国家图书馆形成优势互补，实现联合服务奠定了基础。借年底总结大会之际，中心特邀请国家图书馆文献提供中心组长刘庆财老师和清华大学图书馆王伟老师分别作了题为“馆际互借与文献传递现状与未来”及“如何查找文献信息”的专题培训讲座。

(3) 2011 年宣传月

2011 年的宣传月活动是与馆际互借中心联合开展的，活动强调创新内容，活动方案的设计上，在沿用以往成熟做法的基础上新增加了“专题宣传片宣传”和开展“走进学生社团”等活动，中心编写、制作了统一宣传页材料和读者调查问卷，率先制作宣传展板，拍摄专题宣传片，宣传活动呈现如火如荼之势。2011 年的培训重点则放在分期分批进行和国家图书馆互换馆员实习工作，同时还要利用宣传月活动加强对读者的培训，深入成员馆培训。2011 年 3 月 17 号，中心应邀为中国青年政治学院图书馆全体同仁进行了培训和交流。北京电视台也为 2011 年的宣传培训系列活动专门做了宣传报道。

(4) 2012 年宣传月

2012 年宣传月活动中心没有做统一安排，由各馆自行组织，中心仅对 2012 年宣传月活动结果进行评估和总结。宣传月结束后，共计回收成员馆宣传月总结 60 份，其中可见，各成员馆的活动各显神通、各具特色，涌现许多创新之举。例如醒目横幅“乐享：BALIS 免费午餐，喜获原文、图书大全”，电梯彩页宣传，一支笔、一个本、一块糖的欢呼雀跃场面；馆长亲自审核“共知、共享、快捷，馆际互借/原文传递免费获取校外文献”宣传主题，开展图书馆“走进学生社团”宣传活动(北京科技大学)；和教学大楼的物业协商，开通了 LED 大屏宣传(中国人民大学)；投入 2 000 余元经费，购买 1 000 件奖品〔华北电力大学(北京)〕；动画形式在学校大食堂播放(北京语言大学)；利用图书馆微博宣传(北京工业大学)；多名奥运冠军等到场咨询(北京体育大学)；利用人人网宣传(北京外国语大学)；在主页上设计移动图标宣传(北京信息科技大学)；针对学科宣传推送(北京农学院)；在图书馆大厅的显示屏上巡回播放原文传递的通知和宣传片(北方工业大学、国际关系学院等);利用《图书馆与读者》编写出版文献传递专刊(北京工商大学);正副院长、书记、馆长亲自参加宣传月启动仪式(北京工业大学耿丹学院);地毯式地将此项服务推送至各班各系(北京联合大学文理学院);自制特色展板(国际关系学院等)。

本次宣传月读者注册 4 775 人次,系统请求 8 953 条,相对往年宣传月文献请求量明显增长。

(5) 2013 年宣传月

历经 2012 年的精心准备和多次培训,2013 年 1 月 1 日,BALIS/CALIS 原文传递融合系统正式启动服务。因此,2013 年宣传月期间,中心组织成员馆侧重宣传融合系统平台资源和利用方式,让更多的读者利用该项服务。中心为此次宣传月活动编写、印制、发放了宣传页 32 000 份,制作了宣传展板模版供成员馆参考,及时在 BALIS 主页上制作了宣传月飘窗。在此基础上,各成员馆多途径进行了宣传页的发放,还根据各馆不同情况制作了形式多样的展板、手册、易拉宝、海报等宣传材料。

活动结束后,中心共计收回成员馆总结 58 份,展示了各成员馆丰富多彩的宣传活动。活动中,各成员馆充分争取校领导和馆领导的重视,全方位利用(校内)媒体、校内组织和 BBS、微信、微博等,设置了宣传栏、滚动屏等宣传窗口。例如,中央财经大学在主页上设计移动图标,在学院南路和沙河校区的图书馆门口、咨询台上方悬挂主题为“双 S 合璧——原文传递免费无极限”的横幅,还首次启用校园灯箱广告宣传;首都医科大学则在传统宣传方式之外,独辟蹊径,利用微信宣传传播图书馆的原文传递讲座的信息。在做好宣传本校宣传工作外,各成员馆还积极踊跃对宣传月的意义、内容及所达到的效果、影响等进行总结报道,并及时将各馆宣传稿件上报至中心放至到 BALIS 主页。此外,成员馆还动员读者现身宣传,例如,中国农业大学在全校招募宣传大使 60 余名,大使们通过 QQ、飞信、邮箱、BBS、讲座、发放宣传资料、张贴海报等形式宣传融合系统。

在培训方面,宣传月期间,中心先后走进中国石油大学(北京)、北京交通大学等高校开展专题培训,并走进中国人民大学各院系有针对性地开展利用培训,得到了读者的一致好评。中心共计培训 4 次,培训人数达 300 多人次。为帮助读者更好地利用原文传递,各成员馆均在宣传月期间开展了专题培训,例如,北京农学院利用每周二下午的研究生素质教育课堂,在课后用 20 分钟时间,为研究生做 CALIS/BALIS 融合系统的培训,达到了很好的效果。截至 2013 年 5 月 31 日,全部成员馆累计开展培训 167 场次,培训人数达 5 659人次。为了使原文传递服务更加深入地走进读者,各成员馆的老师们还在教学楼、图书馆大厅等地开展现场咨询活动,读者反响热烈。为了解 BALIS 原文传递的使用效果,获取对 BALIS 原文传递更多的建议和意见,中心编写了调查问卷发放给各成员馆,并开通了网上问卷调查活动,截至 2013 年 5 月 31 日,共收回纸质版调查问卷 3 470 份,电子版问卷 397 份,中心也对调查问卷做了详细的分析。各成员馆在宣传月期间,充分发挥了团委、学生会等组织以及学生志愿者的宣传作用,走进学生社团、走进院系进行宣传,受到读者的欢迎。例如,北京电影学院为了在咨询现场聚拢人气,增加趣味性,达到吸引读者的目的,还设置了抽奖环节,读者只要领取宣传卡片,就能获得一份精美的小礼品;中国矿业大学(北京)图书馆则对每位新注册的用户建立个人档案,通过电话通知他们到馆,向他们讲解检索文献的方法,且根据不同专业指导他们提交申请。读者在宣传月期间的利用量统计如表 6.4 所示。

表 6.4 2013 年宣传月期间读者利用情况统计

系统名称	新注册人数/人	使用人数/人	读者请求量/条
BALIS	2 797	830	5 209
BALIS/CALIS 融合系统	3 326	3 653	6 120
合计	6 123	4 483	11 328

（6）2014 年宣传月

2014 年 1 月 1 日，BALIS 与 CASHL 正式启动合作服务，因此，本年度 BALIS 原文传递中心组织成员馆开展了以“高效、快捷、免费获取外刊文献！”为主题的宣传月活动，侧重推广 CASHL 资源与服务。在宣传方面，中心为此次宣传月活动编写了宣传页，制作宣传展板模版供成员馆参考，共计印制、发放宣传页 46 310 份，与 2013 年 32 000 份相比有显著提升。在此基础上，各成员馆多形式、多途径进行了宣传推广，亮点颇多。

中央财经大学在学校官方网站主页的通知公告栏目中放入本次宣传月活动的简要介绍，以及文献传递的操作和使用方法，让全校师生能及时获悉图书馆的文献传递服务。华北电力大学（北京）提出了“人人知道，人人利用，人人享受免费的原文传递”的宣传口号。解放军医学图书馆通过汇文图书馆短信平台，发送宣传月短信 6 200 余条，使广大读者了解关注该馆的原文传递服务。在培训方面，中心与成员馆为调动读者积极性，创新形式，通过“嵌入课堂”“上门服务”等各种方式为读者介绍原文传递服务。

中国人民大学图书馆群策群力，设专人多途径多方式与院系教师、学科负责人等进行联络，针对学科特点，走入多个院系，组织开展多次培训，真正做到“上门”服务，为不同专业的师生带来一场场“海量文献资源”的“免费获取盛宴”，受到各个院系学生与教师的一致好评。2014 年 10 月 23 日，走入法学院开展专场培训，10 月 28 日走入信息资源管理学院开展专场培训，12 月 3 日走入社会与人口学院开展专场培训，12 月 4 日走入环境学院开展专场培训。环境学院师生特就此做了新闻报道，并感叹：“海量文献资源‘免费午餐’就在校图书馆，就在我们眼前！老师同学们可以尽情享用啦！”。

中国石油大学（北京）图书馆则在两个月的宣传月期间举办了 7 场专题讲座，其中 1 场全校范围的大型讲座，6 场走进学院的专场讲座，受到广泛欢迎。对外经贸大学图书馆流通阅览部副主任走进《文献检索课》课堂，于 2014 年 3 月 24—30 日利用一周的时间，与学生面对面进行资源推荐，为三个平行班的学生，小计 100 余人，推荐法学 Libguides 和《如何免费获取异地资源》，重点介绍了 CASHL 平台与服务。截至 2014 年 4 月 30 日，全部成员馆累计开展培训 105 场次，培训人数达 5 659 人次。

为了使原文传递服务更加深入地走进读者，各成员馆的老师还在教学楼、图书馆大厅等地开展了现场咨询活动，读者反响热烈。北京农学院图书馆工作人员为了更好地宣传 BALIS/CASHL 系统，深入学校经管学院、人文社科学院拜访一线教师，为老师详细讲解使用方法，并指导他们进行实操。中国石油大学（北京）图书馆则在“世界读书日”之际，选取中午用餐时人流最多的时段，与学校“百草园书社”学生社团合作，在学校南操场举办了一场别开生面的现场咨询活动。

为了解原文传递的使用效果，获取对原文传递更多的建议和意见，中心继续编写了调查问卷发放给各成员馆，并开通了网上问卷调查活动，截至 2014 年 4 月 30 日，共收回纸质版调查问卷 3 793 份，电子版问卷 502 份。通过对回收的调查问卷进行分析，中心发现，读者平时获取本馆未藏资源的主要途径是通过搜索引擎和原文传递。他们普遍认为原文传递服务对教学、科研的帮助作用较大；但认为文献传递时间长，此外宣传推广还不够。读者也为CAHSL原文传递服务提出了加大宣传和培训力度，提高系统速度，缩短文献提供时间，以及扩大资源量等建议。

此次宣传月效果显著，与2013年相比，宣传月新注册人数由6 123人增长到了18 335人，读者请求量由11 329条增长到了15 462条，均有了显著提高。而由于2014年宣传月对CASHL的大力推广，CASHL的增长也最为明显，北京地区成员馆由9个增长到46个，新注册人数由160人增长到3 280人，读者请求量也由899条增长到2 916条。

(7) 2015年宣传月

2015年，BALIS原文传递中心与首都图书馆合作开展了社会化服务的探索，因此，本年度的宣传月，中心组织成员馆侧重向首都图书馆读者宣传BALIS资源与服务，以及向成员馆读者宣传首都图书馆的资源。中心为成员馆与首都图书馆制作、发放2种版本的宣传页共3万份；继续往年的优良传统，在宣传月活动开始前，中心也为各馆制作了易拉宝模板，以便各馆根据本馆特点更改自制易拉宝，通过BALIS统一检索平台设置二级飘窗进行网络宣传，编写了调查问卷发放给各成员馆，并开通了网上问卷调查活动。为了更好地服务读者，根据成员馆的服务现状和读者特点，利用2015年5月28日与首都图书馆开展联合培训的契机，中心还组织各成员馆的文献传递员约50余人参观、调研了首都图书馆的文献资源。

在中心统一部署的基础上，各成员馆多形式、多途径进行了宣传推广。华北电力大学(北京)、中央民族大学、首都经贸大学、北京工商大学、北京青年政治学院、北方工业大学、北大医学部等多所院校采取“图书馆阵地式”宣传方式，在图书馆公共检索机、总借还处、总咨询处、馆际互借与文献传递处、多媒体学习中心等多处摆放中心制作的“BALIS统一检索平台”宣传单页，在电视屏、大厅大屏幕制作和发布图文并茂的特色活动通知，在校内教学楼张贴相关消息报道和海报。而北京语言大学、首都医科大学、北京电影学院、中国劳动关系学院、燕京理工学院、中央民族大学等院校还在本校设置现场咨询台，现场帮助读者注册、获取文献，开展有奖调研等活动，吸引学生纷纷驻足。

根据当前广大师生获取信息的方式特点，中国社科院研究生院、中国石油大学(北京)等院校，采用“媒体宣传全覆盖”的宣传方式，将BALIS原文传递活动通知推送到学生活跃的微信、微博、校园BBS、人人网等各类社交网站。而北京师范大学在制作宣传材料时，除了全媒体覆盖式宣传，还考虑到当今广大“80后”“90后”读者的电子商务购物习惯，借鉴网购流行词汇，宣传材料采用了“文献获取三步骤”的宣传方式，即：注册账户—网上“下单”—坐等“收货”，相比繁杂巨细的操作流程说明，这样贴近生活的宣传语更有利于读者迅速理解文献传递服务流程，激发读者使用文献传递的兴趣。

在培训工作方面，中心本年度分别走进了中央财经大学沙河校区和北京工商大学嘉华学院，给读者和图书馆工作人员送去了“学术资源一站式检索与获取”专题讲座，向读者示范了从注册用户到申请文献的全部过程，使读者进一步了解到BALIS/CALIS融合系统给获取馆外海量文献带来的便捷。各成员馆进一步细化落实，针对不同类型读者开展了不同类型的培训。

中国人民大学图书馆：利用校学生会以及清史研究所的清风学社等学生社团活动为学生介绍如何获取学术资源；通过本校农业与农村发展学院的教师微信群里的老师，向该院教师介绍利用文献传递服务获取自己需要的学术资源；根据访问学者在校时间短、难以统一时间进行培训的实际情况，加入包含120多位访问学者的QQ群，在群里共享“学术资源一站式获取”讲座课件，并实时解答读者提问，方便该类读者利用文献传递获取文献；将读者培训嵌入全校博士生选修课“科学研究的方法”的课堂，以及环境学院的本科生新生课堂，介绍利用文献传递服务获取学术资源；为本校的院系领导或学科带头人提供 VIP 服务，主动向他们宣传文献传递服务，并接受他们通过 E-mail 发送文献需求，馆员代为注册账户、申请文献传递；此外，根据本校以人文社科为主的学科特点，考虑本校教授承担的国家社科基金重大项目或者代表了科研的前沿，或者承担着为国家建设献计献策的任务，中国人民大学图书馆文献传递工作人员还为本校三个社科基金重大项目进行了科研跟踪，为项目一站式检索、传递文献，为课题负责人全面、及时地了解科研动态，提供了文献支撑，同时使文献传递服务得到了进一步的提升。

中国传媒大学图书馆：以“图书馆给您出点‘搜’主意”为主题为读者呈现了一场 BALIS 馆际互借、原文传递服务专题讲座。

中央财经大学图书馆：除了以前开展的图书馆每周讲座、机房专题讲座，还首次开启课堂嵌入式教学培训模式。

北京科技大学图书馆：采取多样化方式进行培训——本科生培训由于人数较多，采取大班培训，培训内容简单明了；研究生培训，注重小班讲解，针对疑点分析解答等；针对新用户，着重讲解了原文传递的注册流程、使用方法、申请方式及资源检索途径；针对老用户，着重讲解了一站式检索的重要意义，帮助读者学习使用 BALIS 统一检索平台的资源，解决了读者重复选择数据库的问题，受到一致好评。

北京工业大学耿丹学院图书馆：积极主动与校党委取得联系，将党小组课下实践设在图书馆，对上党课的学生进行现场培训，介绍图书馆资源和掌握 BALIS 中心项目的注册、查询、使用方法，使得学生更多渠道地获取文献。

此次宣传月效果显著，宣传月期间 BALIS\CALIS\CASHL 三个系统新注册人数达 5 758 人，读者请求量达 11 294 条。

(8) 2016 年宣传月

2015 年 9 月，CALIS 取消了对 BALIS/CALIS 融合系统的补贴，为了应对此次 CALIS 的补贴新政策，2016 年 4 月 20 日—5 月 31 日，中心以“多途径免费获取海量文献！”为主题统一部署了本年度的宣传月工作，全方位宣传 BALIS 原文传递服务内容和服务方式，侧重宣传 BALIS 统一检索平台及 CASHL。除了常规的宣传页发放、易拉宝模板制作、问卷调查、统一组织培训外，各成员馆在本年度的宣传活动中，着力打通新媒体渠道，创新服务方式。

中央民族大学通过 22 个微信公众号扩大宣传。北京农学院以其文献传递的 11 055 条有效数据为样本，借助 Citespace 软件，结合传统文献计量学，用可视化的方式研究了 2008—2014 年的文献传递情况，从文献传递的热点、热点的时间变化、文献传递的来源期刊等方面全面梳理了北京农学院图书馆文献传递的整体情况，为进一步主动的信息推送服务打下了基础。北京电影学院、华北电力大学(北京)、北京工业大学、中华女子学院等学校还制作了“图书馆微课堂”视频，通过生动活泼的方式向读者介绍文献传递服务。

为逐步尝试向社会拓展服务，为北京地域范围内更多的读者，提供更便捷实在的文献信息资源服务，激活海量经费购买的文献资源的活性与流动性，2016 年 5 月 19 日，BALIS 原文传递中心走进首都图书馆开展了系列宣传活动。在首都图书馆读者大厅，BALIS 原文传递中心的老师向读者发放了 BALIS 原文传递的宣传页和调查问卷，帮助读者现场注册账户，耐心指导读者使用原文传递服务，受到了现场读者的热烈欢迎。随后，中心与首都图书馆信息咨询中心的老师们开展了座谈，就原文传递使用过程中出现的问题，对读者如何收费，资源如何更好地揭示，以及如何继续向社会读者进行宣传推广等问题进行了广泛深入的讨论。双方均认为，继续深入推广 BALIS 原文传递服务，能够最大化激活北京行政区域内资源效能，能够给北京高校读者和社会读者带来更加可口的文献盛宴！

（四）四个特色：年度工作，突出重点；注重尝试，推举创新；调研考察，取长补短；评估总结，激励推动

1. 年度工作，突出重点

BALIS 原文传递在其基本方略主导下，年度工作计划和落实都侧重抓好某一或某几方面。例如：

2008 年，侧重管理工作的学习与借鉴；

2009 年，侧重宣传培训和寻求合作服务；

2010 年，侧重学科服务馆的规范和本地服务系统的完善及自身研究工作；

2011 年，侧重区域原文传递发展调研和思考工作；

2012 年，侧重完成与 CALIS 系统融合及相应的馆员培训工作；

2013 年，侧重推广融合系统；

2014 年，侧重完成 BALIS 统一检索平台推广使用与相应的馆员培训工作；

2015 年，侧重与首都图书馆合作推广社会化服务；

2016 年，侧重与 NSTL 合作开展服务；

2017 年，侧重 BALIS 系统自身更新升级及微信公众号、APP 等移动平台建设。

2. 注重尝试，推举创新

BALIS 原文传递中心在 BALIS 联盟尝试率先启动服务，率先开展宣传月活动，率先利用评估机制开展评估总结表彰活动。在各项活动中，推举创新，例如，在制订宣传月方案时，强调创新活动，各成员馆每年的宣传月活动都有许多创新之举。管理方面也十分注重特色管理和创新探索，尤其是 BALIS 原文传递评估指标体系，结合各成员单位的实际情况进行了反复修订。

3. 调研考察，取长补短

为了比较地域性文献资源保障体系的发展特点，把握地域性资源共享的发展趋势，修订和补充 BALIS 馆际互借/原文传递发展策略，推动原文传递服务进一步向前发展，BALIS 原文传递中心始终坚持“走出去”的发展战略，积极走进兄弟联盟开展调研工作，学习对方先进工作经验，取长补短促进自身的成长。

2014 年 10 月 28 日—11 月 5 日，BALIS 原文传递中心和馆际互借中心及各委员馆馆长在 BALIS 管理中心带领下一行 12 人前往 FULink、厦门大学图书馆、绍兴文理学院图书馆、绍兴图书馆、温州大学图书馆进行相关调研、交流和学习，调研采取座谈会和参观的形式进行，侧重对 Fulink 和 ZADL 这两个联盟原文传递的服务、资源、系统和管理方面进行调研。活动在原文传递中心主任汪永红和秘书长黄智武的精心组织安排下顺利完成，短短一周的行程中，大家增长了见识，开阔了眼界。不仅领略到了浙江与福建地区图书馆事业现代化的发展程度，而且深切地感受到这些地区的图书馆有许多先进做法值得学习和借鉴，也对自身工作的进一步开展与推进有了较为深入的思考。相信在未来，BALIS 一定能够将学到的先进经验运用到实际工作中去，形成具有特色的文献资源体系，更好地服务于读者。BALIS 成员与 Fulink、福建省高

校图工委座谈如图 6.13 所示，BALIS 参观福州地区高校图书馆如图 6.14 所示。

图 6.13 BALIS 成员与 Fulink、福建省高校图工委座谈

图 6.14 BALIS 成员参观福州地区高校图书馆

2016 年 3 月 23—28 日，BALIS 原文传递中心在管理中心协助下联合馆际互借中心，组织各所属委员馆馆长参观调研了西安交通大学图书馆、西北工业大学图书馆、西安电子科技大学图书馆、陕西师范大学图书馆、陕西理工大学图书馆，如图 6.15 及图 6.16 所示。BALIS 管理中心主任黄朴民、常务副主任刘春鸿、原文传递中心主任汪永红、馆际互借中心主任严潮斌及各个委员馆馆长参加了此次调研活动。调研采取座谈会和参观的形式进行，中心成员一路走来同样收获了许多成功经验。

4. 评估总结，激励推动

评估激励机制是推动服务发展的重要法宝，BALIS 原文传递中心在每年年初以及宣传月活动开始之前，都会事先向成员馆公开评估办法、活动方案。在年底中心则会及时公布各种服务统计数据和服务排行榜数据，实施年终和宣传月活动公开评估，规范打分，评估过程中坚持公开、公正、公平的原则，公开评估办法和评估数据，公示评估结果。为了进行阶段性总结与评价，中心连续十年每年都会对宣传月活动和年度工作分别进行评估和总结，表彰先进集体和先进个人，并推举先进代表介绍先进经验，进而达到运用激励机制调动积极性的目的，如图 6.17 所示。同时，还在实践中不断修订和完善评估办法。

图 6.15 BALIS 成员参观西北工业大学图书馆

图 6.16 BALIS 成员与陕西省高校图工委座谈

图 6.17 年终表彰大会

三、BALIS 原文传递中心效益分析

（一）满足海量需求，助力教学科研

BALIS 原文传递借助现代化的技术手段，搭建北京市高校图书馆之间的统一检索平台与管理服务平台，将多种分布于北京地区各大高校及公共馆的文献信息源连接起来，无形中扩大了各个成员馆的文献资源，方便快捷地满足了用户对本馆未收藏海量文献资源的需求。

2007—2017 年，BALIS 原文传递服务数量统计如图 6.18 所示，BALIS 本地系统满足申请统计如图 6.19 所示，融合系统满足情况统计如图 6.20 所示，BALIS 原文传递申请单处理完成时间统计如图 6.21 所示，融合系统平均完成时间统计如图 6.22 所示，读者类型统计如图 6.23 所示。

2007—2016 年，BALIS 原文传递本地系统中，北京地区高校总服务量为 162 165 条，满足量 133 728 条，平均满足率 82.46%，平均完成时间 1.41 天，共注册人数 58 401 人，使用人数 22 708 人次。

2013—2016 年，BALIS/CALIS 融合系统中，北京地区高校总服务量为 271 540 条，满足率为 82.25%，平均完成时间 4.07 天 共注册人数 32 343 人次。

2014—2016 年，CASHL 系统中，北京地区高校总服务量为 15 269 条，满足率为 87.88% ，共注册人数 8 103 人次。

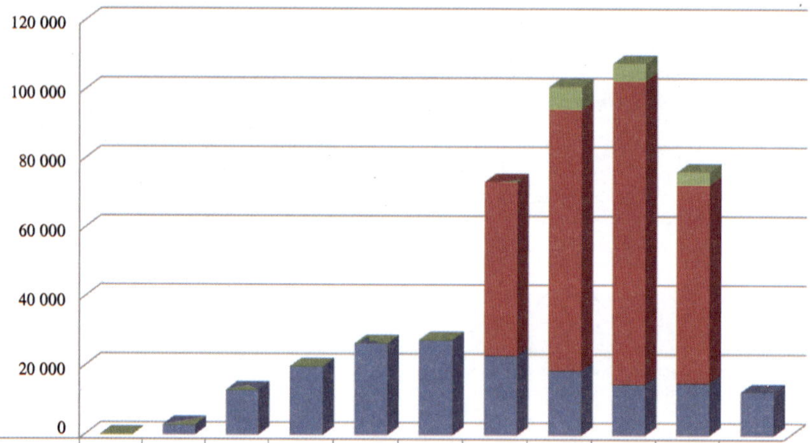

年份	2007	2008	2009	2010	2011	2012	2013	2014	2015	2016	2017 上半年
CASHL	0	0	0	0	0	0	0	6 539	5 021	3 709	
BALIS/CALIS融合系统	0	0	0	0	0	0	50 327	75 725	87 973	57 515	
BALIS	65	2 931	13 092	19 910	26 581	27 632	23 086	18 816	14 840	15 212	12 560

图 6.18　2007—2017 年 BALIS 原文传递服务数量统计

从图 6.18 中可以看出，BALIS 北京地区各成员馆本地系统服务量于 2012 年达到高峰，2013 年后，BALIS 与 CALIS 共建融合系统，2014 年又与 CASHL 开展合作服务，部分读者请求分流至融合系统与 CASHL 系统，因此本地系统中服务量略有下降，但融合系统中服务

量在2013—2016年逐年上升，服务总量有了明显飞跃。2016年之后，由于CALIS取消了对融合系统中文献传递申请的费用补贴，融合系统中的读者申请量有所下降，本地系统中的读者申请量有所回升，尤其是2017年，本地系统中半年的申请量几乎已达到2015年、2016年全年的水平。

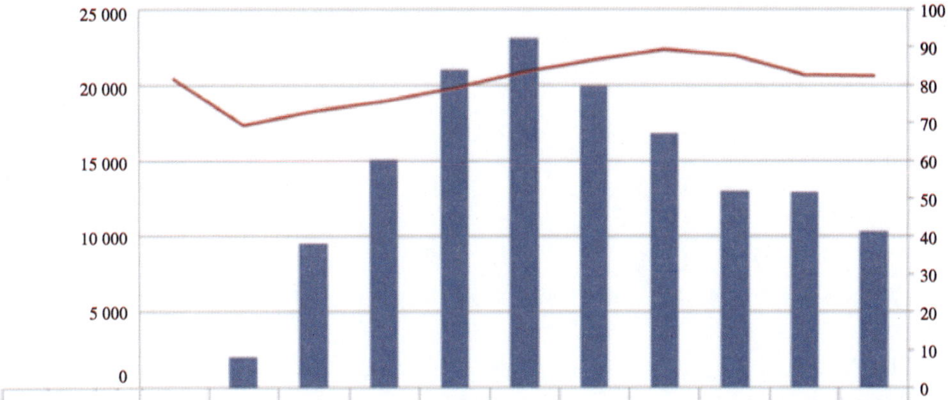

年份	2007	2008	2009	2010	2011	2012	2013	2014	2015	2016	2017上半年
满足申请单数	53	2 034	9 557	15 088	21 083	23 101	20 012	16 818	13 023	12 959	10 365
满足率/%	81.54	69.4	73	75.78	79.32	83.6	86.68	89.38	87.76	82.8	82.52

图6.19　2007—2017年BALIS原文传递满足率统计

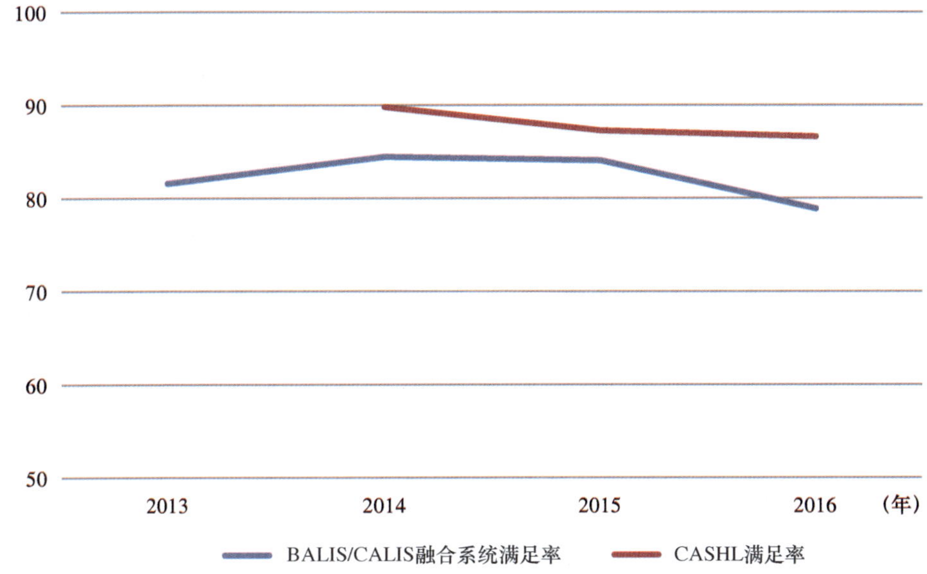

图6.20　2007—2017年BALIS/CALIS融合系统、CASHL满足率统计

从图6.19中可以看出，经过对资源的不断扩充以及对系统的不断完善，BALIS本地系统满足率从2008年开始逐年上升，在2012年之后，基本稳定在80%以上。图6.20中，BALIS/CALIS融合系统的满足率也一直稳定在80%左右。CASHL系统中的北京地区各高校成员馆，由于自身资源揭示的准确率高，资源满足量达到了90%左右。

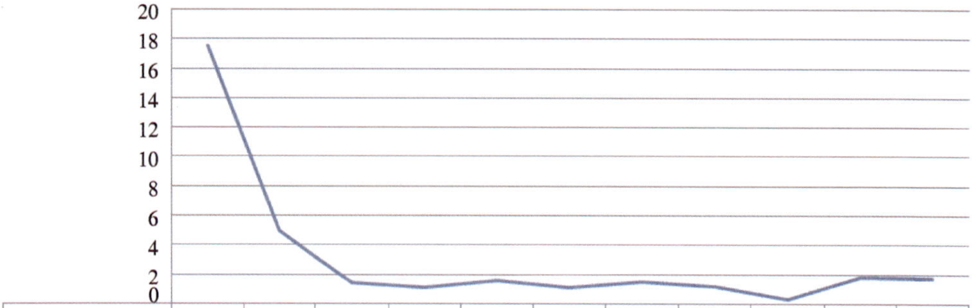

年 份	2007	2008	2009	2010	2011	2012	2013	2014	2015	2016	2017 上半年
平均完成时间/天	17.52	5.02	1.49	1.14	1.62	1.14	1.54	1.23	0.37	1.89	1.8

图 6.21　2007—2017 年 BALIS 原文传递申请单处理完成平均时间统计

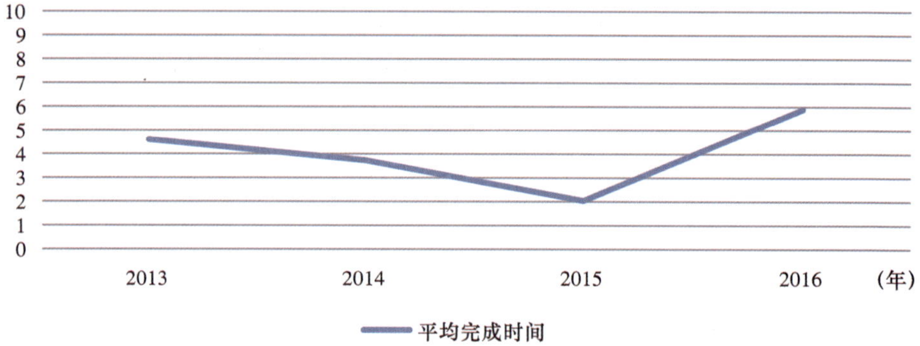

图 6.22　2003—2016 年 BALIS/CALIS 融合系统平均完成时间统计

从图 6.21 申请单平均完成时间来看，本地系统服务满足时间从 2008 年开始逐年呈下降趋势，从 2009 年之后，基本能够稳定在 2 天以内，能够方便高效地满足读者需求。图 6.22 中，BALIS/CALIS 融合系统中的平均完成时间在 2013—2015 年保持了逐年下降的趋势，2015 年达到最低值，即 2.04 天，但 2016 年之后，同样由于补贴的取消，代查代检订单量较多的原因，又升回到 6 天。

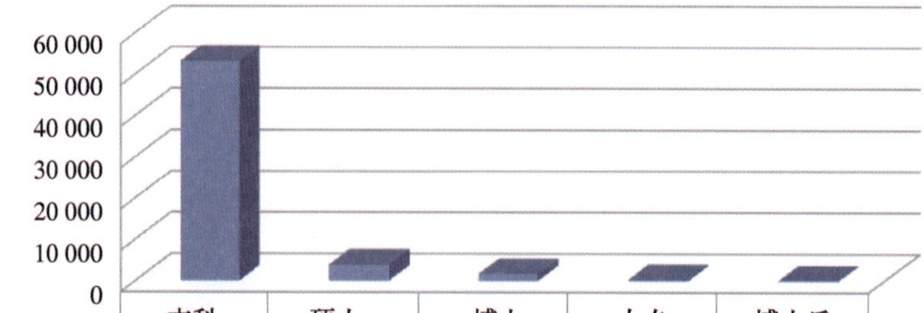

	本科	硕士	博士	大专	博士后
读者人数	53 135	3 868	1 700	330	120

(a) 读者学历统计

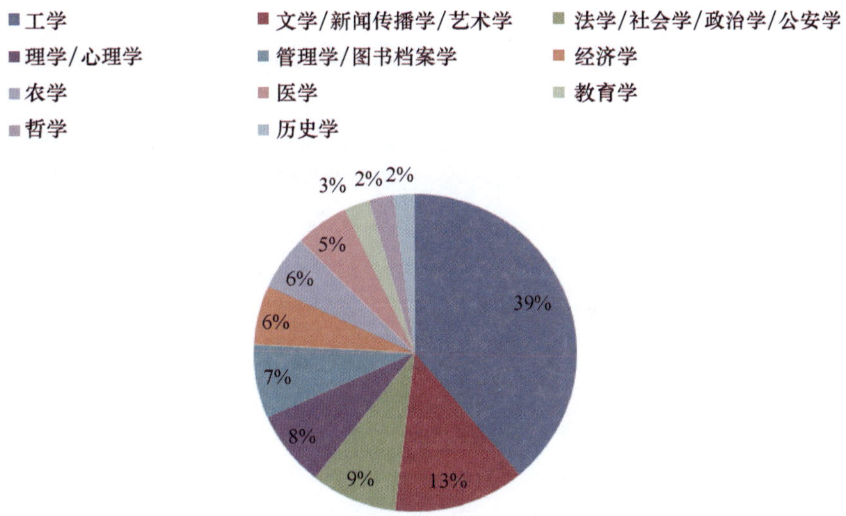

(b) 读者专业统计

图 6.23 BALIS 读者类型统计图

从图 6.23 读者学历与所属专业来看，BALIS 原文传递在十年间满足了各个学历层次、各个专业领域的读者需求。这不仅促进了教学的发展，也为北京地区各高校的科研工作提供了有力支撑。

北京农学院图书馆在 2016 年对本馆文献传递数据进行研究、分析，发现在基因表达的研究中，文献传递服务对秦岭、陈武、刘凤华、姜代勋读者的科学研究起到了很大的支撑作用。同样，在核糖核酸领域、基因表达调控领域，在多态性、拟南芥、鳞翅目、病毒、疫苗、细胞系、细胞凋亡等领域，相当多的学者在各自的领域中获得了文献传递服务的帮助与支持。北京农学院热点及部分研究学者统计如表 6.5 所示。

表 6.5 北京农学院热点及部分研究学者统计表

序号	热点关键词	原文传递读者
1	基因表达	秦岭、陈武、刘凤华、姜代勋
2	核糖核酸	刘悦萍
3	基因表达调控	秦岭、胡昊、刘悦萍、刘帅
4	多态性	秦岭、杨爱珍、沈红香、万平
5	拟南芥	郭蓓、秦岭、李婷、胡昊
6	鳞翅目	王进忠、张爱环、张鹏飞、李征
7	病毒	商巧霞、吴国娟、胡格、孟凡伟
8	疫苗	崔德风、张涛、胡格、索占伟
9	细胞系	王进忠、张爱环、吴国娟
10	细胞凋亡	王进忠、刘凤华、黄芳、张爱环

(二) 优化资源配置，节省文献经费

随着科学研究和出版技术的发展，出版物不仅数量激增，而且价格上涨幅度也很大，尤其是各类外文期刊数据库。以著名的 Elsevier 为例，其刊物价格在 1986—2000 年上涨了

226%。而同期的平均通货膨胀率是62%，Elsevier的盈利率在32%～35%，甚至更高。在这种情况下，由于不同层次成员馆的文献资源经费分配始终存在落差，部分中小型高校图书馆越来越难以负担高昂的学术期刊和数据库订购费用。因此，网络环境下的原文传递服务成了实现资源共享最有效的服务方式之一，也是满足读者个性化信息需求最有效的途径。

十年发展中，BALIS原文传递中心以较少的成本支出构建了一个完备的、共同的资源保障体系，始终对所有读者秉承免费服务的原则，并对提供文献服务馆给予一定的经费补贴和奖励。这样的策略既能够解决各馆在某一领域文献短缺与读者日益增长的文献需求之间的矛盾，又能够提高各馆馆藏的利用率，更实现了不同层次高校图书馆之间资源的共享、共建，节省了文献经费。

首先，从单篇文章或图书的申请频次来看，通过查重后统计得出申请文章篇名总数108 931篇，单篇申请频次大于等于20次的文章仅有43篇，占比0.03%；大于等于10次的仅有97篇，占比0.08%；大于等于5次的文章仅1 130篇，占比1%；大于3次小于5次文章的仅有6 130篇，占比5.22%；而申请频次不超过10次的文章有124 490篇，占比达99.88%；申请频次小于3次的有110 106篇，占比达93.81%。从单本期刊或图书申请频次来看，申请来源期刊总数45 902种，单篇申请频次超过500次的期刊有3种，超过100次的仅有73种，大于等于15次的期刊仅有1 428种，占比2.40%；大于等于5次的仅有4 797种，占比8.05；而小于5次的有53 346种，占比89.55%。BALIS本地系统申请单篇频次统计如图6.24所示，申请期刊频次统计如图6.25所示，单篇文献(图书)申请频次前十名如表6.6所示，期刊(图书)申请频次前十名如表6.7所示，申请语种与资料类型统计如图6.26所示。

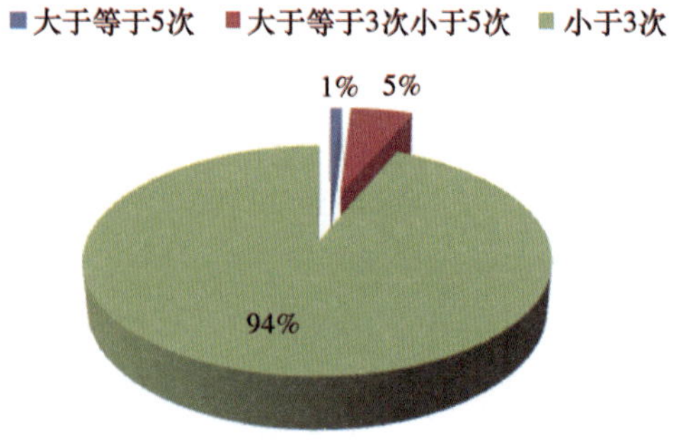

图6.24　BALIS本地系统申请单篇频次统计

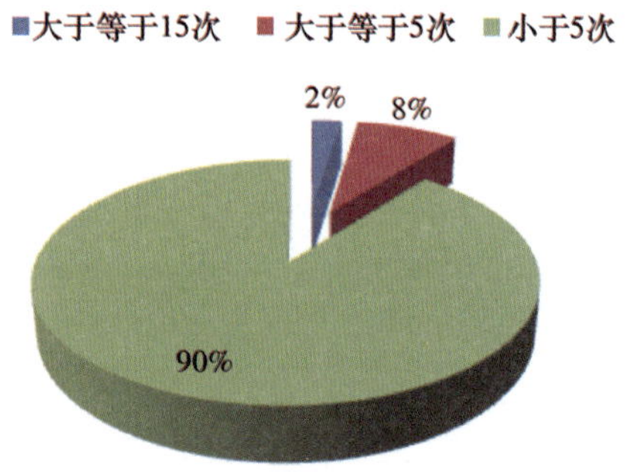

图6.25　BALIS本地系统期刊申请频次统计

表6.6　BALIS本地系统单篇文献(图书)申请频次前十名

	文章名(书名)	申请次数
1	Electric Field Effect in Atomically Thin Carbon Films	108
2	Probes and Tags to Study Biomolecular Function: for Proteins, RNA, and Membranes	29
3	New Material for Thermal Management Has Four Times Thermal Conductivity of Copper	26
4	The Physiology of reproduction	26
5	Ecotoxicology of Nano-TiO2 An Evaluation of its Toxicity to Organisms of Aquatic E-cosystems	25
6	Implementation of All-optical Reversible Logic Gate Based on Holographic Laser In-duced Grating Using Azo-dye Doped Polymers	22

续 表

	文章名(书名)	申请次数
7	Thermal Deformation of An Exhaust Manifold	21
8	新媒体环境下的大学生媒介法律素养教育	21
9	Parametric Study of Lean-premixed Combustion Instability in A Pressurized Model Gas Turbine Combustor	21
10	汉末士风与建安诗风	20

表 6.7　BALIS 本地系统期刊(图书)申请频次前十名

	刊名(书名)	申请次数
1	Computer Network: The International Journal of Distributed Informatique	965
2	Science	575
3	Nature	506
4	Applied Physics Letters	472
5	Advanced Materials Research	403
6	Journal of Membrane Science	362
7	Journal of Applied Physics	339
8	Journal of Applied Polymer Science	321
9	Nano Letters	304
10	Journal of Business Ethics	295

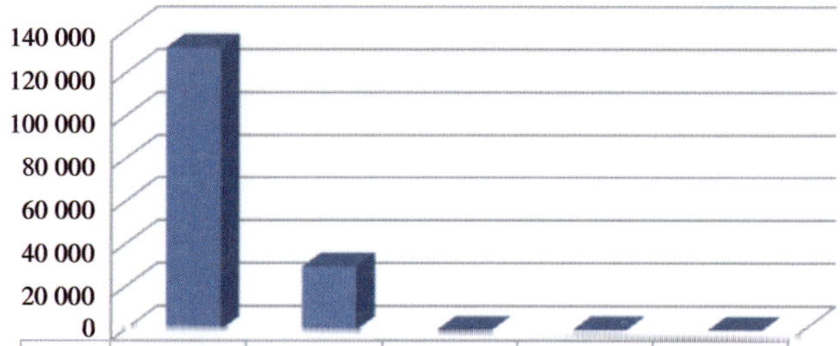

语种	英文	中文	日文	俄文	其他
总计	132 159	29 646	232	111	17

(a) 语种统计

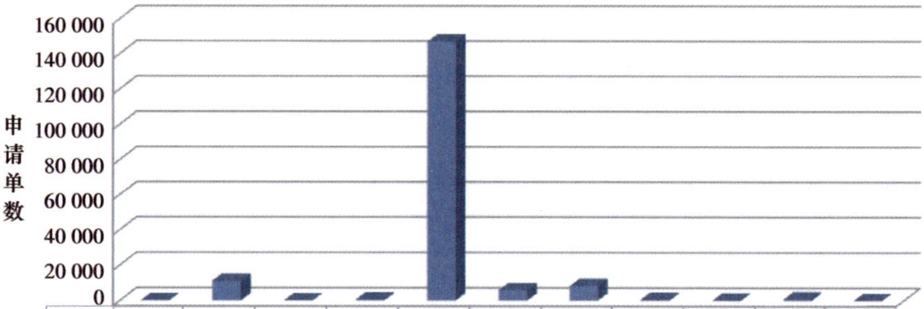

类型	专利	图书	古籍	标准	期刊	会议文献	论文	科技报告	缩微平片	其他	图谱
■总计	46	11 043	83	623	146 974	5 809	8 320	621	122	958	37

(b) 资料类型统计

图 6.26　BALIS 本地系统申请语种与资料类型统计

从图 6.26 语种与资料类型的统计来看，读者主要集中在更难获取、单篇或单个数据购买价格也更高的外文期刊文献方面。

这表明，申请 BALIS 原文传递服务的，大部分是个性化、零散的外文期刊文献需求，虽然每篇文献乃至每本期刊的申请量并不大，但所有稀有需求的总量确实非常庞大，正如“长尾效应”中“小利润大市场”原理，虽然这些需求零散，但是如果想要全部满足，需要投入的资金却是巨大的。一般情况下，传统图书馆资源建设的基本目标是保障重点文献及大多数读者的文献需求，往往无法顾及此次“长尾数据”。而 BALIS 原文传递利用联盟的特性，实现了北京地区所有高校图书馆乃至公共服务馆之间的资源互补，用较少的补贴投入，丰富了各个成员馆馆藏资源的长尾，满足了读者对“长尾数据”的需求。十年来，BALIS 本地系统总补贴费用 489 097.85 元，真实满足申请单 111 480 单，平均每单成本仅 4.38 元，相比从数据库商手中单篇购买一篇外文期刊文献动辄几十美金的成本来说，费用低廉。因此，从经济角度看，BALIS 原文传递服务比商业化的文献传递服务要经济，比传统的馆际互借效率高，比图书馆为满足读者的“长尾需求”而购买特定书刊或者特定文献划算。

其次，BALIS 按照“985/211”高校及科研院所、普通本科以及高职高专和二级学院进行分类统计，可以发现，“985/211”类重点高校及科研院所的各项指标均远远高于后两类学校。“注册人数”和“使用人数”表中，成员馆中排名前十名的分别除“北京信息科技大学”与“北京联合大学应用文理学院”两所，“北京信息科技大学”与“首都医科大学”两所外，其余全部为“985/211”院校。这说明，高水平的重点高校读者对“长尾数据”的需求量更大，需求人数也更多，BALIS 原文传递很好地保障了该类学校的“长尾文献”需求，节约了该类高校对非本校重点学科的文献资源保障建设的投入。BALIS 本地系统学校分类数据统计如表 6.8 所示，注册、使用人数前十名如图 6.27 所示，发送、接收请求前十名如图 6.28 所示，补贴及奖励费用超过 5 000 元的高校统计如图 6.29 所示。

表 6.8 BALIS 本地系统学校分类数据统计

学校性质	学校数量	注册人数	使用人数	发送份数	接收份数	满足率	平均满足时间/天
“985/211”高校、科研院所	30	45 050	19 094	122 759	158 430	81.6%	1.81
普通本科	32	14 349	5 137	46 277	4 013	71.8%	7.78
高职高专/二级学院	22	4 777	461	2 665	1 156	44.5%	38.66

从表 6.8 的分类统计中发现，第一类重点高校及科研院所的接受请求量即服务量超过了发送请求量，而其他两类学校的发送请求量却远高于接收请求量，在图 6.28 中，排名前十名的高校中，除了“985/211”高校外，出现了北京农学院、北京服装学院、首都医科大学三所普通本科院校，而“接收请求”排名前十名的高校中，则无一例外均为“985/211 工程”高校。这些数据都表明，服务馆更多为经费充裕、馆藏丰富、资源量大的重点高校或科研院所，而享受服务的更多为普通本科高校及高职高专或二级学院。

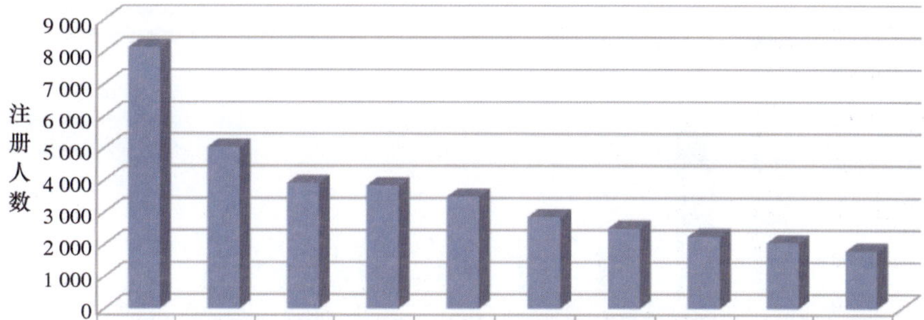

北京交通大学图书馆	中央民族大学图书馆	北京化工大学图书馆	华北电力大学（北京）图书馆	中国农业大学图书馆	北京航空航天大学图书馆	北京信息科技大学图书馆	北京科技大学图书馆	中国石油大学（北京）图书馆	北京联合大学应用文理学院图书馆
8 137	5 028	3 908	3 836	3 486	2 850	2 495	2 244	2 051	1 797

（a）注册人数前十名

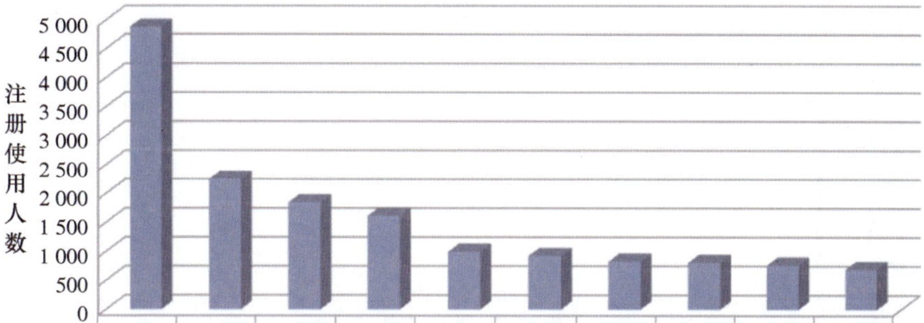

北京交通大学图书馆	中央民族大学图书馆	北京化工大学图书馆	中国农业大学图书馆	北京航空航天大学图书馆	华北电力大学（北京）图书馆	中国石油大学（北京）图书馆	北京信息科技大学图书馆	北京科技大学图书馆	首都医科大学图书馆
4 881	2 253	1 844	1 613	996	924	827	808	764	691

（b）注册使用人数前十名

图 6.27 BALIS 本地系统注册人数、使用人数前十名

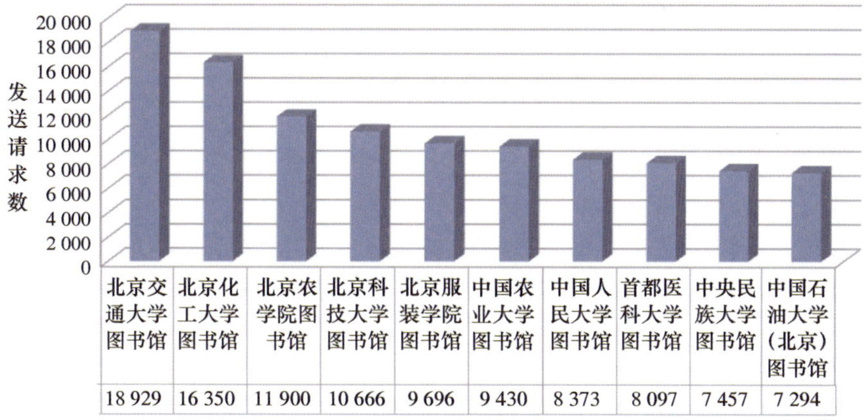

北京交通大学图书馆	北京化工大学图书馆	北京农学院图书馆	北京科技大学图书馆	北京服装学院图书馆	中国农业大学图书馆	中国人民大学图书馆	首都医科大学图书馆	中央民族大学图书馆	中国石油大学（北京）图书馆
18 929	16 350	11 900	10 666	9 696	9 430	8 373	8 097	7 457	7 294

（a）发送请求前十名

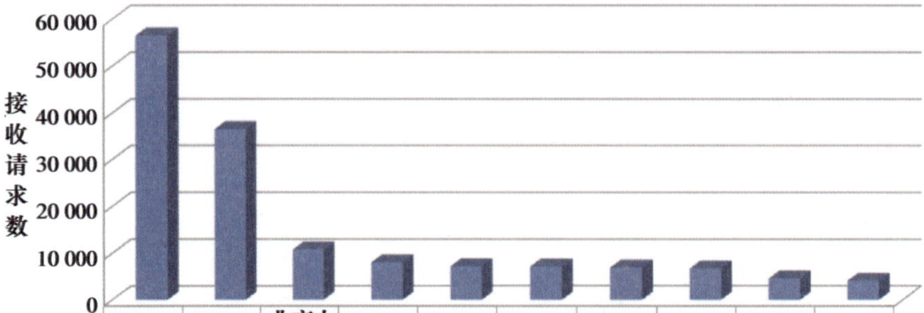

清华大学图书馆	中国人民大学图书馆	北京大学医学部图书馆	北京交通大学图书馆	中国农业大学图书馆	中国国家图书馆	北京科技大学图书馆	北京师范大学图书馆	中国人民解放军医学图书馆	北京大学图书馆
56 578	36 590	10 785	8 037	7 228	7 149	6 925	6 777	4 616	4 135

(b) 接收请求前十名

图 6.28　BALIS 本地系统发送请求、接收请求前十名

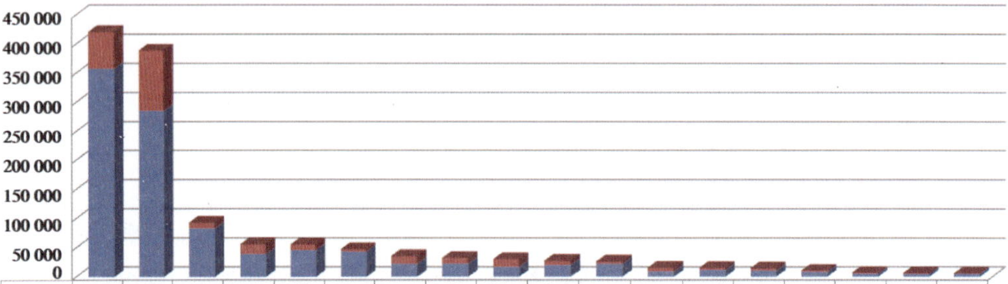

高校	中国人民大学图书馆	清华大学图书馆	中国国家图书馆	北京大学医学部图书馆	北京师范大学图书馆	北京邮电大学图书馆	中国农业大学图书馆	北京交通大学图书馆	北京科技大学图书馆	北京大学图书馆	北京化工大学图书馆	中国人民解放军医学图书馆	北京航空航天大学图书馆	北京理工大学图书馆	上海图书馆	中国石油大学(北京)图书馆	首都师范大学图书馆	北京第二外国语学院图书馆
奖励费用	62 996	103 144	9 686	16 750	9 434	3 732	13 022	9 658	13 156	7 158	3 672	6 440	3 270	4 356	2 150	1 756	1 470	412
补贴费用	357 659	285 487	83 101.7	38 911.4	45 866.8	43 544.9	22 222.0	22 535.6	17 145.2	20 132.0	22 230.4	9 187.2	12 026.5	10 165.9	8 317.75	4 976.5	4 428.2	4 913.8

图 6.29　补贴及奖励费用超过 5 000 元的高校统计

图 6.29 显示了 BALIS 原文传递中心根据各馆的服务量给予相应的补贴和奖励。这表明，对于中小型高校图书馆的读者来说，通过 BALIS 原文传递服务，他们免费共享到了重点高校图书馆的资源与服务，且中心投入成本低。而对于重点高校来说，他们所购买的数据库既得到了更好的利用，也相应获得了经济上的收益。

(三) 凝练科研成果，形成业界影响

以科研促宣传，以科研促工作，十年来，BALIS 原文传递中心科学研究硕果累累，在业界也发挥着重要的宣传作用。以“BALIS 原文传递”或“BALIS 文献传递”为主题词在知网、万方、维普、百度学术等数据库中进行检索，截至 2017 年，已发表各类期刊、会议论文有 27 篇，具体如下。

(1)丁永玲，黄智武．BALIS 原文传递服务的发展与管理．图书馆建设，2010(6):76-78

(2)王小琼，南玉霞．评 BALIS 原文传递系统．图书馆学刊，2009 (6):68-70

(3)丁永玲．基于用户的 BALIS 原文传递使用分析与设想——以中央财经大学为例．情报杂志，2010，29(s1):257-259

(4)汪永红,黄智武,任雪松. BALIS 原文传递发展面临的困境与对策思考. 新世纪图书馆,2012(5):50-51

(5)邵小彬,刘传玺,李晓丽. BALIS 原文传递及图书馆电子资源使用情况实证研究. 国际安全研究,2010(1):92-96

(6)黄智武. BALIS 原文传递学科服务馆的职责与发展对策. 中华医学图书情报杂志,2012,21(7):50-51

(7)仝卫敏. BALIS 原文传递系统浅析. 中小企业管理与科技旬刊,2010(7):208-209

(8)伊雷,林海棠. BALIS 原文传递存在的主要问题及对策分析. 现代情报,2013,33(2):72-74

(9)史丽文. 高校原文传递服务的用户信息需求分析——以中国农业大学图书馆 BALIS 原文传递为例. 农业图书情报学刊,2015,27(6):145-148

(10)李青. 区域性原文传递服务发展对策——以 BALIS 原文传递为例. 内蒙古科技与经济,2011(20):62-63

(11)王蕾,王丽敏,党卫红. BALIS 原文传递服务质量提高的途径分析. 信息技术、服务科学与工程管理国际学术会议,2011

(12)崔贞. BALIS 原文传递工作的特点及思考. 经济研究导刊,2012(31):227-229

(13)马铭锦,王苓. BALIS 原文传递服务的现状、问题及对策. 图书情报工作,2010(s2):192-195

(14)黄智武,丁永玲. 浅谈 BALIS 原文传递服务之发展对策. 图书馆论坛,2010,30(5):105-106

(15)田瑞,黄智武,丁永玲. BALIS 原文传递服务使用状况调查与分析. 医学信息学杂志,2010,31 (11):77-79

(16)孙金艳. BALIS 原文传递服务分析与实践——以北京服装学院图书馆为例. 中小企业管理与科技旬刊,2010(36):291-292

(17)汪永红,黄智武. BALIS 原文传递服务营销策略研究. 图书馆学研究,2015(17):72-79

(18)汪永红,黄智武. BALIS 原文传递服务的评估研究. 图书馆学研究,2015 (21):71-74

(19)李玲,侯瑞芳,方瑜,等. 跨联盟原文传递系统的融合与服务:基于 BALIS 与 CALIS 的探索. 图书馆学研究,2014(12):89-93

(20)丁立刚,刘卫华,李云. 体育文献资源管理与服务的新模式——BALIS 馆际互借与原文传递. 全国体育信息研讨会,2008

(21)王小琼,南玉霞. 评 BALLS 原文传递系统. 图书馆学刊,2009,31(6)

(22)孙金艳. 原文传递助力高校图书馆信息服务——以北京服装学院图书馆为例. 图书情报导刊,2011,21(1):64-66

(23)刘冬梅. 中小型高校图书馆文献传递使用分析——以北京农学院图书馆为例. 图书情报工作,2013(s1):182-183

(24)徐速. BALLS 原文传递服务问题分析与发展对策. 新世纪图书馆,2011(3):33-35

(25)汪永红,黄智武. BALLS 原文传递服务系统的可持续发展研究. 图书馆学研究,2014(2):59-64

(26)丁永玲,黄智武 . BALLS 原文传递服务系统管理探析 . 大学图书馆学报,2010,28(5):87-89

(27)黄智武,丁永玲 . BALIS 原文传递系统管理实践与特点 . 华北高校图协第二十四届年会优秀论文和大会发言论文

(28)何琼,吴京红,王惠英 . 浅析制约 BALIS 资源共享的几个重要因素 . 华北高校图协第二十四届年会优秀论文

此外,BALIS 原文传递中心还主持完成了北京高校图书馆 2010—2011 年科研基金二等项目 1 项:“面向区域高校原文传递系统的比较研究”。申报并完成中国人民大学图书馆馆内项目 2 项:“BALIS 原文传递尝试社会化服务研究”“BALIS 原文传递可持续发展研究”。

十年来,由于 BALIS 业界影响的不断扩大,中心同样多次受邀参加业内学术会议,交流分享工作经验。

2014 年 5 月 7 日,中心应邀参加了 TALIS 高校文献传递研讨会,BALIS 原文传递中心时任秘书长黄智武老师就 BALIS 原文传递服务相关问题做了大会主题报告,受到与会听众一致好评。

2014 年 7 月 10 日,中心应邀参加中国高校人文社会科学文献中心(CASHL)和吉林大学共同主办的“CASHL 服务启动十周年图书馆联盟协同服务创新研讨会”,会议对 CALIS 启动十周年以来的各项工作进行了总结和表彰,中国人民大学图书馆以十年来的优质敬业服务荣膺“CASHL 优质服务创新奖”,报刊部副主任、BALIS 原文传递中心时任秘书长黄智武老师则荣获了“CASHL 资深优秀馆员奖”。CASHL 服务启动十周年图书馆联盟协同服务创新研讨会领奖现场如图 6.30 所示

图 6.30 图书馆联盟协同服务创新研讨会领奖现场

2017 年 6 月 22 日,BALIS 原文传递中心主任徐飞、秘书长陆尧与 BALIS 培训中心韩丽、李书宁老师一行应邀联合参加了美国图书馆协会 2017 年年会。会议在芝加哥麦考克密会议中心举行,大会主题为:“改变我们的图书馆,改变我们自己”。来自美国和世界各地的图书馆员汇聚一堂,就当前世界图书馆界共同关心的话题展开交流与探讨。BALIS 一行 4

人参加了美国图书馆协会组织的国际分会场及大会开幕式，学习美国图书馆协会先进办会经验。开会间隙，先后与美国图书馆协会国际交流部主任 Michael Dowling 和华人图书馆协会执行长阮炼、中央华盛顿大学图书馆专家傅平等人友好会面并深入沟通，听取他们对 BALIS 原文传递系统与服务的建议，探讨未来合作的相关事宜。根据美国图书馆协会年会组委会的安排，还参观了芝加哥公共图书馆及芝加哥大学图书馆，学习他们的优秀服务模式。BALIS 成员参加美国图书馆协会 2017 年年会如图 6.31 所示，BALIS 成员参观芝加哥大学东亚图书馆如图 6.32 所示。

图 6.31　BALIS 成员参加美国图书馆协会 2017 年年会

图 6.32　BALIS 成员参加芝加哥大学东亚图书馆

四、BALIS 原文传递中心未来展望

（一）全面推广，普遍使用

“以读者为中心”是 BALIS 原文传递的永恒话题。在今后的发展中，力争使北京读者广泛使用该项服务，持之以恒地做好全面宣传推广工作，积极探寻该项服务与其他服务（如学科服务等）的结合，让服务深入教学，深入科研，深入人心。

（二）夯实基础，提高水平

不断提升服务水平是 BALIS 原文传递的追寻目标，服务的提升有赖于充分的资源保障体系、方便快捷的服务系统和服务人员的整体素质。BALIS 原文传递应该充分利用本地资源和国家图书馆、上海图书馆、首都图书馆、NSTL 等文献机构资源，夯实资源和系统等基础保障性工作，同时，有针对性地做好馆员培训工作，提升整体服务水平。

（三）创新合作，联盟有为

合作服务是资源共享联盟共同发展的大势所趋，BALIS 原文传递更有必要打破区域壁垒，积极探寻更多合作机会，成为全国乃至全球文献资源共享网的有机节点。

（四）服务区域，服务社会

服务区域，服务社会是高校图书馆联盟的社会职能所在。BALIS 原文传递应该逐步发挥自身的资源优势、技术优势、人才优势，利用长期积累的服务推广经验和优势及地域号召力和凝聚力，为区域建设和社会发展尽绵薄之力。

（五）扶贫帮困，凸显公益

资源扶贫、信息扶贫可进一步凸显 BALIS 原文传递的公益特点，BALIS 原文传递服务今后将尝试选择西部等贫困地区 1～2 所大学作为对口扶贫单位，积累经验，再将扶贫工作逐步推广。

第七章 资源协调与平台建设

一、概述

BALIS资源协调中心是2007年12月成立的北京地区高校图书馆文献资源保障体系(BALIS)下设的原文传递、馆际互借、资源协调、培训、联合信息咨询五个中心之一。2008年4月24日,“北京地区高校图书馆文献资源保障体系(BALIS)资源协调管理中心揭牌仪式暨图书馆资源与资源评价研讨会”在首都师范大学图书馆召开,BALIS资源协调中心正式开始运转。2009年,中心网站正式开始运行,网址:http://balis.caigou.com.cn/。

中心的宗旨为:探讨资源建设中的馆际合作和市场合作,实现图书馆用户文献利用和图书馆资金使用效益的最大化,目的在于促进图书文献和数字资源市场的繁荣稳定,实现供应商和图书馆的双赢。

中心的主要职能为:沟通文献生产、发行、采集、保存和使用;组织、协调成员馆进行文献特别是数据库的调研、论证和集团采购等,为高校图书馆文献采购提供服务,实现文献资源共建与共享;针对在文献资源建设中大家所面临、所关心的问题,进行研究探讨。

中心主要任务:承担北京地区高校图书馆文献资源建设中的文献评价、协调采购、资源共建以及组织文献集团采购的任务。

中心自开展工作以来,一直秉持着该初衷,在长期的调研、研讨和实践探索中相继建立了非书资料系统平台、学科资源评价分析平台和数字资源集采平台,依托平台的建设使中心的资源建设工作更加程序化和规范化。同时,围绕中心工作思路,资源协调中心联合其他中心及相关出版社、数据库商等开展了各种培训和研讨会,对各馆资源建设工作提供了有益的帮助。首都师范大学副校长周建设、图书馆馆长胡越与中国人民大学图书馆馆长倪宁、北京邮电大学图书馆馆长代根兴,一起为BALIS资源协调管理中心揭牌,如图7.1所示。

(a)

(b)

图 7.1 BALIS资源协调中心揭牌仪式

二、组织机构

2007年11月30日,北京地区高校图书馆文献资源保障体系(BALIS)启动仪式后,首都师范大学图书馆开始受命组建BALIS资源协调管理中心,根据北京高校图工委、BALIS管理委员会2008年4月3日全体会议精神,就成立BALIS资源协调管理中心管理机构一事与有关图书馆进行了协商,由BALIS管理中心批准,组成了由主任、副主任及委员构成的管理执行机构。管理委员会的主要职能在于制定中心发展规划,协调各馆文献资源建设工作,为成员馆提供服务支持。

BALIS资源协调管理中心第一届管理委员会名单如下:

主　任:胡　越(首都师范大学图书馆馆长)

副主任:熊　丽(首都师范大学图书馆副馆长)

　　　　季淑娟(北京科技大学图书馆常务副馆长)

成　员:贾国平(中央音乐学院图书馆馆长)

　　　　吴润衡(北方工业大学图书馆馆长)

　　　　薛　敬(华北电力大学图书馆馆长)

　　　　甘亚平(北京工商大学图书馆馆长)

　　　　车俊铁(北京石油化工学院图书馆常务副馆长)

　　　　宋志红(北京第二外国语大学图书馆副馆长)

BALIS资源协调管理中心第一届管理委员会委员合影如图7.2所示。

2013年6月,因部分高校人事变动,经北京高校图工委委员会议讨论,为使BALIS管理组织结构完善合理,决定对BALIS组织机构作部分调整,资源协调管理中心再次进行了管理委员会调整。

BALIS资源协调管理中心第二届管理委员会名单如下:

主　任:熊　丽(首都师范大学图书馆副馆长)

委　员:马春晖(北京工商大学图书馆馆长)

图 7.2 BALIS 资源协调管理中心第一届管理委员会委员合影

车俊铁(北京石油化工学院图书馆常务副馆长)
黄燕云(北京师范大学图书馆副馆长)
王　瑜(北京科技大学图书馆副馆长)
王金玲(北京大学医学部副馆长)
杨　梅(北京第二国语学院图书馆副馆长)

为了便于具体工作的开展，根据资源中心的任务成立了三个工作小组，主要职能是：根据资源协调管理中心规划，对所负责项目制订计划、制度、流程并具体执行，由每位委员负责分工管理，主任负责全面工作。组员均为各成员馆部主任或骨干馆员，并给每位组员颁发了聘书。

三个工作组如下。

(1) 资源评价组：人员组成

组长：王瑜、马春晖

组员：中国人民大学图书馆　胡　宁
北京大学图书馆　张美萍
北京大学图书馆　陈体仁
清华大学图书馆　吴东曼
北京交通大学图书馆　郑　兰
北京建筑工程学院图书馆　袁伟峰
北京科技大学图书馆　张　利
首都医科大学图书馆　陈　进
北京警察学院图书馆　王　东
首都师范大学图书馆　张惠儒
首都师范大学图书馆　闫亚矢

工作内容：完善文献资源评价平台建设；完成系统购置，日常维护；推动平台面向各馆普及使用；组织对文献资源、馆藏资源、用户资源的研究、评价工作；共享评价平台，共享评价数据，共建参照数据，根据需要，接受委托评价项目，探讨资源建设中的馆际合作和市场合作。

BALIS 资源评价组成员如图 7.3 所示。

图 7.3　BALIS 资源评价组成员

(2)非书资料组

组长：杨梅、黄燕云

组员：北京第二外国语学院图书馆　王　勇
　　北京师范大学图书馆　沈淑雁
　　北京化工大学图书馆　张智萍
　　北京农学院图书馆　宁　璐
　　首都医科大学图书馆　刘松涛
　　解放军医学院图书馆　宋　欣
　　北京石油化工学院图书馆　董四十九
　　北京邮电大学图书馆　施怀娟
　　北京第二外国语学院图书馆　张燕妮

工作内容：完善非书资料管理平台建设；完成系统购置，日常维护；面向各馆推动平台普及使用；组织各成员馆对读者进行宣传使用；统计各馆使用情况并做分析；评选优秀使用馆进行表彰。

BALIS 非书资料组成员如图 7.4 所示。

图 7.4　BALIS 非书资料组成员

(3)数字资源组

组长:车俊铁、王金玲

组员:首都经济贸易大学图书馆 张桂岩

北京大学图书馆 张学宏

清华大学图书馆 桂 君

中国人民大学图书馆 侯景利

北京工商大学图书馆 周小丽

首都师范大学图书馆 钟文娟

首都师范大学图书馆 胡晓丽

北京邮电大学图书馆 周 洁

北京农业大学图书馆 徐 伟

对外经济贸易大学图书馆 江老师

工作内容:完善北京高校数字资源采购联盟平台建设;研讨、制定数字资源建设相关政策供各成员馆参考使用;制定数字资源团购制度及流程;进行数字资源论证及团购谈判;发布团购结果;指导成员馆进行数字资源评估。BALIS 数字资源工作组成员如图 7.5 所示。

图 7.5 BALIS 数字资源工作组成员

BALIS 资源协调管理中心的日常办事机构依托首都师范大学图书馆办公室,由董玉莹具体负责中心的日常运行工作及财务账目管理工作。各工作组工作会议如图 7.6 所示。

(a)

(b)

(c)

图 7.6 各工作组工作会议

三、工作回顾

(一) 系统平台建设

1. 非书资料系统平台建设

(1) 一期建设:中心分中心模式(2008—2012 年)

非书资料的利用是现在每个图书馆都面临的问题。非书资料不仅数量多,而且单个的资源都比较大。并且由于随书光盘在各个馆中的重复率非常高(因为每个馆购买的纸质图书重复率高),导致很多图书馆的重复建设,其中不仅包括资源的重复建设,而且也包括每个馆投入的大量硬件设备和人力资源。2008 年,BALIS 资源协调管理中心对北京地区高校图书馆进行调查,发现各馆在馆藏非书资料的管理和使用方面存在收集环节薄弱,缺乏有序化整理和有效利用的问题,之后对天津高等教育文献信息中心、海南省联合采购、湖北省联合采购等模式进行考察并讨论,最后决定建立非书资料的联合系统,采用资源中心和分中心的服务模式,使非书资料在联合系统内实现分布式存储。

2009 年,在首都师范大学、中国人民大学、北京科技大学、北京第二外国语学院搭建了杭州麦达和畅想之星两家非书资料集团模式的管理系统环境,通过对界面的用户易用性、友好性、扩展性、光盘数据加工、中心和分中心模式、使用统计分析、外来系统的对接支持等方面进行测试(测试报告见附录 C),最后由杭州麦达的博文非书资料管理系统中标,沿用了自动化管理系统的设计理念,一切数据的组织以 MARC 为基础,分类法为辅助,更适用于整个北京地区高校图书馆的需求。北京地区高校的非书资料联合中心设立在首都师范大学图书馆,当时已经收集了 6 T 多的非书资源对外服务。

2010 年,非书资料管理系统采用的中心与分中心模式一期项目正式运行,搭建了一个中心和七个分中心,中心负责资源的调度及其他学校的 OPAC 接入,七个分中心负责资源的协调加工与网络分担。中心由首都师范大学图书馆承担,负责资源调度及部分资源存放;七个分中心是:北京邮电大学、华北电力大学(北京)、北京化工大学、首都医科大学、首都经济贸易大学、北京第二外国语学院、北京电子科技学院,按学科进行资源分类加工,分担部分网络负担。中心系统自动把分中心系统的元数据收集到中心服务器上来,对象数据分别存放在各个分中心自己的存储上,分中心馆需要加工光盘数据,而成员馆只需要使用光盘资源即可。

这种模式的优势：每个馆需要承建的光盘资源量大幅下降，对存储的需求也大幅下降；并且真正实现了光盘资源的共建、共享。BALIS 非书资料联合中心主页如图 7.7 所示，书目详细信息如图 7.8 所示。

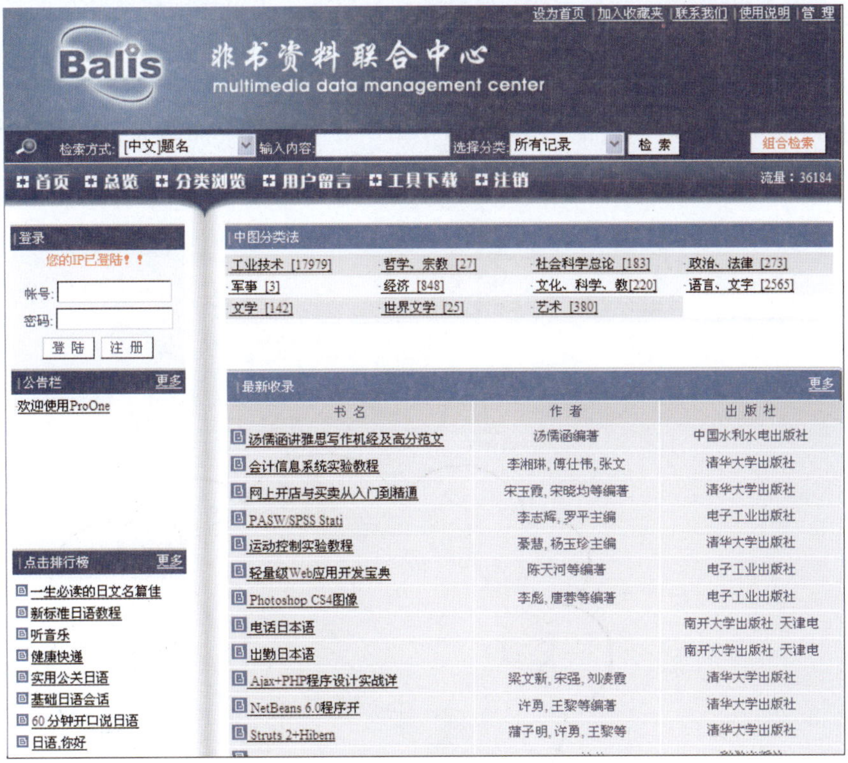

图 7.7　BALIS 非书资料联合中心主页

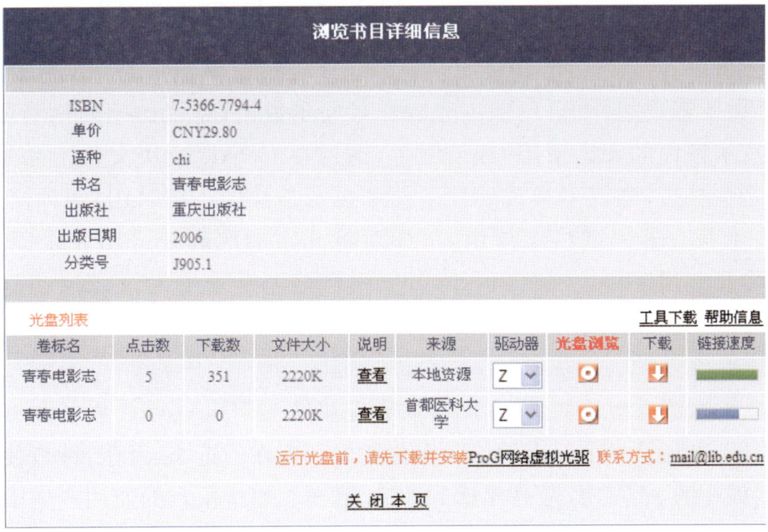

图 7.8　书目详细信息

(2)二期建设:云服务模式(2012 年至今)

在系统运行的两年时间里,中心也发现了系统中存在的一些问题:分中心馆数据加工不及时;服务器经常要扩容,硬件成本投入越来越大;网络实现了部分分担,但是没有实现实际的分担,大量的光盘使用集中在了中心馆和几个馆,导致使用速度越来越慢。因此,2012 年非书资料系统平台进入二期建设,博文非书资料管理系统升级改造为新版本博文光盘云系统。

在全国搭建几十台服务器组成的光盘云服务中心,公司跟相关的书商合作,前期进行光盘资源的加工,加工完成后自行上传到云服务中心的一台服务器,云服务中心服务器具有自动同步机制,实现光盘资源的自动扩展,在整个云中心服务器中部署光盘资源。新版本博文光盘云系统如图 7.9 所示。

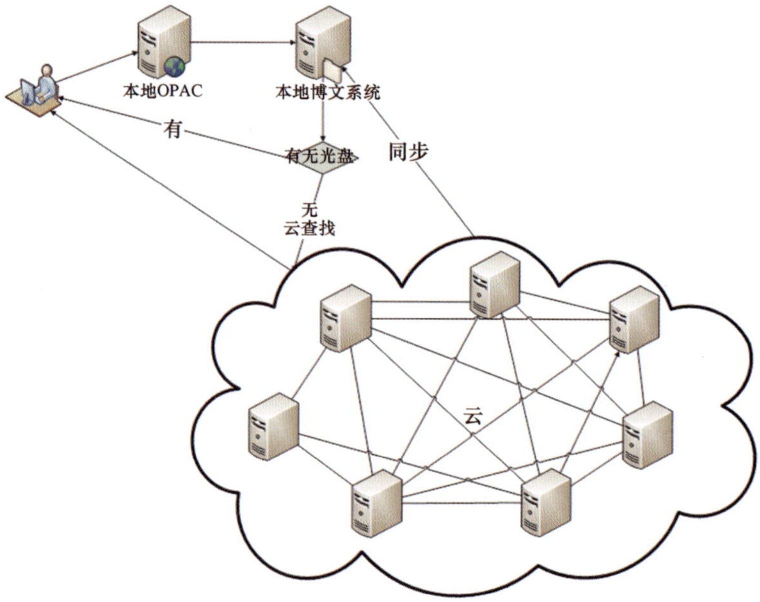

图 7.9 新版本博文光盘云系统

通过光盘云可以直接获取光盘资源,博云非书资料采用本地系统(服务器安装管理系统,工作机安装加工客户端,可自行加工光盘或者同步数据,建议访问外网有限制,且具备较好硬件条件和技术条件的大馆采用)和云服务(通过在 OPAC 模块文件上添加脚本,为书目详细页面生成光盘链接,建议不具备硬件条件和技术条件的小馆采用)两种模式。

2013 年,中心成立非书资料工作组,工作组将北京地区高校分组并由固定的成员负责非书资料的安装及使用工作。项目组每年开展平台培训及宣传工作,到 2016 年,已有 60 家高校图书馆加入使用该系统。

(3) 效益分析

非书资料系统内数据由最初的 20 T 增加到现在的 125 T;MARC 数据由 10 171 条增加到目前的 115 485 条;光盘总量由原来的 1 万多张增加到现在的近 12 万张;读者使用量由最初的 1 万多次增加到现在的 35 万次,最高年达到 63.5 万次。通过平台的使用产生了如下效益。

① 节省大量网络带宽。每一个学校加入光盘云以后,学校的服务器自动也成了光盘云中的一部分。当本校学生第一次访问某一张光盘时,如果本校服务器上没有这张光盘,云中心会提供光盘资料,并且在网络空闲时,云中心会自动同步到本馆的服务器上。下次访问时

就能从本馆的服务器上进行访问。

② 节省存储设备。云中心存储了大部分光盘,系统采用了光盘自动淘汰制,当新的光盘需要同步,而服务器空间已经满了的时候,系统能自动淘汰年代比较久而且访问量比较小的光盘。这样本馆的存储空间可以得到有效利用,减少不断扩容的压力。

③ 节省人力成本。云中心的服务器实现了资源的同步,所以在云中心只需要有一张光盘存在,就会自动复制。加工光盘全部交给云服务提供厂商加工,无须工作人员再进行光盘资源的加工。

④ 解决了光盘资源的版权问题。读者都是通过本馆的OPAC系统进入光盘系统中的,只有当读者在OPAC系统中找到了这张光盘(即说明本馆已经购买了这本书,也就购买了这张随书光盘),并且他的IP地址有访问光盘的权限。让读者以最方便、最快捷的方式获得图书馆所拥有的图书光盘资源,更好地为教学科研提供服务。

为了使各馆更有效地利用这个平台,中心制定了《非书资料系统服务评估办法(试行稿)》(见附录C),准备在2017年底进行优秀馆的评选。

2. 建设学科资源评价分析平台

(1) 建设背景

2008年,在经历了5年左右的教育部本科教学评估之后,高校图书馆的馆藏建设开始从数量级扩充、大规模建设、粗犷型发展,逐渐步入理性化、精细化、重点、特色的文献建设阶段。全国高校图工委颁布了《文献资源建设政策指南》,北京高校图工委和BALIS组织开展了大规模馆藏发展政策培训,为各高校图书馆开展文献资源建设奠定了理论和队伍基础。但是,真正开展建设工作,就会发现,单靠一个馆开展文献资源建设工作是非常困难的,文献资源建设同样需要共建、共享。因此,资源协调管理中心委员会经过研讨后,决定在BALIS资源协调管理中心建立评价体系和评价中心,组织对文献资源、馆藏资源、用户资源的研究、评价工作;共享评价平台,共享评价数据,共建参照数据,根据需要,接受委托评价项目,探讨资源建设中的馆际合作和市场合作;在"图书馆资源与资源评价研讨会"上,就文献资源评估方法、核心学术图书评价体系、馆藏分析系统、外文期刊使用及采购评价、科技信息的整合与分析等进行了研讨。明确中心的建设目标为以下三个体系。

① 文献绩效评价体系:包括学科评价、科研评价、课题评价、课程评价等内容。

② 文献工作评价体系:包括采访评价、典藏评价、流通评价和服务评价等内容。

③ 文献资源评价体系:包括出版文献评价和馆藏文献评价等内容。

2009年中心提出学科资源评价需求,2010年组团对三个公司的开发成果进行论证:江苏畅想之星信息技术有限公司、江苏汇文软件有限公司及北京创讯未来软件技术有限公司,经过各方专家的论证、测试、改进,最后,北京创讯未来软件技术有限公司的文献资源分析管理系统中标。2010年资源协调管理中心专家评审会如图7.10所示。

(2)实施步骤

2012年成立了由各具有代表性的高校图书馆采访部主任组成的工作组,先后多次召开文献资源评价研讨会,来自北京大学、清华大学、中国人民大学、北京科技大学、首都医科大学、北京建筑工程学院、北京警察学院、首都师范大学等高校图书馆的采编负责人及社会科学文献出版社、人民教育出版社相关负责人参加了会议。针对中心与北邮创迅未来软件技术有限公司合作的文献资源评价平台目前的建设情况及遇到的问题进行了研讨,并最终确定了文献收集、评价方案。

图 7.10 2010 年资源协调管理中心专家评审会

① 按照教育部 2012 年发布的《普通高等学校本科专业目录(2012 年)》数据，生成各专业名称表，共计 13 个门类的 115 个专业；

② 按照 2012 年教育部学位与研究生教育发展中心组织开展的学科评估结果，生成各学科名称表，共计 7 个门类，95 个一级学科；

③ 参照中国图书馆分类法，将上述专业和学科与其对应，生成专业学科分类对照表；

④ 选取学科评估中的学科排名前三的高校，理论上认为其学科文献建设也是相对完整的、高水平的，收集他们的馆藏数据进行分析，并且收集国家图书馆数据作为参照；

⑤ 将图书馆、出版社、出版年、作者等进行不同的关联得出不同的结果。

2013 年，工作组与公司对平台几经修改，臻于成熟，并制定了学科与《中图法》的分类对照表。为配合文献资源评价平台的建设，工作组成员制定了《学科分析建设调查表》，向 BALIS 成员馆征求意见(见附录 C)，根据成员馆的反馈信息，使中心更全面了解了成员馆用户对于目前学科文献建设的意见与建议。

2014 年，平台正式发布，各馆提供 OPAC、域名及能否访问外网的信息，由公司添加后自动生成账号，可以登录平台浏览信息，如有比对需要，可通过提交全 MARC 数据或相关数据来实现纸本资源的比对。

2015 年，多次对成员馆进行平台培训，有 22 所图书馆对本校重点学科或新建学科的中文图书进行评价分析。并开始对国内大学图书馆收藏的外文图书数据进行收集，利用“QS 世界大学排名”和“美国新闻与世界报道”每年的大学排名为依据对应到学科表中。

2016 年，各校在使用过程中提出了很多意见和建议，工作组经过研究讨论与公司沟通，决定对整个系统进行升级改版，并对数据收集策略进行改变。

2017 年，对教育部 50 个学科排名前三名学校的数据权威覆盖率达到 100%；在系统升级完毕后，对各馆的学科文献进行评估，研究制订评估指标体系。

(3) 效益分析

平台以图书馆文献资源建设为目标，通过采访评价、馆藏评价、对比分析、缺藏补充等手段，提高图书馆文献资源保障水平。

平台目前可以实现：①评价各学校某学科中文纸本馆藏；②某学科中文纸本馆藏与该学科全国排名前三的学校比对；③分析出某学科核心出版社；④分析出某学科核心作者。

产生效益：①使各学校了解本馆馆藏是否能满足读者需求，是否能支持本校教学和科研发展,是否符合图书馆的方针任务;②分析结果使各成员馆作为向学校申请文献购置经费的依据;③对学科文献的分析结果,可以使成员馆制定或修改本馆的学科文献资源建设政策,在今后的图书购买中更具有针对性;④节省人力资源,依靠联盟的力量做出标准,共享成果;⑤向上级部门和读者显示图书馆的价值;⑥提供客观、标准的馆藏信息,帮助管理者做出正确的判断,确保馆藏文献资源得到有效利用。

文献资源经费在图书馆经费中占绝大比例,对文献资源经费的合理使用是评估图书馆服务的重要指标,并且各高校的审计及预算申报,都提到文献建设的合理性,而目前各馆使用的自动化系统不能解决文献的分析,即使能解决也是各馆自己的数据,无法进行各馆之间的比对。平台的建设将使各馆比对出自己馆藏的不足,分析出自己的必须馆藏和可通过馆际互借的非必须馆藏,优化文献资源结构,避免重复购书,使文献经费得到最有效利用,提高经济效益。

3. 建设数字资源集采平台

(1) 初期建设

开展数字资源集团采购,互通图书馆与数据库商之间有无,促进数据库市场的繁荣稳定,实现数据库商和图书馆的双赢是BALIS资源协调管理中心的职责之一。一个数据库是否能够在图书馆使用得好,能够不断地满足用户的需要,不断地发展壮大,是数据库商、图书馆员和读者共同努力的结果,这也就是所谓的"双赢"。

资源中心数字资源建设没有像其他联盟给数据库补贴,主要有以下几点考虑:①中心经费不多,即使补贴到各校的数据库上也是杯水车薪,作用不大;②由于北京地区高校情况不一,很难对某一共性数据库做补贴;③希望将数据库采购、统计、分析、评价中共性的部分依靠联盟的力量完成,给各馆提供决策的依据,减少各馆人力、物力、财力的重复浪费。

据此,中心成立初期就研究制订了《BALIS集团采购工作细则(草案)》,针对BALIS集团采购工作的特点,确定了岗位职责、业务流程和工作方法,为下一步的集团采购工作奠定了基础。主要职责和流程包括:

① 对于存在集团采购可能性的数据库,负责前期联络和组织试用;

② 对于准备开展集团采购的新数据库,进行评估;

③ 负责相关谈判工作、上报审核方案并予以公布;

④ 发布正式订购通知和集团采购方案,组织成员馆集团引进资源;

⑤ 成员馆确认与组团通报;

⑥ 签署合同与办理付款,合同包括集团合同和成员馆合同,集团合同以集团采购协议或方案为主,成员馆合同由各成员馆自己与数据库商签署数据库采购合同;

⑦ 对于准备续订的数据库,中心开展整个集团的数据库后评估;

⑧ 积极引导和协调数据库商,开展各类培训;

⑨ 监督和协调售后服务。

同时,还确定了前、后期评估报告的内容和评估指标;谈判小组的组成办法和职责;售后服务的内容与方式等。

同时,开展了数据库资源集团采购的先期调查,根据图书馆需求,进行数据库资源的初步调研和数据库商的前期联络工作,面向北京地区高校图书馆发放了调查表,以确认第一期试用数据库名单，组织了试用工作。主要数据库有：Springer、台湾华艺（科技）期刊及学位论文等。

2009 年 3 月 11 日，在首都师范大学召开了资源协调管理中心 2009 年第一次工作会议，确定了分工及流程：理科类数据库谈判小组主要负责 Springer 数据库、台湾华艺及视频类数据库团采；文科类数据库谈判小组负责读秀、银符、SRC 等数据库团采。

确定了运行流程：

数据库调研、评价——评价报告——开通试用——与公司接触——通报进展——谈判结束——通报中心——发通知。

制定了谈判过程中的注意事项：

① 著作权、版权问题；

② 对以往的购买情况作一些了解，未反映在合同上的，要看其附件；

③ 与其他省市馆建立沟通渠道，互通有无；

④ 对谈判的数据库，根据论证结果，会尽力争取最大的价格优惠；

⑤ 对公司的资质严格审查，尤其是经营网络视频的公司。

截至 2012 年，中心完成了“EBSCO 数据库”“银符考试模拟题数据库”“博看人文社科期刊数据库”“口语伙伴”“中国大学生就业知识服务平台”“中经视频（高校版）”“中科教育资源数据库”“牛津在线学术专著数据库”等的谈判及团购方案。

（2）数字资源集采平台建设

资源协调管理中心自成立以来，一直由中心的谈判小组与数据库商进行谈判，成员都由委员组成，主要是各馆业务馆长，随着组团的数据库增多，馆长就没有充足的精力来做详细的工作；还存在数字资源的谈判依据不够充分，缺乏细致的工作流程和标准等问题。因此，经过中心委员讨论，决定先制定详细流程及标准，并根据数字资源评价标准搭建一个数字资源论证、评价、购买、分析的平台。

2013 年中心成立了数字资源工作组，完成了“BALIS 数字资源集团采购谈判工作准则”（见附录 C），制定了详细组团流程，最终招标确定与利昂有限公司合作，研发数字资源集采平台。

2014 年，经过组内专家的多次研讨，数字资源集采平台一期建设完成，确定了由数据库商和谈判小组分别提供的集采方案模板。平台于 2014 年年底正式上线，2015 年正式验收，并在成员馆进行大规模培训。

平台一期建设实现的功能：数据库商上传产品资料，公开数据库产品信息；有意向图书馆可通过单击试用，上传试用报告；数字资源工作组根据试用馆数量考虑是否进行团采谈判，形成团采方案后可公布于平台上；有购买意向馆可在线填写购买回执。平台同时带有信息推送功能，有新产品及开团信息后，会自动发送至各馆联系人邮箱。

截至 2017 年上半年，平台共注册供应商 58 家，成员馆数量 40 家，审核发布的产品 60 个，完成数据库谈判 22 个。目前，准备对现有平台进行升级，增加部分功能：①辅助采购、为采购过程提供量化数据支撑；②反映资源学科配置，资源类型结构，为资源结构优化提供依据；③标准化资源评价体系；④完善读者服务，增加读者互动；⑤针对性组织读者活动；⑥补充数字资源信息建设。

BALIS 数字资源集采平台首页如图 7.11 所示。

图 7.11　BALIS 数字资源集采平台首页

(3) 数字资源集采平台效益分析

① 经济效益

国内数据库市场价格地区间、学校间并不统一，比较混乱，平台的建设使数据库集团采购更加规范化，价格标准更加统一、透明。面对各高校图书馆不断增加的数字资源经费，数字资源集采平台将使各馆以统一、合理的价格定购数据库产品，避免因信息不公开造成经费的浪费。

② 社会效益

各馆资源建设经费使用都面临审计和下一年度的预算，平台建设利于产品价格的规范化和透明，这将为图书馆经费年度预算提供依据，也便于图书馆以公开的价格使用数字资源经费，同时也将促使数据库市场良性、有序运行，维护市场秩序，建立健康的数据库购置环境。

（二）制定馆配规范

2012 年 3—5 月，中心多次组织图书馆专家、中文馆配商、招标代理人以及出版社针对目前图书市场的混乱状态，讨论制定了《馆配市场生态环境建设共识》(简称台湖共识)以及《高校图书馆中文图书馆配工作指南(征求意见稿)》，用以规范图书馆、出版社、馆配商、招标代理人的工作，为将来做成行业标准乃至国家标准做准备。希望可以寻求馆配主体各方的利益平衡点，以利于馆商之间的良性互动，互利双赢，促进馆配业务沿着有序的轨道发展，共同推动图书馆事业的繁荣发展。

5 月 11—12 日，文献资源专业委员会以及中心委员对《指南》进行了详细讨论，并一致同意将其完善后申报行业标准。

5 月 29 日，举办“健康发展 互利三赢——共建馆配市场生态环境发展论坛”，论坛宣布了《台湖共识》(见附录C)及《高校图书馆中文图书馆配工作指南(征求意见稿)》(见附录C),与会各方领导对两个文件达成了共识,并在《台湖共识》上签字。

2014—2016年,在全国高校图书馆、馆配商及出版社范围进行广泛调研,征求意见,大家反响强烈,呼吁做成行业标准乃至国家标准。下一步,增加外文文献、电子资源的评价规范,形成正规行业标准文件。目前正在以课题方式进行研究。

(三)积极组织科学研究

1. 相关课题研究

BALIS资源协调管理中心和北京高教学会图书馆工作研究会文献资源建设专业委员会经常合在一起开展工作,并积极组织申报课题研究,从2010—2017年成功申请的北京高校图工委研究基金项目如下:

(1)"高校图书馆文献评价体系研究"

(2)"高校图书馆文献类采购招投标评价体系研究"

(3)"北京高校图书馆财政专项申报指标体系研究"

(4)"高校学科文献资源建设评估与实践"

(5)"高校图书馆资源采选指标体系研究"

(6)"高校图书馆电子图书发展政策与采选原则研究"

(7)"高校学科馆员制度研究"

(8)"高校图书馆资源采选指标体系研究"

(9)"高校图书馆电子图书发展政策与采选原则研究"

2. 代表性学术论文

(1)张美萍. 美国图书馆的现状及发展趋势[J]. 大学图书馆学报,2010,28(2):11-14.

(2)初景利,吴冬曼. 图书馆发展趋势调研报告(二):总体发展趋势[J]. 国家图书馆学刊,2010,19(2):21-31.

(3)初景利,吴冬曼. 图书馆发展趋势调研报告(三):资源建设和用户服务[J]. 国家图书馆学刊,2010,19(3):3-9.

(4)桂君,杨毅,周迪. 高校图书馆电子资源建设过程中的问题分析与探讨[J]. 图书馆建设,2010,(4):42-45.

(5)钟文娟. 纸本图书资源建设与利用的优化研究——以首都师范大学为例[J]. 情报探索,2010,(7):65-67.

(6)钟文娟. 电子图书资源建设与利用优化研究[J]. 兰台世界,2010,(10):75-76.

(7)陈进. 2006—2009年度北京地区部分图书馆招标情况分析[J]. 图书馆论坛,2011,31(3):90-92,76.

(8)钟文娟. 国内电子资源研究文献的计量学分析[J]. 情报科学,2011,29(11):1 751-1 756.

(9)缪小燕,邢燕丽,熊丽,何钧. 北京地区文献采购中招投标机制探究[J]. 农业图书情报学刊,2011,23(3):98-100.

(10)胡小丽. 高校图书馆学科知识服务系统构建探析[J]. 大学图书情报学刊,2011,

29(4):3-6.

(11) 缪小燕,熊丽,何钧.“北京市属高校图书馆专项建设申报数据库”指标体系简述[J]. 图书馆工作与研究,2012,(10):78-81.

(12) 熊秀忠,唐静,陈华,等.机构知识库建设实践与探讨——以中国人民大学教师成果数据库建设为例[J]. 图书情报工作,2012,56(S1):143-145.

(13) 桂君,吴冬曼.高校图书馆电子资源购买过程中的委托—代理关系探究[J]. 图书情报工作,2012,56(19):33-37.

(14) 吴冬曼,邵敏,张喜来.研究图书馆服务质量评价指标构建实证研究[J]. 大学图书馆学报,2012,30(5):82-89.

(15) 钟文娟.基于 CJFD 与 CRLD 的国内电子资源研究基金资助论文的定量分析[J]. 情报科学,2012,30(7):1 048-1 053.

(16) 钟文娟.基于普赖斯定律与综合指数法的核心作者测评——以《图书馆建设》为例[J]. 科技管理研究,2012,32(2):57-60.

(17) 钟文娟.国内外电子资源研究进展及趋势分析——基于 Web of Science 与 CJFD 的定量分析[J]. 科技管理研究,2012,32(13):66-70.

(18) 张利,王瑜,张同莉.招标后的书商供书情况案例分析[J]. 科技情报开发与经济,2013,23(17):15-18.

(19) 李金芳,钟文娟,熊丽.人力资源战略视野下的高校图书馆学科馆员队伍建设[J]. 图书馆论坛,2013,33(6):160-164,100.

(20) 缪小燕,熊丽,何钧,等.北京市属高校图书馆历年财政专项经费情况统计分析[J]. 图书馆理论与实践,2013,(8):23-26.

(21) 吴冬曼,桂君.进一步完善图书馆总分馆建设机制的思考[J]. 图书情报工作,2014,58(11):43-47,35.

(22) 刘宝杰,陈进.医院图书馆纸质期刊调查及共享可行性探讨[J]. 医学信息学杂志,2015,36(12):74-78.

(23) 杨明博,马伟峦,黄燕云,等.馆际互借中蕴含的文献资源建设新模式[J]. 科技情报开发与经济,2015,25(6):1-3.

(24) 张美萍.北京大学图书馆中文图书馆藏建设的变迁及未来发展探讨[J]. 大学图书馆学报,2016,34(3):85-89.

(25) 王东,樊夏红.公安院校图书馆公安专业文献信息资源保障研究[J/OL]. 北京警察,2016(2):112-118.

(26) 田晓迪,黄燕云.电子资源采购小组的运作模式和分析——以北京师范大学图书馆为例[J]. 晋图学刊,2016(4):16-18,29.

(27) 田晓迪,黄燕云.师范院校数字资源体系构建与文献保障绩效分析[J/OL]. 图书馆学刊,2016,38(5):49-52.

(28) 王瑜,牛雪峰,王彬.图书资产清查的组织实施与过程管理——以北京科技大学图书馆为例[J]. 图书情报导刊,2017,2(4):9-15.

(四) 组织文献资源建设培训及工作交流

为了使成员馆更多地了解中心工作,更好地为各馆读者服务,资源协调中心每年都会多次举办培训活动，重点在两个主题：一是资源介绍，二是工作交流。主要开展了以下培训：

1. 文献资源培训活动

2008 年 4 月 24 日，依托分中心成立之际，召开了“图书馆资源与资源评价研讨会”，中心主任胡越做了《图书馆文献资源评价与 BALIS 资源协调管理中心的任务》报告，浙江工业大学图书馆万跃华老师做了《文摘与引文数据库产品趋势与其应用——图书馆学科服务与创新》报告，上海交通大学康晓伶老师做了《外文期刊使用及采购评价——工具与方法》报告，文心图论文献评价研究中心孙勇中先生做了《核心学术图书评价体系》报告，Thomson Reuters 科技事业部中国办事处岳卫平博士做了《一流的科学信息推动一流的科学研究》报告，美国 OCLC 中国办事处丘东江代表做了《OCLC WorldCat 馆藏分析系统》报告。会议由 BALIS 资协中心管委会副主任、首都师范大学图书馆熊丽副馆长主持，来自北京地区高校图书馆的馆长、老师以及相关企业界 140 余位代表出席了会议。

2009 年 11 月 4 日，BALIS 资源协调管理中心与 Springer 公司合作，在首都师范大学图书馆举办了“2009’Springer 学术年会暨‘展望未来图书馆：2025 专题学术研讨会’”，研讨会邀请来自美国的 Kenneth Marks 先生，为图书馆的前景规划提供了框架和具体的战略制订步骤，确定一个可用于规划 2025 年图书馆前景的流程，从而充分利用图书馆资源来满足客户的需求。出席会议的有近 40 家成员馆的 70 位人员，整个会议在轻松的练习和研讨氛围中进行，与会人员纷纷表示受益匪浅。

2010 年，由国家图书馆组织、BALIS 资源协调管理中心协作，联合举办了国家图书馆资源整合平台的试用和培训工作。构建使用此平台的目的是解决图书馆界长期存在的引进人文、社会科学领域文献资源的不足问题。

2010 年 11 月中旬，BALIS 资源协调管理中心与北京高校网络图书馆、BALIS 培训中心合作，举办了文献资源建设实证分析培训班，如图 7.12 所示。该培训邀请了一批国内著名高校的图书馆馆长及采访工作负责人作为主讲专家，其目的是进一步指导高校图书馆树立文献资源发展和文献资源建设全局观，深入掌握采访工作过程中的操作技巧，依据相关文献数据进行深层分析，以便加强各校文献资源建设，更好地为馆藏文献资源建设提供决策依据，提高图书馆为教学科研服务的能力。此次培训反响热烈，收到良好的效果。

图 7.12　2010 年文献资源建设培训班

2011年4月21日，北京市教委高教处金红莲副处长、北京高校图工委、BALIS管理中心刘大椿主任及BALIS各分中心主任一行莅临BALIS资源协调中心检查指导工作并召开座谈会，如图7.13所示。首都师范大学图书馆方敏馆长、熊丽副馆长及BALIS资源协调管理中心委员对各位领导的到来表示热烈的欢迎。方敏馆长向上级领导介绍了首都师范大学图书馆的情况及馆藏布局。BALIS资源协调管理中心主任、图书馆副馆长熊丽介绍了本中心的情况，汇报了本中心的工作内容及任务。金红莲副处长肯定了资源协调管理中心的工作，也高度赞扬了首都师范大学图书馆在北京市属高校图书馆联盟中的带头作用，同时表示教委高教处会大力扶持各图书馆建设。她提出，首都师范大学图书馆日后应进一步发展各方面的工作，积极地带动中小型图书馆，以期达到互惠双赢的局面。北京高校图工委主任、BALIS管理中心主任、中国人民大学图书馆馆长刘大椿对首都师范大学图书馆的热情接待表示感谢。他讲到，希望资源协调管理中心进一步发挥其资源整合、集团采购的积极作用，使各类数字资源能够正确、高效地投入使用，同时为了配合高校的教科研工作，图书馆还应努力探讨资源的合理分布途径。会上，BALIS资源协调管理中心各委员也就目前中心建设存在的问题向各位领导进行了汇报，并得到了领导的解答和支持。

图7.13 2011年资源协调管理座谈会

2011年6月2日，BALIS资源协调管理中心组织的"非书资料联合管理系统培训会"在北京第二外国语学院翔宇楼图书馆信息共享中心举办，如图7.14所示。参加培训的有来自北京地区39所高校的100余位老师。北京第二外国语学院邱鸣副校长致辞，图书馆馆长叶春明、书记兼副馆长佘伯川及BALIS资源协调管理中心主任、首都师范大学图书馆副馆长熊丽出席了培训会并讲话。会议由北京第二外国语学院图书馆杨梅副馆长主持。

2011年11月10日，BALIS资源协调管理中心与北京发行集团合作，在台湖国际图书城举办了第六届文化创意产业博览会北京分会场的文献资源合作共享研讨会，图书馆、出版社、馆配商等各方代表参加了会议，对三方的深入合作进行了深入的探讨。

2011年12月，组织召开"文献资源建设研讨会"，邀请到了中文在线董事长兼总裁童之磊做"数字出版的发展"报告，上海师范大学副馆长吴志荣做"藏书建设中存在的高比例误选现象及对策"报告，中国科技资料进出口总公司北京分公司总经理费卫亭做"见树木，更见森林：进口外文图书出版状况的宏观数量分析研究及其对馆藏建设的借鉴"报告，对国内外文

图 7.14　2011 年非书资源联合管理系统培训会

献出版市场的分析，让参会人员打开了思路，知己知彼，为各馆提供制定文献发展政策的背景资料，更好地制定本馆文献发展政策提供了思路。

2012 年 5 月 29 日，由 BALIS 资源协调管理中心、北京高校图书馆工作研究会文献资源建设专业委员会与北京发行集团合作召开“健康发展互利三赢——共建馆配市场生态环境发展论坛”，如图 7.15 所示。来自北京各高校图书馆的相关领导及老师、重点出版社及重点供应商 80 余人出席了会议。会议由 BALIS 资源协调中心主任熊丽主持，北京发行集团副总经理郑岩首先致辞。随后出版社代表社科文献销售总监蔡继辉、馆配商代表人天书店董事长邹进、图书馆代表中国人民大学图书馆副馆长刘春鸿分别以“以读者为本共建健康持续的馆配生态”“馆配发展思路”“低借阅次图书引发的思考”为题做了主题发言，熊丽主任介绍了“馆配市场生态环境建设共识”及其规范的研究背景。最后，各与会图书馆、重点出版社及重点供应商领导共同在“共识”上签字。会议同时还发放了《高校图书馆中文图书馆馆配工作指南(征求意见稿)》以征求各与会代表的意见。熊丽主任指出，希望该工作指南在广泛调研的基础上形成规范，成为行业的标准，并推广至全国。

图 7.15　2012 年全国图书馆采购订货会

2013 年 4 月 12 日，由 BALIS 资源协调管理中心、外语教学与研究出版社(外研社)、图书情报工作杂志社联合主办的“数字环境下图书馆外语学习资源建设与服务”研讨会在北京外国语大学召开。BALIS 管理中心副主任、中国人民大学图书馆副馆长刘春鸿，BALIS 资源协调管理中心主任、首都师范大学图书馆副馆长熊丽，图书馆报执行编辑姜火明，外研社副社长沈立军做了大会发言。图书情报工作杂志社社长初景利、中国人民大学信息资源管理学院索传军教授、首都师范大学图书馆钟文娟、外研社数字教育事业部市场部副主任刘晓娟分别做了“新环境下图书馆发展趋势与战略转型”“信息生命周期理论在图书馆应用的思考”“数字资源使用过程中科学的数据统计工作”“外研社的数字化产品及服务”的主旨报告，来自北京地区高校负责文献资源建设的近百名馆长、老师参加了此次研讨会，反响非常热烈。

2013 年 10 月 17 日，在北京师范大学图书馆举办“古籍类大型文献出版交流研讨会”。由 BALIS 资源协调中心、上海古籍出版社、国家图书馆出版社、社会科学文献出版社主办，北京师范大学图书馆、中国人民大学图书馆、清华大学图书馆、中华书局出版社协办。这是关于古籍类文献馆配问题，图书馆、出版社第一次面对面交流研讨，出版社对图书馆提出的关于古籍馆配的一些问题和困难进行了回答和解释，双方代表还进行了深层次的学术合作和交流，在古籍质量、出版、装帧等方面展开讨论。

2014 年，联合北京高校网络图书馆召开文献资源建设培训班，希望能进一步指导各高校图书馆树立文献资源建设的全局观，构建科学合理的文献资源保障体系，更好地为学校教学科研服务。

2014 年 10 月 21 日，“第二届京、津、冀地区古籍及大型文献馆社交流论坛”在中国人民大学图书馆图书馆举办，如图 7.16 所示。中国人民大学图书馆馆长黄朴民，BALIS 管理中心副主任、中国人民大学图书馆副馆长刘春鸿，BALIS 资源协调管理中心主任、首都师范大学图书馆副馆长熊丽以及来自京津冀三地的高校和出版社共计 60 余人参加了此次交流会。交流会增进了图书馆对古籍类大型文献的认识，同时增加了出版社对各与会图书馆收藏重点及需求的掌握，达到了图书馆与出版社的双赢。

图 7.16　2014 年第二届京津冀地区古籍及大型文献馆社交流论坛

2015 年 4 月 29 日，为搭建图书馆、馆配商、出版社三者之间的交流平台，深入探讨馆配电子书的现状与发展，BALIS 资源协调中心与北京畅想之星信息技术有限公司在首都师范大学国际交流中心共同举办了首届馆配电子书发展高层论坛。

2016年，为了更好地帮助北京地区高校图书馆创新学科服务机制和服务体系，提升图书馆在学校双一流建设进程中的重要支撑作用，BALIS资源协调中心与Clarivate（原汤森路透）公司联合举办“2016北京地区高校图书馆馆长座谈会暨‘双一流’背景下的高校图书馆新型学科服务研讨会”，来自北京地区41所高校图书馆的57名馆长及老师参加了会议。通过各种文献资源相关培训，提高了北京地区各馆资源建设人员的水平。

2. 形成了一系列可持续的论坛及会议

（1）每年举办新产品推介会

经过2008年的调查发现，图书馆与数据库商之间的沟通与交流非常欠缺。在2009年、2010年，分中心采用了对成员馆进行数据库调查的方式了解到成员馆的需求，各馆提出与数据库商之间的信息没有真正对称。为此在2011年，中心开始以新产品推介会的形式邀请图书馆负责相关工作的馆长及老师和数据库商同时参会交流，使供需可以达到有效的平衡。到2017年，新产品推介会已经连续开展七年，得到了成员馆和数据库商的认可，已有60余家公司参加会议对61个新产品进行了介绍，成员馆参会人数总计近500人次。2014年、2016年新产品推介会如图7.17、图7.18所示。

图7.17　2014年新产品推介会

图7.18　2016年新产品推介会

(2)举办图书馆资源建设学术交流论坛

为加强上中下游沟通，2012 年委员会商量决定每年召开一次文献资源建设的系列论坛，论坛必须注重实证分析研究。2012—2017 年，资源协调管理中心与社科文献出版社、馆配商联合共举办六届研讨会，每届研讨会根据当年热点问题研讨不同主题，对“馆配工作的规范化”“馆社店健康生态下的文献资源建设”“数字出版与图书馆文献资源建设”“出版社融合发展与图书馆资源建设”“双一流背景下的图书馆文献资源建设”等主题进行了深入研究探讨。研讨会得到了相关领导的高度重视，大家的反响也很强烈，认为研讨会非常务实，馆社店三方得到很好的沟通。通过研讨能够寻求馆配主体各方的利益平衡点，建立积极健康的馆配市场生态环境，达到社、馆、商的互利共赢，促进馆配业务沿着有序的轨道发展，共同推动我国出版、发行和图书馆事业的繁荣发展。2012 年、2014 年图书馆资源建设学术交流论坛如图 7.19、图 7.20 所示。

图 7.19　2012 年图书馆资源建设学术交流论坛

图 7.20　2014 年图书馆资源建设学术交流论坛

(3)定期举办非通用语种文献展览

由于非通用语种文献的信息收集非常困难，BALIS 资源协调管理中心听取各成员馆建议，自 2010—2016 年，每年一次、连续七年举办非通用语种文献展览，进一步加强了高校图书馆英语及非通用语种学科文献建设，丰富了各高校图书馆多语种专业文献，增进了图书馆、读者和出版发行业的交流。

(4) 定期举办馆长沙龙

2012—2016 年,BALIS 资源协调中心与中国图书进出口(集团)总公司及国外出版商联合举办了五届馆长沙龙,成员馆馆长围绕当下外文资源建设热点论题展开研讨,几年来对"数字环境下外文文献资源建设研究与探索""电子图书与图书馆""'一带一路'沿线国家外文文献资源建设研究""'双一流'背景下的高校图书馆新型学科服务"等热点主题进行了研讨,各馆之间以及馆社及馆商之间获得了良好沟通。2016 年馆长沙龙如图 7.21 所示。

图 7.21 2016 年馆长沙龙

(5)定期召开分中心委员会议

2008 年 11 月 21—22 日,举行 BALIS 资源协调中心工作会议及成立文献资源建设专业委员会筹备会议,如图 7.22 所示。会议成立了文献资源建设专业委员会,并研讨了资源协调中心今后的工作,主要内容包括:①研究文献资源发展政策编制,指导各馆编制发展政策,论证一个评价平台为大家提供文献评价帮助。②数据库组团工作与 CALIS 组团的区别在于 CALIS 是组全国团,BALIS 是组北京地区团,价格应该比全国团便宜,尤其是外文数据库。需要组哪些团,先做个调查,让各馆提出需要团购的数据库,再将自己论证的报告提供上来,中心再由各负责馆的负责人进行综合谈判,出论证报告及组团方案。③北京地区光盘管理系统购买:为了实现北京地区非书资料的共建共享,资源协调中心论证并购买一套光盘管理系统供北京地区高校图书馆使用。

2009 年 7 月 11 日,BALIS 资源协调管理中心及文献资源建设专业委员会召开全体委员会议。会议就数据库商所作报告进行了深入讨论,并就北京市高校图书馆的现有的联合咨询、情报检索问题进行了沟通和研究,讨论了高校图书馆常见问题和图书馆一体化进程的可行性,明确了高校图书馆从注重资源—整合数据—信息服务的发展模式。另外,会议就 BALIS 中心主页具体问题和文献资源组团情况达成了共识,并对部分数据库的团购问题进行了进一步的交流和分工安排。

2009 年 9 月 27 日,在首都师范大学 BALIS 资源协调管理中心召开委员馆会,会议就文献评价平台问题、三类数据库的具体问题、非书资料分中心补贴具体问题、资源协调管理中心主页问题进行了磋商和研讨。

图 7.22　BALIS 资源协调中心工作会议

2010 年 9 月 27 日，在首都师范大学召开分中心委员馆会议，就文献评价平台问题、三类数据库的具体问题、非书资料分中心补贴具体问题、资源协调管理中心主页问题进行了磋商和研讨。

2010 年 11 月 24—26 日，BALIS 资源协调管理中心协同 BALIS 联合信息咨询中心召开了 2010 年度总结与交流研讨会。会上，委员们就图书馆如何更好地对学校给予专业性的支撑问题做了进一步的探讨。在满足读者不断变化的需求，信息资源整合共享，网络学堂支持教师教学，特色资源互相调配方面初步达成了共识。

2011 年 6 月 21 日，召开专业委员会和资源中心委员馆长会议。会议讨论了课题申报问题、本年度工作、文献评价平台及本年度团购事宜，并对几家新产品情况进行了分析，决定了新产品发布会的时间和地点。

2011 年 12 月 19—20 日，BALIS 资源协调中心举行年终总结会。方敏馆长、熊丽副馆长及中心的各委员、各成员馆的相关领导参加了会议。担任 BALIS 资源协调中心主任的熊丽副馆长在会上作了年终总结报告。会后，邀请图书馆圈外专家，做国内外文献（包括纸本及电子资源）出版市场的分析，提供了制定文献发展政策的背景资料。

2012 年 5 月 11—12 日，BALIS 资源协调中心、文献资源建设专业委员会工作会议在台湖召开，如图 7.23 所示。委员们对《馆配市场生态环境建设共识》（简称台湖共识）以及《高校图书馆中文图书馆配工作指南（征求意见稿）》进行了详细讨论，并一致同意将“指南”完善后申报行业标准。

2012 年 6 月 19 日，BALIS 资源协调管理中心及文献资源建设专业委员会在首都师范大学图书馆会议室召开委员座谈会，对需要团购的产品进行了研讨，目前已经达成协议的有：博看期刊网、口语伙伴、中经网视频数据库、中科教育资源数据库。通过团购，可以给各高校图书馆论证及申报数据库预算提供依据。

2012 年 12 月 14 日，召开资源协调管理中心及文献资源建设委员沟通会，如图 7.24 所示。对 2012 年工作情况进行总结，制定 2013—2015 年工作规划并讨论了文献资源评价平台和非书资料项目。

图 7.23　2012 年 BALIS 文献资源建设专业委员会工作会议

图 7.24　2012 年资源协调管理中心及文献资源建设委员沟通会

2013 年 6 月 25 日，召开新任委员工作会议，会议最终确立了熊丽副馆长、王瑜副馆长、马春晖馆长负责的资源评价工作组，杨梅副馆长、黄燕云副馆长负责的非书资料工作组，车俊铁馆长、王金玲副馆长负责的数据库团采谈判工作组。并对今后的具体工作进行研究。

2013 年 10 月 29 日，BALIS 资源协调管理中心、文献资源建设专业委员会召开委员工作会议。会议对前一阶段的工作进行了总结，对今后的工作进行了研讨。

2014 年 3 月 26 日，BALIS 资源协调管理中心及文献资源建设专业委员会 2014 年第一次工作会议。

2014 年 12 月 20 日，BALIS 资源协调管理中心及文献资源建设专业委员会 2014 年第二次工作会议。对 2014 年 BALIS 资源协调管理中心一年的工作进行总结，讨论 2015 年工作计划。

2015 年 3 月 23 日，BALIS 文献资源协调中心及文献资源建设专业委员会召开 2015 年第一次工作会议。会上对中心的三个平台工作进行了总结，并讨论了本学期工作计划。数字资源工作组汇报了书香中国、EPS、全球案例发现系统、歌德电子书借阅机四个数据库产品的团采方案进展情况，文献资源工作组对 72 个学科进行了分配，开展了学科评价分析的工作，并将继续抓取外文数据。非书资料存在着提高保障率的问题，在参加浙江书展的过程中，也将与麦达公司沟通，希望达成解决方案。

2016 年 4 月 15 日，BALIS 资源协调管理中心及文献资源建设专业委员会第一次工作会议在北京工业大学耿丹学院图书馆召开，管理中心主任熊丽和几位专业委员会委员参加了会议，如图 7.25 所示。此次会议对以下几个问题做了详细的讨论：建议对数据库商的产品和服务制定一个量化的标准，年底做评比和考核，具体的指标由杨梅馆长负责再研究讨论，下次在首都师范大学开会确定；制定了各工作组的工作计划；对目前中心的三个平台问题进行了详细讨论并制定解决办法；讨论了北京高校图工委项目申报课题；讨论了 6 月份学科服务研讨会的内容。

图 7.25　2016 年 BALIS 资源中心及文献资源建设专业委员会工作会议

2017 年 4 月 14 日，BALIS 资源协调管理中心及文献资源建设专业委员会第一次工作会议在北京工业大学耿丹学院图书馆召开，如图 7.26 所示。此次会议对非书资料评优进行了详细讨论，决定在今年执行；对数字资源平台使用率低情况进行了详细分析并提出解决办法；对文献评价平台升级改版进行了详细讨论。

图 7.26　2017 年 BALIS 资源中心及文献资源建设专业委员会工作会议

(6)定期组织分中心委员去外地交流学习

2009 年 11 月 15—18 日,BALIS 资源协调管理中心和专业委员会的委员赴上海参加上海图书馆举办的“资源采购协调与评价交流会”,学习交流浙江、上海两地资源采购协调与评价方面的经验,如图 7.27 所示。研讨会上,上海图书馆副馆长周德明认为上海图书馆与北京高校图书馆的交流是图书馆建设的一个新的起步,强强联合可以在数据库的应用方面有更大的突破,他期待着今后京沪两地图书馆方面的合作。BALIS 资源协调管理中心主任胡越也表示,上海图书馆在图书馆界开创了许多先河,一些先进理念以及学术研究、资源共建、服务共享、利益共赢方面的经验值得学习,同时也表达了 BALIS 资源协调管理中心与上海图书馆合作的良好意愿。

图 7.27　2009 年资源采购协调与评价交流会

2015 年 4 月 21—23 日,BALIS 资源协调管理中心及文献资源建设专业委员会组织委员赴浙江参加馆藏图书展示会,如图 7.28 所示。此行与浙江大学图书馆开展了交流座谈活动,并针对 BALIS 资源协调中心的非书资料项目,与杭州麦达公司进行沟通,参观了其加工基地,协商解决存在的加工时间及保障率等问题。

图 7.28　2015 年浙江馆藏图书展示会

（五）开展设立公益书架活动

2014年，配合世界读书日和大学生心理健康日，很多学校图书馆开展了阅读推广服务月活动，为了使各馆的活动更加丰富多彩，BALIS资源协调中心与北京尚善公益基金会联合在2014年4—5月举办"知识守护心灵 阅读传递爱心"的活动。希望通过在高校图书馆定点设立公益书架的方式让更多人关注精神健康，同时也参与到传播精神健康知识的公益事业中来。2014年4月10日、5月14日向成员馆两次发送"知识守护心灵 阅读传递爱心"活动的通知（见附录C）。收到33所图书馆参加活动的回执，各馆活动热情很高，将基金会的配书或做成馆藏或作为图书漂流，并配合讲座开展了多样的活动，效果良好。2015年、2016年连续两年继续开展该项活动，受到图书馆读者好评。

四、成果回顾

回顾BALIS资源协调中心十年建设和发展历程，无论是非书资料建设、学科资源建设，还是学术研讨，都取得了显著的成效，为北京地区高校图书馆资源建设奠定了良好的基础。

（一）非书资料建设及使用数据

2010—2016年BALIS资源协调中心非书资料建设及使用数据如表7.1所示。

表7.1 非书资料建设及使用数据

年 份	系统数据/T	元数据/条	光盘量/种	使用量（包括检索、下载）
2010	20	66 671	35 688	11.8万次
2011	35	72 786	62 808	26万次
2012	38	82 000	69 000	35万次
2013	41	97 630	70 964	40万次
2014	45	100 000	72 394	52.2万次
2015	80	120 000	110 000	63.5万次
2016	125	130 000	115 485	35万次
总 计	125	130 000	115 485	263.5万次

（二）纸质学科文献数据拥有量

2012—2016年BALIS资源协调中心纸质学科文献数据拥有量如表7.2所示。

表7.2 纸质学科文献数据拥有量

年 份	年增数据量/万条	年更新学校/所	覆盖学科数/个	覆盖学科百分比/%	系统数据量/G
2012	100	13	20	21.2	2
2013	560	28	45	47.9	15
2014	1 985	33	94	100	54
2015	2 480	35	94	100	67
2016	400	34	94	100	75
总 计	5 525	143	94	100	75

(三)电子资源建设数据

2010—2016 年 BALIS 资源协调中心电子资源建设数据如表 7.3 所示。

表 7.3 电子资源建设数据

年 份	平台系统数据/T	元数据/条	覆盖一级学科/个	注册学校/个	注册数据商/个	数据库组团/个	审核产品/个
2010						4	
2011						1	
2012						6	
2013						1	
2014	0.198	11 309*	7	25	44	2	37
2015	0.451	25 333*	3	7	8	4	12
2016	0.122	15 187*	3	8	6	4	11
总计	0.771	51 829	13	40	58	22	60

* 指中外文期刊种类元数据,包含现用刊名、现用刊名、曾用名、主办、出版地、周期、综合影响因子、复合影响因子、语种、开本、ISSN、CN、创刊时间、期刊荣誉,以及历年刊期、相关图片信息。

(四)新产品发布会

2011—2016 年 BALIS 资源协调中心新产品发布统计如表 7.4 所示。

表 7.4 新产品发布会

年 份	日期	新产品推荐数/个	参加学校/个	参加人员/人
2011	7 月 4 日	4	28	56
2012	6 月 19 日	9	38	73
2013	4 月 26 日	10	35	54
2014	4 月 16 日	10	36	62
2015	4 月 14 日	9	36	71
2016	5 月 18 号	7	32	53
总计		49	205	369

(五)主办研讨会、培训会概况

2008—2016 年 BALIS 资源协调管理中心主办研讨会、培训会如表 7.5 所示。

表 7.5 主办研讨会、培训会概况

序号	年份	日期	内容	参加学校/个	参加人员/人
1	2008	4 月 24 日	BALIS 资源协调管理中心揭牌仪式暨图书馆资源与资源评价研讨会	60	140 多
2	2009	11 月 14 日	展望未来图书馆:2025 专题学术研讨会	40	70
3	2010	11 月 5 日	与 BALIS 培训中心合作“文献资源建设实证分析培训班”		80
4	2011	6 月 2 日	“非书资料联合系统”使用培训		80
5		11 月 10 日	第六届文化创意产业博览会北京分会场的文献资源合作共享研讨会		120

续表

序号	年份	日期	内容	参加学校/个	参加人员/人
6	2012	1月28日	图书馆资源建设学术交流论坛		60
7		5月29日	健康发展 互利三赢——共建馆配市场生态环境发展论坛		40
8		9月21日	数字环境下如何加强外文文献资源建设馆长沙龙		40
9		11月1日	第三届图书馆区域合作与资源共享”国际学术研讨会		200多
10		11月23日	北京地区高校图书馆文献资源建设战略研讨会	30	60
11		12月14日	“非书资料联合管理系统”培训		70
12	2013	1月11日	第二届“图书馆资源建设学术交流论坛”		150
13		4月12日	数字环境下图书馆外语学习资源建设与服务研讨会	50	120
14		10月17日	2013年古籍类大型文献出版交流研讨会	15	30
15	2014	1月9日	第三届“图书馆资源建设学术交流论坛”		150多
16		5月22日	北京地区图书馆馆藏发展与发现服务研讨会	31	44
17		10月21日	第二届京、津、冀地区古籍及大型文献馆社交流论坛		65
18		12月19日	2014年外文资源建设馆长沙龙		70
19	2015	1月8日	第四届图书馆资源建设学术交流论坛		160多
20		4月29日	首届馆配电子书发展高层论坛		200
21		6月26日	2015年馆长沙龙:“一带一路”沿线国家外文文献资源建设研究		35
22	2016	1月7日	第五届图书馆资源建设学术交流论坛		150
23		11月25日	2016北京地区高校图书馆馆长座谈会暨“双一流”背景下的高校图书馆新型学科服务研讨会	41	57
24		12月9日	“图书馆数据资源建设与应用”学术研讨会		80

五、产生效益及未来规划

资源协调管理中心自成立以来，围绕中心工作思路，不断将工作做深做细，产生了一定的社会效益和经济效益。

（一）产生效益

（1）节省高校图书馆重复建设。一方面通过非书资料共享平台的使用，使各馆在同一个云平台上共建共享电子资源；另一方面通过学科文献分析平台的使用，让各馆可以分析学科文献，助力学科建设。

（2）节省高校图书馆人力资源。整个中心委员及工作组成员分工合作，共同研制规章模板，供各馆参考使用，共享人力资源。

（3）培养了一批高素质馆员团队。通过指导各馆馆员对学科文献的分析使用，以及举办各种培训班、研讨会，使馆员对业务工作有很大提升。

（4）为各馆节省大量资源采购经费。数字资源的联合采购由牵头馆谈判，谈的是数据库的最低价，使各馆节约了经费，也节省了人力，规范了市场。

(5) 规范文献采选流程。制定了各种规章制度，使图书馆业务工作规范化。

(二) 未来规划

(1) 进一步完善平台的建设，争取能使数据库采购、文献资源评价日趋智能化，业务流程更加规范化。

(2) 继续联合各合作单位，开展有益于各馆资源建设的活动，更好服务首都高校图书馆资源建设工作。

(3) 扩大资源合作范围，根据《京津冀协同发展规划纲要》中打造“京津冀协同创新共同体”的建设目标，依托 CALIS、CASHL、BALIS、TALIS 等共建共享和协同服务平台，与津冀携手合作。

第八章 图书馆馆员培训状况

BALIS培训中心(以下简称培训中心)是北京地区高校图书馆文献资源保障体系(Beijing Academic Library & Information System,BALIS)下设的五个服务性中心之一,于2007年11月20日正式启动。

近十年来,培训中心在北京高校图书馆工作委员会的领导下,通过主任馆(北京师范大学图书馆)和委员馆(中国农业大学图书馆、北京大学医学部图书馆、北京外国语大学图书馆、北京工业大学图书馆)的共同努力,密切跟踪国内外高校图书馆事业发展,围绕北京高校图书馆馆员培训的需求和工作实践热点,有计划地组织了形式多样、主题丰富、内容前沿的系列培训和交流活动,打造了北京地区各高校图书馆之间学习、交流的平台,极大地推动了北京地区高校图书馆馆员的知识水平和业务水平,促进了北京地区高校图书馆事业的发展,已经逐渐发展为北京地区,乃至华北地区高校图书馆馆员业务培训的品牌。

一、培训中心基本情况

(一)宗旨与工作职责

2007年,为了进一步加强北京地区高校图书馆的整体化建设,进一步推进北京高校图书馆文献资源的共建共享,根据北京市教委的意见,北京高校图书馆工作委员会决定正式恢复成立"北京地区高校图书馆文献资源保障体系"(BALIS)。

BALIS的宗旨是:在北京市教委的领导下,把国家的投资、现代图书馆理念、先进的技术手段、高校丰富的文献资源和人力资源整合起来,建设北京高等教育文献联合保障体系。依托中国高等教育文献保障系统(CALIS),实现文献信息资源的共建、共知、共享,以发挥最大的社会效益和经济效益,为北京的高等教育服务,为北京的经济建设和社会发展服务。

作为BALIS的下属的五大服务型中心之一,培训中心的宗旨是:为北京地区图书馆馆员提供学习交流的平台,促进馆员综合素质的提高,推动北京地区高校图书馆事业的发展,最终为北京的高等教育、经济建设和社会发展服务。按照北京市教委和北京市高校图书馆委员会的要求,与其他中心一起,实现BALIS的成立宗旨。培训中心的工作职责是:密切跟踪国内外高校图书馆事业发展,紧密围绕北京地区高校图书馆馆员业务能力和综合素质提高的需求及工作实践热点,搭建北京地区各类高校图书馆及馆员之间学习、交流平台,精心设计和策划培训交流活动主题,遴选和聘请相关专家和资深从业人员,开展形式丰富、内容前沿的培训和交流活动。

(二)组织架构

根据北京市教委和北京市高校图工委的工作安排,BALIS培训中心相关工作由北京师范大学图书馆、中国农业大学图书馆、北京大学医学部图书馆、北京外国语大学图书馆和北京工业大学图书馆五个单位共同承担，其中北京师范大学图书馆是主任馆单位，其他四个单位是委员馆单位。

2007 年 11 月 20 日，培训中心在北京师范大学图书馆正式揭牌成立，时任北京高校图工委副主任兼秘书长、BALIS 管理委员会常务副主任、中国人民大学校长助理兼图书馆馆长倪宁为培训中心揭牌，北京大学图书馆馆长戴龙基、北京邮电大学图书馆馆长代根兴等业界同仁参加揭牌仪式。

2009 年 3 月 20 日，培训中心在主任馆（北京师范大学图书馆）馆长更替后召开机构成立工作会议。本次会议在北京师范大学图书馆召开，会议讨论建立了培训中心的组织架构。

培训中心设领导机构和办事机构。领导机构由主任馆和委员馆主管 BALIS 工作的副馆长（或副馆长以上级别）人员组成，其中北京师范大学图书馆刘松柏馆长、王琪副馆长为正副主任，北京大学医学部图书馆副馆长谢志耘、中国农业大学图书馆副馆长潘薇、北京外国语大学图书馆副馆长杨晓景、北京工业大学图书馆副馆长魏育辉为委员；办事机构则由各馆办公室相关人员组成。2013 年 12 月，由于北京师范大学图书馆馆长更替，培训中心主任由张奇伟馆长担任，2014 年 5 月，北京师范大学图书馆王琪副馆长退休后，张玲馆长助理接任培训中心副主任。

培训领导机构设有例会制度，每个学期至少召开一次例会，总结培训中心上一个学期的工作，讨论本学期工作计划和长期规划并对相关工作进行部署。办事机构根据领导机构的安排负责具体实施。

二、培训中心十年工作概览

（一）坚持制度先行

1. 建设规章制度

没有规矩，不成方圆。制度是组织内成员共同遵守的行为规范，是保证组织有效运转，达成组织目标的可靠保证。

培训中心非常重视自身的规章制度建设，2009 年 3 月培训中心组织机构建立之后，在北京高校图工委的指导下，培训中心便着手制度建设工作。2009 年 11 月 6 日，培训中心主任委员工作会讨论通过了《BALIS 培训中心工作条例》《BALIS 培训中心经费管理办法》和《BALIS 培训中心培训工作程序》三项规章制度，这三项工作制度对培训中心的工作机制、工作程序、经费管理办法都进行了详细规定，为培训中心开展后续相关工作做出了规范。三项现行规章制度，详见附录 D。

2. 加强培训证书的规范建设

培训证书是馆员接受培训的有效记录和证明，是培训工作规范化的具体体现。为加强培训证书的管理、发放等规范建设工作，2015 年下半年，培训中心重新设计了培训证书，并应用于 2015 年 11 月 20 日的培训。

新设计的培训证书从以下几方面进行了规范化设计。①证书内容包括：培训时间及主题，参与培训的馆员单位、姓名。②证书上方增加 BALIS logo，凸显 BALIS 主办方特征。③培训证书左下方增加培训证书编号，用于统一记录单次培训人数和之后历次培训的总人数。培训中心专门规范证书编号的编码规则，具体编码规则为：4 位年+2 位月+5 位顺序号，顺序号从 2015 年 11 月后参会人数累加值。④落款位置明确培训当日时间，并加盖 BALIS 培训中心工作用章。新设计的结业证书如图 8.1 所示。

图 8.1　新设计的结业证书示例

(二) 倡导规划引领

"万事预则立，不预则废。"为避免培训工作的盲目性和随机性，培训中心从成立之初就重视培训工作的规划性，每个学期都召开一次培训中心领导机构例会，总结前学期工作，并讨论和规划下一学期或下一学年的工作。

2015 年 9 月，国内各高校图书馆积极制定"十三五"发展规划，培训中心在现任主任张奇伟馆长的直接领导下，开始谋划培训中心未来五年的发展规划，提出了用 3～5 年的时间构建"四纵五横"的线上线下相结合的培训体系。四大纵向课程体系包括"图书馆学基础理论课程培训""图书馆基本业务培训""图书馆业务发展前沿、趋势和最佳实践培训""馆员发展培训"，五大横向培训则为针对"新入职馆员""资深馆员""非图情专业馆员""部门主任""馆长"5 类主要培训对象的内容设计。2015 年 10 月，培训中心向北京高校图工委及 BALIS 管理中心汇报了发展规划，并获得认可。

《BALIS 培训中心十三五期间的发展规划》详见附录 D。

(三) 着力线下培训

从 2007 年 11 月 20 日培训中心成立至 2017 年 7 月，近十年的时间中，BALIS 培训中心一直致力于为北京地区高校图书馆提供学习交流的平台，及时关注国内外图书馆事业及最新发展动态，以探讨高校图书馆文献编目、新馆建设、社会化服务、馆员技能培养、新技术应用、学科服务等工作为主题，注重师资力量的国内外结合，有计划、有秩序地举办、组织了各类专题培训与研讨会 29 场，北京、天津地区累计近 3 000 名馆员参加培训。

近十年来培训中心主要的线下培训情况详见附录 D。

(四) 推进在线平台

培训中心成立之初在北京师范大学图书馆服务器搭建了 BALIS 培训中心主页(http://www.lib.bnu.edu.cn/BALIS/index.htm)，用于集中宣传培训中心的培训工作和共享培训课件等学习资料。随着培训中心工作的深入发展，仅依靠每年2～3次的线下培训无法满足北京地区高校图书馆馆员培训的需求，根据《BALIS培训中心“十三五”发展规划》，培训中心启动了在线培训平台的建设工作。

2015年9月起，培训中心启动培训平台调研工作，先后对BALIS各中心平台设计与后续运维情况进行全面了解，在此基础上重点选择超星、万方两家公司重点讨论培训平台需求。

2016年5月20日，培训中心在北京师范大学图书馆召开“BALIS培训平台建设方案”征询会，培训中心所有委员参加会议，北京高校图工委副秘书长刘春鸿应邀参加会议。会议上，北京超星尔雅教育科技有限公司和北京万方数据有限公司分别针对培训中心设计的在线培训平台方案进行介绍，与会人员充分讨论培训中心的培训需求，部署下一步培训平台的工作。

2016年9月，经过反复调研和讨论，培训中心完成《BALIS培训中心网络培训平台采购指标参数》(详见附录D)、《BALIS培训中心网络培训平台采购招标评分标准》等招标前的文件，并交由BALIS管理中心，着手招标相关准备工作。

2016年12月27日，经过规范的招标程序，BALIS在线培训平台的定制开发项目由北京超星尔雅教育科技有限公司中标，中国人民大学图书馆与北京超星尔雅教育科技有限公司正式签订《中国人民大学图书馆BALIS网络培训平台招标项目合同》。2017年4月，BALIS培训中心平台设计初具雏形。培训中心组织各委员进行平台测试，并针对本平台具体问题提出修改意见。目前平台已经初步上线，处于更广泛测试和内容丰富阶段，预计2017年年底正式上线。BALIS培训中心在线平台首页如图8.2所示。

图8.2　BALIS培训中心在线平台首页

(五)尝试定制培训

随着培训工作的持续深入开展，培训中心在用户需求调研中发现，因各馆的具体馆情不同(建设阶段不同，馆员学历素质整体情况不同，图书馆发展预期不同等)，培训中心的培训工作不仅要面向北京高校全体馆员开展普适性培训，也要针对不同图书馆的情况提供个性化的定制培训，以探求最大化的培训效果。经过培训中心领导机构例会商讨，决定尝试依据特定图书馆需求开展定制培训。

2017 年 4 月，中国矿业大学（北京）图书馆培训中心提出申请，希望培训中心能够结合该馆情况开展定制培训。2017 年 4 月底，培训中心与中国矿业大学（北京）图书馆开始接洽并深入沟通培训需求。5 月 16 日，培训中心张奇伟主任带领相关工作人员专赴中国矿业大学（北京）图书馆调研需求。5 月 22 日，中国矿业大学（北京）图书馆向培训中心提供本馆馆情相关材料。结合这些材料及前期的需求调研，培训中心为中国矿业大学（北京）图书馆设计了“馆员职业发展主题”培训方案（详见附录 D）。2017 年 6 月 8 日，中国矿业大学（北京）图书馆唐兵馆长等相关领导到北京师范大学图书馆再次沟通，明确需求、培训方案、课程管理、经费管理和双方职责，之后培训中心开始根据培训方案联系确定授课老师等具体实操工作。

2017 年 6 月 20 日，培训中心在中国矿业大学（北京）图书馆会议室召开了隆重的“馆员职业发展”定制培训开班仪式，北京高校图工委副秘书长、中国人民大学图书馆副馆长刘春鸿，北京师范大学图书馆馆长、培训中心张奇伟主任分别致辞，北京科技大学图书馆季淑娟馆长以“图书馆组织文化与科学管理”为题进行培训，中国矿业大学（北京）图书馆所有馆员参加培训。2017 年 7 月 4 日，北京师范大学政府管理学院李永瑞副教授以“图书馆职业道德”为题进行培训。该专题还根据需求设计了“图书馆馆员职业规划”和“图书情报学的科研写作”等内容。

除此之外，双方还计划开设“馆员基本素质提升”专题，在该专题下，设 4 门课程，每门课程大约 2 个小时。全部培训结束后，培训中心将为参加培训和考核合格的培训人员发放结业证书。培训中心也会在培训结束后，进行相关问卷调查，评估培训效果，总结定制培训的经验，以便于在后期与其他图书馆个性化定制培训中达到更佳的培训效果。

（六）搭建合作渠道

为了获取更深入的培训需求、更好的培训师资，切实提高培训的效果，培训中心积极争取与其他机构进行交流合作，主要体现以下四个层面。

（1）与北京高校图工委及其领导下的 BALIS 其他中心和北京地区高校图书馆工作专业委员会合作

根据业务工作分工，北京高校图工委下设 5 个中心和 8 个北京地区高校图书馆专业工作委员会。各中心及各专委会围绕各自业务特点及工作特点开展相关业务研究及实践探索，有着更加深入、准确的培训需求。培训中心重视与馆际互借中心、联合信息咨询中心、资源协调中心、原文传递中心的合作，也注重与编目专委会等专业委员会的合作，并保持了长期、密切的合作关系。

十年间培训中心组织的各类培训中，与北京高校图工委合作了 5 次，与北京地区网络图书馆合作了 2 次，与 BALIS 资源管理中心合作了 2 次，与编目专业委员会合作多次。在与这些机构的合作过程中，培训对象多为从事相关工作的特定人群，保证了培训对象群体，这些机构在遴选、联系授课教师方面也给予很大的帮助，十几次的培训均取得了不错的效果。

（2）与图情研究和实践机构合作

对于培训中心而言，除了深入调研了解北京地区各个图书馆培训需求外，更为关键是培训师资队伍的建设，优质的师资队伍是取得最佳培训效果的重要前提，而师资队伍主要来自于相关图情研究机构和实践机构，包括相关高校的院系、图书馆等。

十年来，培训中心与北京大学、清华大学、武汉大学、南开大学、浙江大学、华东师范大学、复旦大学、厦门大学、南京大学、北京师范大学、首都师范大学、中国农业大学、东北师范大学等 20 余所高校的院系或图书馆及国家图书馆等机构保持了密切的合作和往来，为培训中心相关工作的开展打下了坚实的基础。2016 年 4 月，培训中心与北京师范大学政府管理学院信息管理系合作，推出"非图情学科背景馆员图情专业知识提升研讨班"，开设了"图书馆业务实践与理论研究""数字图书馆""信息组织""信息描述"4 门图书馆学的核心课程；2017 年 6 月，培训中心开始与东北师范大学图书馆合作，聘请到该馆参与馆员交换的美国俄亥俄大学图书馆的学科馆员为北京地区高校图书馆的馆员介绍国外相关实践的进展。这些合作非常顺畅，在以后工作中将继续开展下去。

（3）与美国华人图书馆员协会合作

为促进中美图书馆的学术交流，彼此借鉴管理经验及研究成果，进一步推动北京地区高校图书馆事业的发展。培训中心利用各种渠道多次与美国华人图书馆员协会进行沟通，达成了初步的合作意向。2016 年 10 月 24 日，培训中心副主任、北京师范大学图书馆弓建华副馆长及相关工作人员与美国华人图书馆员协会 2016—2017 当值主席陈琦在北京师范大学图书馆就双方的合作进行座谈，北京高校图工委刘春鸿副秘书长代表北京高校图工委应邀参加座谈。2016 年 11 月 3 日，培训中心获得 BALIS 管理中心的授权，由培训中心主任张奇伟与美国华人图书馆员协会 2016—2017 当值主席陈琦、2016—2019 董事会执行会长阮炼签订《BALIS 培训中心与美国华人图书馆员协会学术交流合作协议》，合作期限为 2017—2020 年，双方约定美国华人图书馆员协会每年选派 3～4 名专家赴京，以研讨会、座谈会等形式与北京地区高校图书馆馆员进行为期 2～3 天的学术交流与研讨。2017 年与美国华人图书馆员协会合作的相关培训工作将于 2017 年 9 月中旬在北京举行，相关工作进展顺利。

（4）与相关企业进行合作

图书馆相关的技术企业一直是图书馆事业发展的重要推动力量，相关企业的技术发展动态也是图书馆实践工作者非常关心的问题。培训中心非常重视与相关企业的合作，先后与北京万方数据公司、北京方正阿帕比公司等公司合作开展培训，北京地区高校图书馆的馆员在聆听业界相关专家学术报告的基础上，还了解到相关企业的最新技术发展动态，企业借助自有宣传渠道或平台，一定程度上扩大了 BALIS 培训中心的培训效果。例如，2011 年 6 月 10 日培训中心与北京万方数据公司的合作就将 BALIS 的培训范围扩展到天津市的相关图书馆，2015 年与北京万方数据公司的合作通过其在线直播平台拓展到国内的很多图书馆。

（七）加强自身建设

培训中心设有主任及委员邮件列表，定期通报、及时沟通工作进展。培训中心设有例会制度，以加强主任馆和委员馆之间的沟通、交流。培训中心的主任及委员每学期至少召开一次例会，总结培训中心上一学期的工作，讨论本学期工作计划和长期规划并对相关工作进行部署。每次例会都会形成相应的会议记录及纪要。

与此同时，培训中心还加强与其他地区高校图工委的交流和合作。2016 年 11 月 30 日—12 月 4 日，BALIS 培训中心联合信息咨询中心，派出委员及工作人员共 14 人赴深圳，考察香港中文大学图书馆、南方科技大学图书馆、深圳大学城图书馆、深圳图书馆，了解各馆的用人体制、办馆理念、服务文化、馆员培训，通过走访、调研，从不同的视角来审视和完善BALIS培训中心的工作。

三、培训中心工作效益分析

（一）培训馆员参与度分析

（1）参与人数可观，培训得到认可

培训中心在近十年的时间中，组织了29场线下培训，累计现场参加人次近3 000人，除个别培训因为主题限定了培训人数外，每次参加培训的人数都在100人以上，部分培训达到200人以上，可见，培训中心的培训内容得到了北京市高校图书馆馆员的认可。

（2）参与机构广泛，惠及面广，取得了较大的影响

通过分析近年参加培训的馆员报名情况，每次参与的图书馆在50所左右。如果以现在北京地区已有的88所图书馆为参考系，每次参与的图书馆占到了所有图书馆的60%左右，将最近6次的参与图书馆进行统计，去掉重复机构，共有81所图书馆参与培训，北京地区图书馆的参与度达到了92%以上，每次都参加的忠诚图书馆有35所，约占到所有图书馆的40%。在参与机构中，除了北京地区高校图书馆之外，天津、河北部分高校图书馆及北京地区的公共图书馆也参加了培训，北京师范大学学科规划处等图书馆之外的机构也多次参加培训，BALIS培训在北京地区，乃至京津冀地区的高校图书馆界和非图书馆领域取得了较大的影响。

（二）培训馆员满意度分析

从2015年11月的培训开始，培训中心在每次线下培训之后都进行现场参与馆员的满意度问卷调查。综合各次调查结果统计如下。

（1）参与培训馆员对于培训中心培训的总体满意度方面，调查显示满意度为100%，其中选择“非常满意”的馆员占到全体参与培训馆员的55%之上，最高占比达70%左右，其余选择“满意”，没有馆员选择“不满意”。

（2）培训内容与实际工作的契合度方面。调查显示，参与培训馆员选择“契合度非常高”的占比在65%～94%，其余选择为“有一定额契合度”和“契合度较弱”，而选择“契合度较弱”的馆员占所有参与培训馆员之比在0～5%，总体看来培训是从工作实际出发的，能够满足馆员为业务发展而参加培训的需要。

（3）培训内容的新颖性方面。调查显示，参与培训馆员对培训中心培训讲师讲授内容的新颖性认可度非常高，认为新颖性非常高和比较高的馆员占多有参与培训馆员之比都在90%以上，部分培训内容则高达97%，只有极少数参加培训馆员认为内容不够新颖，需要增强。

（4）培训内容的实用性方面。调查显示，参与培训馆员对培训中心培训内容在具体工作实践中实用性认可度非常高，认为“非常实用”和“比较实用”的馆员占参与培训馆员之比都在95%以上，部分培训内容这一比例达到100%，只有个别培训内容有个别参与馆员认为实用性不足。

（三）社会影响

培训中心重视培训工作的宣传，每次线下培训完成后都会撰写相关报道分别在 BALIS 培训中心网站、北京高校图工委网站、北京师范大学新闻网、中国图书馆学会高校分会网站及合作开展培训机构的网站、新浪教育频道等处宣传报道，《中国图书馆学会工作通讯》也对培训中心的线下培训工作进行宣传报道，据不完全统计，十年间共在各处发布宣传稿件 60 余篇（附录 D 列出了部分宣传报道内容），较大程度地提高了 BALIS 及培训中心的知名度和影响力。BALIS 培训中心已经逐渐发展为北京地区，乃至华北地区高校图书馆馆员业务培训的品牌。

四、培训中心未来发展设想

图书馆处于不断变化的环境中，馆员的知识、技能需要与不断变化的外部环境相适应，为了满足图书馆不断发展的需求，对馆员的持续性培训是图书馆工作的重要任务。馆员培训不仅可以增强馆员的个人素质，开发馆员的个人潜能，而且能够提升馆员个人及图书馆在不断变化的环境中动态、持续的生命力和竞争力。为此，在未来的工作过程中，BALIS 培训中心任重而道远，基于十年来的工作经验，BALIS 培训中心将从如下三个方面不断完善。

（一）拓宽合作渠道

现阶段，教育部高校图工委、全国各地区图工委、全国各类学会均在开展馆员培训工作，长期以来培训中心注重关注业界相关动态，例如，上海市图书馆学会、上海市高等学校图书情报工作委员会曾在 2017 年 4 月 11—14 日于上海师范大学举办“图书馆学基础理论与实践培训研讨班”。此类培训工作对 BALIS 培训中心的工作有很多借鉴。在后续工作中，BALIS 培训中心将持续关注业界相关动态，并与国内相关单位接洽、沟通、合作，针对培训体系的建设进行深度合作，吸取和借鉴国内优良的培训内容及师资力量，不断丰富并完善科学、合理的培训体系，同时扩大 BALIS 培训中心在全国范围内的影响力。

与此同时，随着新一代图书馆管理系统的实施，图书馆资源管理平台日益趋同，图书馆之间的联系更加密切，国际化已成为世界各国图书馆发展的大趋势。为此，增强国际交流与合作，充分引进、借鉴、消化和理解世界各国，特别是发达国家图书馆的先进观念、思想和方法，及时接触国际前沿的新信息、新知识和新方法，对于我国图书馆的发展尤为重要。在未来的工作中，BALIS 培训中心将积极探索新的国际合作方式，争取与国外（尤其是美国）知名大学图书馆建立一定的合作关系，推进中美图书馆员之间的交流和学习。

（二）完善培训体系

根据 BALIS 培训中心“十三五”期间的发展规划，BALIS 培训中心将用 3～5 年的时间构建“四纵五横”的线上线下相结合的培训体系。目前此项工作已陆续开展，在未来工作中，培训中心将以发展规划为指导，围绕图书馆的业务工作、馆员全面发展，不断完善培训内容，最终建立动态发展的内容体系。以此为基础，结合培训中心在线培训平台，拓展培训形式，力争创建贯穿馆员职业生涯始终的培训体系，使馆员能够全方位提升业务素质和能力，适应图书馆的发展需求。

（三）拓展培训形式

现阶段，国内图书馆界已有一些企业介入，开展基于微信端的培训服务，如“阳光阅读”创建了“图书馆转型与发展”微信群，定期举办线上微信直播讲座，方便馆员使用手机微信，利用碎片时间学习。

有调查显示，52.9%的用户在线学习的时段主要集中在下班后，50%的用户则是在周末或节假日进行在线学习。从用户每天投入学习的时长来看，五成多的用户每天投入学习的时长为30～60分钟，近三成用户每天投入学习的时长为1～2小时。这表明，在职人员由于上班的原因，主要利用碎片化的时间来学习[①]。随着Wi-Fi、4G网络逐步普及，流量资费下降，以及手机在线支付愈加便捷，越来越多的手机在线学习公众号或基于微信的APP层出不穷，人们使用移动端进行在线学习的比例不断增大。

为此，培训中心将会关注这些灵活、便捷的培训形式，结合自身工作的内容，权衡利弊，尝试探索相关培训形式，以便于馆员利用碎片时间开展学习。

① 该数据引自《计算机世界》，2015年，第36-37期，封面主题报告

第九章 联合信息咨询服务状况

一、概述

BALIS 联合信息咨询中心是北京地区高校图书馆文献资源保障体系(BALIS)继原文传递中心、馆际互借中心、资源协调中心、培训中心之后设立的第五个中心。2009 年 9 月 16 日提出成立申请,2009 年 10 月 28 日得到 BALIS 管理中心批复准予成立,2009 年 12 月 22 日正式揭牌成立。BALIS 联合信息咨询中心的日常管理机构设在北京科技大学图书馆。

成立 BALIS 联合信息咨询中心的宗旨在于统筹规划,共建共享,联合服务。旨在北京高校图书馆工作委员会的统一领导下,深入推进北京地区高校图书馆文献资源的共建、共享工作,集各高校图书馆的信息咨询服务于一体,发挥网络技术和各校专业咨询队伍的优势,以强带弱,以大带小,推动北京地区高校图书馆信息咨询服务的开展,提高北京高校图书馆的综合信息咨询服务实力。依托高校丰富的文献数据资源,依托各图书馆信息咨询和学科服务人员,面向高校的教学与科研、高等教育的改革和发展,面向北京经济建设和社会需求,提供高品质的文献信息服务。

BALIS 联合信息咨询服务体系采用集中式门户平台和分布式服务结合的方式,拓宽各高校图书馆的信息咨询服务范围,为高校和社会用户提供多样化的联合信息咨询服务。目前,BALIS 联合信息咨询中心可以在科技查新、论文收录引用、文献/专题服务、情报分析、学科服务、期刊论文投稿指南、培训服务、信息咨询等八个方面开展联合信息咨询服务。

BALIS 联合信息咨询中心的建设目标包括以下四个方面:(1)全面整合资源,提升整体实力。北京地区高校众多,其中聚集了一批“985”“211”全国重点大学,既有北京大学、清华大学等国内一流高校,还拥有一批在航空航天、交通、冶金、农林、化工、医药等学科占有强势地位的高校。建立 BALIS 联合信息咨询中心,可以在整合各校图书馆信息资源的基础上,实现更广泛的文献资源、人力资源、设备资源、网络资源、资金资源等的共享,最大限度地发挥资源整合优势,提升北京地区高校图书馆信息咨询服务的整体实力。(2)建设统一平台,便捷网络沟通。北京地区各高校图书馆的服务信息主要通过本校图书馆网页进行发布,不同图书馆的服务信息分散在数十个网页上。当用户需要进行信息咨询时,必须分别登录各图书馆的网页进行查询,这给用户带来极大不便。BALIS 联合信息咨询中心建设的统一服务平台,按服务类别汇总北京地区高校图书馆服务信息,在一个网页上呈现能提供同一种咨询服务的所有高校图书馆信息,方便用户了解“供方”,选择适当的图书馆进行信息咨询。(3)满足高校需求,推进社会服务。北京地区不仅高校云集,科研院所、企事业单位也众多,这些社会用户对科技信息、管理信息的需求旺盛。2002 年,教育部颁布实施的《普通高等学校图书馆规程(修订)》指出:“有条件的高等学校图书馆应尽可能向社会读者和社区读者开放。面向社会的文献信息和技术咨询服务,可根据材料和劳动的消耗或服务成果的实际效益收取适当费用。”2015 年《普通高等学校图书馆规程》也明确:“高校图书馆要积极参与各种资源共建、共享，发挥信息资源优势和专业服务优势，为社会服务。"BALIS 联合信息咨询中心依据《规程》，结合各馆近年来服务社会的实践，在为高校教学、科研服务的同时，更加注重高校图书馆信息服务的社会职能，充分发挥 BALIS 联合、共享的整体优势，服务高校和北京区域经济的发展。(4)规范信息服务，联合培养馆员。高校图书馆的很多信息服务项目都缺乏标准和规范，对服务流程及服务中经常遇到的问题没有具体、明确、统一的咨询规范。不同图书馆的工作人员对读者提出的同一咨询问题或服务需求，由于服务主体不同，解决方式和结果有时会差异较大。BALIS 联合信息咨询中心将发挥网络技术和各校专业咨询队伍的优势，以强带弱，以大带小，联合培养出一批高素质的专业信息咨询人员，并通过建立各项信息服务的标准与规范促进信息服务质量提高。

二、组织机构与运行机制

(一) 组织机构

2009 年 9 月，BALIS 联合信息咨询中心申请成立，随后进行了委员馆推荐、中心主任及委员人选的推荐工作。2009 年 10 月 28 日，BALIS 管理中心正式批复 BALIS 联合信息咨询中心成立，一并批准了中心管理委员会人选。管理委员会是 BALIS 联合信息咨询中心的管理执行机构，由主任、副主任及委员构成。管理委员会的主要职能在于制定和执行中心发展规划，协调各馆信息咨询服务，为成员馆提供服务支持，负责成员馆联合信息服务统计、质量评估及服务补贴发放。

BALIS 联合信息咨询中心第一届管理委员会名单如下：

主　任：季淑娟(北京科技大学图书馆)
副主任：李晓娟(北京师范大学图书馆)
　　　　黄　芳(首都医科大学图书馆)
委　员：杨守文(北京化工大学图书馆)
　　　　左文革(中国农业大学图书馆)
　　　　张兆忠(北京工业职业技术学院图书馆)
　　　　李　礩(北京石油化工学院图书馆)
　　　　林铁莉(北京工业大学图书馆)
　　　　王星华(北京交通大学图书馆)
　　　　钟　宇(首都师范大学图书馆)
　　　　周凤敏(北京理工大学图书馆)

在 BALIS 联合信息咨询中心的发展建设中，因工作需要，部分委员进行过调整，担任过 BALIS 联合信息咨询中心委员的还有：崔燕(北京交通大学图书馆)、陈雁(北京理工大学图书馆)、张敏(北京理工大学图书馆)、李永芳(北京工业大学图书馆)。

2013 年 5 月 16 日，根据北京高校图书馆工作委员会的要求，管理委员会再次进行了人员调整，BALIS 管理中心批准的现任中心管理委员会人员名单如下：

主　任：季淑娟(北京科技大学图书馆)
副主任：李晓娟(北京师范大学图书馆)
　　　　黄　芳(首都医科大学图书馆)

委　员：张建文（北京化工大学图书馆）
　　　　左文革（中国农业大学图书馆）
　　　　郑　兰（北京交通大学图书馆）

BALIS 联合信息咨询中心的日常办事机构依托北京科技大学图书馆信息咨询部，由王晓丽、张丽英具体负责中心的日常运行工作；北京科技大学图书馆办公室潘颖负责财务账目管理。

（二）成员馆构成

聚合北京地区高校图书馆信息服务资源，为用户提供多样性信息服务是 BALIS 联合信息咨询中心成立的初衷，因此，发展成员馆在中心的可持续发展中具有重要意义。目前，BALIS 联合信息咨询中心成员馆及使用中心服务平台的非正式成员馆共计 47 家。成员馆中既有教育部直属院校图书馆，也有中央其他部委所属院校图书馆，还有北京市属本科院校图书馆、高职高专院校图书馆，构成了层次丰富、强弱互济的成员馆格局。截至目前，北京高科大学联盟中北京地区的 9 所大学图书馆均是 BALIS 联合信息咨询中心成员馆。BALIS 联合信息咨询中心成员馆如表 9.1 所示。

表 9.1　BALIS 联合信息咨询中心成员馆

北京科技大学图书馆	北方工业大学图书馆
北京大学医学图书馆	北京电子科技学院图书馆
北京电子科技职业学院图书馆	北京工商大学图书馆
北京工业大学图书馆	北京工业职业技术学院图书馆
北京航空航天大学图书馆	北京化工大学图书馆
北京交通职业技术学院	北京理工大学图书馆
北京联合大学生物化学工程学院图书馆	北京农学院图书馆
北京师范大学图书馆	北京石油化工学院图书馆
北京体育大学图书馆	北京信息科技大学图书馆
北京邮电大学世纪学院图书馆	北京中医药大学图书馆
国际关系学院图书馆	华北电力大学图书馆
解放军医学图书馆	首都师范大学图书馆
首都医科大学图书馆	外交学院图书馆
中国农业大学图书馆	中国人民公安大学图书馆
中华女子学院图书馆	北京语言大学图书馆
北京交通大学图书馆	北京教育学院图书馆
北京青年政治学院图书馆	北京政法职业学院图书馆
北京建筑大学图书馆	北京联合大学本部图书馆
北京劳动保障职业学院图书馆	中央财经大学图书馆
北京农业职业学院图书馆	北京邮电大学图书馆
中国地质大学（北京）图书馆	中国人民大学图书馆
中国矿业大学（北京）	北京林业大学图书馆
中国石油大学图书馆（北京）	* 郑州轻工业学院
* 河北科技大学图书馆	

* 标记的图书馆为使用中心服务平台的非正式成员馆

（三）经费情况

自成立以来，BALIS联合信息咨询中心获得北京高校图书馆工作委员会经费支持共计202.3万元。截至2017年6月，中心经费总支出174.7万元，主要用于联合信息咨询服务系统开发及系统服务器购置，成员馆共用数据库资源订购，馆员培训交流，成员馆服务补贴，专家咨询劳务，中心委员调研学习，以及日常办公支出。

（四）规章制度建设

为了确保联合信息咨询的有效开展和不断向前推进，维护服务系统的正常稳定运行，保证中心与成员馆之间，以及成员馆相互间的有效沟通和协作，BALIS联合信息咨询中心及各成员馆均设有专人负责日常管理事务。中心制定并适时修订一系列规章制度，具体包括《BALIS联合信息咨询中心章程》《BALIS联合信息咨询服务协议书》《BALIS联合信息咨询经费补贴办法》《BALIS联合信息咨询服务规范》《BALIS联合信息咨询服务评估办法》等系列管理文件。这些文件对中心的宗旨、组织管理、中心与成员馆各自的权利与义务、经费补贴、评优奖励等方面的内容进行了规范说明。

三、联合信息咨询服务系统的建设与使用

为实现BALIS联合信息咨询中心全面和规范的信息服务工作，搭建多功能的联合信息咨询服务系统是中心开展信息服务的重要条件。BALIS联合信息咨询服务系统是中心的门户平台，也是成员馆对外服务平台和对内管理系统。

（一）平台建设理念

为深入推进北京地区高校图书馆文献资源的共建、共享工作，充分发挥北京地区高校多、综合实力强、学科特色突出等优势，BALIS联合信息咨询中心确定了“聚合服务”的建设理念。在“聚合服务”理念的框架内，中心根据北京地区高校图书馆开展信息咨询服务的现状，调查相关结校内外用户的文献信息服务需求，明确了中心的服务功能包括八个方面，即：科技查新、论文收录引用、文献专题服务、情报分析、学科服务、期刊论文投稿指南、培训服务、信息咨询。鉴于各成员馆已开展服务的类型不同，人员结构差异，服务水平参差不齐，各馆全面开展八项服务是不现实的。中心各成员馆可以根据自身实际情况，自愿客观选择可行的服务类型。对于没有资质和资源又急需开展的服务，依据资源共享的原则，强弱相辅的理念，由联合信息咨询中心协调帮助开展，拓展服务范围，提高服务水平。BALIS联合信息咨询服务系统（网址 http://balis5.ustb.edu.cn）采取渐进式分期建设模式，目前经历了两期建设。

（二）一期建设

BALIS联合信息咨询服务系统一期基于“线上提交，线下服务”的服务模式进行建设。采取B/S架构，可以面向不可知用户，完全基于互联网面向公众开放。平台服务器安装在北京科技大学图书馆，中心成员馆和普通用户均不需安装专门软件。普通用户无须注册即可登录服务平台。

1. 系统一期流程关系

系统一期流程关系设计如下：在服务系统用户界面上，用户根据服务项目的不同，选择服务机构，提交服务申请。成员馆遵守联合信息咨询服务规范开展服务，成员馆管理员即服务机构管理员，登录查看提交给本馆的服务请求，进行分配，完成线下服务。管理中心负责成员馆的权限管理与服务协调，监管服务状态，维护服务系统正常运行以及数据的统计分析。服务系统可对各馆服务情况进行统计分析，用于评估成员馆的服务状况，并为服务补贴发放提供依据。BALIS 联合信息咨询服务系统一期流程如图 9.1 所示

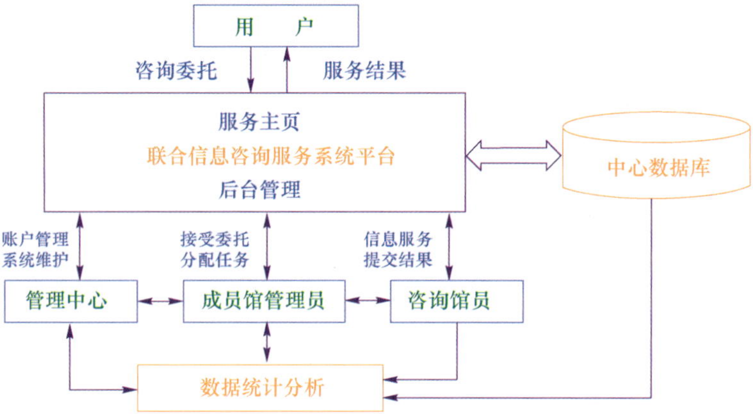

图 9.1　BALIS 联合信息咨询服务系统一期流程

2. 系统一期管理架构

系统一期的管理架构如下：管理中心是联合信息咨询中心的领导机构，由若干个不同类型的委员馆构成；委员馆、成员馆一起构成中心开展服务的执行机构；中心设有超级管理员，负责协调中心的工作，具有系统平台的最高权限；各委员馆、成员馆均设有机构管理员，是该机构的系统负责人，享有机构的最高权限。BALIS 联合信息咨询服务系统一期管理架构如图 9.2 所示。

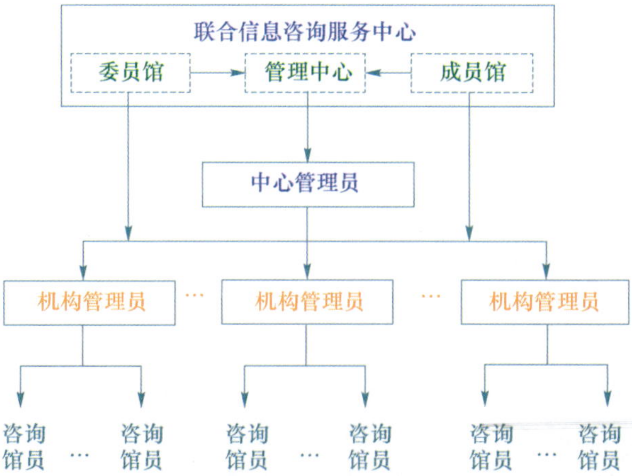

图 9.2　BALIS 联合信息咨询服务系统一期管理架构

3. 系统一期层次架构

BALIS 联合信息咨询服务系统一期采用基于 NET 的多层架构，包括基础层、数据层、支持层和应用层。①基础层：从网络环境、系统软硬件条件提供有效支撑，为网络平台可靠运行提供保障。②数据层：分为成员馆信息数据和委托服务数据。成员馆数据包括联系人、地址、联系方式、服务类型等信息数据；委托服务数据包括委托项目所属学科、单位类型、时间等信息数据。在数据层实现数据的检索、校验、调度、备份等。③支持层：提供表单管理、报表引擎、安全管理、日志管理、权限管理等支撑服务管理，为系统运行提供支持。构建成员馆、服务类别、学科、用户类型、委托时间等维度统计模型，对平台数据进行统计分析。④应用层：面向用户、成员馆管理员和中心超级管理员，通过 Web 浏览器对科技查新、论文收录引用、文献/专题服务、情报分析、学科服务、信息咨询等服务模块进行应用。BALIS 联合信息咨询服务系统一期层次架构如图 9.3 所示。

应用层	Web 浏览门户	信息发布、信息咨询、业务委托、业务查询、业务管理
	服务模块	科技查新、论文收录引用、专题服务、情报服务、学科服务等
支持层	统计模块	分类统计：成员、服务、学科等；按时间统计：一定时段等
	支持管理	权限管理、安全管理、表单管理、统计管理、门户管理
数据层	数据管理	检索、检验、调度、备份
	元数据	用户委托数据、成员馆数据、咨询服务数据
基础层	系统层	硬件：服务器等设备；软件：操作系统、数据库系统等
	网络层	局域网、Internet

图 9.3　BALIS 联合咨询服务系统一期层次架构

4. 系统一期测试

(1) 测试组织与主要测试人员

BALIS 联合咨询服务系统一期测试组织与主要测试人员如表 9.2 所示。

表 9.2　BALIS 联合咨询服务系统一期测试组织与主要测试人员

测试单位名称	主要测试人员
北京万方数据股份有限公司	王谦
北京科技大学图书馆	季淑娟　王晓丽　张丽英
北京师范大学图书馆	李晓娟　刘迎春
首都医科大学图书馆	黄　芳　李　宁
中国农业大学图书馆	左文革　袁永翠
北京交通大学图书馆	王星华
北京工业大学图书馆	林铁莉　胡　娟
北京化工大学图书馆	杨守文　高彦静
首都师范大学图书馆	钟　宇
北京石油化工学院图书馆	李　礩　杨秋实　孙秀丽
北京工业职业技术学院图书馆	张兆忠

(2)测试时间

2010 年 10 月 20 日—11 月 5 日

2010 年 12 月 29 日—2011 年 1 月 5 日

(3) 测试结论与建议

测试结论:通过界面测试、接口测试、数据库测试、安装卸载测试,共测试数据 700 余条。得出结论:BALIS 联合信息咨询中心系统平台项目基本达到原设计目标要求,可以作为联合信息咨询服务门户平台使用。对在测试过程中发现的一些具体页面美化问题提出了完善建议。2010 年 10 月 12 日,BALIS 联合信息咨询中心系统一期测试安排暨后续工作会议如图 9.4所示。

图 9.4 BALIS 联合信息咨询中心系统一期测试安排暨后续工作会议

5. 系统一期验收

通过集中测试及后续的完善修改,BALIS 联合信息咨询服务系统一期于 2011 年 1 月 12 日通过验收,正式上线运行。BALIS 联合信息咨询服务系统一期验收专家组对服务系统给予充分肯定,认为系统平台实现了科技查新、论文收录引用、文献专题服务、情报分析、学科服务、期刊论文投稿指南、信息咨询、统计分析等联合信息服务和管理功能,系统平台的功能特点在国内具有新颖性,提高了联合信息咨询的管理和服务水平。系统不仅为用户多样化的信息需求提供便捷的诉求途径,还可以促进北京地区图书馆信息服务实力和水平的提升,创造较好的社会效益。专家组建议中心争取主管部门的支持,尽快启动二期建设,按照中心项目组的设想,进一步实现系统的智能化功能和完善联合服务功能;并尽快推广应用该系统平台。2011 年 1 月 12 日,BALIS 联合信息咨询服务系统(一期)验收会如图 9.5 所示,BALIS 联合信息咨询服务系统一期首页如图 9.6 所示。

6. 系统一期培训

2011 年,BALIS 联合信息咨询中心具有成员馆 33 家。为使成员馆的信息服务馆员熟悉系统平台的使用方法,便于成员馆推荐和宣传联合信息咨询服务,发挥联合信息服务优势,2011 年 9 月 22 日,中心举办了 BALIS 联合信息咨询服务系统培训,33 家成员馆的 60 名信息咨询服务馆员参加了培训。

图 9.5 BALIS 联合信息咨询服务系统(一期)验收会

图 9.6 BALIS 联合信息咨询服务系统一期首页

培训会上,中心主任季淑娟做了题为“BALIS 联合信息咨询服务规划”报告,介绍了 BALIS 联合信息咨询中心成立的背景、意义,回顾了中心成立一年来开展的工作情况,并就中心目前存在的问题和下一步工作重点进行了阐述。中心副主任、首都医科大学黄芳馆长就 BALIS 联合信息咨询服务系统的功能与使用方法,从读者和后台管理两个方面进行了详细讲解,北京科技大学图书馆的张丽英老师介绍了联合信息咨询服务系统在北京科技大学的宣传推广和服务现状,对老师们提出的问题予以答复。通过培训,与会老师基本掌握了联合信息咨询服务系统的使用方法,为日后联合信息咨询服务的开展和服务系统的管理打下了良好基础。2011 年 BALIS 联合信息咨询中心服务系统培训如图 9.7 所示。

(a) (b) (c) (d)

图 9.7 2011 年 BALIS 联合信息咨询中心服务系统培训

(三) 二期建设

BALIS 联合信息咨询服务系统二期建设的总体需求在于增强系统一期的易用性，提高联合信息咨询服务的自动化和管理精细化水平，主要针对权限管理、业务流程管理及服务统计分析等功能模块进行改进。

1. 二期项目立项

由 BALIS 联合信息咨询中心主持召开的“BALIS 联合信息咨询服务系统（二期）”项目可行性论证会于 2012 年 12 月 25 日在北京科技大学举行。专家组对“BALIS 联合信息咨询服务系统（二期）”建设的可行性论证材料进行了认真细致地审查，并听取了“BALIS 联合信息咨询服务系统（二期）需求报告”和“BALIS 联合信息咨询服务系统（二期）建设方案报告”，专家组一致认为：(1)“BALIS 联合信息咨询服务系统”建设符合当今图书馆开展联合信息服务的要求，不仅为北京地区高校图书馆联合信息咨询提供优质服务系统，促进北京地区图书馆信息服务实力和水平的提升，还为区域图书馆合作起到了很好的示范作用，在这个时候，启动二期建设十分必要。(2)BALIS 联合信息咨询中心在一期工作的基础上，为二期项目论证所准备的资料齐全，内容翔实；对权限管理、业务流程控制、统计分析等功能进行了补充、完善和升级，具有功能全面，性能优良，操作简便，管理清晰等优点。(3)“建设方案报告”响应了“需求报告”提出的意见，提出系统研发方案，可以看出系统二期建设将大大提高科技查新、论文收录引用、文献专题服务、情报分析、学科服务、信息咨询、统计分析等联合信息咨询的管理和服务水平。(4)专家组对“需求报告”和“建设方案报告”也提出了修改意见，建议中心完善“需求报告”，交由万方公司在此基础上修改“建设方案报告”，进行项目建设；专家组一致认为项目技术资料齐全、完整、正确，项目需求明确、实际，实施方案切实可行，同意立项研发。2012 年 12 月 25 日，BALIS 联合信息咨询服务系统（二期）立项论证会如图 9.8 所示。

图 9.8　联合信息咨询服务系统（二期）立项论证会

2. 系统二期的权限管理

BALIS 联合信息咨询服务系统二期的权限管理实现四级权限角色划分，包括：系统管理员、机构管理员、单项服务管理员、服务馆员。系统设超级管理员 1 名，作为第一级；每个成员馆设置机构管理员 1 名，作为第二级；每个成员馆可设置会计 1 名，作为第三级；并列第三级为各馆单类别服务管理员（如科技查新管理员、论文收录引用管理员、文献专题服务管理员、情报分析管理员、学科服务管理员、信息咨询管理员等），单类别服务管理员各馆可自愿选择设置，也可以不设置，由机构管理员执行其职能；各馆具体服务馆员（若干名）作为准第四级，在不设置单类别服务管理员的情况下，具体服务馆员实际为第三级。BALIS 联合信息咨询系统二期权限管理架构如图 9.9 所示。

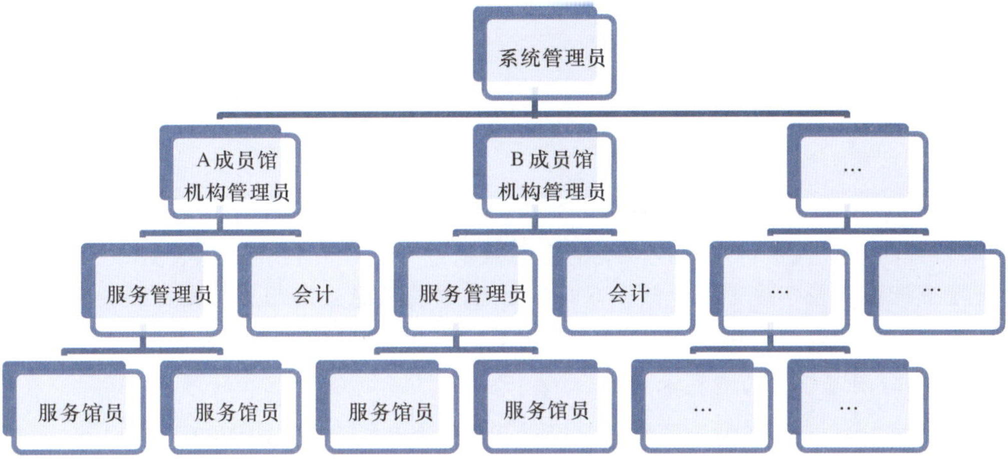

图 9.9　BALIS 联合信息咨询系统二期权限管理架构

3．系统二期的业务流程管理

BALIS 联合信息咨询服务系统二期的业务流程管理方面主要体现为提升信息咨询服务全流程在线管理和处理能力。服务系统各成员馆可以构建本馆内部人员体系，查看提交给本馆的各类服务申请，分配服务任务，完成线上/线下服务，设置服务进展状态，存档服务结果，记录服务收费，统计分析服务状况等。BALIS 联合信息咨询服务系统二期业务流程如图 9.10 所示。

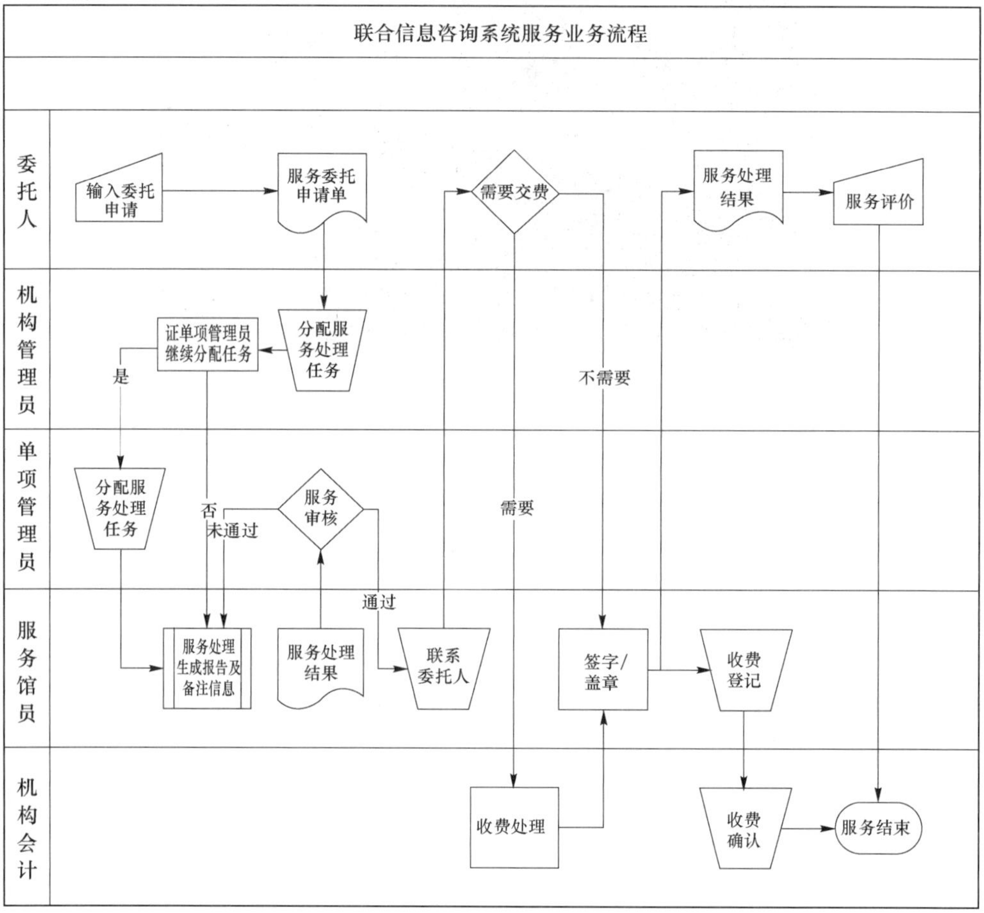

图 9.10 BALIS 联合信息咨询服务系统二期业务流程

4．系统二期统计分析功能强化

BALIS 联合信息咨询服务系统二期强化了数据统计分析模块的功能，通过系统配置进行“字段管理”，后台人员可以对权限范围内的数据进行统计分析和详细表格导出等操作，满足了日常统计报表及年度汇总上报需求。BALIS 联合信息咨询服务二期的后台字段管理示例如图 9.11 所示，统计示例如图 9.12 所示，数据导出示例如图 9.13 所示。

5．系统二期逻辑架构与技术标准

BALIS 联合信息咨询服务系统目前提供八种服务，系统逻辑架构如图 9.14 所示。服务系统以用户的需求为目标，以咨询服务流程为导向和约束，实现管理中心、机构成员馆、不同岗位馆员的信息咨询服务流程顺畅执行或自动流转，是用户、图书馆、咨询馆员、咨询服务流程、信息技术整合与统一的服务与管理系统。从图 9.14 中可以看出，系统由服务门户接受

字段名	系统管理员		机构管理员		服务管理员		服务馆员		机构会计		机构审核员	
	导出	统计	导出	统计	导出	统计	导出	统计	导出	统计	导出	统计
审核人	☑	☑	☑	☑	☑	☑	☑	☑	☑	☑	☑	☑
公司地址	☑	☐	☐	☐	☐	☐	☑	☐	☐	☐	☐	☐
公司名称	☑	☐	☑	☐	☑	☐	☑	☐	☑	☐	☐	☐
公司邮编	☐	☐	☐	☐	☐	☐	☐	☐	☐	☐	☐	☐
公司类型	☑	☑	☑	☑	☑	☑	☑	☑	☑	☑	☑	☑
查新结论	☐	☐	☐	☐	☐	☐	☐	☐	☐	☐	☐	☐
完成日期	☑	☑	☑	☑	☑	☑	☑	☑	☑	☑	☑	☑
提交日期	☑	☑	☑	☑	☑	☑	☑	☑	☑	☑	☑	☑
代理人签字	☐	☐	☐	☐	☐	☐	☐	☐	☐	☐	☐	☐
查新目的范围	☑	☑	☑	☑	☑	☑	☑	☑	☑	☑	☑	☑
查新目的说明	☑	☑	☑	☑	☑	☑	☑	☑	☐	☐	☑	☑
查新点	☐	☐	☐	☐	☐	☐	☐	☐	☐	☐	☐	☐
项目级别	☑	☑	☑	☑	☑	☑	☑	☑	☐	☐	☐	☐

图 9.11　BALIS 联合信息咨询服务系统二期的后台字段管理示例

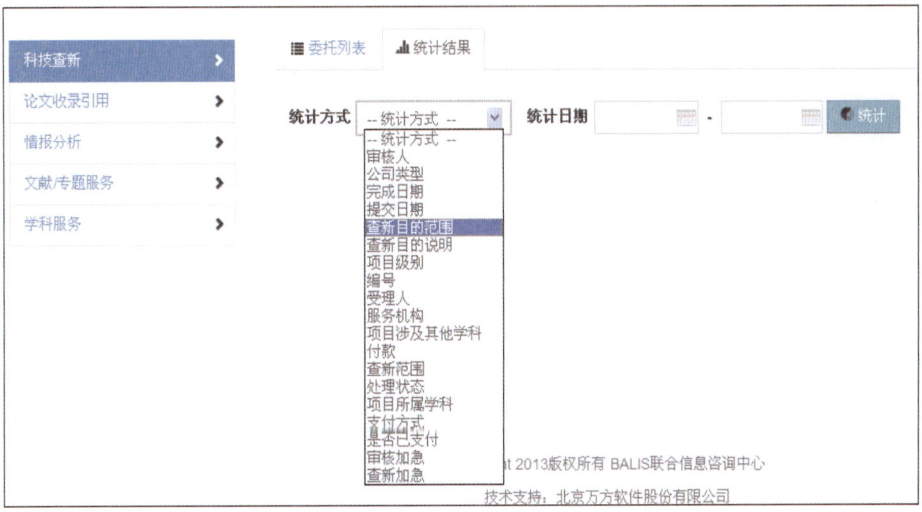

图 9.12　BALIS 联合信息咨询服务系统二期的统计示例

A	B	C	D	E	F	G	H	I	J	K	L	M	N	O	P	Q
序号	公司名称	完成日期	提交日期	查新目的	查新目的	项目级别	中文名称	编号	受理人	委托人	查新范围	处理状态	项目所属	总费用	基本费用	查新加急
3965	北京神州云	2014-10-0	2014-09-2	立项	申请2014	省部级以下	基于云计算	20143600	王晓丽	刘晓飞	国内	完成	信息与通信	800.00	800.00	0.00
3960	北京万德瑞	2014-09-2	2014-09-2	立项	申报中关村	省部级以下	水务业务应	20143600	王晓丽	邹晓涛	国内	完成	信息与通信	800.00	800.00	0.00
3959	山西煤炭进出	2014-09-2	2014-09-17	成果验收、		省部级以下	整合煤矿穿	20143600	董月玲	王常兴	国内外	完成	土木工程	1500.00	1500	0.00

图 9.13　BALIS 联合信息咨询服务系统二期的详细数据导出示例

咨询委托，具体业务处理由接受任务的图书馆完成相关服务，后台管理实现人员、业务、数据的管理与统计。系统构成层次清晰，形成从上至下、由整体到部分、由抽象到具体的逻辑关系。自身的管理体系结构由区域图书馆之间的联合与合作到具体某一个图书馆的组织与参与，进而到具体业务部门提供相关项目服务与管理，涉及由宏观到介观至微观三个层面的组织。联合信息咨询系统总体运行以聚合北京高校的文献资源、学科、人员、专项信息服务等优势为目标，利用现代化网络技术，以满足用户需求为目的，始于客户需求委托，止于客户需求的满足，借助联合信息咨询服务平台为客户提供增值的知识服务，实现高校间信息咨询服务的网络化、规范化、标准化共知共享共服务。

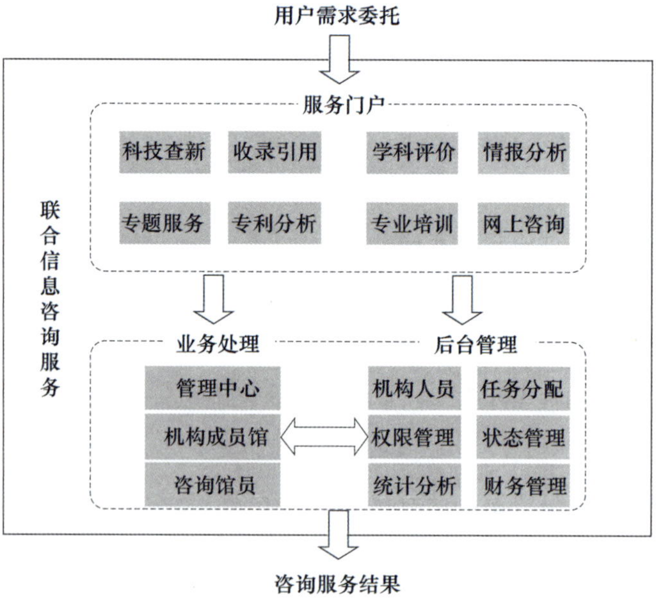

图 9.14 BALIS 联合信息咨询服务系统逻辑架构

在一期平台系统架构设计的基础上，考虑社会用户和教育网用户访问需求和系统简单、易用的体验效果，联合信息咨询服务平台二期采用浏览器/服务器网络结构模式(B/S 模式)，将系统功能实现的核心部分集中到服务器上，减轻系统维护与升级的成本和工作量。考虑到 Java 程序编写简单，开发的安全性高，线程易控制且可以直接调用现有模块组件，具有较强的跨平台等优势，二期平台开发时直接升级到了 Java 平台。

6. 系统二期测试

(1) 测试时间

系统二期开发后进行了两阶段的集中测试。

第一阶段:2014 年 3—4 月;第二阶段:2014 年 6—7 月。

(2) 测试组织与主要测试人员

BALIS 联合信息咨询服务系统二期测试组织与主要测试人员如表 9.3 所示。

表 9.3 BALIS 联合信息咨询服务系统二期测试组织与主要测试人员

测试单位名称	主要测试人员
北京万方数据股份有限公司	冯巍 姚达 王胜林 张鹏 张宁 朱恒
北京科技大学图书馆	季淑娟 张丽英 王晓丽 刘恩涛 吕晓丽 张智翔 王寻 董月玲 江晖 王李梅
北京师范大学图书馆	李晓娟 张美琦 殷菲菲 郭丽然
首都医科大学图书馆	黄芳 李宁 程艾军 田瑞 王凌 刘玉婷 李永杰
中国农业大学图书馆	左文革 袁永翠 杜璟 巢国正
北京交通大学图书馆	郑兰 李德娟 崔雁 王星华 刘春霞 姜虹 邱丹 方翔宇
北京化工大学图书馆	张建文 高彦静

(3)测试硬件配置

(4) 测试软件环境

(5) 测试

① 白盒测试;②黑盒测试;③压力测试。

(6) 测试结果

① 接口测试测试时间:2014 年 6 月,测试结果正常,未发现问题。

② 数据库测试

数据库操作响应时间:<10 ms。

数据库容量:2 T。

数据库设计检查:满足设计要求。

③ 安装、卸载测试

a. 安装正确性和完整性核对:程序安装正确,能正常运行。

b. 安装卸载测试兼容性检查点:所有测试正常。

④ 用户界面测试:测试结果正常,未发现问题。

⑤ 后台界面测试:测试结果正常,未发现问题。

(7) 测试结论

通过界面测试、接口测试、数据库测试、安装卸载测试,得出结论:BALIS 联合信息咨询中心系统(二期)平台项目达到原设计目标要求,可以接替原平台作为联合信息咨询服务门户平台使用。

7. 系统二期验收

BALIS 联合信息咨询服务系统二期建设在一期实现“线上委托,线下服务”的基础上对服务功能和管理功能进行改进,极大地提高了联合信息咨询服务自动化和管理精细化水平。系统二期于 2014 年 10 月 20 日通过验收,接替一期平台投入运行。BALIS 联合信息咨询服务系统(二期)项目验收会如图 9.15 所示

专家组对系统二期建设的验收意见:(1) BALIS 联合信息咨询服务系统(二期)项目具有重要的理论意义和广阔的推广应用前景,在国内具有新颖性和先进性。(2)在一期实现科技查新、论文收录引用、文献专题服务等八项基本功能的基础上,通过系统管理权限体系建设和系统后台资源配置建设,提高了联合信息服务的在线完成水平,强化了联合信息服务功能。此项目适应联合信息咨询服务过程智能化、管理精细化的需求,为用户多样化的信息需求提供便捷的诉求途径的同时,还为参加联合信息咨询服务的成员馆提供了服务工具和管理工具,可以促进北京地区图书馆信息服务实力和水平的提升,创造较好的社会效益。(3)系统平台达到了《BALIS 联合信息咨询服务系统(二期)技术开发合同》的要求。测试结果表明,该系统已具备开通运行,接替一期系统开展联合信息咨询服务的条件。专家组一致认为项目组提供的技术资料齐全、完整、正确,符合验收要求,同意通过验收。并建议在项目应用中,不断提高服务水平,为其他同类研究提供借鉴与参考。

二期建设的完成彻底改变了以往信息咨询服务分散在各个成员馆的局面,构建了一个功能强大的统一服务平台,在 BALIS 共建共享框架下形成了较为完整的学科化服务体系,有力促进了成员馆信息服务能力的提升,增强了北京高校图书馆信息服务的整体实力,创造更多的社会效益。BALIS 联合信息咨询服务系统二期主页如图 9.16 所示。

(a)

(b)

图 9.15 BALIS联合信息咨询服务系统(二期)项目验收

图 9.16 BALIS联合信息咨询服务系统二期主页

8. 系统二期培训

除了在BALIS联合信息服务系统(二期)研发过程中参加测试的六家委员馆外,对于其他成员馆来说系统二期是崭新的,有必要对新系统平台的使用进行培训。系统二期的培训借助BALIS管理中心于2014年11月25日统一组织的BALIS系统平台培训完成。BALIS联合信息咨询中心派出相关负责老师对联合信息咨询系统二期的功能与使用方法进行了详细讲解,使得参会老师对系统二期有了基本了解。BALIS管理中心组织的这次培训是BALIS成立以来的面向北京地区高校图书馆管理和业务人员开展的一次最大规模的集中培训,北京地区70多所高校馆240余人参加,因此,这次培训对于联合信息咨询中心来说也是一次很好的宣传机会。BALIS联合信息咨询服务系统(二期)培训如图9.17所示。

图9.17 BALIS联合信息咨询服务系统(二期)培训

(四)服务系统使用效果

目前,通过BALIS联合信息咨询服务系统开展服务的图书馆共计47家,各馆依据自身的服务能力和实际情况在服务系统中选择开通相应的服务类别,接受校内外用户提出的信息服务委托,为广大用户提供服务。各类别服务开通情况表9.4所示。

表9.4 BALIS联合信息咨询服务各类别开通情况

服务类别	开通馆数
科技查新	18
论文收录引用	21
文献/专题服务	22
情报分析	13
学科服务	20
信息咨询	47

自2011年联合信息咨询服务平台投入使用以来,中心成员馆累计为社会各界用户提供科技查新、论文收录引用等各类信息服务16 000余项,为用户申报科技项目立项、鉴定、报奖及个人学术评价、职称评定等提供了有力的支撑材料。2011年前11个月,由于平台刚刚投

入使用，用户对系统平台不熟悉，使用量较少；随后五年受理服务数量不断增长，2016 年受理各类服务达到 6 049 项。2011—2016 年联合信息咨询服务平台受理服务数量统计如图 9.18所示。

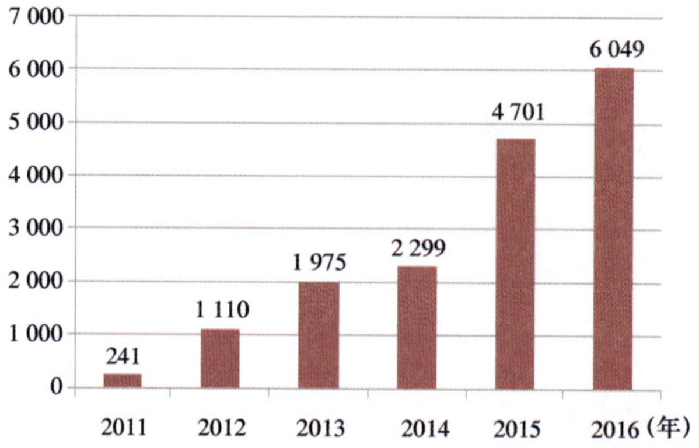

图 9.18　2011—2016 年联合信息咨询服务平台受理服务数量统计图

（五）服务系统使用问卷调查

随着新技术的不断涌现及其在图书馆领域的应用，信息服务需求和服务模式也出现了新变化。BALIS 联合信息咨询中心主任、副主任和部分委员于 2015 年 4 月 17 日参加了 BALIS 管理中心召开的 BALIS 项目建设研讨会，对各分中心服务系统平台之间的融合，以及文献数据的共知、共享中存在的问题进行了研讨。BALIS 联合信息咨询中心根据 BALIS 项目建设研讨会精神，也对本中心服务系统的建设进行了思考。

2015 年 6—7 月，BALIS 联合信息咨询中心在 40 家成员馆和 5 家信息服务开展得较好的非成员馆范围内开展了 BALIS 联合信息咨询服务系统使用问卷调查，旨在了解成员馆的当前信息服务状态及其对服务系统功能升级的具体需求，征集信息服务开展得较好的北京高校图书馆对联合信息咨询中心工作及服务系统的建议，为联合信息咨询中心制订下一阶段的发展目标及规划服务系统的升级建设方向提供参考依据。本次调查共设计 15 个问题，采用网络形式进行（http://www.diaochapai.com/survey/1356929a-4f1f-4c25-89ef-d06fb2b5bbde）。

1. 问卷设计

各成员馆，BALIS 联合信息咨询服务系统（http://balis5.ustb.edu.cn，以下称“本系统”）自 2011 年投入运行已经四个年头，为了更好地服务成员馆及广大用户，BALIS 联合信息咨询中心设计了这个问卷，只需要您几分钟时间，但却能帮助中心改进服务系统更好地为大家服务。在此，对您的参与及您提出的宝贵意见致以诚挚的感谢！

（1）贵馆已经开展的信息服务形式有：*（必填，多选）

□科技查新

□论文收录引用检索

□情报服务

□文献专题服务

□学科服务

□参考咨询

□其他补充________

(2) 贵馆通过本系统开展的信息服务形式有：(多选)

□科技查新

□论文收录引用检索

□情报服务

□文献专题服务

□学科服务

□参考咨询

(3) 贵馆已经在本系统注册了本馆信息服务人员体系？＊(必填,单选)

○是

○否

(4) 贵馆是否指定人员每天监控通过本系统提交给贵馆的服务委托并分配任务？＊(必填,单选)

○是

○否

(5) 感觉本系统对贵馆信息服务的开展是否有帮助？＊(必填,单选)

○有帮助

○帮助不大

○没帮助

(6) 如果感觉本系统对贵馆信息服务开展帮助不大或没帮助,原因在于：＊(多选)

□本馆不提供本系统中列出的信息服务类型

□本馆有其他类似的服务系统

□本系统服务功能不理想

□本系统运行不稳定

□本系统运行速度慢

□本系统操作不方便

□其他补充________

(7) 对于本系统,您最关心哪些方面：＊(必填,多选)

□服务管理功能是否完善

□服务流程是否清晰

□在线操作自动化水平高低

□操作是否简单便捷

□其他补充________

(8) 如果对本系统的科技查新模块进行升级建设,您希望增加或完善哪些功能：＊(必填,多选)

□增加更多查新报告模板

□增加在线统一检索功能

□增加微信营销宣传模式

□增加电子商务支付功能

□其他补充________

(9) 如果对本系统的论文收录引用检索模块进行升级建设,您希望增加或完善哪些功能? * (必填,多选)

□提供统一的检索报告模板

□主要检索类型,如 SCIE 收录引用,能够在线自动完成

□增加电子商务支付功能

□增加微信营销宣传模式

□其他补充________

(10) 如果对本系统的学科服务模块进行升级建设,您希望增加或完善哪些功能? * (必填,多选)

□提供成员馆共用的学科服务/学科评价工具

□提供统一的学科评价报告模板

□增加电子商务支付功能

□增加微信营销宣传模式

□其他补充________

(11) 如果对本系统的情报服务模块进行升级建设,您希望增加或完善哪些功能? * (必填,多选)

□提供成员馆共用的情报服务/分析工具

□提供统一的情报服务报告模板

□增加电子商务支付功能

□增加微信营销宣传模式

□其他补充________

(12) 如果对本系统的文献专题服务模块进行升级建设,您希望增加或完善哪些功能? * (必填,多选)

□提供成员馆共用的文献数据源

□提供统一的文献专题服务报告模板

□增加电子商务支付功能

□增加微信营销宣传模式

□其他补充________

(13) 如果对本系统的参考咨询模块进行升级建设,您希望增加或完善哪些功能? * (必填,多选)

□提供成员馆统一使用的便捷的实时参考咨询平台

□完善成员馆表单咨询和实时咨询的制度安排

□其他补充________

(14) 对本系统的使用和升级建设,您还有哪些宝贵建议? * (必填)

____

____

(15) 除了提供完善的联合信息服务系统,您希望 BALIS 联合信息咨询中心加强哪些方面的工作来更好地位成员馆服务? * (必填)

2. 结果分析

问题 1～6 涉及各图书馆的事实数据，不做具体比较。根据问卷反馈情况，对问题 7～15 进行详细的分析，结果如下。

（7）对于本系统，您最关心哪些方面：

选项 ↑	数据量	百分比
服务管理功能是否完善	36	66.67%
服务流程是否清晰	38	70.37%
在线操作自动化水平高低	35	64.81%
操作是否简单便捷	42	77.78%
其他补充 查看详细填写结果	4	7.41%
		回答 54 (100%)

结果分析："操作简单便捷"是最受成员馆使用者关注（42 份）；随其后是"服务流程是否清晰"（38 份）；"服务管理功能是否完善"（36 份）和"在线操作的自动化水平"（35 份）受关注程度相当。另有一条补充内容如下：

开始时间	IP	7. 对于本系统，您最关心哪些方面：/其他补充
2015-06-24 09:30:27	218.241.190.168	是否得到及时响应

（8）如果对本系统的科技查新模块进行升级建设，您希望增加或完善哪些功能：

选项 ↑	数据量	百分比
增加更多查新报告模板	31	57.41%
增加在线统一检索功能	40	74.07%
增加微信营销宣传模式	24	44.44%
增加电子商务支付功能	22	40.74%
其他补充 查看详细填写结果	4	7.41%
		回答 54 (100%)

结果分析："增加在线统一检索功能"选项反馈最高（40 份）；其后是"增加更多查新报告模板"（31 份）；"增加微信营销宣传模式"和"增加电子商务支付功能"分别为 24 份和 22 份。另外，有反馈提出系统当前报告模板存在的问题，增加删除重复委托功能，简化提交报告操作。

另有 4 份补充需求：

开始时间	IP	8. 如果对本系统的科技查新模块进行升级建设，您希望增加或完善哪些功能：/其他补充
2015-07-10 11:31:58	166.111.123.13	价格参数、FAQ模板维护、机构信息维护等
2015-07-02 09:13:32	114.251.216.230	目前的模板在字体格式、页面版式方面离查新规范要求的差距太大，需做大量的人工整理
2015-06-24 14:35:21	182.48.104.64	增加多次提交删除功能
2015-06-24 09:29:03	123.124.224.8	改善查新目录浏览功能和简化提交报告操作，增加删除无效申请记录功能

（9）如果对本系统的论文收录引用检索模块进行升级建设，您希望增加或完善哪些功能？

选项	数据量	百分比
提供统一的检索报告模版	39	72.22%
主要检索类型，如SCIE收录引用，能够在线自动完成	45	83.33%
增加电子商务支付功能	21	38.89%
增加微信营销宣传模式	17	31.48%
其他补充 查看详细填写结果	2	3.7%
	回答 54	(100%)

结果分析：普遍反映希望“主要检索类型能够在线自动完成（45 份）”；希望“提供统一的检索报告模板”的反馈 39 份；希望“增加电子商务支付功能”和“增加微信营销宣传模式”分别为 21 份和 17 份。

另有来自北京农业职业学院图书馆和首都医科大学图书馆的补充内容。

开始时间	IP	9. 如果对本系统的论文收录引用检索模块进行升级建设，您希望增加或完善哪些功能？/其他补充
2015-07-02 09:43:11	58.30.20.3	可以检索EI索引号
2015-06-24 09:29:03	123.124.224.8	增加删除无效申请记录功能

（10）如果对本系统的学科服务模块进行升级建设，您希望增加或完善哪些功能？

选项	数据量	百分比
提供成员馆共用的学科服务/学科评价工具	46	85.19%
提供统一的学科评价报告模板	43	79.63%
增加电子商务支付功能	19	35.19%
增加微信营销宣传模式	19	35.19%
其他补充 查看详细填写结果	2	3.7%
	回答 54	(100%)

结果分析：希望“提供成员馆共用的学科服务/学科评价工具”的反馈最多（46 份）；其次为“提供统一的学科评价报告模板”（43 份）；反映出成员馆在学科服务/学科评价方面需要解决采用什么工具，如何实施服务并呈现结果的问题。“增加电子商务支付功能”和“增加微信营销宣传模式”均为 19 份。

（11）如果对本系统的情报服务模块进行升级建设，您希望增加或完善哪些功能？

选项	数据量	百分比
提供成员馆共用的情报服务/分析工具	47	87.04%
提供统一的情报服务报告模板	39	72.22%
增加电子商务支付功能	19	35.19%
增加微信营销宣传模式	19	35.19%
其他补充 查看详细填写结果	3	5.56%
	回答 54	(100%)

结果分析：本问题的反馈结果与问题 10 的反馈结果相当，主要集中在采用什么服务工具，如何实施服务操作，如何呈现服务结果方面。

（12）如果对本系统的文献专题服务模块进行升级建设，您希望增加或完善哪些功能？

选项	数据量	百分比
提供成员馆共用的文献数据源	48	88.89%
提供统一的文献专题服务报告模板	40	74.07%
增加电子商务支付功能	19	35.19%
增加微信营销宣传模式	19	35.19%
其他补充 查看详细填写结果	2	3.7%
	回答 54 (100%)	

结果分析:本问题的反馈结果与问题10、问题11的反馈结果相当,主要集中在采用什么服务工具(数据源),如何实施服务操作,如何呈现服务结果方面。“其他补充”信息无实际内容。

(13) 如果对本系统的参考咨询模块进行升级建设,您希望增加或完善哪些功能?

选项	数据量	百分比
提供成员馆统一使用的便捷的实时参考咨询平台	48	88.89%
完善成员馆表单咨询和实时咨询的制度安排	36	66.67%
其他补充 查看详细填写结果	4	7.41%
	回答 54 (100%)	

结果分析:48份反馈希望“提供成员馆统一使用的便捷的实时参考咨询平台”;36份反馈希望“完善成员馆表单咨询和实时咨询的制度安排”。另有补充信息如下:

开始时间	IP	13.如果对本系统的参考咨询模块进行升级建设,您希望增加或完善哪些功能? /其他补充
2015-07-10 11:31:58	166.111.123.13	参考咨询知识库,有共性的疑难问题共享答案;整理参考咨询工具等。
2015-06-24 14:35:21	182.48.104.64	未用
2015-06-24 09:29:03	123.124.224.8	目前还比较方便

(14) 对本系统的使用和升级建设,您还有哪些宝贵建议?反馈结果如下:

① 简化流程,方便易用

本馆无法处理的请求经由本系统处理,流程上需要优化。

简化使用流程,突出成员馆的优势和特色,便于用户选择。

希望操作尽量简化,显示界面上的项目可以根据各馆自行调整。

更加方便,更加及时,服务说明更加细致一些。

增加成员馆之间即时沟通功能,操作更简单方便,系统更加稳定。

操作简单,流程清晰。

操作流程更为便捷。

提供更多灵活性,方便使用。

系统在能保证实现功能的前提下,尽可能的简单操作,高效。

最好能方便,好用。

智能,人性化。

② 现有功能的细节问题

科技查新模块中,增加用户删除已重复提交的委托单的功能。

有返回功能,操作失误后可以后退。

提供统一的各类报告模板。

希望能自动生成查新报告格式。

有些特殊情况要考虑，比如我校北京、保定两地，还有电力查新，需要有更多统计选项。最重要的是提供查新报告模板。

提供多种报告模板，保存检索报告并可以检索(比如可按被检索人姓名检索)。

选择机构的时候，能否把机构默认的是任意学校。

系统在功能上已基本够用，系统的统计功能可以做得更完善一些，目前有些统计类别不能用。

咨询功能加强，便捷，方便。

③ 增设服务与功能

加强基于每所高校的学科和针对学科类型的文献数据分析。

能够自动检索相关数据库，有新请求时系统能够自动提示。

站在信息技术发展前沿，无缝连接互联网，加大微信平台服务。

④ 其他建议

提了意见能及时修改。

首先应该将系统现有的功能保证完全正常，并完善起来；其次各模块应该以馆员的实际使用需求为标准，随时更新，修改，保证可以真正实现，系统能为馆员的操作便利性上提供方便。

(15) 除了提供完善的联合信息服务系统，您希望 BALIS 联合信息咨询中心加强哪些方面的工作来更好地为成员馆服务？反馈结果如下：

① 资源共享方面

充实资源。

扩展共享数字资源。

加强各个馆之间资源服务的共建共享。

资源共享，多开展活动，促进各馆之间的学习和交流。

多提供一些实用的分析和统计工具。

希望尽快提供 BALIS 统一检索平台。

② 加强服务方面

加强馆员培训，服务模式研究，资源与工具评价等。有些服务可以联合，有些工作需要各馆有特色有个性，因为读者需求不同。

加强机构知识库的相互支持、联系与建设。

可考虑是否增加针对科研机构或个人的“文献计量分析服务”。

学科服务与专利信息服务。

个性化的参考咨询服务。

③ 关于服务系统的使用

实用。

及时更新。

提高在线服务功能。

添加删除功能。

信息服务人员交流平台。

和本馆的具体情况相适应，具有更好的灵活性。

能让使用者方便，在系统设置的时候，能否有新的提交申请时，有手机提示。

(六)系统未来建设方向

面对信息咨询服务的新发展和成员馆对 BALIS 联合信息咨询服务系统的新需求，中心于 2015 年 7 月 29 日召开了“区域联合信息咨询平台发展趋势研讨会”，邀请 15 名图情领域的专家参加了讨论，为 BALIS 联合信息咨询服务平台的后期发展建言献策，提出了联合信息服务平台的后续建设的基本框架。

在前期问卷、研讨的基础上，中心提出了联合信息咨询服务系统二期升级改造的基本需求，并于 2015 年 11 月 19 日召开了升级改造研讨会，中心主任/委员及专业服务馆员共 7 人参加，与服务系统二期建设的技术人员交换了升级改造的具体模块功能要求，就联合信息咨询服务系统二期升级改造的需求规格达成了基本共识。

2016 年 9 月，作为中心主任馆，北京科技大学图书馆组织馆内的信息服务馆员组成小组，从使用者的角度对系统升级需求进行分析讨论，提出了《BALIS 联合信息咨询服务系统三期需求(讨论稿)》。讨论稿包括总体要求、用户中心建设、论文收录引用模块升级、学科服务模块升级、参考咨询升级、增加微信功能、科技查新模块调整、订单及后台管理调整、会计模块调整、系统培训与服务支持等 10 个方面的具体要求。2016 年，北京科技大学图书馆信息服务馆员小组会议如图 9.19 所示。

图 9.19　2016 年北京科技大学图书馆信息服务馆员小组会议

2016 年 10 月 18 日，召开了 2016 年 BALIS 联合信息咨询中心第二次工作会议暨服务系统三期建设研讨会，与会人员着重对《BALIS 联合信息咨询服务系统三期需求(讨论稿)》的 10 个建设方向进行了深入分析讨论。综合考虑经费情况、十个建设方向的重要性和紧迫性，确定 BALIS 联合信息咨询服务系统三期建设将优先考虑论文收录引证和学科服务两个功能模块。随后中心组织委员馆考察了现有的查收查引和学科服务相关平台产品，并组织委员馆开通了查收查引相关厂商的平台试用，进一步了解现有产品的性能。2016 年 BALIS 联合信息咨询中心第二次工作会议暨服务系统三期建设研讨会如图 9.20 所示。

图 9.20 BALIS 联合信息咨询中心第二次工作会议暨服务系统三期建设研讨会

在委员馆试用收录引证检索系统基础上，BALIS 联合信息咨询中心于 2016 年 12 月 27 日召开收录引证检索系统专题研讨会，针对委员馆在使用/试用相关检索平台过程中存在的问题和疑惑进行研讨交流，为中心收录引证检索服务的系统化和智能化建设提供参考。2016 年收录引证检索系统专题研讨会现场如图 9.21 所示。

图 9.21 收录引证检索系统专题研讨会现场

四、领导专家给予的关怀与指导

BALIS 联合信息咨询中心成立以来，得到了众多领导专家的关怀和指导，为中心的发展指引了方向，为中心各项工作的顺利开展创造条件，保驾护航。

（一）出席揭牌成立

2009 年 12 月 22 日，BALIS 联合信息咨询中心揭牌成立，如图 9.22 所示。出席揭牌成立大会的领导有：北京科技大学校长张欣欣，教育部科技发展中心处长杨健安，北京市教委高教处处长黄侃，北京高校图工委副主任 BALIS 管理中心主任，首都师范大学图书馆馆长胡越，BALIS 管理委员会常务副主任，中国人民大学图书馆馆长倪宁，北京科技情报学会高等院校科技情报专业委员会副主任，清华大学图书馆副馆长赵熊，BALIS 馆际互借管理中心主任、北京邮电大学图书馆馆长严潮斌等。

图 9.22 2009 年 BALIS 联合信息咨询中心揭牌仪式

揭牌仪式上，BALIS 联合信息咨询中心主任、北京科技大学图书馆季淑娟馆长宣布仪式正式开始，介绍了出席大会的领导和嘉宾，对领导、嘉宾及与会代表的到来表示热烈欢迎，并对 BALIS 联合信息咨询中心成立的背景、功能、愿景进行了介绍。张欣欣校长在揭牌仪式上发表讲话，指出 BALIS 联合信息咨询中心的成立具有重大意义，必将促进北京地区高校图书馆信息服务综合实力的提升。对北京科技大学图书馆领衔承建 BALIS 联合信息咨询中心项目感到非常高兴，表示北京科技大学将大力支持该项目的建设，力保项目顺利完成，达到预期的承建目标。

北京市教委高教处处长黄侃在讲话中高度评价了高校图书馆开展信息咨询服务已取得的成绩，指出了面临的问题，对 BALIS 联合信息咨询中心在深入推进高校图书馆信息服务方面寄予厚望。

北京高校图工委副主任、BALIS 管理中心主任、首都师范大学图书馆馆长胡越宣读了 BALIS 管理中心对《关于成立 BALIS 联合信息咨询中心的请示》的批复和组成名单。

北京市教委高教处处长黄侃和教育部科技发展中心处长杨健安共同为 BALIS 联合信息咨询中心揭牌，如图 9.23 所示。BALIS 管理委员会常务副主任倪宁向 BALIS 联合信息咨询中心主任季淑娟授章，如图 9.24 所示。参加揭牌仪式的与会代表来自北京地区 50 余所高校图书馆，馆长、老师达百余人。国内外著名的数据库公司也派代表参加了会议。全体与会代表在北京科技大学会议中心门前合影，如图 9.25 所示。

（二）检查指导工作

2011 年 4 月 21 日，北京市教委、北京市高校图工委、北京地区高校图书馆文献资源保障体系(BALIS)管理中心领导莅临 BALIS 联合信息咨询中心进行工作检查指导，如图 9.26 所示。

检查团由图工委副主任、中国人民大学图书馆馆长刘大椿教授带队，成员有北京市教委高教处金红莲副处长，图工委秘书长刘春鸿老师，BALIS 管理中心的魏微老师。陪同检查的还有 BALIS 馆际互借中心主任、北京邮电大学图书馆馆长严潮斌，原文传递中心主任、中国人民大学图书馆书记兼副馆长汪永红，资源协调中心主任、首都师范大学图书馆副馆长熊丽和培训中心负责人、北京师范大学图书馆副馆长王琪一行共 14 人，如图 9.27 所示。

图 9.23 BALIS 联合信息咨询中心揭牌

图 9.24 BALIS 联合信息咨询中心授章

图 9.25 BALIS 联合信息咨询中心成立揭牌仪式暨高校学生信息分析与评价研讨会

图 9.26 高校图工委领导莅临检查工作

图 9.27 高校图工委领导莅临检查工作合影

(三) 对中心业务拓展给予指导

在 BALIS 联合信息咨询中心的发展建设过程中，有许多领导专家为中心服务的业务发展指明方向并提供专业指导，对联合信息咨询中心的工作和成员馆信息服务馆员队伍的培养给予热情的关注和大力支持。

2015 年 5 月 13 日，召开 BALIS 联合信息咨询中心知识产权战略高级培训，教育部科技发展中心副主任周静做专题报告，如图 9.28 所示；北京市知识产权局副局长周砚做专题报告，如图 9.29 所示；国家知识产权局机械发明审查部交通运输处调研员兼副处长张军做专题报告，如图 9.30 所示；上海航天技术研究院知识产权中心主任张晓岚做专题报告，如图 9.31 所示。

2012 年 10 月 10 日召开 BALIS 联合信息咨询中心科技查新研讨交流会，清华大学图书馆范爱红副馆长做专题报告，如图 9.32 所示。

图 9.28　教育部科技发展中心副主任周静做专题报告

图 9.29　北京市知识产权局副局长周砚做专题报告

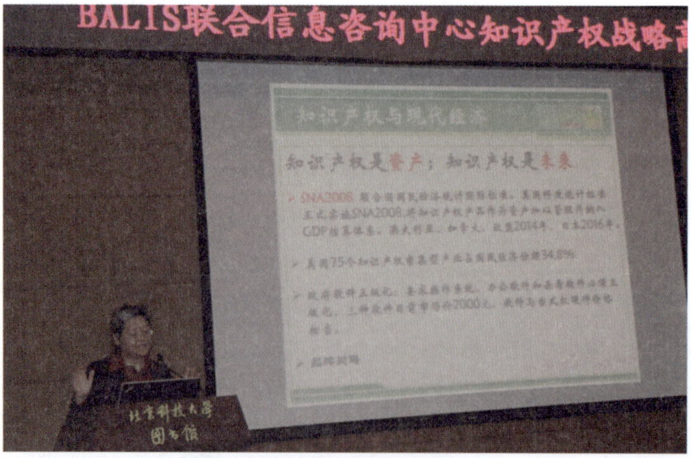

图 9.30　国家知识产权局机械发明审查部交通运输处调研员兼副处长张军做专题报告

图 9.31　上海航天技术研究院知识产权中心主任张晓岚做专题报告

图 9.32　清华大学图书馆范爱红副馆长做专题报告

五、科学研究

（一）科学项目研究

BALIS 联合信息咨询中心在开展信息咨询服务实践的同时，积极进行科研活动，成功申请了 8 项研究基金项目。项目名称如下：

(1)高校区域性联合信息咨询服务实证研究(北京市教育科学规划项目)

(2)北京高校网络图书馆分布式联合虚拟参考咨询模式研究(北京高校图工委项目)

(3)高校联合信息咨询服务系统架构与应用研究(北京高校图工委项目)

(4)图书馆联合信息服务管理模式及实证研究(北京高校图工委项目)

(5)高校图书馆文献类采购招投标评价体系研究(北京高校图工委项目)

(6)网络化时代如何实现电子资源和纸质信息资源的协调采购与有效整合(北京高校图工委项目)

(7)区域高校图书馆专利信息协同服务模式研究(北京高校图工委项目)

(8)微信公众服务在联合信息咨询中的应用研究(北京高校图工委项目)

(二) 代表性的学术论文

2011 年以来,中心委员/工作人员共发表图书情报相关学术论文 27 篇,其中 CSSCI 来源刊和中文核心期刊 19 篇。代表性论文如下:

[1] 季淑娟,董月玲,张丽英. 高校学科学术表现与影响的文献计量评价分析[J]. 科技管理研究,2013,01:69-73,89.

[2]季淑娟,王晓丽. 高校区域性联合信息咨询服务的系统架构研究[J]. 大学图书馆学报,2013,03:74-79.

[3] 李晓娟,任思琪,黄国彬. 国外高校图书馆应用增强现实技术的案例研究[J]. 图书情报工作,2015,11:73-81,105.

[4]孙会军,左文革,季淑娟. 科技查新合同规范化研究[J]. 图书馆工作与研究,2013,10:87-91.

[5] 季淑娟,刘恩涛,王晓丽. 北京高校区域联合信息咨询服务全流程规范控制研究[J]. 图书情报工作,2015,(24):53-58.

[6]黄芳,王晓民. 医学高校学科建设数据信息平台研究[J]. 中华医学图书情报杂志,2016,11:56-59,65.

[7] 杜璟,左文革,王超,等.《教育部科技查新工作站查新报告撰写规范》分析比较研究[J]. 图书情报工作. 2013 Vol. 57 (16): 81-85.

[8] 李国俊,季淑娟,王瑜,等. 美国高校图书馆开放教材行动的实践与启示[J]. 大学图书馆学报,2015,04:36-40.

[9] 王晓丽,景怀宇. 科技查新中专利文献的检索与对比分析[J]. 现代情报,2015,07:89-92.

[10]张长恒,黄芳. 高校学科建设数据信息平台的设计与实现[J]. 图书情报工作,2015,08:111-117,146.

[11] 张长恒,黄芳. 利用微信公众平台构建高校图书馆 APP 的技术实现[J]. 图书情报工作,2015,04:37-43.

[12] 周丽英,冷伏海,左文革. 引文耦合增强的共词分析方法改进研究——以 ESI 农业科学研究主题划分为例[J]. 情报理论与实践,2015,11:120-125.

[13] 王婷,伊雷,张智萍,等. 基于文献计量的高层次科研人才发现服务体系构建——以北京化工大学为例[J]. 情报探索,2015,07:7-11.

[14] 杨波,张玲,李晓娟. 高校图书馆留学生信息素质教育的理论与实践研究——以北京师范大学和美国肯塔基大学为分析对象[J]. 图书情报导刊,2016,03:100-103.

[15] 杜建杰,程艾军,刘玉婷,等. 基于 BB 平台的医学信息检索网络课程建设与在线考试[J]. 医学教育管理,2016,03:496-499.

[16]王晓丽,何欢聚. 科技查新的查新点与专利权利要求的对比分析[J]. 现代情报,2016,08:118-121.

[17]王超,李书宁,李晓娟. 期刊论文下载分布特征及其机制研究[J]. 情报科学,2016,12:59-63.

[18]周丽英,冷伏海,左文革. 基于创新团队的专利组合识别方法研究[J]. 情报理论与实践,2016,11:116-120.

[19]汪琴,张建文,张智萍,等. 机构知识库可持续发展策略[J]. 情报杂志,2017,(05):164-167,174.

六、专利信息服务

高校图书馆开展任何一项信息服务,首先要将这一服务理念在业界中推广,使服务馆员对该项服务有基本的理解和认同,在理解认同的基础上再通过专业的培训和学习掌握服务技能从而将服务落实开展下去。BALIS 联合信息咨询中心带领成员馆开展专利信息服务也一样,通过各种层级的培训,将专利信息服务在高校图书馆中逐步推广。

(一) 服务理念的确立

专利信息是广大师生和社会用户需求较多的信息。早在 2011 年,BALIS 联合信息咨询中心就跟踪捕捉信息服务发展趋势,开始向专利信息服务方向拓展。

2011 年 11 月 9 日,BALIS 联合信息咨询中心与 LexisNexis(律商联讯)联合举办了 BALIS 高校图书馆专利检索实务研讨会。来自北京地区 15 家高校图书馆、中国科学院国家图书馆及各校在校师生共计 57 人参加了研讨会,如图 9.33 所示。

(a) (b)

(c)

图 9.33　BALIS 高校图书馆专利检索实务研讨会

研讨会上,中心主任季淑娟馆长简要致辞,强调了科学技术快速发展的今天,专利技术、专利产品及专利文献对科研工作者至关重要;而快速、准确、全面地为读者提供专利信息服务则是对图书馆信息服务人员提出的新要求。LexisNexis 高级知识产权专员侯新先生详细介绍了 TotalPatent(全球专利信息数据库)专利来源国家、专利检索方法、特点和图像分析统计功能。清华大学图书馆的战玉华老师介绍了科技查新工作中对国内外专利数据库的利用实践经验,认为要取长补短地综合利用多个专利数据库。与会的其他代表也围绕在专利信息服务中遇到的检索与利用问题,结合 TotalPatent 专利信息数据库提出了诸多问题并进行了热烈讨论。代表们普遍反映研讨会内容对日后开展专利信息服务和情报分析服务大有裨益。

为进一步确立专利信息服务的理念,提升成员馆专利信息服务能力,拓展服务领域,2013 年 4 月 22 日,BALIS 联合信息咨询中心在北京科技大学图书馆举办了专利信息与高校知识产权服务讲座,如图 9.34 所示。由广州奥凯信息咨询有限公司副总经理王峻岭女士主讲,以大量生动的服务案例展示了奥凯公司如何为包括高校用户在内的广大用户开展专利信息服务,着重分析了高校图书馆在专利检索、专利评价、行业技术专利分析、机构专利竞争力分析、专利定题服务及国家科技重大专项专利服务等方面可提供的服务形式,为高校图书馆拓宽专利信息服务范围提供了非常有益的参考。来自清华大学、中国人民大学、北京大学医学部、北京科技大学、北京师范大学、中国农业大学、华北电力大学(北京)、北京理工大学、北京化工大学、首都医科大学、北京中医药大学等 23 所北京地区高校图书馆的 55 名老师参加了此次活动。

图 9.34　专利信息与高校知识产权服务讲座现场

2015 年 5 月 13 日,在北京高校图工委和北京市知识产权局的联合支持下,BALIS 联合信息咨询中心举办了主要针对北京地区高校图书馆馆长、副馆长及知识产权相关信息服务业务骨干的知识产权战略高级培训班,如图 9.35 所示。在培训班开幕式上,BALIS 联合信息咨询中心主任、北京科技大学图书馆馆长季淑娟教授介绍了本次培训的目的与意义。北京高校图工委副主任、北京邮电大学图书馆馆长严潮斌教授为开幕式致辞。

本次战略培训中,教育部科技发展中心副主任周静做了题为“营造良好科研环境 激励高校科技创新”的报告;北京市知识产权局副局长周砚做了题为“加强高校专利的转化与运用”的报告;在培训中授课的专家还有中国科学院科技政策与管理科学研究所知识产权与科技法研究室主任宋河发、国家知识产权局机械发明审查部交通运输处调研员兼副处长张军、上海航天技术研究院知识产权中心主任张晓岚、中国科学院文献情报中心副研究员赵亚娟、北京奥凯知识产权服务有限公司副总经理郝政宇和广州奥凯信息咨询有限公司总经理王峻岭。专家们从宏观、微观、理论、实践多个角度诠释了新形势下知识产权相关信息服务的需求、着手点及可供借鉴的服务经验。

共有72人参加了本次战略培训，分别来自北京科技大学、清华大学、北京大学、北京交通大学、北京师范大学、北京化工大学、中国矿业大学、中国农业大学、华北电力大学(北京)、中国人民大学、中央财经大学、解放军医学图书馆、首都医科大学等29所图书馆。通过专家们精彩纷呈的讲授，与会人员进一步深化了对知识产权信息尤其是专利信息利用的认识，了解了专利信息服务的基本模式，明确了高校图书馆探索开展知识产权相关服务的努力方向。

(a) (b) (c)

图9.35 BALIS联合信息咨询中心知识产权战略高级培训

(二)资源保障

从2015年开始，BALIS联合信息咨询中心在专利信息服务方面迈出了实质性步伐。

为满足各馆专利信息服务资源需要，节约各馆的服务资源购置成本，提高资源使用效率，BALIS联合信息咨询中心通过集团采购的方式订购了专利检索分析数据库供各委员馆共同使用，为专利信息服务的开展提供了数据资源及分析工具保障。具体包括Innography 2015—2017使用权，LexisNexis PatentStrategies 2017—2018使用权。随后，组织了多层次的专利信息检索分析服务培训，帮助信息服务实力较强的委员馆组建了各自的专利信息服务小组，为开展专利信息服务做好了人力资源准备。

（三）专业培训交流

2015 年 4 月 21 日，在北京市教委和北京市知识产权局的联合支持下，BALIS 联合信息咨询中心和北京奥凯知识产权服务有限公司联合举办为期 4 天的高校知识产权服务及信息利用培训班顺利开班。在开幕式中，国家知识产权局的有关专家对专利法基础知识进行了深入浅出的解析，随后的培训中，奥凯公司副总经理郝政宇，咨询师李双双、刘娜、杨川，河北大学任瑞娟老师等通过对专利检索与分析思路方法的讲解，结合国际高端专利检索分析工具 Innography 的应用及项目实践的基础上，展开了专利基础知识及专利项目检索分析技能的培训。最后，奥凯公司总经理王峻岭对高校图书馆专利信息情报服务模式的建立与推进以及高校图书馆如何开展及推动专利信息服务等内容进行了深入探讨。本次培训，以 BALIS 联合信息咨询中心 6 个委员馆的信息咨询人员为核心，采用授课和上机实践结合的小班培训模式，近 30 人参加。学员通过此次内容丰富、针对性强的培训，深化了对专利基础及专利信息利用的认识，掌握了 Innography 用于项目分析的思路，更在积极讨论交流的过程中深刻理解了图书馆专利信息服务的本质内涵。2015 年高校知识产权服务及信息利用培训班合影如图 9.36 所示。

图 9.36　2015 年 4 月高校知识产权服务及信息利用培训班合影

2016 年 3 月 30 日，BALIS 联合信息咨询中心专利信息服务专题研讨会在中国农业大学西校区图书馆召开，如图 9.37 所示。中心委员/中国农业大学图书馆副馆长左文革，中心委员/北京交通大学图书馆副馆长郑兰，以及来自 BALIS 联合信息咨询中心 6 个委员馆的 27 名老师参加了此次研讨会，部分参会成员合影如图 9.38 所示。北京师范大学图书馆的韩丽、首都医科大学图书馆的田瑞、北京科技大学图书馆的何欢聚、北京化工大学图书馆的高彦静、北京交通大学图书馆的方翔宇和中国农业大学图书馆的周丽英，就各馆的专利信息服务工作和专利信息分析工具做了汇报。左文革委员和郑兰委员就专利信息服务的可持续性发展分别从政策角度和图书馆的自身能力方面进行阐述，并发表了独到的见解。参会的各位代表也对专利信息服务工作、专利分析工具及专利分析工作中存在的问题进行了深入的交流和探讨。

图 9.37 2016 年专利信息服务专题研讨会现场

图 9.38 专利信息服务专题研讨会合影

2016 年 9 月 26—29 日，BALIS 联合信息咨询中心专利分析二期培训班在北京科技大学图书馆顺利举办，如图 9.39 所示。该培训班旨在破解专利信息服务能力瓶颈，进一步提升图书馆专利信息服务的实力和水平，培养专利信息服务实务人才，培训班邀请了北京奥凯咨询团队进行授课，来自 BALIS 联合信息咨询中心六个委员馆的 30 多名信息服务馆员参加了培训。在开班式上，BALIS 联合信息咨询中心主任、北京科技大学图书馆季淑娟馆长致辞并发表讲话，季馆长根据国家的政策，结合当前高校在知识产权方面的特点，提出了高校图书馆专利信息服务工作方向和建议。此次培训采用授课与案例相结合的方式，让各位学员在实际案例中体会专利分析方法及 INNOGRAPHY 高端专利分析工具的运用。课程包括专利分析高级检索技巧，专利多维分析及文本挖掘，专利分析中的数据处理及 EXCEL 高级技巧，专利文献的高效阅读和筛选技巧，专利技术路线分析及布局等主要模块，还设置了项目分析报告提交与案例交流环节。通过理论与实践结合的培训，使老师们对专利信息的利用有了更深入的认识，进一步提升了高校专利信息服务和水平。

图 9.39 2016 年 9 月 BALIS 联合信息咨询中心专利分析二期培训班合影

国家对高校科技成果转化越发重视，高校也在逐渐响应政策，加强科技成果转移转化能力建设。2017 年 5 月 11 日，BALIS 联合信息咨询中心与北京高科大学联盟于北京科技大学图书馆联合举办了 PatentStrategies 培训，共 12 个图书馆的 34 名老师参加了培训。BALIS 和高科联盟对此次培训活动大力支持，以实践行动助力高校科研稳扎稳打的前行。培训分为上午、下午共 4 讲，以讲解＋上机操作练习＋现场问答的方式进行，全面介绍了 PatentStrategies 工具的使用方法和分析方法。通过现场提问和会后收集的反馈表明，此次培训效果良好。

(a) (b)

(c) (d)

图 9.40 2017 年 PatentStrategies 培训

(四) 专利信息服务实践

1. 校内服务

经过专门培训,BALIS 联合信息咨询中心的六个委员馆均组建了各自的专利信息服务小组,各小组开展了所在学校的机构专利竞争力分析,机构科研分布状态分析,高价值专利评估及突出发明人的专利分析,形成了机构整体、重点学科领域、活跃发明人等多层面的专利分析报告。例如,北京科技大学专利季报、北京科技大学专利竞争力分析报告、首都医科大学专利分析、轨道交通领域专利检索分析报告、电动汽车动力电池专利态势分析、农业种植业领域专利分析、主要粮油作物种植与育种相关专利分析、乳品相关专利分析、畜产品相关专利分析、北京科技大学 GZC 教授专利分析、贾利民教授专利检索分析报告、宁提纲教授专利分析检索报告等,这些专利分析报告为了解学校/学科的科研分布状态,专利的生成、运用、保护和管理提供了必要的数据支撑和决策参考依据。

2. 专利课题研究

2016 年暑期,BALIS 联合信息咨询中心委员馆中的北京科技大学图书馆和中国农业大学图书馆共同参加了上级单位的专利分析课题,承担了“农业与粮食安全”“先进装备制造与智能制造”“先进材料”等领域 48 个研究方向的专利分析任务,提交了高质量的分析报告,得到上级单位的好评。

基于前期专利信息服务实践,2016 年 BALIS 联合信息咨询中心申请了《区域高校图书馆专利信息协同服务模式研究》项目,获得北京高校图工委科研基金立项支持,项目编号 BGT2016050,目前项目研究进展顺利。

(五) 申请全国专利文献服务网点成功

为贯彻落实《国务院关于新形势下加快知识产权强国建设的若干意见》(国发〔2015〕71 号),加强知识产权信息公共服务建设,促进专利信息的广泛传播和有效利用,国家知识产权局于 2016 年 11 月开展了全国专利文献服务网点的选拔工作。本次专利文献服务网点的申报主体为专利信息服务机构、企事业单位、高等院校、科研机构、图书情报机构等。通过各单位自主申报,各省(区、市)知识产权局评审后推荐,经国知局复核批准,最终确定北京市知识产权信息中心等 120 家单位为全国专利文献服务网点,其中大学图书馆 24 家。作为 BALIS 联合信息咨询中心的主任馆,北京科技大学图书馆成功获得批准。

全国专利文献服务网点是全国专利信息传播利用工作体系的基础节点,是服务创新驱动和经济发展的专利文献支持中心、专利信息咨询中心和知识产权公共教育中心。以北京科技大学图书馆成功获批为全国专利文献服务网点为契机,BALIS 联合信息咨询中心将发挥联合信息咨询的优势,为社会公众、创新主体提供专利文献支持、专利信息咨询、公共教育等基础性公益服务,持续丰富服务内容,不断提升服务能力,积极创新服务方式,为助力创新创业、服务地方经济发展做出贡献。

七、活动成果回顾

(一) 培训交流研讨

截至 2017 年 6 月,BALIS 联合信息咨询中心共举办各类业务交流及培训活动 18 次,共计近400馆次(机构),1 000余人次参加。培训和交流提高了馆员信息检索技能和信息分析能力,增强了馆员在科技查新、学科评价、专利信息服务等方面的知识和技能,为培养科技查新、学科服务、专利信息服务专业团队、建设学术/学科评估标准与规范等方面奠定了基础。

1. 历年培训交流列表

2009—2017年培训交流列表如表9.5所示。

表9.5 2009—2017年培训交流列表

时间	培训/交流会议名称	馆次(机构)	人次
2009年12月22日	高校学术信息分析与评价研讨会	56	115
2010年3月12日	科技查新业务交流会	17	54
2011年9月22日	BALIS联合信息咨询服务系统培训	31	60
2011年11月9日	BALIS高校图书馆专利检索实务研讨	16	57
2011年11月28日	文献计量学与学术/学科评价研讨会	34	85
2012年10月10日	科技查新研讨交流会	37	96
2013年4月22日	专利信息与高校知识产权服务讲座	23	55
2013年4月22日	Dialog国际联机系统使用培训	23	55
2013年6月17—20日	医药科技查新培训	19	40
2013年9月5日	基于事实型数据的科研管理与学科规划	21	110
2015年4月21—24日	高校知识产权服务及信息利用培训班	7	36
2015年5月13日	知识产权战略高级培训	29	72
2015年12月23日	立足学术数据,服务学科建设——2015BALIS学科评价工作研讨会	39	131
2016年3月30日	专利信息服务专题研讨会	6	27
2016年6月15日	BALIS专利信息服务2016发展讨论会	4	6
2016年9月26—29日	BALIS联合信息咨询中心专利分析二期培训	7	42
2016年12月27日	收录引证检索系统专题研讨会	8	17
2017年5月11日	LexisNexis PatentStrategies BALIS联合信息咨询中心 & 高科联盟培训	12	34

2. 学术/学科评价培训

至今,BALIS联合信息咨询中心举办学术/学科评价方面的研讨会共计4次,分别在2009年、2011年、2013年和2015年。每两年举办一次的研讨会受到BALIS成员馆的热烈欢迎,每次参会人员都非常多,很受各成员馆的期待,看得出在我国推进世界一流大学和一流学科建设的大背景下,BALIS各成员馆对学科评价工作的重视。

2009年12月22日举办的高校学术信息分析与评价研讨会分五个主题报告进行。(1)中心主任季淑娟做了"聚合BALIS资源优势 拓展高校信息服务"的报告:阐述了高校图书馆开展联合信息服务的背景、优势,详细介绍了BALIS联合信息咨询中心的服务功能及中心系统平台的建设情况,并对中心未来的发展进行了展望。报告使与会代表了解了BALIS联合信息咨询中心的基本状况,代表们对中心建设及其工作开展充满了期待。(2)来自著名数据库商——荷兰爱思唯尔(Elsevier)出版集团科技部的中国区总监孙高鹏先生做了题为"跨学科研究学术表现的定量分析"的报告。针对当前科学研究中国际化和跨学科现象日益普遍、跨学科研究评估面临困境的实际情况，推出了以“共引聚类”为理论基础的跨学科评估的分析工具——Scival spotlight，并以国内外知名高校为例，对其学科发展进行了的定量分析和对比，各高校学科发展状况及其比较优势尽收眼底。(3)汤森路透科技与医疗集团的科学与解决方案顾问马楠博士的报告题为“全面分析高校科研产出和影响力客观评价科技人才研究绩效”。报告讨论了科研成果评价的意义、全球科研成果评价现状，重点介绍了如何利用 Web of Science 来评估机构的科研产出及影响力，寻找与评价学科关键人才，评价高校的应用技术成果。报告彰显了知名数据库及其分析工具在科研成果评价方面的成熟与稳健。(4)同方知网(北京)技术有限公司总经理助理薛德军先生做了题为“中国知网整合出版模式下的科研绩效评价”的报告：提出不同类型的科研工作评价模型是不同的，并基于 CNKI 整合出版模式提供的基础数据例举了文献评价、学者个人成果、科研机构成果、科研项目、期刊评价等学术评价，展示了国产数据库及其分析产品在高校学术信息分析与评价方面取得的优异成果。(5)来自重庆连颖科技有限公司的林志勇先生的报告题为“高校专利分析与价值评估”。报告介绍了专利分析流程、高校授权专利目前状况、专利数据来源、专利管理面分析等，并以北京科技大学为例讲述了专利分析在高校中的应用。报告全面展示了评估高校专利状况的有力工具 M-Trends。

2011 年 11 月 28 日，来自北京地区 28 所高校图书馆的 85 名老师参加了文献计量学与学术/学科评价研讨班，会议由北京科技大学图书馆副馆长王瑜主持。会议上，首先由 BALIS 联合信息咨询中心副主任、北京师范大学图书馆副馆长李晓娟致辞。李馆长指出学术/学科评价是 BALIS 联合信息咨询中心的一项重要服务功能。利用文献计量学方法，通过科学客观的学科评价不仅能使高校找准自己各学科点的优势和不足，推动本校学科建设，提高研究生培养和学位授予质量，为学生选报学科专业提供可靠信息，也为政府教育主管部门提供决策参考；通过学术评价则可以对科研机构 /科研人员的学术研究成果进行适当评估，为机构的学术排名和人才招聘提供参考。本次研讨会围绕文献计量学及其在学术/学科评价方面的应用，聘请中国科学技术信息研究所的袁军鹏老师做了“科学计量学在科技评价中的应用与实证”的报告；天津大学的王娟、张玲两位老师结合本校工作给大会带来了“探索建立基于信息计量学的高校教学科研人员学术表现评价体系”的报告；北京理工大学的吕瑞花老师做了“北京理工大学学术影响力分析 ESI & Web of Science”的报告；北京科技大学的董月玲老师做了“基于文献计量的学科科研评价”的报告；中国农业大学的陈仕吉老师做了“中国农业大学学科评价实践研究”的报告。专家们的报告精彩纷呈，参会人员反映收益颇丰。研讨会增强了大家在学术/学科评价方面的知识和技能，对于培养学术/学科服务专业团队，建设学术/学科评估标准与规范提供了基础。

2013 年 9 月 5 日，由 BALIS 联合信息咨询中心与北京科技大学图书馆和汤森路透公司共同举办的“基于事实型数据的科研管理与学科规划”讲座在北京科技大学图书馆四楼报告厅举行。此次活动受到了北京地区高校的广泛关注，来自北京大学、清华大学、中国人民大学等 21 所高校的图书馆、科研管理和发展规划部门的 110 余位老师参加了讲座。讲座由北京科技大学图书馆馆长季淑娟主持，来自汤森路透公司的 Masafumi Nakamura(中村英文)先生和马楠博士分别做了报告。首先，中村英文先生就“如何以事实型数据助力日本研究型大学的发展”做了介绍和经验分享，岳卫平博士担任翻译。他从日本政府对日本各高校的资金支持力度大幅度减少讲起，介绍了在此背景下在日本各高校催生出的一个新职位 University Research Administrator(URA)，同时指出他们的主要任务是通过对人力资源、财务、研究趋势、发展标杆、国际合作等数据的定量分析，提出相对客观的评估分析报告，为学校的科研管理和学科发展提供决策支持。接下来，他介绍了日本一些高校如何利用ESI进行院系对学科发展的贡献度分析以及如何寻找合作者等。此外，他还透露日本文部省将在今后每年投入200万～400万美金到科研管理工作中，由此可见日本政府对URA工作的重视。最后，中村先生以期待更多合作的态度结束了他的报告。马楠博士做了主旨为“国外机构科研管理和学科规划分析的最佳实践”的报告。她从领域专家的领域科研管理到今天的跨学科科研管理，揭示了以数据为支撑进行客观的科研绩效评估的可行性和必要性。同时，以案例的形式展示了机构整体分析、机构/学科分析和学科优劣势分析。最后小结出了以客观数据支撑机构发展规划的具体行动。在讲座的最后，与会的图书馆老师及科研管理人员与两位主讲人进行了积极的互动，现场气氛十分热烈。

我国确立2016年我国开启新一轮的世界一流大学和一流学科建设，明确了21世纪中叶一流大学和一流学科的数量和实力进入世界前列，基本建成高等教育强国的总目标。在此前夕，2015年12月23日，中心召开了“立足学术数据，服务学科建设”——2015 BALIS学科评价工作研讨会。对于高校图书馆而言，立足高校学术研究数据，开展学科评价工作是高校图书馆服务学科建设的重要途径。通过科学客观的学科评价不仅能使高校找准自己各学科点的优势和不足，推动本校学科建设，提高研究生培养和学位授予质量，为学生选报学科专业提供可靠信息，也为政府教育主管部门及各个高校的学科规划提供决策参考。本次研讨会邀请的专家老师及报告有：北京师范大学图书馆韩丽老师的“北京师范大学图书馆科研态势分析服务交流”；北京科技大学图书馆郑征老师“关于北科大图书馆学科评价/评估实践与思考”；汤森路透知识产权与科技的研究与咨询服务部王琳“关于深化数据研究与服务，为学科建设搭建信息平台”；中国农业大学图书馆周群老师的“基于文献计量学的学科评价与实践”；清华大学图书馆林佳老师的“学科服务，路在何方”。专家老师们讲授了学科评价方法和评价工作实践，交流了成员馆馆员在学科评价方面的经验与成果，达到了培养学科服务专业团队，更好地为高校学科建设服务的目的。

2009年高校学术信息分析与评价研讨会如图9.41所示，2011年文献计量学与学术/学科评价研讨班如图9.42所示，2013年基于事实型数据的科研管理与学科规划讲座如图9.43所示，2015年BALIS学科评价工作研讨会如图9.44所示。

图9.41　2009年高校学术信息分析与评价研讨会

图 9.42　2011 年文献计量学与学术/学科评价研讨班

图 9.43　2013 年基于事实型数据的科研管理与学科规划讲座

图 9.44　2015 年 BALIS 学科评价工作研讨会

3. 科技查新交流

科技查新是BALIS联合信息咨询中心提供的一项重要的经典信息服务形式。为加强沟通与交流,增进了解与提升业务水平,营造良好的查新环境,提高查新工作质量,促进科技查新工作的蓬勃发展,中心分别在2010年、2012年、2013年举办了科技查新研讨交流会。

2010年3月12日,在教育部博士点基金查新高峰前夕,举办了"BALIS联合信息咨询中心科技查新业务交流会",主要针对各馆查新水平参差不齐的现状,旨在提高中心在科技查新方面的整体实力。来自委员馆和北京地区17所高校图书馆的54名查新一线馆员参加了交流讨论。交流会上,北京科技大学的李瑞龙老师从"高校查新站如何应对查新市场"的角度做了宏观分析;北京师范大学的刘迎春老师围绕"把握预检方法,加快查新速度"介绍了查新实用技巧;中国农业大学的袁永翠老师介绍了"质量是生命 沟通是保证——中国农业大学图书馆科技查新工作纪实";北京化工大学的高彦静老师结合实际谈了"科技查新中的体会与困惑";首都医科大学的李宁老师和北京航空航天大学的杨楠老师也分别谈了"查新工作中的体会";北京科技大学的董月玲老师作了"如何提高效率,应对查新高峰"交流报告。查新经验精彩纷呈,与会者从不同的角度就如何应对查新高峰,提高查新效率,建立科学高效的查新管理机制等共同关心的问题进行了深入交流,取得了很好效果。

2012年10月10日举办的科技查新研讨交流会参会人数多达96人。会上,中心主任、北京科技大学图书馆馆长季淑娟就当前高校查新工作站的基本情况和中心在查新方面的优势及存在的问题进行了介绍和分析,对中心成员馆开展查新工作具有重要指导意义。会议采取专题报告和研讨交流两种形式进行。清华大学图书馆的范爱红老师、北京大学医学图书馆的李春英老师、北京航空航天大学图书馆的陈淑云老师、北京师范大学图书馆的杨雪萍老师、解放军医学图书馆的何玮老师及北京科技大学图书馆的王晓丽老师分别做了专题报告。研讨交流的内容涉及查新报告格式的规范,查新检索数据库的常见问题和检索技巧,查新课题任务分配,查新委托人的参与沟通,查新文档管理,查新员工作量与考核,查新人员的激励制度等查新站和查新人员普遍关心的问题。通过专题报告和研讨交流,与会人员反应热烈,达到了非常好的交流学习效果。

2013年6月17—20日,中心副主任馆首都医科大学图书馆与中心成员馆北京大学医学图书馆联合举办了医药科技查新培训。此次培训共有19家单位40位医学图书馆及医院图书馆的同仁参加。培训邀请了北京大学医学图书馆副馆长、资深的查新审核员谢志耘就查新政策、法律、国内外查新现状及其科技评估等相关知识等做了介绍。来自举办单位两家图书馆的查新员们结合自己多年的查新经验和数据库检索经验,分别就文摘索引型数据库、全文数据库、文献管理软件、特种文献的使用方法和技巧,查新工作流程、规范,科技查新过程中的关键问题与对策,科技查新报告撰写要求等做了详细的讲解。此外中心还让每位学员任选一道科技查新作业题,首都医科大学图书馆副馆长黄芳和北京大学医学图书馆李春英审核了学员们的查新报告,对其中出现的问题进行了点评。同时增加了与学员互动交流的环节,学员们纷纷谈论了此次培训的收获和工作中的实际困难,培训老师和学员纷纷献计献策。黄芳副馆长提议创建一个首都医学科技查新QQ群,欢迎广大学员继续保持联络,积极探讨查新中的问题。最后,中心为39名培训学员被授予了"医药科技查新员培训结业证书"。通过此次培训,医学图书馆员们全面系统地了解了科技查新政策、流程、规范及科技查新报告撰写要求,为规范和创建北京地区医学院校及医院图书馆科技查新队伍培养提供了良好的基础。此次培训不仅对科技查新工作,而且对图书馆开展信息服务工作都有很大的促进。加深了北京地区医学院校及医院图书馆同仁之间的了解，建立了深厚的友谊。科技查新培训现场及合影如图 9.45 所示。

(a) (b) (c)

图 4.45 科技查新培训现场及合影

(二) 委员工作会

根据工作进展的实际需要，BALIS 联合信息咨询中心适时召开由中心主任、副主任、委员及中心工作人员参加的委员工作会议，对中心的工作进行部署安排或总结规划。

1. 中心成立预备会议

2009 年 10 月 28 日，BALIS 管理中心批复同意 BALIS 联合信息咨询中心的机构设置和人员推荐名单。为推进 BALIS 联合信息咨询中心的建设项目，尽快完善项目文件，加快项目实施，在举行 BALIS 联合信息咨询中心成立揭牌大会前夕，2009 年 11 月 13 日，先行召开了 BALIS 联合咨询中心成立预备会议。中心主任/副主任/委员全部出席。会议内容包括：(1)汇报前期的准备工作；(2)讨论中心服务设想；(3)讨论中心章程等文件；(4)商议中心揭牌大会的相关事宜；(5)其他有关问题。

2. 2010 年总结与研讨会

BALIS 联合信息咨询中心与 BALIS 资源协调管理中心一起，于 2010 年 11 月 24—26 日召开 2010 年总结与研讨会。会议主要议程包括：(1)学科文献评价系统介绍及讨论。由北京创讯未来软件有限公司介绍北邮文献评价平台，讨论其功能及有待完善之处。(2)2010 年度工作总结与分析。由主任馆汇报中心一年的工作，共同分析工作成效，讨论下一步工作计划。(3)讨论补贴发放事宜。讨论、修订《BALIS 联合信息咨询补贴办法》,制定本年度补贴分配方案。(4)先进馆及先进个人评选。讨论《BALIS 联合信息咨询服务评估办法(试行)》,评选先进馆和先进个人。(5)系统平台测试结果及完善意见。由主任馆汇报中心系统平台测试结果和各馆提出的相关问题,讨论完善意见。

3. 2011 年终工作会

为了进一步增强分中心的工作效果,总结本年度工作和讨论下一年度计划,中心于 2011 年 12 月 19—20 日召开了 BALIS 联合信息咨询中心年终工作会。会议主要议程:(1) 2011 年度工作总结分析;(2)成员馆联合信息咨询服务评估;(3)讨论联合信息咨询服务系统二期建设方案。

4. 2012 年终工作会

为总结年度中心工作效果和讨论下一年度计划,BALIS 联合信息咨询中心联合资源协调管理中心合作,于 2012 年 12 月 14—15 日召开了年终工作会。会议主要议程包括:(1)中心年度工作总结分析;(2)中心 2013—2015 年规划讨论;(3)中心 2012 年度服务评优工作安排。

5. 2014 年工作会议

2014 年 3 月 13 日上午,BALIS 联合信息咨询中心在北京科技大学图书馆召开了 2014 年工作会议。中心主任、副主任、委员及中心相关工作人员出席了本次会议。会上,中心主任、北京科技大学馆长季淑娟汇报了 BALIS 联合信息咨询中心 2013 年的工作情况和财务情况;讨论评选了中心 2013 年先进集体和先进个人,确定了补贴办法;并对建设中的 BALIS 联合信息咨询服务系统(二期)测试进行了部署和安排;最后,会议讨论了中心 2014 年的工作计划,明确了中心 2014 年的重点工作和目标。

6. 2015 年委员工作会

2015 年 3 月 30 日上午,在北京科技大学图书馆召开了委员工作会暨 BALIS 项目建设讨论会。中心主任、副主任、委员及中心相关工作人员出席了本次会议。会议主要讨论了中心 2014 年的工作计划;中心主任、北京科技大学馆长季淑娟汇报了 BALIS 联合信息咨询中心 2014 年的工作情况和财务情况;讨论评选了中心 2014 年先进集体和先进个人,确定了成员馆服务补贴办法;讨论了 BALIS 联合信息咨询服务平台与 BALIS 管理中心其他平台的融合需求;确定了 Innography 专利分析系统的使用与培训计划;讨论了 2015 年 BALIS 联合信息咨询中心委员调研计划。本次会议为中心 2015 年的工作确定了目标和方向。

7. 2016 年第一次工作会议

2016 年 3 月 22 日下午,在北京科技大学图书馆召开了本年度的第一次委员工作会。中心主任、副主任、委员及中心相关工作人员出席了会议。会议主要讨论了中心 2016 年度工作计划。具体包括:(1)2015 年度联合信息咨询服务先进集体/先进个人评比情况总结;(2)联合信息咨询系统的使用情况和存在问题分析;(3)联合信息咨询系统三期建设的招标事项讨论;(4)Innography 专利分析工具的使用情况及续订讨论;(5)2016 年度委员调研计划;(6)2016 年度联合信息咨询服务宣传方案;(7)图工委科研项目申报及其他事项。

8. 2016年第二次工作会议

2016年10月18日，召开了中心年度第二次工作会议暨服务系统三期建设研讨会。本次会议对中心本年度的工作开展情况进行了梳理，布置了2016年度BALIS联合信息咨询服务先进集体/先进个人评比安排，并讨论了2016年度委员调研安排。与会专家对基于联合信息咨询服务系统使用调查反馈提出《BALIS联合信息咨询服务系统三期需求(讨论稿)》进行了深入分析讨论。综合考虑经费情况及讨论稿十个建设方向的重要性和紧迫性，确定BALIS联合信息咨询服务系统三期建设将优先考虑论文收录引证和学科服务两个功能模块。随后中心组织委员馆考察了现有的查收查引和学科服务相关平台产品，并组织委员馆开通了查收查引相关厂商的平台试用，进一步了解现有产品的性能。

9. 2017年工作会

2017年3月8日，召开委员工作会暨服务拓展与系统升级专家咨询会。会议总结了2016年度联合信息咨询服务先进集体/先进个人评比工作，确定了中心2017年度的主要工作包括以下五个方向，讨论了收录引证检索系统的招标事项，研究了图工委科研项目的研究分工，讨论了专利分析工具的使用情况及订购事宜，规划了2017年度委员调研工作及培训/交流安排。BALIS联合信息咨询中心2010年、2012年、2014年、2015年及2017年工作会如图9.46至图9.50所示。

图9.46　BALIS联合信息咨询中心2010年总结与研讨会

图9.47　2012年年终工作会

图9.48　2014年第一次工作会议

图 9.49　2015 年委员工作会

图 9.50　2017 年委员工作会

(三) 委员学习调研

为学习外省著名高校图书馆和情报机构的信息服务工作的先进经验，开拓服务思路，创新服务方法，进一步推动中心服务工作深入开展，BALIS 联合信息咨询中心先后四次组织委员调研学习。

2011 年 6 月 7—11 日，BALIS 联合信息咨询中心与西安交通大学图书馆、陕西师范大学图书馆、西北工业大学图书馆进行了交流学习。交流主题包括：图书馆的概况，图书馆开展信息服务及学科服务的情况，图书馆信息服务供需现状及存在问题，信息服务面临的用户群及其需求特点，服务需求和服务供给之间存在的问题、相应的措施，信息咨询部馆员职责及岗位管理，区域内图书馆合作的发展与经验，省内高校图书馆合作的现状、合作内容、合作模式、效果等。

2014 年 11 月 19—23 日，中心与广东省与中山大学图书馆、华南理工大学图书馆、广东工业大学图书馆、南方电网科学研究院情报技术所、广州奥凯信息咨询有限公司等单位进行了交流学习。就区域内图书馆合作的发展与经验，跨区域图书馆合作的可行性，信息服务供需现状及存在问题，单个图书馆特色信息服务的开展，学科服务馆员岗位职责，岗位管理及其他信息服务相关问题进行了交流，取得了良好效果。

2015 年 10 月 18—21 日，中心组织赴江苏省调研学习。江苏省高校图书馆信息服务工作在全国高校系统中具有重要影响，本次调研对象有：江苏大学图书馆、河海大学图书馆、南京理工大学图书馆和东南大学图书馆。调研内容包括：江苏省高校图书馆文献资源保障体系(JALIS)建设情况，JALIS 信息咨询服务的开展情况及信息咨询服务平台的建设使用情况，各馆开展专利服务的特点与侧重，情报分析服务的开展情况，学科服务对学校科研工作的支撑，信息服务技术环境建设，信息服务管理及激励机制等。本次调研取得了良好效果，为中心及成员馆开展信息服务提供了有益的借鉴和参考。

2016 年 11 月 30 日—12 月 4 日，BALIS 联合信息咨询中心协同培训中心组织主任、委员赴深圳市调研学习。学习改革开放前沿阵地深圳地区图书馆作的先进工经验，开拓服务思路，创新服务方法，进一步推动图书馆服务工作深入开展。调研单位包括香港中文大学(深圳)图书馆、南方科技大学图书馆、深圳大学城图书馆和深圳市图书馆。调研的内容包括信息服务开展情况和馆员队伍建设与培训交流两个大方面，14 个具体内容。从体制外的香港中文大学图书馆，到混合体制的南方科技大学图书馆，再到体制内的深圳大学城图书馆

(兼具公共图书馆特征),再到纯公共图书馆的深圳图书馆,通过调研发现,图书馆用人体制、办馆理念、服务文化上的不同会体现在信息服务和馆员培训上,但这种区别也提供其他视角来审视和完善 BALIS 联合信息咨询中心和培训中心的工作。同样的,包含深圳信息港、文献港、图书馆之城、深圳市图书馆学会等市内图书馆联盟的工作内容、机制也为 BALIS 文献资源保障体系的发展提供了诸多启示,这些都将对 BALIS 联合咨询中心和培训中心未来发展带来潜移默化的影响。

BALIS 联合信息咨询中心与西北工业大学图书馆、江苏大学图书馆、东南大学图书馆、中国南方电网科学研究院技术情报所、南京理工大学图书馆、华南理工大学图书馆、河海大学图书馆、中山大学图书馆、香港中文大学(深圳)图书馆、南方科技大学图书馆、深圳大学城、深圳图书馆交流合影分别如图 9.51 至图 9.62 所示。

图 9.51　西北工业大学图书馆交流合影

图 9.52　江苏大学图书馆交流现场

图 9.53　东南大学图书馆交流合影

图 9.54　中国南方电网科学研究院技术情报所交流

图 9.55　南京理工大学图书馆交流现场

图 9.56　华南理工大学图书馆交流合影

图 9.57　河海大学图书馆交流合影

图 9.58　中山大学图书馆交流现场

图 9.59　香港中文大学(深圳)图书馆交流合影

图 9.60　南方科技大学图书馆交流合影

图 9.61　深圳大学城座谈会现场

图 9.62　深圳图书馆考察合影

(四)联合信息咨询服务评比

为鼓励先进，推动联合信息咨询服务的持续健康开展，每年度 BALIS 联合信息咨询中心都依据《BALIS 联合信息咨询服务评估办法》，在成员馆中评选先进集体和先进个人，对表现突出的成员馆和馆员进行公布和表彰。依据《BALIS 联合信息咨询经费补贴办法》，给先进集体发放了服务补贴，并为先进个人颁发了证书鼓励，如图 9.63 所示。截至 2016 年年底，BALIS 联合信息咨询中心已经评选出服务先进馆 117 馆次；服务先进个人 128 人次。

(a)

(b)

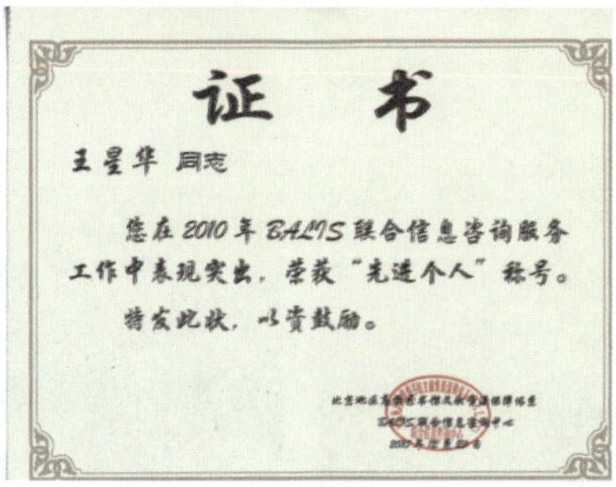

(c)

图 9.63　BALIS 联合信息咨询中心鼓励先进

(五) 宣传推广

BALIS 联合信息咨询中心组织成员馆开展了两次宣传月推广活动，如图 9.64 所示。经各馆积极宣传，联合信息咨询服务理念和服务范围得以推广，也涌现出不少宣传推广优秀馆。

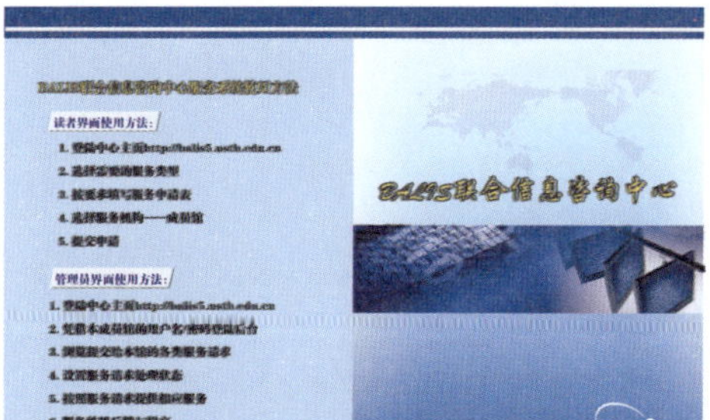

(a)

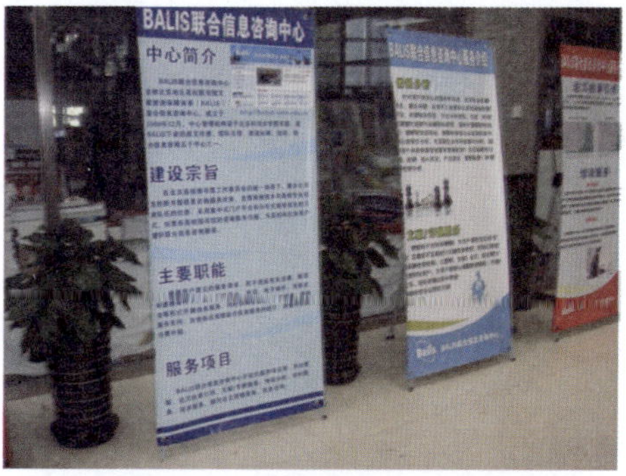

(b)

(c)

(d)

图 9.64　BALIS 联合信息咨询中心开展宣传推广活动

BALIS 联合信息咨询中心设计制作了宣传单和展板介绍中心的建设宗旨、主要职能和服务项目，并于 2011 年 10—11 月在成员馆中进行了宣传巡展，使成员馆所在院校的师生对中心有了基本了解。评选出宣传推广优秀馆一等奖 5 名、二等级 8 名、三等奖 20 名。

2012 年 6—7 月，中心组织成员馆开展了“BALIS 联合信息咨询就在您身边”的宣传月活动。宣传月期间，各馆大显神通，充分利用已有途径，大胆开辟新的途径进行多种形式的宣传，如图 9.65 所示。例如，北京科技大学图书馆利用毕业生办理离校的同时，发放中心宣传资料，利用校友资源传播中心服务；北京航空航天大学图书馆通过腾讯微博、新浪微博开展宣传活动；北方工业大学将宣传活动与日常咨询工作紧密结合，运用中心协调和成员馆协作，成功为该校老师完成了市级某奖项申报需要的收录证明等。产生宣传月摄影优秀奖 8 名，宣传推广优秀馆 9 家。

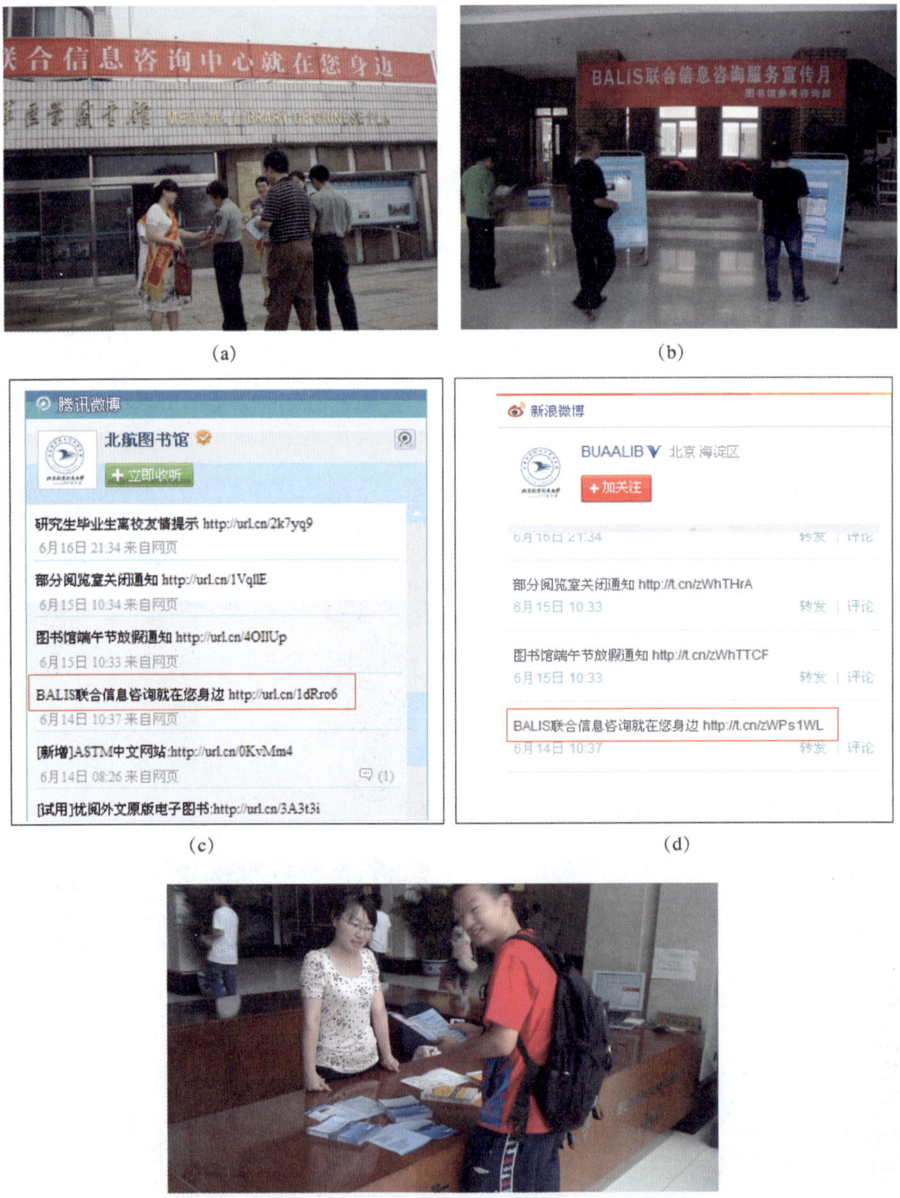

(a) (b) (c) (d) (e)

图 9.65　2012 年 BALIS 联合信息咨询中心宣传月活动

八、效益分析与未来规划

(一)社会效益

1. 满足北京地区高校师生信息咨询服务需求

BALIS 联合信息咨询中心成立以来,坚持边建设边服务的原则,克服各种困难,做了大量宣传推广工作,通过组织会议、举办培训、印发宣传材料和展板等形式,积极广泛宣传和推广 BALIS 各项服务和相关政策。信息咨询服务不设任何门槛,提供面对面、网络、电话、E-mail 等多渠道服务,截至 2017 年 8 月,BALIS 联合信息咨询中心服务覆盖北京地区高校数量 56 个,签约馆数量 45 个,对有需求的学校提供全面的信息咨询服务。

2. 面向社会用户广泛提供信息咨询服务

BALIS 联合信息咨询中心的服务对象不仅限于各成员馆的本校师生,还可以面向广大校内外用户提供多样的信息咨询服务,充分发挥了高校图书馆对地区经济社会发展的信息支撑作用。以科技查新服务为例,用户范围不仅局限于北京市,而是覆盖整个京津冀地区,还有山西、内蒙古、河南、山东的用户,甚至有云南昆明的用户委托中心进行查新。根据联合信息咨询服务系统统计,2014—2016 年,中心成员馆为本校师生用户的比例仅占 12%,为本校和其他大专院校提供的科技查新数量占总服务量的 20%,面向高新技术企业和大中型企业的科技查新服务占比约为 40%。2014—2016 年 BALIS 联合信息咨询中心提供的科技查新数量统计如表 9.6 所示。

表 9.6 2014—2016 年 BALIS 联合信息咨询中心提供的科技查新数量统计

年度	总受理	大专院校	本校	高新企业	大中型企业
2014	1 136	89	124	302	139
2015	1 352	128	203	327	120
2016	1 253	102	130	354	137

另外,据中心 2010 年服务数据统计,仅当年 BALIS 联合信息咨询中心在北京市中小企业创新基金项目申请过程中完成了百余项科技查新报告,根据当时项目评审公示的结果,有 75 个项目获批,累计金额 2 290 万元,可见中心在北京市的经济与技术发展过程中也发挥了很大的作用。

3. 成员馆的咨询服务实力提升

参与建设与共享服务的成员馆,咨询馆员队伍得到加强,咨询服务实力增强,许多图书馆的咨询服务项目业务拓宽。例如,在 BALIS 联合信息咨询中心的帮助支持下,北京化工大学图书馆和北京交通大学图书馆先后成功被批准为教育部科技查新工作站。通过多次的学科学术评价方法交流与研讨,一批成员馆学校开展了学科学术评价工作,较好地支持了个高校的学科建设与科研工作。BALIS 联合信息咨询中心的六个委员馆更是由于开拓进取,积极开展专利信息服务,在派遣馆员参加专利系列培训后均成功组建专利信息服务小组,拓展了各馆原有的信息服务范畴,成功开展了专利信息服务。中心的主任馆,北京科技大学图书馆也因其在专利信息服务方面的优秀表现成功获得批准为全国专利文献服务网点。

4. 为成员馆培养了一批高素质咨询馆员团队

BALIS 联合信息咨询中心成立七年来，坚持面向校内外用户提供多样性的信息服务，而要做好服务的前提是必须加强信息服务馆员的培养，壮大信息服务队伍，提升成员馆的服务实力。BALIS 联合信息咨询中心在过去的七年发展时间里一直注重馆员服务能力的培养，建立了系列培养计划，通过科技查新、学科服务、专利信息服务等系列培训逐步提升服务馆员的信息检索和分析能力，成功举办各种培训 18 次，参加培训等馆员 1 000 余人次。组织调研参观 13 个高校图书馆，调研学习内容涉及区域图书馆信息服务合作、服务平台建设、服务岗位管理、信息服务拓展情况等；七年共评选服务先进馆 117 馆次，共有 128 名馆员得到中心的表彰和奖励。为馆员的专业水平提升、业务能力拓展、职称晋升提供了广阔的发展空间。

5. 联合咨询中心的建设成果已服务京外高校

BALIS 联合信息咨询中心的建设成果逐渐得到京外高校的认可，主动联系开展相关咨询服务供作的合作。例如，河南郑州轻工学院图书馆有意向开展科技查新工作，主动和北京科技大学图书馆联系，借助 BALIS 咨询中心系统平台就科技查新工作和北京科技大学图书馆开展相关合作，使得该馆查新服务得以顺利开展，满足师生的迫切需求。再如，在京津冀协同发展的背景下，北京科技大学图书馆、北京工商大学图书馆、天津科技大学图书馆、河北科技大学图书馆携手合作，根据《京津冀协同发展规划纲要》中打造“京津冀协同创新共同体”的建设目标，于 2016 年 5 月 23 日在北京科技大学图书馆签署合作协议，成立京津冀高校图书馆信息资源服务与共享协同创新联盟。依托 CALIS、CASHL、BALIS、TALIS 等共建共享和协同服务平台，争取支持。期望合作内容就包含协同服务创新：基于合作各方专业人员和馆藏资源特点，在查收查引、课题查新、学科评估等方面开展馆际协同服务，分工合作，优势互补，挖掘服务潜力，提高服务水平。目前中心已为河北科技大学图书馆开通了联合信息咨询服务系统的使用功能，期望通过共享平台与河北科技大学开展科技查新工作的合作。

（二）经济效益

在获得较好的社会效益的同时，BALIS 联合信息咨询服务也取得了较好的经济效益，主要体现在节约成本与服务收益两个方面。

首先，在联合信息咨询服务系统的建设和使用方面，中心统一规划建设，建成的服务系统由所有成员馆共同使用，节约了每个馆自行开发服务系统需要耗费的大量人力物力，从而为国家节省了巨额教育经费支出。联合信息咨询系统两期研发费用总计 32.5 万元。可以假设，如果中心 45 个成员馆中有 20 个馆自行开发信息服务系统则需要 650 万元经费投入，由此可见 BALIS 联合信息咨询服务系统的建设至少为成员馆节省了 600 余万的经费支出。

其次，BALIS 联合信息咨询中心为成员馆开展专利信息服务所需的专利检索分析数据库采取集团订购方式，通过与数据库代理商谈判争取到中心内部六家委员馆共用的权利，从而节省了 5 倍的购置费用，三年下来，共节省数据库订购经费多达 300 余万元。

再次，在信息咨询服务馆员培训方面，BALIS 联合信息咨询中心采取了与规模经济模式类同的思路，在保证培训效果的前提下，每次培训交流的参会人数尽可能最大化，降低培训边际成本，提高了培训整体效用。

最后,BALIS联合信息咨询中心的成员馆为用户提供的信息咨询服务一般是有偿服务,可以创造经济收益,这些收益能够为成员馆提高馆员福利、改善工作条件提供可观的经费补充。

(三) 未来规划

BALIS联合信息咨询中心未来三年的规划包括以下方面。

1. 加大BALIS联合信息咨询服务的宣传力度,克服人员紧张,工作量大等困难,开展多种形式的宣传推广活动。

2. 加强成员馆咨询馆员的专业技能培养,加强馆员之间的业务交流和研讨。

3. 继续完善制度建设:在BALIS联合信息咨询中心现有规章制度的基础上,进一步完善制度建设,使得中心主任馆、委员馆及各成员馆在完善的制度框架下有序地进行业务管理、有效地开展信息服务。

4. 服务的深化推进:一直以来,中心各成员馆所提供的信息咨询服务均以科技查新和收录引证检索为主,代表图书馆信息服务新方向的学科服务和专利分析等服务尚处于初期实践探索阶段,需要进一步深化推进。

5. 完善系统平台功能:增强系统平台的服务自动化水平是完善系统平台功能的重要方面,引入论文收录引证检索等服务系统,以满足各成员馆对提高收录引证检索等工作效率的需要。引入微信等现代信息服务新技术,提升馆员及用户的互动体验。

6. 进一步加强省际馆间的交流考察:学习外省图书馆信息服务方面的工作经验,开拓服务思路、创新服务方法,进一步推动BALIS联合信息咨询中心工作的深入开展。

7. 加强信息咨询服务的科学研究:坚持以科学研究促信息服务的提升,围绕信息服务开展学术探索。

第十章 BALIS 项目建设未来规划

BALIS 项目建设指导思想：稳步推进、不盲目、不冒进，重在落实；继续发挥各馆积极性，群策群力，共同奋进。

1. 做好 BALIS 项目建设工作，利用成熟的技术条件，继续做好已经投入使用的九大系统平台的维护、功能完善，以及平台升级的工作，做好各大系统平台之间的融合，数据的共享；做好新平台的调研、试用工作。为提高北京地区高校图书馆的整体业务素养夯实基础。

2. 继续做好已经开展的各项服务工作，加强宣传，力争在服务模式、服务质量、服务数量、服务功能上取得更好的业绩。

3. 继续开展区域图书馆联盟建设组织管理、运行机制的研究，不断改进创新管理机制，力争让 BALIS 项目运行更加高效，更加科学，资源配置更加合理，调动更多的图书馆人参与到这项工作中来。

BALIS 项目建设发展设想如图 10.1 所示。

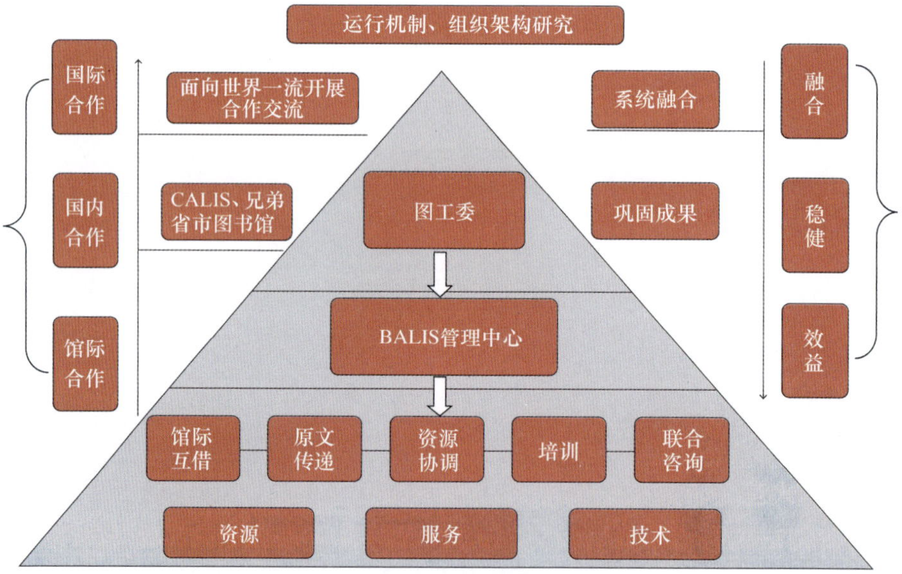

图 10.1　BALIS 项目建设发展设想

一、服务系统升级——微信平台的开发

（一）北京地区高校图书馆文献资源统一检索系统移动化平台开发

北京地区高校图书馆文献资源统一检索平台于 2013 年年底开通以来，目前已经整合北

京地区 80 多家馆藏资源，是北京地区服务高校读者的重要平台；但是，近年来，随着通信技术进步和手机、iPad 等大众化移动终端的快速普及，手机已经成为除报纸、电台、电视、互联网之外的第五媒体。对于图书馆而言，微信也将成为读者进入数字图书馆，获取图书馆资源和服务的重要入口之一，也将成为移动时代下图书馆必备的服务手段之一。

图书馆作为社会信息交流与传递的服务机构，完全可以利用移动通信网络与手持终端这个新媒体平台来拓展和改造自己的服务，为用户提供更实时、更方便的信息服务，把图书馆的信息服务随时随地推送到用户身边，进一步提升图书馆的管理和服务水平。所以，移动图书馆不仅可行，而且势在必行，也必将再次将现代图书馆发展推向更加广阔的领域，为经济社会与人类文明发展提供更加快捷、个性化的信息交流环境。

1. 设计理念

图书馆设计坚持以移动无线通信网络为支撑，以图书馆集成管理系统平台和基于元数据的信息资源整合为基础，以适应移动终端一站式信息搜索应用为核心，以云共享服务为保障，通过手机、iPad 等手持移动终端设备，为图书馆用户提供搜索和阅读数字信息资源，实现数字图书馆最初的梦想：任何人，在任何时间、任何地点获取所需要的任何知识，构建现代图书馆信息移动服务平台。

2. 设计原则

（1）以需求确立定位

读者使用手持移动终端有两个特点：检索和碎片化阅读。

检索是获取信息的基础。因此，设计时特别重视平台的搜索功能，将互联网上广泛应用的基于元数据整合的一站式搜索引擎移植到微信端图书馆平台。

（2）以体验引领功能

手机等手持终端的屏幕大小、访问速度、功能操作、全文阅读格式和流量费用等方面具有与计算机非常不同的特殊要求。为此，设计人员精心优化操作流程和页面布局，去除一切不必要的内容，让用户每一次操作用只用最少的步骤就能得到目的。

（3）以共享增强保障

找到并得到全部有用信息是 BALIS 与读者共同的出发点和归宿。设计人员把在互联网上已经高效运行的云服务架构共享体系嵌入北京地区高校图书馆文献资源统一检索系统，读者不但可以查找本馆馆藏书和电子资源，还可以一站式查找全国范围的资源分布情况；不但方便快捷访问本馆拥有的资源，还可以使用图书馆强大 BALIS 文献传递获取馆外数百家联盟馆资源。

3. 设计原理

（1）发出请求

用户通过搜索框完成检索主题词录入，并将请求发送到平台。

（2）搜索

平台将搜索请求发送到一站式搜索引擎，获得所要的检索结果。

（3）资源定位与调度

搜索引擎将结果原文地址发送到平台，平台向资源库发出全文调度请求。

（4）返回所要全文

资源所在数据库向平台返回所要全文（直接打开阅读或 BALIS 文献传递）。

(5) 全文界面转换

平台将数据库返回的原始页面转换为适合手机等终端阅读操作的页面并发送到用户的移动终端上。

4. 特点与优势

基于元数据的一站式检索:系统应用元数据整合技术对馆内外的中外文图书、期刊、报纸、学位论文、会议论文、NSTL 等各类文献进行了全面整合,在移动终端上实现了资源的一站式搜索、导航和全文获取服务。

用户规模大、传播范围广:近几年,大多数普通手机用户都已经成了智能手机用户。各种数据也显示,移动互联网终端的覆盖度已和电视、互联网持平,甚至远远超过了大众印象中的传统媒体,如报纸、杂志、广播等。不难看出微信的使用用户规模大,传播也十分广泛。

交互型传播方式,受众参与度高:我国用户对移动终端上网比较依赖,甚至越来越多的用户已经离不开智能手机。毫无疑问,移动终端的普及大大提升了用户的上网体验,也使得用户的"碎片时间垃圾化"逐渐转变为"碎片时间黄金化"。移动学习也具有了随时、随地、任何人的特点。

一对多传播,信息高达到率:微信公众平台于 2012 年 8 月 18 日正式上线,通过这一平台,个人和企业都可以打造一个微信公众号,并实现和特定群体的文字、图片、语音的全方位沟通与互动。微信公众平台是机构进行业务推广的一种有力途径。微信公众平台的传播方式是一对多的传播,直接将消息推送到手机,因此达到率和被观看率几乎是 100%。已有许多个人或企业微信公众号因其优质的推送内容而拥有数量庞大的粉丝群体,借助于微信公众号进行植入式的活动推广,由于粉丝和用户对微信公众号的高度认可,不易引起用户的抵触,加上高到达率和观看度能达到十分理想的效果。

高便携性,即时快捷:除了睡眠时间,移动设备一般都以远高于 PC 的使用时间伴随在其主人身边。这个特点决定了,使用移动设备上网,可以带来 PC 上网无可比拟的优越性,即沟通与资讯的获取远比 PC 设备方便。移动互联网具有较强的即时性。

便利的互动性,信息推送迅速,实时更新:微信作为一款社交软件,其便利的互动性是区别于其他网络媒介的优势所在。尤其是在微信公众平台中,用户可以像与好友沟通一样来与企业公众号进行沟通互动。企业通过微信公众号可以即时向公众推送信息,迅速更新。同时公众平台当中结合一些互动的功能可以极大地增强推广的互动性和趣味性。

精心优化操作流程和页面布局,将 Web 页面转化为适合移动终端阅读的页面,去除一切不必要的内容,让用户每一次操作都只用最少的步骤就能得到目的。

(二) 文献传递服务平台升级

北京地区高校图书馆文献资源保障体系文献传递服务平台于 2007 年 12 月正式启动服务,为 BALIS 成员馆的注册读者,包括教师、学生、科研人员及其他工作人员提供纸本期刊论文、学位论文、会议论文、科技报告、专利文献和电子全文数据库的原文传递服务。已经为广大师生提供了十年文献传递服务。

近十年来计算机软件技术得到了突飞猛进的发展,随着通信技术进步和手机、iPad 等大众化移动终端的快速普及,越来越多的人普遍使用手机作为上网方式,服务平台需要赶上时代脚步,向读者提供更多的访问平台的方式,为读者更好地提供服务。近几年已进入大数据时代，需要充分利用文献数据和读者行为数据获得数据分析结果，为图书馆提供参考数据信息。

BALIS 文献传递服务平台功能说明如表 10.1 所示。

表 10.2 BALIS 文献传递服务平台功能说明

序号	名称	功能说明
1	读者系统	1. 与统一检索微信页面对接，实现文献信息参数传入申请单并提交普通申请单和委托申请单； 2. 通过调用 NSTL 接口实现在 NSTL 系统中生成普通申请单和待查待检单； 3. 系统页面使用 Jquery Easyui Mobile 框架； 4. 读者向成员馆提交文献传递申请单，申请单填写信息应符合文献传递需求，满足管理员处理申请单的条件； 5. 读者提交申请单时需要先判断是资源原文库中是否已有原文； 6. 读者在申请单查询功能中可以对已满足的申请单下载原文； 7. 读者注册分为普通注册和读者激活两种方式
2	成员馆系统	1. 软件遍历 NSTL 接口，获得申请单处理信息并同步申请单信息； 2. 查询显示 NSTL 申请单数据信息； 3. 需提供导入读者信息文件的内容信息格式及截图； 4. 系统网页页面使用 Jquery Easyui Mobile 框架； 5. 提供代填申请单功能； 6. 提供转发申请单功能； 7. 管理员上传原文 PDF 格式文件，上传文件大小需要支持 36 M 至 1 G； 8. 对上传的 PDF 文件进行文字识别，将原文中的重要文献信息填写到资源原文库； 9. 申请单查询功能； 10. 处理读者注册功能； 11. 读者管理功能

（三）BALIS 联合信息咨询服务系统二期升级改造

BALIS 联合信息咨询服务系统整合了科技查新、论文收录引用、文献/专题服务、情报分析、学科服务、培训服务、期刊论文投稿指南及信息咨询等八大服务。通过二期的建设，已经完成了服务流程的构建、服务需求的在线收集、服务过程的在线处理和反馈等相应机制。针对一期、二期项目的成果和用户使用过程中的问题，现提出如下升级需求。

1. PC 端

1）PC 端系统功能升级内容

在 BALIS 一期、二期建设已实现的功能基础上进行优化，以及更好地提升用户体验，将原有的较完善的科技查新服务的功能，在模板设置及统计功能等方面进行升级优化，优化用户体验及产品细节。

同时，扩充了原有的信息咨询的服务方式，包括增加在线实时咨询的建设，微信多客服接入，将信息服务更加互联网化，便于 BALIS 能更便捷高效地提供随时随地的信息咨询服务。

2)科技查新系统优化

前端用户功能★

(1)委托用户注册登录

增加用户登录界面,自行注册登录(①填写个人信息中,可设置下拉表选择为各个成员馆的高校用户,或者社会用户;②邮箱为必填项,以邮箱作为用户名,自动检测重复注册情况),提交查新表单之前需要登录才可以使用。

(2)识别用户类型

登录之后,依据客户注册信息识别,如果是成员馆高校用户,会自动跳入成员馆二级页面;同时,提交委托单默认该成员馆,也可以选择提供相关服务的其他成员馆。

非成员馆高校用户,即社会用户,就会自动跳到BALIS首页,提交委托单可手动选择。

(3)查新流程跟踪

用户提交查新委托单会自动保存到用户中心的历史记录。用户的查新进度提醒会自动保存到用户中心的委托进度提醒。

(4) 查新报告的下载

用户可以在用户中心在线下载完成的查新报告。

(5) 要求委托单提交成功提示突出显示

后台管理功能

(1)用户登录及权限设置

机构管理员、机构馆员及其他所有后台管理用户都需要登录账号与密码,用户增加及权限分配按照账号方式设置。

(2)查新员在生成查新报告时,新建模板的调整★

可增加各成员馆的特定模板。模板中的字体、页面边距、段落间距达到符合各个成员馆的模板标准;同时,被导入的文章分段也在导入之后能进行段落区分;导入模板中的文件增加编号区分功能。

(3)查新员最后提交报告流程优化★

在最后提交查新报告前,原来流程是"生成查新报告"→"上传文件",现在改为不提交"生成查新报告"也可以"上传文件"。不设定"生成查新报告"为"上传文件"的必要条件。

(4)订单号按照"成员馆""服务类别"单独进行划分★

原来所有订单号是大的流水号,未进行细分,同时增加对应成员馆、服务类别进行统计及展示的功能。各馆各类别委托单号格式为:年度一序号;各类别委托单可按订单号查询。

(5)统计功能完善

目前除了费用统计外,别的统计一旦选择,就会导致重启BALIS服务器,在升级中完善当前已设置的所有数据统计的功能。

(6) 订单删除功能★

目前所有订单不可以删除,修改为各馆最高权限的机构管理员可以在订单受理分配前对其进行删除操作,已分配的订单不可以删除。

(7) 流程进展通知

目前系统自动发送邮件通知,改为控制发送,进展状态改变后系统提示是否送进展通知。其他类别服务类同处理。

(8) 委托列表展示调整

后台人员的各类服务委托列表页面增加“委托人”字段。可以单击“编辑”按钮以网页形式查看委托信息，不必下载委托单查看。

(9) 缴费★

各类别委托缴费环节增加“缴费日期”和“发票编号”备注填写项，该备注项可以下载导出；“是否已经缴费”以会计确认环节为准。

3)网站的页面改造

(1)增加用户中心功能开发

增加用户中心的建设，设置用户注册、登录及密码找回的一级界面，然后登录后跳转到现有的主页。同时，增加对应的用户信息及用户管理的体系建设，对应用户与管理权限的识别与绑定等功能。

① 面向普通用户，个人管理，订单查询、取消等；

② 面向成员馆，设置机构服务自主配置，订单管理分配、统计日志、统计配置。

(2)二级单位页面改造

展示为“BALIS 联合信息咨询-二级单位站”，二级单位内用户自动默认自己的二级单位页面，优先选择本校服务。社会用户自动默认 BALIS 联合信息咨询平台页面。

2. 微查新(微信公众号)

1)移动微信服务功能内容

加强现有 PC 服务功能，通过强连接的微信公众服务号来延伸现有的服务，提供移动服务和营销活动支持，具体建设内容如下：

基础微信服务功能★

(1)基本图文消息群发、图文消息回复

营销信息推送，可以与主页的简报一致，或者可以单独做资讯的推送。

(2)自定义接口回复

自定义设置自动回复字段，例如，用户在微信公众号回复“咨询或与咨询相关字样”，系统自动回复“表单咨询的申请单” 或者“参考咨询问题统计链接”。

用户在微信填写“查新或与查新相关字样”，系统自动回复“科技查新的委托单”或者“查新相关咨询问题统计链接”等。

(3)自定义菜单配置管理

增加菜单管理功能，以及各个成员馆权限设置功能，该权限开放给公众号的维护人员。

(4)二维码管理

增加平台二维码以及成员馆二维码管理功能，包括增加、删除、修改等，以及各个二维码权限设置功能，该权限开放给公众号的维护人员。

(5)数据统计

统计微信端的信息营销数据以及参考咨询数据，以及与平台对应的订单提交的数据等。

2)微信营销互动管理功能

(1)新订单及时通知普通用户与成员馆机构馆员

有新订单提交及进度信息，及时通知成员馆及用户。

前端用户功能

① 提交服务委托

用户将自己的微信号与 PC 端的用户号进行绑定。用户可以在微信端进行各个服务的委托单的提交，所有委托单及可选项与 PC 端委托单一致。

② 服务进度跟踪

用户作为 BALIS 服务公众号的粉丝，对粉丝可以进行分组管理，对于用户服务进度跟踪情况，PC 端会像邮箱提醒一样设置微信提醒，出现在客户微信端的用户中心。

③ 服务结果查询及下载

用户可以在自己的用户中心收到反馈的服务结果或者报告，并在微信端支持查看、下载操作。

后台管理功能

① 接收委托订单及处理订单等依然是在 PC 端 BALIS 联合信息咨询平台

② 接收订单提醒

机构用户以及服务的人员将自己的微信号绑定平台用户中心，微信端的机构用户及成员馆用户接收到订单会发送到个人中心订单通知。

(2)多客服接入

同上"联合信息咨询在线表单服务"，后台管理功能增加多个公众号可以同时为用户提供信息咨询的答复以及回复信息功能，也可以对此做统计等，但统计结果的查看都是在 PC 端。

(3)联合信息咨询服务微信服务功能

服务订单的提交流程：

信息咨询的表单提交，在微信端接入参考咨询的申请入口以及接收后，传到平台的后台进行订单的分配及处理和收费等，将微信端的服务与平台的服务绑定；

微信端个人中心，包括订单查询和取消；

微信端个人中心的设立与平台端个人中心绑定，提供用户管理，进度查询的功能。

(4) 预留微支付端口，包括微信和支付宝等常用微支付。

(四) BALIS 收录引证检索系统

1. 项目背景

BALIS 联合信息咨询中心是北京地区高校图书馆文献资源保障体系(BALIS)下设的原文传递、馆际互借、资源协调、培训、联合信息咨询五个中心之一，联合信息咨询中心旨在充分发挥 BALIS 联合、共享的整体优势，联合建设培养一批高素质的专业信息咨询人员队伍，提高北京高校图书馆的综合信息服务实力。

BALIS 联合信息咨询中心构建的收录引证检索系统是联合信息咨询中心门户平台下的一个重要的服务功能子系统。收录引证检索服务在学科评价、绩效考核、职称评定、人才评估与引进、项目申请与验收、奖励申报等科研管理环节中具有重要作用，为科研管理决策提供支撑依据。收录引证检索系统旨在运用现代网络及计算机技术，降低目前手工收录引证检索服务人员的劳动强度，提高收录引证检索服务效率，在满足巨大的收录引证检索需求的同时，将服务人员从繁重的手工服务模式中解放出来，缓解北京高校图书馆用户信息需求旺盛与图书馆人员不足的矛盾，促进北京地区高校图书馆信息服务的顺利开展。

2. 总体要求

收录引证检索应用系统将作为嵌入联合信息咨询中心门户网站单独功能模块的形式交付，在进行应用系统规划和设计时，应结合系统的实际应用和发展要求，遵循以下总体建设原则：

(1)实用性原则

以现行需求为基础，充分考虑发展的需要来确定系统规模及扩展性。系统需要利用相关技术实现常用数据库中收录引用数据的采集、筛选、格式规范及结果呈现。

(2)安全性原则

系统应能提供网络层的安全手段防止系统外部成员的非法侵入及操作人员的越级操作，保护网络建设者的合法利益，所有应用项目和软硬件都应当具有比较好的安全方案。可根据不同的业务要求采用不同的安全措施，保证发生故障时不影响整个系统的正常运行。需提供各级数据备份机制能够每天非工作时段定时备份数据库，具有相关策略对知识产权进行保护。

(3)健壮性原则

系统设计能有效地避免单点失败，在设备的选择和关键设备的互联时，应提供充分的冗余备份，一方面最大限度地减少故障的可能性；另一方面要保证网络能在最短时间内修复。

(4) 规范性原则

系统设计所采用的技术和设备应符合国际标准、国家标准和业界标准，为系统的扩展升级，与其他系统的互联提供良好的基础。

(5) 成熟和先进性原则

系统结构设计、系统配置、系统管理方式等方面采用国际上先进同时又是成熟、实用的技术。

(6) 可管理性原则

整个系统的设备应易于管理，易于维护，操作简单，易学，易用，便于进行系统配置，在设备、安全性、数据流量、性能等方面得到很好的监视和控制，并可以进行远程管理和故障诊断。

(7) 个性化原则

能够提供个性化的服务，针对不同的系统用户设计不同的操作界面、操作内容及操作流程，更方便于用户的使用。

3. 功能要求

(1) 前端用户委托界面

① 支持服务机构选择；

② 支持收录引用类别选择；

③ 支持检索目的选择/填写；

④ 支持检索条数的选择/填写；

⑤ 支持单条收录引证检索信息录入，也支持多条数据按照标准格式上传，标准格式多样。

(2) 后台管理界面

① 管理员可浏览用户提交的申请信息，可自动也可人工干预分配任务；

② 支持与用户通过电子邮件互动；

③ 支持多字段查询委托；

④ 委托列表显示合理，便于区分用户、服务馆员、服务进展及缴费情况。

（3）收录引证自动检索功能

① 自动检索主要数据库的收录情况，包括 SCIE、SSCI、A&HCI、CPCI-S、CPCI-SSH、EI、CSSCI、CSCD、北大中文核心期刊、中国科技核心期刊；★

② 自动提供引证指标，包括署名次序，是否为通信作者，发表期刊 SCIE 影响因子，JCR 学科分区，中国科学院学科分区；★

③ 自动检索被引频次，提供 SCIE、SSCI、CSCD、CSSCI 被引频次，SCIE 被引频次可区分核心集引用；★

④ 区分自引和他引。★

（4）收录引证检索报告自动形成 ★

① 自动形成收录引证检索报告；

② 支持多种报告模板；

③ 模板可自定义。

（5）收录引证检索报告的下载

服务馆员在后台可以下载/上传已生成的收录引用报告，将报告在线发送给用户或者发邮件给用户。

（6）收录引证检索费用管理★

① 提供收费计算器，根据检索类别、篇数、引用次数等信息自动计算费用，服务人员可对自动生成的费用进行修改，各成员馆可配置本馆的收费标准；

② 会计可依据服务人员填写的收费金额收取费用，会计确认收费前服务人员可对费用信息进行修改，系统可记录缴费日期；

③ 支持缴费形式选择，支持填写发票编号等信息填写。

（7）统计功能

① 可按时间、服务机构、馆员、检索目的等多维统计任务量、收费；

② 统计数据可导出；

③ 统计结果可视化展现。

4. 性能要求

BALIS 收录引证检索系统的性能要求如表 10.2 所示。

表 10.2　BALIS 收录引证检索系统性能要求

性能项	指　　标
事务的响应时间	平均不超过 10 秒/条
并发量	支持大于 1 000 人同时使用系统
数据存储	支持 TB 级
运行环境	支持在本地 Linux 等主流服务器操作系统及 MySQL、Oracle 主流标准数据库上部署

二、运行管理机制创新

根据国内外图书馆联盟的经验，有效的图书馆联盟必须有明确的战略部署和目标，以及履行战略部署和实现战略目标的途径。运行机制作为联盟运行的调节器，功能是否有效发挥，直接影响着联盟的运行状态。因此，为了确保联盟保持良好的运行状态，建立和完善创新战略联盟运行机制，提高联盟运行效率，具有至关重要的现实意义。

1. 运行机制研究

图书馆运行机制是推动整个系统演化的内因之一，而运行机制的设计也必须按照并遵循图书馆联盟内部机理和运行过程来进行设计。从系统科学的角度来看，图书馆联盟的运行机制主要受内部因素与外部因素的影响。外部因素主要来自联盟外界的支持及干预，是使联盟得以运行及支撑的保障；内部因素主要来自联盟内部，涉及内容庞杂。

通常情况下图书馆联盟在运行初期遇到的问题并不多，一般是由资源共享联盟发展而成，比较常见的有借阅特许、馆际互借等共享行为，一般在小范围的同类型的图书馆之间进行。当这些内在因素较为简单且变化不大时，图书馆联盟只需要进行机构或行为上较为细小的调节便可适应环境的变化。随着现代化技术的不断发展，外界环境不断变化，对图书馆联盟的影响也越来越大，此时联盟需要在联盟组成要素和系统结构上做出重大调整才能适应整个新时代各种因素的影响。从以上分析可以看出，使得图书馆联盟进行重大或微小调整的原因始终是外界环境，环境的变化使得图书馆联盟必须适时做出反应以应对外界因素的不断变化，而做出的变化也只是在适应环境，而不可能通过自身力量改变外界环境。另外是用户的需求驱动，图书馆联盟要快速向前发展，需要在变革中不断顺应用户的需求，用户需求的变化既是图书馆联盟的压力，也是发展的动力。

成熟有效的运行机制可以将系统内外部环境中的有效信息通过信息传导路径迅速传递，在系统的组织协调下实现图书馆联盟效益的创造。根据上述分析，图书馆联盟的运行机制主要应该包括：管理机制、动力机制、激励机制、信任机制、供求机制与协调机制。这六个机制共同组成图书馆联盟的运行机制，在图书馆联盟运行中，各机制执行功能各有侧重，又彼此有着重要的联系，相互促进，相互支持。

（1）管理机制主要为联盟提供支持与统一协调

主要包括管理机构的设立及法律法规、各种规范制度的制定等。同时，与协调机制相互影响，管理机制的良性运行也促进信任机制、供求机制、动力机制及激励机制的形成，最终对运行机制起到保障作用。

（2）动力机制主要是充分调动图书馆联盟中各要素

实现用户利益的保障，成员馆价值的提升，国家投入有所回报及社会信息的保障，以此达到联盟效益的保障。动力机制与激励机制、供求机制互为促进，同时也受管理机制、信任机制的影响，当这些机制良性发展时，必然会促进动力机制的良好运行，最终使图书馆联盟的运行机制得以良好发展。

（3）激励机制主要是建立在信任与契约基础上的激励

该机制与动力机制互为促进，同时也受信任机制、协调机制、管理机制的影响，最终对运行机制起到促进的作用。

（4）信任机制以减少联盟运行成本、冲突，加强信息共享，提供联盟效益为目标信任机制与协调机制、供求机制互为促进，同时受管理机制的影响，对激励机制也起着十分重要的作用，信任机制的构建必然会促进运行机制的良性发展。

（5）供求机制以解决图书馆联盟信息资源分配不均造成的信息资源供求矛盾

与动力机制、激励机制、协调机制、信任机制互为促进，同时又受管理机制的影响供求机制的运行状态直接影响图书馆联盟的运行机制。

（6）协调机制对影响资源共建共享的主要因素进行调控，达到平衡各馆信息资源配置的目的。

2. 管理模式创新

BALIS 文献资源共建、共享模式是采用集中式信息资源共享模式与分布式信息资源共享模式相结合的模式进行系统运作的。集中式信息资源共享模式是在一定范围内，由大型信息机构集中建立海量的信息资源保障体系、完整的书目系统和统一的信息共享服务平台，通过共享协作网络，提供文献信息服务的共享模式。这种模式适用于合作成员具有一定的垂直隶属关系，有政策和稳定财政支持的区域，其特点为资源集中、系统集中、管理集中。分布式信息资源共享模式是由信息机构在双边或者多边的基础上，通过协议建立联合保障体系，以无中心的网状模式，由多个资源节点分布组成。各资源节点自主进行信息资源建设，分布存储和提供信息资源，通过统一的检索平台，各节点之间可以进行资源互访和共享。这种模式适合在馆藏各具特色，地域分散，规模相当的一批合作成员间建立跨单位、跨地区、跨行业的信息资源共享网络。其特点是资源组织容易，相互协调简单，建设成效快，使用成本低，服务效率高。

BALIS 以网络技术为工具，建立起一个联系各成员馆的“虚体组织”。成本低，见效快，沟通灵活，运转顺畅。从组织类型来看，BALIS 是一个松散的扁平型组织，这种联盟构建的优点是，既能快速实现资源的共享，又能节约大量组织成本，适应了我国图书馆区域联盟的发展趋势，因而有着很强的生命力。应该说，现代信息技术在推动了图书馆区域联盟的快速发展中，起着至关重要的作用。

第十一章 借鉴与案例分享

一、CALIS——中国高等教育文献保障系统

中国高等教育文献保障系统(China Academic Library & Information System,CALIS),是经国务院批准的我国高等教育"211 工程""九五""十五"总体规划中三个公共服务体系之一。CALIS 的宗旨是,在教育部的领导下,把国家的投资、现代图书馆理念、先进的技术手段、高校丰富的文献资源和人力资源整合起来,建设以中国高等教育数字图书馆为核心的教育文献联合保障体系,实现信息资源共建、共知、共享,以发挥最大的社会效益和经济效益,为中国的高等教育服务。

CALIS 管理中心设在北京大学,下设了文理、工程、农学、医学四个全国文献信息服务中心,华东北、华东南、华中、华南、西北、西南、东北七个地区文献信息服务中心和一个东北地区国防文献信息服务中心。它通过整合各类电子图书馆资源,提供了多样化的信息共享形式。

作为国内最大的数字图书馆联盟,CALIS 一直致力于建立面向高校图书馆的资源共建、共享基础平台和面向高校师生的三级文献服务体系。CALIS 经过 19 年的建设和发展,已成为全国高校文献资源公共服务基础设施,共经历了三个发展阶段。第一阶段("九五"项目 1998—2001 年)建立了全国最大的自动化时代印本资源共享体系。从编目入手,实现了馆藏资源的共建共享,其标志性的系统是联机编目和联合目录。第二阶段("十五"项目 2002—2006 年)建立了分布式高等教育数字图书馆。实现了分布式环境下数字图书馆系统的构建和互联互通,重点解决了跨馆跨库的文献检索和获取,主要提供门户构建、统一认证、统一检索、开放链接、馆际互借与文献传递、参考咨询、版权保护等服务。第三阶段(三期项目 2010—2012 年)全面采用云计算技术,建立了面向图书馆联盟的"云上的"信息服务协作网络。从图书馆、共享域和全国三个层面,初步解决了图书馆在资源加工、整合、交换、发现和获取等方面的协作和共享问题。

经过 CALIS 三期及其后的持续建设,到目前为止,CALIS 已基本建成七大体系。一是多种图书馆联盟体系,包括所有省级共享域联盟、部分城市共享域联盟和学科共享域联盟;二是国外文献资源联合采购体系,支持集团采购、协调采购和自主采购等方式;三是全国联机编目体系,通过采用联合编目、套录、数据规范化、数据清洗、数据回溯等多种方式进一步保障和提升数据质量;四是全国高校文献资源整合和发现体系,包括全国高校数字资源交换、数字资源整合和管理、多层次资源发现、外文期刊网(CCC)、联合目录 OPAC 及各类专题资源搜索服务(如学位论文、参考书、课程信息、特色资源)等,从不同层面和不同角度为读者提供资源发现服务;五是全国高校文献传递(获取)体系,通过统一身份认证和文献获取等云平台建立了"一个账号,全国获取"的文献获取服务模式;六是数字图书馆云服务技术支撑服务体系,对一系列数字图书馆 sues 服务提供不间断的系统运行维护保障和技术支持服务;

七是培训体系，涵盖馆长研修、馆员培训和资格认证等方面，以提高从业人员信息素养和业务管理水平。

近 20 年来，CALIS 在支持全国高校成员馆建设资源的同时，注重元数据著录规范、数字化的加工规范、系统之间的相互操作规范等，开发了一系列系统，几乎涉猎图书馆的所有工作流程和业务，包括采访、编目、检索、流通、咨询、人员培养等。如果说前 10 年 CALIS 在发展自身，那么后 9 年可以说是 CALIS 开始真正将建设成效服务于成员馆。本文从资源、服务、系统和人员培养四个方面简要介绍 CALIS。

（一）资源建设

CALIS 资源建设的定位主要是将 CALIS 资源建设的成果集成到图书馆的服务中去，面向的是图书馆而非读者，是为提升高校图书馆自身的建设水平，以更好地为读者服务，而不是简单化地出资替图书馆购买资源。CALIS 三期资源建设主要包括两大方面，一是目录数据库（二次文献库）建设；二是全文数据库（一次文献）建设。CALIS 三期整合的资源总量超过一亿。资源类型除图书、期刊、学位论文、网络资源外，还包括课件、图片、多媒体资源、知识库等。资源语种也从已有的中（含古籍）、英、日、俄文献，扩充到其他语种，如法语、德语、韩语、西班牙语、阿拉伯语等。CALIS 资源建设项目主要有：CALIS 联合目录、共享式外文全文资源、资源订购。

1. CALIS 联合目录

CALIS 联合目录是 CALIS 联合编目平台，通过与各个成员馆本地图书馆自动化系统的集成，实现对全国高校各个图书馆的馆藏资源的编目与整合，形成全国高校图书联合目录及馆藏信息数据库，从而实现对分布在全国各个高校的馆藏资源的全面揭示，以此提高高校各馆馆藏资源的利用率。编目工作是图书馆的基础业务，提高编目工作的质量和效率，编目工作标准化、规范化，是图书馆实现向整体化建设目标迈进的重要组成部分。

2. 共享式外文全文资源

共享式外文全文资源是引导和支持成员馆以“协调采购，集中共享”方式购买不重复的外文全文文献资源，如 PQDT 博硕士学位论文、MyiLibrary、WorldeBook Library 等电子书。在 PQDT 学位论文全文共享式外文全文数据库建设中，各成员馆以非常优惠的价格获取国外优秀的博硕士学位论文。参与集团采购的成员馆除可访问自己购买的论文外，还可访问当年度集团内其他高校和非高校用户采买的论文。MyiLibrary 电子书共享式全文数据库建设加强了高校馆藏电子图书发展，提高了英文学术性电子书整体拥有量突破了多年来电子书联盟采购复本数过多的瓶颈问题。图书馆通过少量经费投入，即可共享联盟订购馆藏，馆藏倍增效应明显。联盟成员共建，采购价格非常优惠，显著降低了采购成本。以大陆地区成员馆为例，每个成员馆的订购费用为 3 万美元，可共享本组成员订购的约 8 000 册左右的电子图书，平均每册图书采购成本不足 4 美元，而外文图书的纸本平均价格在 60～70 美元，联盟采购成本仅为纸本价格的二十分之一，联盟采购效益显著。联盟电子书购买方式为一次性付费，永久使用，所以随着时间的推移，使用成本将持续下降。与纸本图书相比，电子书的馆际互借成本降低，图书利用率显著提高。World eBook Library（WEL）共享式外文全文数据库是目前国内集团采购外文电子图书总量最大的共享数据库。WEL 数据库包含的语种超过 200 种，可以有效地弥补小语种资源的欠缺。该集团使一些中小型学校尤其是一些资源相对比较欠缺的小型学校能够从中受益，一次性批量引进外文电子图书。按首批成员价格计算，小型学校购买 16.95 万种永久使用的电子图书，每种只需 1.34 元人民币，而大型学校也只需 2.69 元/种，取得了较好的成本效益。参与 WEL 共享库建设的集团成员馆所买断的 16.95 万种电子图书可永久保存在本地，供国内买断用户存档、永久使用。今后参加集团共建的高校所买断的资源也将继续补充到 WEL 共建共享数据库中，形成可持续发展的电子资源数据库建设态势。

3. 资源订购

CALIS 在三期建设期间研发了联合资源订购平台，帮助图书馆联合订购各类文献资源。该系统不仅能降低资源的采购成本，减少资源的重复率，形成合理的资源布局，还能通过资源共享交换以及馆际互借与文献传递等机制，大大提高资源的利用率。在 CALIS 联合资源订购平台的基础上，分别针对不同需求提供了相应的协调采购服务。目前支持 17 家中心馆的文专协调采购、文专自主采购和大型特藏采购，支持 70 多家成员馆的文专自主采购。针对 PQDD 的学位论文订购系统服务于中科进出口有限公司，目前有 201 家学校及机构在使用并订购学位论文。北外小语种联盟图书订购系统目前服务于北外小语种联盟的各学校用于选书等操作。

MyiLibrary 电子书订购系统是面向大陆和港台高校联合采购 MyiLibrary 电子书的系统，目前已有 61 所两地的高校加入联合采购电子书，该系统支持简体中文、英文和繁体中文三种语言界面。

4. 特色资源建设

CALIS 鼓励成员馆遵循统一的标准规范来建设本馆资源，并以特色数据库等子项目带动更多的成员馆参与高校特色馆藏资源建设，提升资源建设的水平。以 CALIS 特色数据库子项目为例，其建设目标之一就是带动特色数据库建设的标准化。为此，特色库子项目从建设经费、标准规范、软件系统、业务培训等多个方面对参建单位给予支持，取得了良好的成效。三期该子项目在立项评审时，全国共有 29 个省(市、自治区)189 个学校申报 236 个项目。与一期、二期的特色库建设子项目主要集中在“211”院校不同，三期建设 189 所高校中“211”院校共 65 所，其他类型院校共 171 所，占立项高校的 72.46%。许多西部院校和一般本科院校凭借参建特色库建设，首次进入 CALIS 共建共享平台。项目建设过程中形成了一系列研究成果，在国内外学术刊物公开发表相关领域研究论文 140 多篇，其中 30 篇被 CSSCI 收录，3 篇被 SSCI 收录。可以说，三期特色库建设为全国高校图书馆培养了一支具有较高水平的专题资源建设队伍。为避免重复建设，将有限的项目资金发挥更大的作用，充分挖掘高校图书馆的特色文献资源，CALIS 鼓励多馆合作进行特色资源建设。一方面，三期特色库子项目明确鼓励联合建库，如重点资助项目“中国农业学科特色数据库建设”“旅游特色数据库”，均采用联合建库模式，分别由 13 所农业高校图书馆、5 所旅游职业院校共同申报、合作共建；另一方面，从三期开始，CALIS 以单独立项的子项目形式重点扶持多馆合作的特色资源建设，如高校古文献资源库。该子项目在二期项目为特色库建设子项目中的一个重点项目，由北京大学、南京大学等 4 家图书馆联合建设，得到了高校图书馆的一致认同，许多图书馆都申请加入。因此，CALIS 三期将其单独立项，又吸纳了清华大学、复旦大学、中国人民大学、香港中文大学等 20 家古籍馆藏丰富的高校图书馆参加联合建设，有力地带动了国内高校范围内古文献的编目与整理。

（二）服务建设

CALIS的前两期，主要任务是发展和建设，从第三期开始，CALIS开始将重心逐渐转移到服务上。

1. e读

作为CALIS的学术搜索引擎和资源发现平台，e读的目的是整合全国高校纸本资源和电子资源，揭示资源收藏与服务情况。通过一站式检索从海量资源中快速发现与获取信息，为读者提供全新的用户体验。e读服务于2010年9月正式推出。e读中包含的36万册中文电子图书和3 293册外文电子图书，CALIS成员馆可免费访问，为扩展各图书馆资源，方便读者发现和检索资源，CALIS又继续推出了e读本地化服务。图书馆可根据馆藏或学科方便地定制本地的资源发现服务，不仅可以提供本馆纸本馆藏和电子资源链接，还可以通过馆际互借文献传递等方式获取他馆资源。e读采用云计算技术，使得成员馆可以零投入便可建立自己的资源发现系统，无须开发软件，也无须购买硬件设备、投入运维成本等，极大地节约了图书馆有限的经费，消除了中小型图书馆定制，使用资源发现系统的障碍。

e读还无缝集成了CALIS其他系统，如统一认证系统、馆际互借/文献传递系统、e问系统等。此外，e读还与图书馆OPAC系统进行集成，在图书馆嵌入的e读搜索中检索到结果后，还可链到图书馆OPAC，以揭示图书馆的流通状态。

2. 外文期刊网(CCC)

CALIS三期开始，CCC对成员馆免费开放使用，在各省中心的推动下，用户数和使用量都有了大幅度提高。截至2012年年底，外文目次达8 459万篇，使用CCC的成员馆达1 071家。CCC的馆员空间中提供纸本馆藏和电子馆藏的维护，现已有200多个图书馆维护了纸本馆藏期刊信息；500多个图书馆维护了电子期刊馆藏信息，这些成员馆可以在利用CCC检索外文期刊文章的同时，通过CALIS资源调度系统直接获取全文。因此，成为CALIS最受欢迎的服务之一。由于成员馆加强了对读者的宣传，用户访问量明显增多，CALIS外文期刊网用户点击量不断攀升。

在CCC中查询到在CCC的页面上方，有一个“馆员专栏”的栏目。无论读者身在何处，只要在IP许可的范围内，读者得到的文章结果是一样的，不同的仅在于资源调度的结果。CALIS资源调度的知识库包含图书馆购买了哪些引进数据库，或拥有哪些外文纸本期刊。这些内容要靠图书馆员在“馆员专栏”中设置，以便CCC准确揭示馆藏。为方便图书馆员操作，系统也提供了一些导入功能。可以说，读者的使用体验取决于图书馆员后台的工作。在所有资料类型中，期刊的利用率最高，要求的实效性也最高，因此，CCC在一定程度上提升了图书馆的检索环境，对保障教学质量、支持科研工作起到了重要的作用。

3. 馆际互借/文献传递服务

没有一个图书馆可以采买读者所需的所有资源，而“他山之石”无疑是最佳的弥补途径。通过CALIS的馆际互借/文献传递系统，已经可以实现高校内的互通有无。除此之外，CALIS与国家图书馆、上海图书馆、NSTL和维普等建立了馆际互借/文献传递关系，CALIS的成员馆通过CALIS即可获取这些文献服务机构和公共图书馆的资源，读者无须在这些机构逐一开通账户，图书馆也无须与这些机构签订合约，极大程度上满足了用户需求。通过CALIS，高校师生可以借到全国兄弟院校、公共图书馆，甚至国外大学的资源，以弥补图书馆自身资源的欠缺。上海图书馆和CALIS的战略合作，开启了公共图书馆与高校图书馆大规模合作的大门。

（三）支撑系统服务

作为中国高校图书馆的联盟，在“共建、共知、共享”宗旨的指导下，为了让尽可能多的高校图书馆及其用户享用到CALIS的服务，CALIS在三期建设中将图书馆共享服务与SaaS（软件即服务）有机结合起来，CALIS在原有三级文献保障服务体系下，在三期建设中增设了共享域中心，形成“全国中心＋地区中心＋省级中心＋共享域中心”的共享服务体系，建设发展CALIS云服务。CALIS云服务主要包括中心云服务、共享域云服务以及云服务的本地集成方案。通过为成员馆提供免费的CALIS云服务，CALIS希望能降低用户使用成本，帮助高校图书馆全面实施现代化管理，加快信息资源共建共享，带动中小型图书馆的信息化发展进程，提高高校文献服务整体保障水平。图书馆使用CALIS云服务的好处主要有：即开即用，无须硬件投入，无须软件或系统维护，可以专注于业务管理和服务，能获得全局性的资源共享、整合服务和规模效应，能与本馆服务无缝集成。

1. 中心云服务系统

CALIS中心云服务包括合作编目与书目配送，协调采购与资源建设，公共检索与资源导航，文献传递与原文获取，互动问答与课题服务等。与之对应的软件共享与技术支持服务如下。

（1）联机编目中心系统建设及技术支持服务：书目套录数据源库、书目配送、书目数据批量更新、中文MARC21套录、接口服务。

（2）资源联合订购中心系统建设及技术支持服务：协调采购、自主采购和大型特藏采购。

（3）e读学术搜索、外文期刊网、中外文学位论文中心、教参中心、特色资源、中国高校机构库等中心网站建设及技术支持服务。

（4）e得门户、馆际互借与文献传递中心、结算中心、调度中心系统建设及技术支持服务。

（5）e问门户、联合问答、联合咨询中心系统建设及技术支持服务。

（6）为提供读者个性化服务和成员馆及其应用注册管理服务，CALIS建设了一系列支撑系统服务，如CALIS机构服务平台、会员与应用注册管理中心、统一认证中心、个性化门户等系统建设与技术支持服务。

（7）三期建设期间，CALIS先后编写、修订完成互操作接口类、平台技术类、资源存储类、资源检索类共四大类技术标准规范。

CALIS中心云服务系统由CALIS管理中心负责统一部署和维护，面向所有CALIS成员馆提供免费服务。

2. 共享域云服务系统

CALIS共享域云服务包括共享域管理平台（包括共享域门户服务）、馆际互借与文献传递、参考咨询、数据交换与传输、数据共享、教参与特色库建设服务等，对应的系统服务分别是共享平台管理（即统一认证共享版）系统、馆际互借与文献传递、参考咨询、数据交换、云盘系统、教学参考信息管理系统、特色库建设和管理系统等在内的一系列共享版软件及技术支持服务。

共享域云服务系统部署在省中心、园区中心等实体共享域中心，仅为本共享域内的成员馆提供免费软件租用服务。与 CALIS“十五”各成员馆独立部署维护应用系统的使用模式不同，图书馆利用 CALIS 共享域云服务平台，可以直接申请、开通共享版软件，实现灵活定制，即时部署，快速集成。CALIS 共享云服务平台，可以支撑数百以至上千的图书馆在同一个应用体系内实现业务操作，切实改善图书馆共享的服务模式，真正做到共建、共知、共享。

（四）人力资源建设

CALIS 通过与省中心合作，宣传推广 CALIS 服务，开展培训，培训涉及各类图书馆员，包括编目人员、学科馆员、馆际互借业务人员、系统管理员、馆长等，其中一些专项培训还有考试，并颁发证书。为推进西部地区图书馆的发展，CALIS 组织了两次西部巡讲团赴西部宣传的活动。仅 CALIS 三期，培训人员多达 3 万多人次。除此之外，为了加强高校图书馆之间的合作与交流，全面提升高校图书馆馆员综合素养，提高馆员在创新服务中的实践工作能力，CALIS 三期新设了访问馆员项目，该项目共有 31 个省的 53 位馆员（均来自不同图书馆）赴 15 个馆进行业务学习访问，共同探索图书馆服务的发展方向与前景。

（五）结语

CALIS 的项目建设现已经从一个全国性和地区性的文献信息服务中心变为一个为信息进行服务的主干网。在专业层面上，分为以文理、工程、医学及农学为主要方向的四大类别。

CALIS 的构成建立不仅提高了我国高校图书馆的整体水平，也加快了各高校图书馆自动化、数字化和网络化的发展过程，使得 CALIS 呈网状在各个图书馆之间迅速发展。作为 CALIS 立足之本的文献信息资源，更是有效地利用 CALIS 的发挥作用而取得了良好的发展。另外，在资源共享方面，CALIS 的公共检索、各馆际间的互借、文献传递等一系列的服务功能等都加强了 CALIS 的服务内容范围。

随着大数据、移动互联网、智能计算等信息技术的迅猛发展，图书馆用户对图书馆服务的需求也在发生变化。泛在化、移动化、智能化是图书馆未来的发展目标，图书馆多种形式的业务外包以及馆间的服务整合和高效协作将逐渐成为常态。CALIS 也在积极探索下一代图书馆发展和服务模式，采用多种先进技术和理念，探索建立产业协同发展联盟。以业务培训和云平台服务相结合，以支持各类联盟的资源共享和协同服务为抓手，充分发挥各自优势，向各个高校图书馆提供资源、数据、人力、知识、技术、设备等多种共享服务，促进图书馆的快速转型和整体发展。

二、JALIS——江苏省高等教育文献信息保障系统

江苏省高等教育文献信息保障系统（Jiangsu Academic Library & Information System，JALIS）是江苏省“九·五”期间为实施“211 工程”，加快高校公共服务体系中文献信息保障系统建设而启动的项目。JALIS 是国内目前最具规模的高校图书馆区域性信息资源共享体系之一，自 1997 年 9 月正式成立以来已走过 21 年的建设历程。

JALIS 是国内较为成功的高校图书馆联盟，在资源共建、共知、共享等方面做了大量的工作，尤其是常用文献资源的集团采购并买断，在全省高校范围内，形成优质教育资源大规模的共享态势，对促进高等教育发展具有历史意义。JALIS 所取得的建设成就是有目共

睹的。

JALIS 的总体建设思路是：自上而下，大馆带动小馆，先打好基础，后优化服务，分期分批建设，按期定时验收，循序渐进促进全省高校信息资源的共建、共享，并服务于全省高等教育的教学和科研。JALIS 已建设三期，每期都有特色和重点。JALIS 一期建设的重要成果是图书馆自动化管理软件“汇文系统”的研制与推广应用，建立了江苏省高校文献资源共建、共知、共享的基本框架。JALIS 二期，立足于资源服务与数字资源建设，分服务管理层、资源层、基础层三个层次，建设江苏高等教育数字图书馆，形成完整的服务链。基本完成了江苏高校图书馆从传统向现代化的转变，初步形成面向地区资源共享的信息组织体系。JALIS 三期，集成 JALIS 在文献资源、服务、数字图书馆关键技术等方面的建设研究成果，建设“江苏省高等学校数字图书馆”综合门户网站，统一揭示文献信息资源和服务。

（一）管理体系

JALIS 的管理中心设在南京大学，下设管理中心办公室作为常设的管理机构，接受 JALIS 领导小组和江苏省图情工委的双重领导。管理中心办公室负责日常的管理、协调工作，贯彻 JALIS 领导小组的部署，形成以领导小组、管理中心为核心的 JALIS 管理层。JALIS 管理中心下设八个地区、学科中心和四个书刊采编中心，按照江苏省高校的地域布局和专业特色布局，依托各地区、学科的中心馆，各个学科/地区中心面向本地区和学科群的基层馆提供服务，各个中心按年度向上级的中心汇报工作，接受管理中心的统一部署，开展服务，从而形成“管理中心—学科/地区中心—基层图书馆”的三级服务网络体系。JALIS 管理中心与中国高等教育文献保障系统（CALIS）的协调，在江苏地区推进、实施 CALIS 的相关服务计划，规划江苏省内的文献资源建设，督导地区/学科中心的服务工作，处理日常的管理工作。地区、学科中心依托所在馆开展服务，形成针对本地区、学科群的辐射面，成为地区性的文献中心和文献服务中心，为本地区的教育发展、经济发展提供支持，各个中心设有专职人员负责文献传递、馆际互借服务。

（二）建设目标

（1）JALIS 的建设是 CALIS 建设的一个组成部分，在全国 CALIS 管理中心的统一领导和组织下，积极开展项目的实施。

（2）通过 JALIS 的建设，到 21 世纪初，使全省高校图书馆系统初步形成结构优化、布局合理、配置精当的文献收藏系统，建成江苏省高校联合目录数据库和一批具有特色的专题文献数据库，并与引进国内外光盘数据库相结合，初步建成全省较为完整的、多层次服务的体系框架，为进一步的发展打下良好的基础。

（3）依托 CERNET（中国教育科研计算机网）、JSERNET（江苏教育科研计算机网），采用现代信息技术和手段，开发新一代的、面向网络化、面向未来信息社会的图书馆自动化管理软件，为提高江苏省高校图书馆信息管理工作的现代化水平，为实现文献资源的共知、共建、共享提供基础的技术平台。

（4）初步建设若干个文献和地区中心，以各个中心为依托辐射周边地区和相关的院校，并以此为骨干，实现文献资源的共知、共建、共享。

（5）借助于虚拟馆藏，获得世界范围内的最新信息，初步形成江苏高等教育文献信息的保障网络，从而保证江苏省高等教育现代化建设目标的顺利实现，并为江苏省的经济发展和社会进步做出积极的贡献。

卜面从特色馆藏建设、馆际互借和文献传递、电子资源建设及集团采购三个方面介绍JALIS的功能。

(三)特色数据库

特色数据库是指针对用户的信息需求,对某一学科或某一专题有利用价值的信息进行收集、分析、评价、处理、储存,并按照一定标准和规范将特色资源数字化,以满足用户个性化需求的信息资源库。可见,特色数据库具有体现馆藏信息资源特色,为用户提供个性化信息服务,按照一定标准和规范建设而成并可供共享等特征。特色数据库的建设有利于发挥图书馆的特色资源优势,在更大范围内实现资源共享,最大限度地满足用户的信息需求,增加图书馆在数字化时代的竞争能力,提升图书馆的品牌地位。

1. JALIS特色数据库建设历程

特色数据库建设是JALIS工程建设的重点项目之一,从1997年启动建设以来,经过十多年的建设和发展,已初步建成了一批内涵丰富、极富江苏特色的教学信息资源库和特色数据库群,有效整合了全省高校图书馆的特色资源,为江苏高校的教学与科研提供了强有力的特色资源保障。JALIS特色数据库的建设主要分为以下三个阶段。

第一阶段为起步阶段,历时五年(1997—2001年),其标志性成果是自主研发了“汇文管理软件系统”,实现了全省高校图书馆自动化管理软件的统一,江苏98%以上的高校图书馆利用“汇文系统”完成了馆藏书目数据的回溯建库工作,为实现全省图书馆信息资源的共建共享奠定了坚实的基础。

第二阶段为建设阶段,历时五年(2002—2006年),标志性成果为“区域流通管理系统”,该系统已覆盖全省124个高等院校和科研院所,使江苏高校图书馆纸本文献的馆际互借能力得到迅速提升。同时,启动了特色数据库建设工程,包括“专业特色数据库”“重点学科导航数据库”“博硕士学位数据库”“高等教育教参信息数据库”等特色库的建设。目前已完成11个专题库、11个导航库、17 625篇博硕士论文的提交与收割、49 379条教参信息的建设工作,初步形成JALIS优质特色资源体系。

第三阶段为完善发展阶段,历时四年(2007—2010年),主要是在二期建设基础上的延续和发展,2008年7月召开了项目遴选论证会议,特色库立项项目共17个,其中6个数据库是JALIS二期续建项目。

JALIS三期共有22所高校参与了24个特色数据库的建设工作,其中“211”高校6所,普通本科院校14所,高职高专院校2所。建设内容包括图片、索引、题录、文摘、全文等形式,数据类型涉及多媒体、教学资源、电子书刊报等。涵盖了医药、园林、矿业、土木工程、食品、建筑等专业。可以说,JALIS三期特色数据库建设具有专业特色和地域特色,基本实现了预期的建设目标。

2. 江苏省高校图书馆特色数据库建设特色

(1) 专业覆盖面广

江苏省大多数高校图书馆是结合本校重点学科特点、地域特色和馆藏特色筹建的数据库。数据库覆盖专业面很广,类型丰富,文、理、农、医等各个专业均有涉及。如江南大学图书馆的“食品教学资源特色数据库”,中国矿业大学的“矿业工程数据库”,南京农业大学图书馆的"特种经济动植物多媒体数据库",南京中医药大学图书馆的"中医药古籍特色数据库",南京艺术学院图书馆的"江南丝竹专题特色库",江苏师范大学图书馆的"汉画像石(砖)数字资源库",南京体育学院图书馆的"江苏省体育学科专题数据库",南京理工大学图书馆"国防科技文献特色数据库"等。

(2) 主题特色鲜明

江苏省高校图书馆建设的特色数据库,大多选择了本校的重点学科和优势学科,特色数据库的建设目标就是具有鲜明的特色,因此将这些特色鲜明的文献进行数字化所建的数据库主题鲜明。数据库反映当地地域文化和传统文化。如扬州大学图书馆的"扬州文化数据库",苏州大学图书馆的"吴文化数据库"都是与当地文化息息相关;常熟理工学院图书馆的"中国虞山琴派古琴艺术数据库",江苏师范大学图书馆的"汉画像石(砖)数字资源库"反映了当地的传统文化。

数据库建设体现所在院校的办学特色和优势学科,紧跟学校的学科发展规划。如江南大学图书馆的"食品教学资源特色数据库",中国矿业大学图书馆的"矿业工程数据库",江苏大学图书馆的"车辆工程特色文献数据库",南京工业大学图书馆的"土木工程安全与防护数据库"和"混凝土安全性——碱集料反应专题数据库",淮海工学院图书馆的"海洋专题数据库",中国药科大学图书馆的"中国药物不良反应信息数据库""道地药材数据库""罕见病和罕用药信息数据库"和"中外药品质量标准数据库",这些特色数据库都是基于该校的重点学科建设的,具有强大的学科背景。

基于本馆特色馆藏资料,是其他学校图书馆所不具备或只有少数馆收有的特色馆藏。如南京中医药大学图书馆的"中医药古籍特色数据库",江苏警官学院图书馆的"民国警察史料专题数据库"。

特色数据库与各地方政治、经济发展有密切相关,为地方经济发展服务。如南通大学图书馆的"张謇研究特色数据库",南京农业大学图书馆的"特种经济动植物多媒体数据库"。

(四) 馆际互借、文献传递服务网

JALIS 的馆际互借、文献传递服务网(Inter Libraryloan and Document Supply,ILDS)是 JALIS 管理的核心服务子系统,包含中国高等教育数字图书馆的馆际互借、文献传递服务网和中国高校人文社会科学文献中心(China Academic Humanities and Social Sciences Library,CASHL)的馆际互借、文献传递服务网,两个平行的服务网络,于 2004 年启动开展服务。JALIS 馆际互借、文献传递服务网的服务对象涵盖江苏省所有高校图书馆,省内用户只需申请注册,免费安装配置本地联合认证接口,成为 JALIS 馆际互借、文献传递服务网的成员馆,高校的个人用户就可以使用本馆的账号,单点登录,实现"一个账号、全国获取",管理上实现"一个协议、一个账号、一次结算"。

1. 规模与成就

2004 年,建立了基于统一管理下的 JALIS 馆际互借、文献传递服务网,依托 CALIS 云服务平台,JALIS 馆际互借、文献传递服务网正式对外服务,成员馆通过服务网,实现优势互补与资源共享,建立图书馆的竞争优势。实现了传统服务模式向互联网服务模式转型,非返还式服务全部采用电子邮件或个人账户+下载的方式提供文献,建立统一的服务体系,统一标准、统一结算,成为 JALIS 联盟内重要的服务子系统。

JALIS 与国内同类型的区域性高校图书馆联盟相比,建设的历史较长,内部组织架构稳

定而严密，规章制度健全，内部的成员关系平等，并无隶属关系的差别，内部管理更具约束力。同时，作为政府支持的项目，得到长期稳定的财政支持。2004—2015 年年底，超过 50% 的成员馆加入了 JALIS 馆际互借、文献传递服务网，累计注册的个人用户数 2.2 万个，累计服务笔数为 28 万人次，年均 2.8 万人次，其中，外借数量占 37%。复制—非返还式的服务占总服务量的 95.69%，返还式服务仅占 4.31%。用户数、服务量等指标在 CALIS 所属的各个共享域内居前列。

成员馆所拥有的电子资源储备达到相当规模，JALIS 面向全省提供的电子资源集团采购工作是 JALIS 的常规工作。截至 2015 年年底，JALIS 联盟成员馆已形成了相当规模的电子资源储备，电子资源采购累计已达到 1 300 余个(按照子库计算)，其中，中文期刊占 49%，外文期刊占 51%，在大部分成员馆的年度文献。

2. 技术突破

2010 年以后，CALIS 在全国范围内推广单点登录与联合认证服务，馆际互借、文献传递服务进入了以用户为中心的时代，单点登录改善了用户体验，提升了 JALIS 馆际互借、文献传递服务网使用的便利程度，使用个人账户就可以直接登录 CALIS 馆际互借、文献传递，通过网上跨校、跨地区、跨专业直接提交申请，获取文献，而不再需要用邮件或是填写纸本申请单的方式提交申请。实现 CALIS 资源、JALIS 自有资源、本地资源的整合，一次登录，漫游全国。突破这一瓶颈的关键在于在全省范围内所有成员馆部署认证接口，而与国内其他共享域相比较，JALIS 的另一个优势是“同构化”的基础环境，即全省高校图书馆使用统一的管理系统，因此，在江苏省内推广单点登录、联合认证是最快的。而在异构环境下，由于成员馆自动化系统不统一、难以联网，导致共享服务无以为继的情况出现。

(五) 电子资源建设及集团采购

区域集团采购以江苏高等教育文献保障系统为典型。2001 年 9 月江苏省开始启动“数字化工程”，以集团方式采购电子资源并已成功联合引进和购买了维普中文科技期刊全文数据库、超星数字图书馆、Springer Link 电子期刊、EBSCOhost、中国人民大学报刊复印资料全文数据库、CALIS 西文期刊篇名目次数据库，在省内建立镜像站点，采用 IP 地址认证方式，向全省高等院校提供服务。其中 JALIS 以超星数字图书馆、维普中文科技期刊全文数据库、Springer Link 电子期刊三种电子资源为典型，文献资源类型涵盖了电子图书数据库、中文期刊全文数据库、西文电子期刊全文数据库三种不同类型，对此三种电子资源效益进行分析研究，较为全面地分析 JALIS 的电子资源集团采购效益。下面对典型电子资源进行概述。

1. 超星数字图书馆

超星数字图书馆为“全球最大的中文数字图书馆”，内含图书资源百余万种，涵盖中图法 22 个大类，是国内较专业的数字化图书馆解决方案提供商和数字图书资源提供商，是中国数字图书馆行业的品牌。JALIS 选择超星数字图书馆，选购其电子图书，可以为江苏省各高校成员馆提供纸本图书的补充，提高中文文献的保障率。

2. 维普中文科技期刊全文数据库

维普中文科技期刊全文数据库是由重庆维普资讯有限公司发行的中文期刊全文数据库，数据库收录了 1989 年至今 13 422 种中文电子期刊的 1 000 余万篇文献，涵盖自然科学、工程技术、农业、医药卫生、经济、教育和图书情报等学科。据“我国电子信息资源的开发与利用研究”报告(北京大学和中国科技信息研究所,1998 年)显示,中文科技期刊全文数据库的利用率在中文数据库中排名第一。JALIS 引进维普期刊库,为各成员馆提供了及时的科研文献。

3. 德国斯普林格(Springer-Verlag)

德国斯普林格(Springer-Verlag)出版社有着 150 多年发展历史,以出版学术性出版物而闻名于世,它也是最早将纸本期刊做成电子版发行的出版商。Springer-Link 就是通过 WWW 发行的电子全文期刊检索系统,该系统目前包括 490 多种期刊的电子全文,其中 390 多种为英文期刊。

根据期刊涉及的学科范围,Springer-Link 将这些电子全文期刊划分成 12 个在线图书馆,分别是:化学、计算机科学、经济学、工程学、环境科学、地理学、法学、生命科学、数学、医学、物理学和天文学。JALIS 集团引进,为部分成员馆在获得优质外文文献资源的同时,实现了成本的节约。三种电子资源的引进,为江苏省高校在各种类型的电子资源上都得到了很好的补充,并得到了充分的利用。

(六) 结语

通过本次调查,可以看出,JALIS 十五年来的发展之所以在全国产生了一定的影响力和知名度,原因就在于 JALIS 的服务模式始终是领风气之先的。JALIS 的创新之处首先体现在管理创新,在没有前例可循的条件下,建设了以学科中心、地区中心为骨干的三级服务构架,成为全国学习的榜样。以文献资源补贴带动整体建设,把全省高校作为一个整体,进行统一规划和服务,发挥文献资源的最大效益。

作为公共服务体系,一方面,JALIS 直接面向高校读者提供服务;另一方面,也对各高校图书馆提供基础业务支撑。在 JALIS 建设项目的带动下,江苏省高校图书馆贯彻整体化建设的思想,在文献资源建设方面有了显著进步,特别是江苏高校图书馆数字化建设。其次是坚持不懈的技术创新,并且迅速转化为服务能力,这一点从早期的汇文到全省通用借书证、区域流通系统的研发可以清楚看出。通过构建“信息整合框架”和“应用整合框架”,JALIS 具备了很强的生命力。当然,更为重要的是服务创新。

JALIS 利用自身的技术创新优势和全省高校图书馆的齐心协力,服务效益在全国一直名列前茅,在联合目录、馆际互借、参考咨询等方面成绩卓著。JALIS 服务规模之大,在全国首屈一指,为江苏建设教育强省提供了强有力的支撑。

随着网络信息环境的日益成熟,文献载体形式在变化,读者的信息行为在改变,数据服务商对图书馆业务的渗透日趋明显,高校图书馆正面临着“去中介化”的危险,高校图书馆的发展之路在哪里?JALIS 未来发展的可持续发展道路在哪里?在新的挑战和发展机遇面前,江苏省各个成员馆需要精诚合作,走整体建设、资源共享之路。只有这样,才能在泛在知识环境下保证图书馆依然能在高校教学科研中发挥重要作用,成为名副其实的学术信息中心。期待 JALIS 未来的发展之路愈走愈宽,在秉承过往优良传统的基础上,走出创新之路。

三、NSTL——国家科技图书文献中心

国家科技图书文献中心(National Science and Technology library,NSTL)是根据国务

院领导的批示于2000年6月12日组建的一个虚拟的科技文献信息服务机构，成员单位包括中国科学院文献情报中心、工程技术图书馆（中国科学技术信息研究所、机械工业信息研究院、冶金工业信息标准研究院、中国化工信息中心）、中国农业科学院图书馆、中国医学科学院图书馆。网上共建单位包括中国标准化研究院和中国计量科学研究院。中心设办公室，负责科技文献信息资源共建共享工作的组织、协调与管理。

根据国家科技发展需要，采集、收藏和开发理、工、农、医各学科领域的科技文献资源，面向全国开展科技文献信息服务。其中国家科技图书文献中心的目标是建设成为国内权威的科技文献信息资源收藏和服务中心，现代信息技术应用的示范区，同世界各国著名科技图书馆交流的窗口。统筹协调，较完整地收藏国内外科技文献信息资源，制订数据加工标准、规范，建立科技文献数据库利用现代网络技术，提供多层次服务，推进科技文献信息资源的共建、共享，组织科技文献信息资源的深度开发和数字化应用，开展国内外合作与交流。本文主要从服务内容、组织结构介绍NSTL，并给出NSTL的未来发展提供一定的建议。

（一）服务内容

1. 文献服务

文献服务是NSTL的一个主要服务项目。具体内容包括：文献检索、全文提供、网络版全文、目次浏览、目录查询等。非注册用户可以免费获得除全文提供以外的各项服务，注册用户同时可以获得全文提供服务。

文献检索栏目向用户提供各类型科技文献题录或文摘的查询服务。文献类型涉及期刊、会议录、学位论文、科技报告、专利标准和图书等，文种涉及中、西、日、俄等。提供普通检索、高级检索、期刊检索、分类检索、自然语言检索等多种检索方式。

全文提供服务是在文献检索的基础上延伸的一项服务内容，根据用户的请求，以信函、电子邮件、传真等方式提供全文复印件。此项服务是收费服务项目，要求用户注册并支付预付款。网络版全文服务提供NSTL购买的网络版全文期刊的免费浏览、阅读和下载。电子版图书的借阅服务，是面向部分西部个人用户提供的一个服务项目，需要申请授权，希望获得此项服务的用户请填写《中国西部地区方正APABI网上数字图书馆系统个人账户申请表》。

目次浏览提供外文科技期刊的目次页浏览服务（CurrentContents），报道内容均为NSTL成员单位收藏的各文种期刊。可通过期刊目次页，浏览期刊的内容，查询相关文摘，进而请求全文。

目录查询提供西文期刊、西文会议、西文图书等文献类型的书目数据查询。报道内容均为NSTL成员单位馆藏文献。通过该栏目用户可及时了解文献的到馆情况。

2. 文献传递服务

NSTL文献传递系统采用集中式的文献传递模式，通过网络向读者提供科技文献资源检索和全文提供服务，为国内的科技创新提供文献信息保障。

馆际互借服务模式，是指两个图书馆之间进行文献传递服务的工作方式。文献传递服务模式通常可分为分布式和集中式两种，其中后者又可分为集团用户模式和个人用户模式两种。各馆可依据自身馆藏特点和服务能力选择不同的文献传递模式。

（1）分布式。分布式文献传递服务模式指以区域性的图书馆或文献提供中心作为资源收藏[illegible]一家成员单位均可向网络内部的其[illegible]提供文献传递服务。

[illegible]成文献供应中心集中提供文献保障[illegible]必须在服务馆的馆际互借系统中开[illegible]传递请求，中心通过自身馆藏或从他[illegible]都由中心集中管理。

NST[illegible]中心集中提供整个国家文献的基本保障[illegible]用一套馆际互借系统，成员馆无须自行维[illegible]费，减少资源的重复建设，提高文献使用率[illegible]心还开通了网上付费方式，非常方便。通[illegible]量的快速增长造成的中心系统负载过大问题[illegible]解。

3. 营销服务

目前 NSTL 的[illegible]传统营销和网站宣传。培训活动由 NSTL 主办，[illegible] NSTL 网络服务系统的资源、服务及使用方法，[illegible]般的检索知识和文献资源的培训。具体包括以宣传 NSTL 为主题的巡回演讲、上门服务、检索培训等。NSTL 网络管理中心协助承办单位完成宣传与培训活动的前期工作，包括在 NSTL 网站发布消息，提供相应地区的用户信息等。宣传与培训活动的具体事宜由承办单位负责。NSTL 特别重视内部培训，通过多种方式向组织内部成员灌输营销观念。一是不定期召开培训会，由各单位选派员工就系统使用、新的服务模式和资源情况进行学习。二是借助网络组建服务群组，为服务推广人员、原文传递人员、参考咨询馆员提供交流平台，讨论营销活动的关键主题并汇报用户的相关评论信息，通过沟通增强员工的营销意识，了解并支持 NSTL 的营销活动；每周固定一日，综合业务部、服务组、用户服务中心负责人在线答疑；不定期召开网络专题培训会，就如何发展用户管理平台、如何发展专题镜像平台等主题进行交流。三是服务组邀请研究小组、评价小组、用户服务小组、网络小组等部门参与到营销工作中来，协助制定两站学习计划，并派遣专人到有需求的两站进行培训。

近年来 NSTL 开始注重资源的合作推广。各成员单位、镜像站、服务站利用高校新生入学，发放试用卡、宣传资料和调查问卷；每个成员单位、镜像站、服务站每年都会走访 2～3 家有较大潜在需求的校图书馆，推介资源和服务。服务工作组与科技部火炬中心联系，取得 53 家国家级高新区名单及联络方式，制订高新区文献需求调查表，下发到 NSTL 各成员单位、镜像站、服务站。各成员单位、镜像站、服务站按照就近原则，上门走访高新区管委会，了解文献需求，宣传 NSTL。此外，NSTL 通过举办主题会议进行营销，如 NSTL 电子资源的使用主题，面向高校、科研院所，推广全国开通文献、检索课件和用户管理平台；举办 NSTL 军工内网服务工作交流会，面向军工单位，介绍新的系统。并邀请媒体或在本单位刊物和网站上发布通知和报道；鼓励各成员单位、镜像站、服务站发表与 NSTL 相关的学术论文，以软广告方式宣传 NSTL。另外一个特色是走进院士团队，通过发放 VIP 卡和召开院士座谈会，借助院士的力量提升影响力。

NSTL 的营销推广工作已常态化和规范化。NSTL 服务工作组负责拟定每年的 NSTL 宣传与培训工作方案，并负责方案的组织实施和监督管理。明确规定宣传与培训活动的对象以 NSTL 网络服务系统的最终用户(科技人员)为主。此外,各成员单位、镜像站每年一月份也会向 NSTL 服务工作组提交本年度拟开展的宣传培训活动的计划。每次宣传与培训活动都经过申请、实施和总结三个环节。承办单位在活动举办前一个月向服务工作组提出具体申请就活动规模、宣传培训对象、具体安排和经费预算四个方面进行说明;实施阶段通过统一的用户意见反馈表收集用户的反馈,作为下一步改进工作的依据;培训活动完成后一个月内,承办单位就发送资料状况(服务指南和试用卡数量)、宣传效果和发现的问题进行总结,并提交总结报告。服务工作组年底应对本年度的宣传培训工作进行全面总结,奖励评选出来的最佳营销实践方案,鼓励图书馆营销活动等。从内容构成来看,NSTL 营销推广的战略规划是完整的,NSTL 也有意识地引导各单位制订营销规划,但是目前的规划更大程度上是工作思路而不是真正意义上的规划,内容简单,还有待进一步深化。尽管有评估营销效果的意识,但实际上对如何评估并不清楚,主观评价多,客观指标欠缺,也缺乏统一的标准,无法实现单位之间的横向比较。

4. NSTL 智能检索平台

传统文献检索主要通过查询请求与文献特征之间的简单匹配来获得查询结果。这种简单的字符串匹配方式不可避免地存在表达一致性问题,一方面无法捕获用户的真实意图;另一方面也无法满足用户在其知识不完整的情景下的文献检索需求。面对传统文献检索存在的诸多缺陷,NSTL 智能检索平台主要从改善检索效果与增强用户体验两个方面提出决策方案。

改善检索效果的具体方法是:利用 STKOS 对文献资源进行语义标注,建立基于概念的文献索引;同时在用户检索过程中,借助 STKOS 及其他语料(如系统运行过程中积累起来的有效的历史检索词)分析用户输入的检索条件,通过人机交互的方式获得准确的信息需求。通过分析"文献的语义"和"用户信息需求的语义",将查询过程自然地转换为具有语义关系的概念匹配过程。这是 NSTL 智能检索平台的核心搜索引擎部分完成的工作,是"智能检索"的基础,其中,查询分析由扩展检索实时实现,文献分析由自动标引完成。

(二) NSTL 开放资源组织揭示框架

2011 年起,国家科技图书文献中心(NSTL)就启动了开放资源的采集、组织揭示与服务工作,但对开放资源揭示的层次仅限于资源名称导航,不能提供检索浏览、分面聚类以及个性化的基于社交网络的信息服务,并且尚未与 NSTL 的订购资源进行整合,进而为用户提供一站式的资源发现服务。

随着开放资源以及发现服务的蓬勃发展,为了向用户提供便捷易用的开放资源和订购资源集成发现服务,亟须结合 NSTL 本身的资源和服务特点,设计并提出 NSTL 新的开放资源组织揭示框架。

1. 增加资源关联,实现多粒度组织揭示

根据开放资源数字化的特点,制定统一的元数据标准,以期刊论文、图书章节、会议论文、科技报告、课件内容作为开放资源信息揭示粒度,即以"单篇"为单位,描述信息的外部特征、内容特征、开放信息特征、关联信息属性、管理信息属性等,对于开放课件、开放会议、开放学位论文等资源,依据资源本身特点,增加相应的描述和管理元数据,如"课程使用对象""论文导师""会议举办者"等信息。提供更多浏览检索、分面聚类、外部链接、知识发现功能，同时根据“读图时代”用户需求特点，可视化展示信息分布和检索结果，提高系统的易用性。

通过细化信息揭示粒度，进行跨类型资源关联。例如，“一篇期刊论文”与“一个图书章节”可以因为“主题相关”或“作者相关”建立关联，“会议论文”与“学术机构”可以通过“会议主办机构”建立关联。NSTL 开放资源描述元数据标准规范课题组通过制订文献品种的唯一标识符以及开放资源“历史信息”和“唯一标识信息”的元数据描述，实现相同资源的唯一定位以及文献出版过程中“母体信息”变更之间的关联。

2. 重视开放资源权益信息，明确全文使用权限

首先，在元数据框架中即设立“使用权益”“链接地址”信息等元数据内容；其次，再数据采集过程中，采集开放资源的使用权益和链接地址，作为进一步传播利用这些开放资源的遵循依据；最后，在结果展示和用户服务界面，展示不同的开放资源的使用权益信息，指导用户“署名”使用、“非商业性”使用、“禁止演绎”使用和“相同方式共享”使用，既保护创作者和出版商的权益，又促进开放资源的广泛传播和可持续利用。

3. 实现开放资源与订购资源的整合揭示

兼容 NSTL 原有资源类型和元数据标准建立相关资源之间的关联。NSTL 已有的订购资源包括期刊、会议文集、科技报告等多种类型的文摘、引文以及通过原文传递服务获取全文的印本馆藏。现在将遴选加入的大量多种类型的开放获取资源将整合在统一平台上。借鉴美国国立医学图书馆开放资源仓储 PMC 的揭示方法，将订购资源和开放资源融为一体，提供统一的检索入口。用户在一个检索平台上即可一站式检索“开放资源”和“订购资源”，统一获得摘要和题录，根据订购资源、免费资源、开放资源等文献来源的不同，分别通过“原文传递”“直接全文链接”“直接开放资源链接”三种方式获得全文。

同时针对开放获取资源，提供明确的信息标识和方便的全文链接。再数据结构设计上，既考虑 NSTL 原有的元数据标准，又根据开放的资源特点，扩展相应的“资源类型”“使用权益”“地址链接”“数据管理”“格式和载体”等元素，适应开放资源揭示的特点和需求。

（三）NSTL 未来发展建议

1. 加强资源建设，建成国际水平的国家文献供应中心

国家文献供应中心是由国家政府经费支持，以保障国家科学研究事业为主要目的，依托高度集中的馆藏和中心化的服务，向全国提供文献供应的服务机构。NSTL 是我国的国家文献供应中心，肩负着构建国家科技文献信息资源战略保障服务体系的使命，应在现有基础上大力推动文献信息资源建设，为我国科学事业的发展提供支撑保障。

（1）扩充文献信息资源的数量

经过多年共建、共享，NSTL 目前拥有外文印本文献资源 2.6 万余种，包括 1.7 万种期刊资源和 8 000 多种外文会议、报告、丛书等；全国开通网络版外文全文期刊 500 多种，1 000 多种回溯数据库，十年间科技文献资源增长数倍，使国家科技文献信息资源的保障能力有了很大提高。然而，与发达国家的文献供应中心相比，NSTL 提供的文献信息资源数量还有一定差距。

（2）多方位加强外文科技期刊资源的建设

据统计，世界 70%～80%情报信息来源于期刊，世界各领域的论文 70%以上首先在期

刊上发表。外文期刊对我国研究人员跟踪国外科研成果、科技水平、研究方向及科技发展动态有重要作用。NSTL应与世界各地更多的出版机构、信息服务公司合作,开辟更多获取外刊资源的渠道。要加大以国家许可方式采购外文期刊资源的力度,借鉴国外的电子资源国家采购的经验。

(3) 重视灰色文献信息的搜集

正式出版物之外的文献信息,如会议文献、科技报告、技术档案等灰色文献,对科研活动同样具有重要作用。纽约大学与美国卡岑巴赫咨询公司(KatzenbachPartnersLLC,KPL)合作对教学人员和研究生的需求评估中发现,研究人员尤其是自然科学学科的研究人员,对研究进展信息和非正式文献信息非常依赖。这类文献资源在专业性、前沿性与创新性方面的突出表现,能为科研人员的研究工作提供重要帮助。

2. 发挥联盟优势,促进共建共享组织的发展

通信的网络化和资源的数字化使得各信息资源机构面临着资源整合、集成检索、门户建设、数字内容存档等日益复杂的问题,依靠自身力量很难解决好,希望得到联盟的帮助。这是提高联盟凝聚力和向心力的基础,也为联盟的共建、共享提供了更大的发展空间。NSTL作为一个由多家实体机构组成的虚拟合作组织,可从以下几个方面促进联盟的发展。

(1) 完善协同合作组织结构,优化联盟文化

良好的内部管理机制对共建共享组织的发展壮大至关重要。NSTL目前的成员单位都是国家级科技文献信息机构,具备丰富的资源、技术和人才储备。近年来,NSTL在开发协同合作方面做了许多努力,例如,召开讨论会,了解各成员馆服务、馆藏、计划报告及各时期各成员机构的需求;鼓励各成员积极参与到组织事务中,促进成员之间、成员与组织之间的广泛交流;组织成员单位在平等互利的基础上进行合作共建等,形成了一种相应的协同文化氛围。NSTL可学习借鉴国际上成功的图书馆联盟OCLC的先进管理理念和方法,结合自身特点,在现有基础上进一步完善内部管理机制,优化协同合作的框架和联盟文化,更好地促进成员单位优势互补,共进共赢,利用强大的整体优势为成员机构和最终用户解决问题,提供服务。

(2) 扩大联盟规模,广泛建立合作伙伴关系

NSTL有9家成员馆,服务延伸到全国各地的33个跨系统单位,构成了辐射全国的网络化科技文献信息服务体系。为应进一步扩大联盟影响,广泛建立合作伙伴关系,推动全国范围的科技文献信息共建共享,NSTL可借鉴美国数字图书馆联盟(DigitalLibraryFed2eration,DLF)的做法,将联盟成员分为具有决策权的战略性成员和对联盟的发展起协作辅助作用的盟友,把合作范围由图书馆系统拓展到图书情报机构以及其他信息生产、信息传递、信息服务部门,吸引国内外具有重大研究和开发能力的联盟机构、科研机构、科技公司、技术团体利益共享地参与到数字图书馆的建设中,通过建立广泛的合作伙伴关系和战略同盟提升联盟的整体实力,保证联盟的高效运作和可持续发展。

(四) 结语

在这个充满竞争的快速变化的信息环境中,NSTL要分析面临的挑战和机遇,充分利用有利条件,对未来发展做出规划和设计。作为国家文献供应中心,NSTL要巩固和完善信息资源保障体系,以更全面、更完整、更丰富的文献信息资源为全国的科学研究和科技创新提供支撑和保障;作为国家级的数字图书馆联盟,NSTL要充分发挥规模优势,带动更多的机

构参与到全国科技信息资源共享服务中，推进资源、人才、知识、技术的广泛的共建、共享，提高整个行业的服务能力和水平；作为提供国家科技资源和服务的网络集成平台，NSTL 要根据不断变化的资源内容和服务需求研究开发新的系统功能，利用优化的网络服务系统为各地用户创造一个更好的研究环境和更富创新性的氛围，成为现代信息服务技术的示范区，“将中心建设成为国内一流，国际先进的国家科技文献信息资源保障和服务体系”。

四、FULink——福州大学城图书馆联盟

福州大学城图书馆联盟是在福建省教育厅直接领导下，由福建师范大学、福州大学、福建医科大学、福建中医药大学、江厦学院、闽江学院、福建农林大学、福州工程学院等 8 所高校图书馆共同承建，并以厦门大学图书馆的技术力量为支撑，是一种松散协议式的图书馆联盟体。福州大学城图书馆联盟，在资源上，集中整合了福州大学城区的 8 所高校图书馆资源；在技术上，创建了福州大学城新校区文献信息共建共享平台，实现了跨越围墙的无障碍管理。

本文从福州大学城图书馆联盟的建设发展情况为研究对象，从组织机构、建设内容、保障机制分析为大学城图书馆联盟。

（一）组织机构

2009 年，福建省教育厅在大学城师生呼吁下，组织实施大学城区高校的资源共享工作，经过多次协商，建立起协调工作小组，由福建省教育厅人员、福州大学副校长及各高校图书馆馆长组成。可以说，福州大学城图书馆的资源共建、共享工作是在师生的强烈要求下，由教育行政主管部门引领的文献资源整合工作。由于行政主管部门的支持与高效的组织工作，统一的工作平台很快就建立并投入使用。具体的业务协调工作由设立不同工作小组完成。

1. 组织专业小组

福州大学城图书馆联盟的主要工作划分成四部分，分别由不同的工作小组承担。包括元数据建设专业工作组、通用服务支撑专业组、引进数据库专业工作组、网上服务专业工作组，每个小组由 8 人组成，分别是来自 8 所图书馆的技术专家，共同协商开展工作。

2. 重点业务分工

各业务小组的工作由各不同图书馆负责召集并承担，例如，福州师范大学图书馆牵头引进数据库专业工作组，开展共享数据库的集团采购工作和引进 Medalink 文献提供服务系统；福州大学图书馆负责通用服务支撑专业组的工作，开展 CALIS 福州共享域中心主机房主修建，部署中心门户系统、统一认证系统、教学参考、网络资源导航系统、虚拟参考咨询系统、区域联合目录系统、联合借阅中央管理服务系统和 Medalink 文献服务系统，并保障共享区域内各图书馆间的各类数据交换等工作；福建中医药大学图书馆负责网上服务专业工作组，开展网上用户服务的协调及馆际服务培训中心建设；厦门大学图书馆承担元数据建设专业工作组工作，负责全省联合著录数据的整理和质量控制，特色数据库的规范和管理，并建立元数据著录管理系统。

如此，上下贯通、协调一致、分工负责的联盟组织体系框架形成。

（二）建设内容

1. 福州大学城图书馆纸制文献馆际互借开通

根据硕博士论文《福建高校图书馆重点馆藏与特色馆藏》中调查分析，每个高校馆藏各有所侧重，福建师范大学在 A（马列毛泽东思想）、G（文化科学教育体育）、I（文学）、K（历史地理）均排在第一名，重点馆藏 T（工业技术）仅次于工程学院；福州大学的重点馆藏 O（数理科学与化学）排第一名，Q（生物科学）仅次于医科大学，T（工业技术）仅次于福建师范大学；专业性较强的医科大学图书馆，比较注重一两个学科文献的建设；福建工程学院由于“大机电”“大土木”的专业特色背景在 T（工业技术）名列第一名。各高校图书馆重点馆藏分布广泛，特色鲜明，各高校的文献信息资源具有较好的互补性，福州地区大学城纸制文献馆际互借于 2010 年 5 月 28 日试运行，促进了高校文献信息资源共享，建立全方位的大学校区文献信息资源保障体系，实现了联盟图书馆之间读者开放借阅、资源共享。为了方便用户能更好地利用纸制文献馆际互借，福州地区大学城各图书馆统一条形码，根据 2011 年 1 月 20 日通用服务支撑专业工作组会议讨论的建议，2011 年 3 月 11 日文献信息资源共建共享协调工作小组第三次会议确定各图书馆图书条形码统一位长为 14 位，同时根据福建省教育厅工作部署，福州地区大学城图书馆将在 2011 年 8 月 31 日正式开通纸制文献资源共享，大学城地区所有图书馆的纸制文献将可在统一平台下即汇文图书馆自动集成管理系统进行互还互借。

2. 福州大学城文献资源共享服务平台运行

福州大学城文献资源共享引进了超星公司的产品，2011 年 5 月 27 日，主办单位北京超星公司在福建师范大学旗山校区报告厅举行了福州大学城文献资源共享研究会暨“超星学习中心”发布会，学术报告内容有超星学习中心、百链、读秀。福州大学城文献资源共享服务平台就是超星公司的一个在图书馆中的应用，它能使越来越多的用户通过统一界面、统一检索、资源即链接、多种导航、对联合仓储中多种类型元数据的联合检索，通过对一个统一的服务入口无缝地访问联盟图书馆所有的信息资源和服务。超星公司提供的区域数字图书馆方案坚持从用户需求出发，设计研发具有实用性、整合性、统一认证、可扩展、可配置的区域数字图书馆产品，实现为读者统一服务入口，提供地区内多样化知识管理服务，多种资源同时检索获取，使读者能直接从各类资源与应用中获取个性化信息，为读者提供一站式、个性化、全面的服务，能多面搜索相关文献，有外文和中文，有图书、期刊、学位论文和会议论文，可以按分类聚类、来源聚类和年代聚类，同时进行中文刊信息预先去重排序。

3. 馆际互借共享版系统引进

CALIS 馆际互借系统利用 Z39.50 协议采用统一的检索界面，实现对所有 CALIS 成员馆的馆藏文献信息的查询和资源传递。由于厦门大学是教育部直属的全国重点大学之一，是中国唯一一所地处经济特区的“211 工程”和“985 工程”重点建设的高水平研究型大学，其电子资源丰富及纸制馆藏量大，厦门大学图书馆是作为共享版 ILL 系统的第一个租用馆，福州大学有本地馆际互借系统，厦门大学系统升级迁移后，福州大学就接着升级到共享版。由于福州地区大学城网络接口设在福州大学，所以统一认证、元数据交换、参考咨询等共享系统将在本地部署，放在福州大学主机房，目前福州大学已经进行设备招标了，而馆际互借系统暂时部署在福州大学城管理中心机房，以后再迁到厦门大学的省中心机房。

（三）大学城图书馆联盟的保障机制

“福州地区大学新校区文献信息资源共建共享平台”（简称 FULink 平台）始建于 2010 年，由福建省教育厅牵头，福州大学、福建师范大学、福建农林大学、福建医科大学、福建中医药大学、福建工程学院、福建江夏学院、闽江学院等 8 所高校共同参与建设，依托参与高校图书馆形成联盟，以文献信息的联合保障体系建设和资源共享为主要任务，整合各馆资源、发挥联合优势，为共享域内的广大师生提供校际间的文献提供、文献传递、馆际互借、联合借阅等高水平的信息资源“一站式”服务。

FULink 建设的主要任务是整合福州大学城内的福州大学、福建师范大学、福建农林大学、福建医科大学、福建中医药大学、福建工程学院、福建江夏学院、闽江学院等 8 所高校的文献信息资源，建设文献信息资源的联合保障体系和共享机制、发挥联合优势，为大学城共享域内 20 多万师生提供校际间的文献传递、馆际互借等高水平便捷的信息资源“一站式”服务，更好地为各高校的教学和科研服务。经过 3 年多的建设，数字化文献资源实现了网上文献传递，印刷型文献资源实现了馆际互借，移动数字图书馆联盟和随书光盘管理系统已开通使用。

1. 文献提供系统

文献提供系统是一套集成学术性搜索引擎、本地化集中式元数据仓储、云计算文献提供服务群相结合无用户并发数限制的完整系统。FULink 文献提供系统已经整合了 8 个成员馆的所有文献资源：1 188.2 万册中外文图书、13 284 份中外文期刊、50 多种中外文电子文献数据库，建成了“一站式”统一检索平台。平台中，各馆已购的资源可以马上下载全文，未购的资源在联盟内通过非中介式经由电子邮件提供全文。

2. 联合借阅系统

联合借阅系统是利用计算机网络技术实现 8 所图书馆纸质图书馆际互借的自动化，同时提供数据查询与检索功能，满足参与联合借阅的读者查询个人借阅信息，以及各个图书馆对借阅数据的统计与查询。联合借阅系统的各项管理工作更加现代化、科学化，对用户的服务更加人性化，为推动福州地区大学城文献信息共享平台的信息服务提供强有力的技术支持。联合借阅系统能通过各图书馆管理系统标准接口（SIP2）进行数据交互。

3. 移动数字图书馆联盟

福州地区大学城移动数字图书馆联盟以手机、平板电脑等移动设备为载体，以资源共建共享为手段，结合云技术以建设一套基于元数据的信息资源整合为基础，以适应移动终端一站式信息搜索应用为核心，以云共享服务为保障，为图书馆用户提供文献搜索、文献阅读、自助查询借书记录和完成相关业务。

福州地区大学城 8 所高校基于 FULink 平台，与超星软件数据商协助开发，推出具有地方区域特色的“移动 FULink”移动图书馆 APP；福建师范大学、福建工程学院、福建中医药大学和福建农林大学图书馆与汇文软件开发商合作开发更具本馆特色的掌上图书馆 APP。只有福建中医药大学图书馆采用 WAP 网站服务。福州地区大学城“移动 FULink”服务平台是涵盖图书馆 OPAC 系统、数字图书馆资源、超星泛舟阅读包、一站式搜索系统、文献传递系统等应用系统服务的高度集成，不仅具有一般移动图书馆 APP 的功能，而且可以接收到 FULink 最新消息。学术资源板块除了整合大学城 8 所高校图书馆资源外，还可搜索到全国

700 多家图书馆各类资源，完成电子版下载、文献传递等。但目前“移动 FULink”虽建成大学城“联合借阅”“联合检索”板块，却因管理、技术等原因尚未运行。

掌上图书馆同样具有大多数移动图书馆 APP 的一般功能，相较于“移动 FULink”，缺少拓展学习板块；但提高了用户利用本校图书馆资源和与图书馆沟通的便利性。除了统一开设基于 FULink 共享平台下的移动图书馆服务项目外，区域内高校图书馆在移动信息服务的建设现状是有所区别的。调查发现，在共享平台下用户使用移动图书馆服务的基本目的与到馆的方式相同的有：在移动设备上进行书目/书刊查询、书刊预约/借还，不同之处在于部分高校图书馆用户借助移动设备参与图书馆微信、微博的交流以及了解图书馆近期的讲座、公告。此外，还有如福建农林大学、福建师范大学等高校的掌上汇文系统为用户提供移动阅读服务。

移动学习是在移动互联与大数据时代背景下产生的新兴教育模式，是今后教育发展方向之一。而信息素养是大学生自主学习、终身学习和进入社会的必备素质。开展基于移动学习的信息素养教育，不仅能有效满足大学生的信息需求，还能提高高校图书馆的服务效率。随着理论研究的深入和技术的不断进步，基于移动学习环境下的信息素养教育前景会越来越宽广。

4. 书后光盘管理与服务系统

整合 FULink 成员馆随书光盘资源，节约各高校建设随书光盘资源成本，实现地区资源共享，为福州大学城读者提供方便快捷的随书光盘资源服务。采用公司中心（具备一个以上教育网出口和一个以上电信或联通等网络出口）、共享平台（保存所有成员馆随书光盘的元数据和 ISO 文件，可实现元数据和 ISO 资源的收割）、成员馆（保证最新两年数据，具备旧数据自动剔除功能）三级系统架构。

（四）结语

面对海量的资源和不断变化的读者需求，联合可以集中资源优势和专家优势。福州大学城文献信息资源共建共享正在有条不紊地开展。相比国内其他大学城，该项目运行较为规范，体系较为完备，对其他大学城文献信息资源共建、共享具有一定的示范性。但是，大学城文献信息资源共建共享体系不可避免地存在某些缺点，各大学城应结合自己的实际情况，选取最合适的共享方案，实现文献信息资源共建共享的目标。

五、TALIS——天津高校图书馆联盟

“天津高校图书馆联盟”（简称 TALIS）是由天津大学、南开大学、天津师范大学、天津财经大学 、天津工业大学、天津科技大学、天津理工大学、天津职业大学等 19 个成员馆组成。在“天津高等教育文献信息中心”的统一组织与领导下，经过数字图书馆建设，造就了素质高、技术全、业务精的现代化馆员队伍。

天津高等教育文献信息中心（以下简称“中心”）是 2004 年 11 月，经天津市教育委员会审批并下发文件，由原“天津市高校数字化图书馆建设管理中心”改建成立的实体单位。中心于 2004 年经 CALIS 批准成为 CALIS 天津省中心，负责组织天津市的文献信息建设和服务工作。

TALIS 的宗旨是：在天津市教育委员会的领导下，把教委的投资、高校丰富的文献资源

和人力资源，运用现代图书馆理念和先进的技术手段，建设以数字图书馆为核心的天津高等教育文献联合保障体系，实现信息资源共建、共知、共享，最大限度地发挥联盟的社会效益和经济效益，为天津高等教育提供高水平、高满足率的文献信息保障。

中心在业务上受天津市教育委员会领导。在组织上为天津工业大学的内设处级机构，校内机构名称为“天津工业大学数字化图书馆研究中心”。中心是代行一定行政职能的技术性、学术性机构，其职责是：负责研究制订天津高等教育文献保障体系的发展规划，组织天津高等教育文献保障体系方案的实施，健全运行机制，实现资源共享，为天津高等院校的建设发展服务。

工作具体包括：天津高校联合图书馆系统运行及管理，天津高校图书馆联盟电子文献资源建设和管理，组织开展文献信息服务，组织文献信息的服务培训，开展数字化图书馆建设研究，组织开展与国内外其他文献信息单位的合作与交流，承担市教委交付的其他各项工作任务。

下面主要从“天津高校图书馆联盟”的各分中心、组织结构和服务体系介绍。

（一）天津高校图书馆联盟的分中心

天津高等教育文献信息中心共分为六个分中心，分别为：TALIS 工程文献分中心，TALIS 文理文献分中心，TALIS 医学文献分中心，TALIS 中医药文献分中心，TALIS 独立学院、军事院校文献分中心，天津市高职高专文献分中心。

1. TALIS 工程文献分中心

天津高等教育工程文献中心成立于 2007 年，设立在天津大学图书馆。中心拥有专用的 40 台机位的培训教室，及对全市高校师生开放的 170 台联网计算机的两个电子阅览室。在资源方面，配备了包含 2 万多种电子期刊及专利会议录等文献的网络数据库资源，并自建了 50 多个特色数据库及教学参考书重点学科导航数据库。TALIS 工程文献分中心服务主要提供文献传递服务、科技查新服务等多项服务。

文献传递服务：天津大学文献传递服务依托丰富的工程文献资源，年均处理文献传递事务 6 000 余笔。获“CALIS‘十五’文献传递服务二等奖”，2011 年获批“CALIS 馆际互借与文献传递示范馆”。

科技查新服务：天津大学查新工作站是原国家教委于 1992 年首批认定设立的 12 个“国家教委科技项目咨询及成果查新工作站”之一。年均查新课题 700 余项，在 2005 年全国高校查新站年检中名列第三，形成了天津大学查新品牌效应，且取得了巨大的社会效益。

2. TALIS 文理文献分中心

天津高等教育文献信息中心（简称 TALIS），是 2004 年 11 月经天津市教育委员会审批并下文，由“天津市高校数字化图书馆建设管理中心”改建成立的实体单位。中心经由国务院批准成立的中国高等教育文献保障系统（China Academic Library & Information System，CALIS）批准成为天津的省中心，负责组织天津市的文献信息建设和服务工作。

TALIS 文理中心位于南开大学图书馆，作为 TALIS 服务系统的有机组成部分，服务宗旨是在天津市教委的领导和支持下，把现代图书馆理念、先进的技术手段、南开大学图书馆丰富的文献资源和人力资源整合起来，建设的天津高等教育文献联合保障体系，实现了信息资源共建、共知、共享，发挥了最大的社会效益和经济效益。

目前，本文理中心依托CALIS项目和TALIS建设平台以及现有网络条件和技术，利用南开大学图书馆丰富的文献资源，已建设成为面向天津地区高校读者的“资源整合中心”“信息服务中心”“技术支持中心”和“宣传培训中心”，并积极将各项服务推广到天津地区的各大院校。

3. TALIS医学文献分中心

天津高等教育医学文献中心坐落于天津医科大学图书馆。医学文献中心以实现区域性医学文献资源的合理优化配置，提高天津市高校教育和科研的医学文献保障水平为宗旨，采取“重点建设，联合保障”的建设方式，以天津医科大学图书馆为建设基地，联合天津地区的高校图书馆，深化资源的有效开发和利用。在此基础上，天津医科大学将为天津市高校提供一系列文献信息服务措施，包括为天津市高校用户提供“数据库系统的检索方法与策略”的培训；围绕信息素养、网络知识与技能等内容，举办各种形式的专题讲座、论坛；电子阅览室所有工作日面向天津市高校用户开放；保证在此上机、检索的用户可检索到天津医科大学所拥有的全部数据库并与校内用户享受同样的资费政策；本中心不能获取的文献，将协助用户通过馆际互借方式获取。中心将与天津市高校一起为提高天津市高等教育整体水平，建设一流学科，提高天津市高等教育文献保障率，促进天津市高校间信息资源的共建共享做出贡献。

4. TALIS中医药文献分中心

天津中医药大学图书馆是TALIS中医药文献信息分中心，以中医药文献为主要特色，并有外语、经济、法律、教育、管理等多种文献信息资料的馆藏。经过不断投资建设，现总建筑面积12 658平方米，另外各学院资料室及第一、二附属医院图书馆面积共1 599平方米。图书总数62万册，另有电子图书近100万册，学术期刊数据库18种。有24个阅览室：工具书阅览室、外文阅览室、名中医阅览室、专业参考阅览室、社科阅览室、中医古籍阅览室、现刊阅览室、合订期刊阅览室、电子阅览室、新书阅览室、样本书阅览室等，共有阅览席位1 142个，电子阅览室有计算机216台。目前实现采访、编目、流通、检索自动化，采用天津市高校联合图书馆引进的Symphony管理系统，与天津市高校联合图书馆实现了资源共享。目前具备工作网络和电子阅览室网络两套局域网，经过多年的建设，工作网络由以前的终端—服务器模式发展到现在的客户—服务器、浏览器—服务器模式。图书馆网络实现三网互通，图书馆局域网、校园网、广域网三通，图书馆主页上链接了高校数字化图书馆的网络资源。本中心完成的《中医古籍载体转换及开发利用》项目曾获“天津市高校实验室建设投资单项奖”，并承担了国家教育部、天津市的有关课题研究。

5. TALIS独立学院、军事院校文献分中心

天津独立学院军事院校高等教育文献信息中心，于2010年12月23日在南开大学滨海学院院正式成立。分中心成员馆含天津地区10所独立学院、驻津的4所军事院校和天津天狮学院共15个高校的图书馆。现任主任单位为南开大学滨海学院图书馆，副主任单位为天津大学仁爱学院图书馆和天津武警指挥学院图书馆；三所图书馆的馆长分别担任分中心的主任和副主任职务。根据工作需要，分中心秘书处设在南开大学滨海学院图书馆。天津天狮学院图书馆为副秘书长单位，天津军事交通学院图书馆为秘书单位。分中心今后将根据工作需要陆续组建若干个专业委员会（或专题工作组），目前已组建两个专题工作组，分别为信息服务工作组、共建共享工作组。

分中心在天津高等学校图书情报工作委员会和天津高等教育文献信息中心领导下开展工作。其职责是负责组织、协调分中心成员图书馆开展有关信息资源建设、资源共建共享、业务咨询、业务培训、科学研究、学术交流等工作，充分发挥图书馆在教学、科研和各项工作中的信息保障和支撑作用，为天津独立学院和军事院校的建设发展做出贡献。

6. 天津市高职高专文献分中心

天津市高职高专教育文献信息中心于 2010 年 12 月 24 日成立。由天津市高职高专院校图书馆共同组成的在图书馆事业上进行协作的工作组织。其宗旨是加强高职高专院校图书馆工作的领导，开展馆际协作与交流，充分发挥图书馆的教育、情报与数字化职能，为教学、科研及素质教育做出应有的贡献。

该中心主要任务如下。

(1) 组织贯彻落实上级有关高职高专院校图书馆工作的各项指示要求，研究高职高专院校图书馆建设的有关问题，提出完善和改进图书馆整体工作的意见。制订天津市高职高专院校图书馆发展规划，并组织实施。

(2) 根据高职高专教育的特点开展业务活动和业务培训工作，提高图书馆工作人员的业务能力和学术水平。

(3) 组织开展和推动馆际互借与交流；发挥图书馆整体优势，促进文献信息资源的共建、共知和共享。

(4) 接受委托，对天津市高职高专院校图书馆工作进行检查、评估，组织经验交流及评优评先工作。

(5) 组织开展与国内高职高专院校图书馆的学术交流与协作。

(6) 组织高职高专院校积极参加上级组织的各项活动，完成上级主管部门交办的工作和任务。

(二) 组织机构

TALIS 中心组织机构共分为三个主要部分：项目发展规划领导小组、资源建设委员会及 7 个工作组。

1. 项目发展规划领导小组(部分馆领导)

职责：全面领导天津 TALIS 中心数字化图书馆建设项目，制订 TALIS 中心发展战略规划；为 TALIS 中心建设提供政策支持和决策保证。

2. 资源建设委员会

职责：在领导小组领导之下，负责天津高校数字资源采购、续订和维护工作；负责资源建设中的馆际合作和市场协作；实现图书馆资金利用效率的最大化；协调与数据库供应商之间的关系，维护数据库市场的稳定发展。

3. TALIS 中心下设 7 个工作组

(1) 系统支持工作组

职责：负责天津高校图书馆自动化系统的维护、调试、管理和培训工作。保证高校图书馆自动化系统稳定运行，开发系统附加功能，解决处理各种系统问题，培训系统管理员。

(2) 技术支持工作组

职责：负责天津高校图书馆网络与计算机技术应用工作。维护中心服务器稳定运行，根据项目需求开发图书馆服务应用程序，积极与各省市高校图书馆开展技术合作与学习，开展各项技术培训。

(3) 编目工作组

职责：负责系统编目数据工作。负责中心系统编目数据的管理工作，负责检查和维护编目数据的质量，开展编目人员培训工作。

(4) 文献传递与馆际互借工作组

职责：协调天津高校图书馆文献传递和馆际互借工作。管理和维护文献传递系统，推广文献传递和馆际互借服务。

(5) 信息服务与咨询工作组

职责：整合天津高校信息服务优势，开展各项信息服务和咨询工作，拓宽各高校图书馆的咨询服务范围，深化信息服务质量，利用多种平台，为高校和社会用户提供联合信息咨询服务。

(6) 学术研究与交流工作组

职责：负责开展图书馆学情报学各种科研和学术交流活动，带动天津高校图书馆研究人员提高学术水平，拓宽天津高校馆员知识面，增进各馆之间的科研交流。

(7) 技能竞赛工作组

职责：负责高校图书馆知识技能竞赛的各项组织工作。

(三) 服务体系

TALIS 中心服务体系可分为三个体系：非书资料联合服务体系、电子资源服务体系和自动化联合系统

1. 非书资料联合服务体系

2006 年 9 月，管理中心联合各成员馆，建立了高校图书馆非书资料建立联合系统(目前主要是随书/刊光盘系统)，以使各馆不断增加的非书资料(如随书/刊光盘、VCD、DVD、录像带、磁带、缩微胶片等)得到合理利用，并实现非书资源的共建、共享，避免重复建设，以节省人力、财力。

该系统采用国内先进的“麦达博文非书资料管理系统”，系统部署分成二级部署，一个资源中心，若干个分中心。资源中心：负责元数据的收割和调度。分中心：负责资源加工和数据存储。系统采用 C/S 和 B/S 的技术结构，资源加工人员使用客户端加工软件和客户端计算机的光驱通过网络将光盘映像(ISO 文件)上载到服务器；读者通过 Web 浏览器浏览和检索资源，通过客户端虚拟光驱软件使用资源。

该联合系统的服务模式资源中心部署在文献信息中心，为各高校读者提供随书/刊光盘的访问服务，为接受服务馆提供光盘映像上载服务；并负责中心系统的维护。

分中心部署在具备硬件条件的成员馆，为各高校读者提供随书/刊光盘的访问服务，文本校读者提供 VOD 点播和其他非书资料的访问服务；并负责分中心系统的维护。接受服务馆无需设服务器，可将本馆光盘上载到资源中心服务器，该校读者同样会获得联合系统的随书/刊光盘访问服务。

2. 电子资源服务体系

2004 年 6 月，管理中心组织天津市高校联合引进中文数据库系统 11 个，外文数据库系

统9个，建立了公共文献信息中心，并建立统一的资源镜像站，为各高校读者提供电子资源检索和下载等服务。镜像站采用先进的SAN存储架构，目前存储容量已达24 TB。

对于统一采购的数据库，均建立统一的镜像站，并根据不同数据库的点击率，建立分散的镜像站，使这些镜像站在两个以上，以提高访问效率。读者可通过中心网站和各高校图书馆网站使用电子资源。

同时建立了学科文献信息中心，分别设在南开大学和天津大学，各拥有中外数据库53个系统，100余个数据库。天津地方高校师生员工可以到两校图书馆进行免费查询、下载和使用。

3. 自动化联合系统

天津市高校图书馆自动化联合系统于2002年10月建成并投入使用。该系统采用了国际先进的Unicorn Consortia联合图书馆系统软件和IBM-RS6000系列服务器，建成了天津市高校图书馆图书自动化管理系统的统一平台，实现了更为广泛的资源共享(技术共享、人员共享、软硬件共享、书刊目录等资源共享)，提升了天津市高校图书馆的管理水平。

(四) 结语

在天津教委和天津工业大学的共同领导下，经过多年实践运行，天津高等教育文献信息中心已经形成了一个较为成熟的具有天津区域特点的图书馆联盟。在资源采购、信息服务、读者培训、资源建设、文献共享、对外业务交流等方面开展深层次的合作，其开创的资源联合采购的“天津模式”成了全国图书馆地区联盟的一个优秀典范。

附录 A　BALIS 项目成果列表

附录 A.1

北京市教育委员会关于成立北京地区高校图书馆文献资源保障体系的通知

北京市教育委员会文件

京教高〔2007〕13 号

北京市教育委员会关于成立北京地区高校图书馆文献资源保障体系的通知

各高等学校：

为了进一步加强北京地区高校图书馆的整体化建设，进一步推进北京地区高校图书馆文献资源的共建、共享工作，经研究，决定成立"北京地区高校图书馆文献资源保障体系"(Beijing Academic Library&Information System，BALIS)，并委托北京地区高等学校图书馆工作委员会组织建设。

北京地区高校图书馆文献资源保障体系(BALIS)作为市教委领导下的北京地区高等教育公共服务体系之一，旨在用现代图书馆理念、先进的技术手段整合高校图书馆丰富的文献资源和人力资源，依托中国高等教育文献保障系统(CALIS)，实现北京地区高等教育文献信息资源的共建、共知、共享，为首都的高等教育服务，为首都的经济建设和社会发展贡献力量。

北京地区高校图书馆文献资源保障体系(BALIS)由北京地区高等学校图书馆工作委员会领导下的 BALIS 管理委员会负责，下设的管理中心具体负责 BALIS 项目的实施和管理(管理委员会和管理中心成员名单见附件)。管理中心设在中国人民大学图书馆。

北京地区高校图书馆文献资源保障体系(BALIS)的成立，对于北京地区高校的资源整合，把国家的投资、现代图书馆理念、先进的技术手段有机结合，实现文献信息资源共建、共知、共享，并发挥最大的社会效益和经济效益起到重要作用。各高等学校要予以充分关心和支持，使北京地区高校图书馆文献资源保障体系(BALIS)的职能得到有效的发挥。

附件：北京地区高校图书馆文献资源保障体系(BALIS)管理委员会名单

北京市教育委员会

二〇〇七年十一月二十九日

附件：

北京地区高校图书馆文献资源保障体系(BALIS)管理委员会名单

主　　任：郭广生（北京市教育委员会　副主任）
常务副主任：倪　宁（中国人民大学校长助理兼图书馆馆长）
副 主 任：胡　越（首都师范大学图书馆　馆长）
　　朱　强（北京大学图书馆　副馆长）
　　杨　毅（清华大学图书馆　副馆长）
　　代根兴（北京邮电大学图书馆　馆长）
　　刘　利（北京师范大学图书馆　馆长）
　　徐宝力（北京市教育委员会高等教育处　处长）
委　　员：崔宇红（北京理工大学图书馆　副馆长）
　　杨晓光（北京航空航天大学图书馆　馆长）
　　何秀荣（中国农业大学图书馆　馆长）
　　李　刚（北京大学医学图书馆　馆长）
　　魏育辉（北京工业大学图书馆　副馆长）
　　季淑娟（北京科技大学图书馆　常务副馆长）
　　杨守文（北京化工大学图书馆　副馆长）
　　马　路（首都医科大学图书馆　馆长）
　　贾国平（中央音乐学院图书馆　馆长）
　　杨剑平（北京农学院图书馆　馆长）
　　毛燕梅（北方工业大学图书馆　馆长）
　　张兆忠（北京工业职业技术学院图书馆　馆长）
　　刘春鸿（中国人民大学图书馆　副馆长）
　　金红莲（北京市教育委员会高等教育处）
　　梁守素（北京高校图工委秘书处）
　　姜幼燕（北京高校图工委秘书处）

管理中心主任：胡　越
管理中心副主任：代根兴、刘　利、刘春鸿、金红莲、梁守素

主题词：教育　学校　图书　管理　通知

北京市教育委员会办公室　　　2007 年 11 月 29 日印发

附录 A.2

第五届北京地区高等学校图书馆工作委员会(2007)

2007 年 3 月，根据北京地区高校图书馆事业发展的实际，北京地区高等学校图书馆工作委员会进行了换届调整工作。经学校推荐，市教委研究批准，产生了北京地区高等学校图书馆工作委员会第五届委员会组成人员，名单如下：

主 任 委 员：郭广生(市教委副主任)

副主任委员：倪　宁(中国人民大学校长助理兼图书馆馆长)

胡　越(首都师范大学图书馆馆长)

朱　强(北京大学图书馆副馆长)

杨　毅(清华大学图书馆副馆长)

代根兴(北京邮电大学图书馆馆长)

刘　利(北京师范大学图书馆馆长)

徐宝力(市教委高等教育处处长)

顾　　　问：杨东梁　承　欢　马自卫

委　　　员：崔宇红(北京理工大学图书馆副馆长)

杨晓光(北京航空航天大学图书馆馆长)

何秀荣(中国农业大学图书馆馆长)

李　刚(北京大学医学图书馆馆长)

魏育辉(北京工业大学图书馆副馆长)

季淑娟(北京科技大学图书馆常务副馆长)

杨守文(北京化工大学图书馆副馆长)

马　路(首都医科大学图书馆馆长)

贾国平(中央音乐学院图书馆馆长)

刘春鸿(中国人民大学图书馆副馆长)

缪小燕(北京农学院图书馆馆长)

毛燕梅(北方工业大学图书馆馆长)

张兆忠(北京工业职业技术学院图书馆馆长)

金红莲(市教委高等教育处)

梁守素(北京高校图工委秘书处)

秘　书　长：倪　宁(兼)

副 秘 书 长：徐宝力(兼)

副秘书长兼办公室主任：梁守素

秘书长助理：刘春鸿

办公室副主任：姜幼燕

第五届北京地区高等学校图书馆工作委员会(2010)

2010年1月，根据部分高校人事变动的实际情况，经学校申请，市教委研究批准，对图工委第五届委员会组成人员进行调整，调整后的名单如下：

主 任 委 员：付志峰（北京市教育委员会 副主任）
副主任委员：刘大椿（中国人民大学图书馆 馆长）
朱　强（北京大学图书馆　馆长）
杨　毅（清华大学图书馆　副馆长）
严潮斌（北京邮电大学图书馆　馆长）
刘松柏（北京师范大学图书馆　馆长）
方　敏（首都师范大学图书馆　馆长）
黄　侃（北京市教育委员会高等教育处 处长）
顾　　问：杨东梁 承 欢 马自卫
委　　员：崔宇红（北京理工大学图书馆 副馆长）
杨晓光（北京航空航天大学图书馆 馆长）
何秀荣（中国农业大学图书馆　馆长）
李　刚（北京大学医学图书馆　馆长）
魏育辉（北京工业大学图书馆　副馆长）
季淑娟（北京科技大学图书馆　常务副馆长）
杨守文（北京化工大学图书馆　副馆长）
马　路（首都医科大学图书馆　馆长）
贾国平（中央音乐学院图书馆　馆长）
刘春鸿（中国人民大学图书馆　副馆长）
杨剑平（北京农学院图书馆　馆长）
吴润蘅（北方工业大学图书馆　馆长）
张兆忠（北京工业职业技术学院图书馆　馆长）
金红莲（北京市教育委员会高等教育处）
梁守素（北京高校图工委秘书处）
秘　书　长：刘大椿（兼）
副 秘 书 长：黄　侃（兼）
副秘书长兼办公室主任：梁守素
秘书长助理：刘春鸿（兼）

第五届北京地区高等学校图书馆工作委员会(2013)

2013年，根据部分高校人事变动的实际情况，经学校申请，市教委研究批准，对图工委第五届委员会组成人员进行了调整，调整后的名单如下：

主 任 委 员：叶茂林(北京市教育委员会　副主任)

副主任委员：黄朴民(中国人民大学图书馆 馆长)

朱　强(北京大学图书馆　馆长)

邓景康(清华大学图书馆　馆长)

严潮斌(北京邮电大学图书馆　馆长)

张奇伟(北京师范大学图书馆　馆长)

方　敏(首都师范大学图书馆　馆长)

黄　侃(北京市教育委员会委员 高等教育处处长)

秘　书　长：黄朴民(兼)

委员(按音序排名)：

崔宇红(北京理工大学图书馆　副馆长)

韩宝明(北京交通大学图书馆　馆长)

何秀荣(中国农业大学图书馆　馆长)

季淑娟(北京科技大学图书馆　馆长)

贾国平(中央音乐学院图书馆　馆长)

姜爱蓉(清华大学图书馆　副馆长)

金红莲(北京市教育委员会高等教育处　副处长)

刘春鸿(中国人民大学图书馆　副馆长)

马　路(首都医科大学图书馆　馆长)

宋姬芳(中国人民大学图书馆　副馆长)

魏　微(北京高校图工委秘书处　主任)

魏育辉(北京工业大学图书馆　副馆长)

吴润衡(北方工业大学图书馆　馆长)

杨剑平(北京农学院图书馆　馆长)

杨守文(北京化工大学图书馆　副馆长)

杨晓光(北京航空航天大学图书馆　馆长)

张大庆(北京大学医学图书馆　馆长)

张兆忠(北京工业职业技术学院图书馆　馆长)

副 秘 书 长：黄　侃(兼)

秘书长助理：刘春鸿(兼)

办公室主任：魏　微

第五届北京地区高等学校图书馆工作委员会(2017)

2017年，根据部分高校人事变动的实际情况，经学校申请，市教委研究批准，对图工委第五届委员会组成人员进行了调整，调整后的名单如下：

主 任 委 员：叶茂林（北京市教育委员会　副主任）

副主任委员：黄朴民（中国人民大学图书馆　馆长）

朱　强（北京大学图书馆　馆长）

邓景康（清华大学图书馆　馆长）

严潮斌（北京邮电大学图书馆　馆长）

张奇伟（北京师范大学图书馆　馆长）

石长地（首都师范大学图书馆　馆长）

邵文杰（北京市教育委员会委员 高等教育处处长）

秘　书　长：黄朴民（兼）

委员（按音序排名）：

崔宇红（北京理工大学图书馆　副馆长）

衣立新（北京交通大学图书馆　馆长）

何秀荣（中国农业大学图书馆　馆长）

季淑娟（北京科技大学图书馆　馆长）

姜爱蓉（清华大学图书馆　副馆长）

荣燕宁（北京市教育委员会高等教育处 副处长）

刘春鸿（中国人民大学图书馆　副馆长）

黄　芳（首都医科大学图书馆　馆长）

宋姬芳（中国人民大学图书馆　副馆长）

魏　微（北京高校图工委秘书处 主任）

魏育辉（北京工业大学图书馆　副馆长）

马晓燕（北京农学院图书馆　馆长）

杨守文（北京化工大学图书馆　副馆长）

姚仰平（北京航空航天大学图书馆 馆长）

张大庆（北京大学医学图书馆　馆长）

李月清（北京工业职业技术学院图书馆　馆长）

副 秘 书 长：黄　侃（兼）

副 秘 书 长：刘春鸿（兼）

办公室主任：魏　微

附录 A.3

“北京地区高校图书馆文献资源保障体系”(BALIS)项目管理办法

(2007 年 9 月)

第一章　总则

第一条　“北京地区高校图书馆文献资源保障体系”(BALIS)是北京市教委批准并投资建设的,北京高校图工委领导下的北京地区高等教育公共服务体系之一。

第二条　为加强 BALIS 建设项目的管理,提高效率,贯彻“公开”“公正”和“科学”的管理原则,特制定本办法。

第二章　管理机制

第三条　BALIS 的建设采用项目管理制。BALIS 管理中心根据北京市教委批准的 BALIS 项目,确定各建设子项目。各子项目设承建单位一个,具体组织落实项目建设的所有相关事宜,对管理中心负责。

第四条　BALIS 管理委员会根据子项目具体情况,在成员馆范围内采用指派、邀标、招标三种方式产生承建单位。

第五条　各子项目由承建单位牵头,成立子项目管理小组,实施子项目管理。多馆参与建设的子项目,管理小组成员须有 1～2 名来自非承建单位,由承建单位提名并报 BALIS 管理中心批准。

第六条　承建单位根据管理委员会发布的《子项目建设指南》,编制《子项目建设可行性研究报告》,提交管理委员会审批。

第三章　检查、验收与绩效考评

第七条　根据北京市财政局和市教委关于项目管理的规定,BALIS 项目接受北京市财政评审中心的中期检查、验收和绩效考评。

第八条　管理委员会需提前 1 个月根据《子项目承建协议书》安排承建单位的中期检查、验收和绩效考评。承建单位须向管理委员会分别提交《子项目中期检查报告》《子项目验收报告》和《子项目绩效考评报告》,管理委员会审查后,视情况组织检查组进行现场检查,根据审查或检查的结果,提出报告,必要时由管理委员会组织专家组现场评审,提出《子项目验收结论》。

第九条　管理中心汇总各子项目的材料按照北京市财政局和市教委的要求,编制提交《项目中期检查报告》《项目验收报告》和《项目绩效考评报告》。

第四章　项目文件管理

第十条　子项目建设过程中产生的所有文件须交 BALIS 管理委员会备案。这些文件至少包括：

1.《子项目建设指南》：由管理委员会组织编制，主要包括建设目标、具体内容、预期指标、进度要求。

2.《子项目建设可行性研究报告》：由承建单位编制，主要包括建设目标、建设内容、经费预算与出资方式、进度安排、专业技术路线、组织管理与项目管理小组人选、考核指标、运行模式建议等。

3.《子项目承建协议书》：由管理委员会与承建单位共同签署，主要内容包括子项目的目标、任务、进度安排、完成期限、项目经费、项目成果内容和方式、成果所有权、项目验收程序及争议解决办法等。

4. 子项目《中期检查报告》及《评估意见》。

5. 子项目《验收报告》及《验收结论》。

第十一条　邀(招)标方式还须有以下文件：

1. 子项目《项目建议书》：主要包括建设目标、具体内容、考核指标、经费预算、进度安排、技术路线、现有工作基础、效益分析等。

2.《评标结果》：评审意见与承建单位推荐名单。

第十二条　项目建设过程中产生的其他文件也须由承建单位提交 BALIS 管理中心存档，如《需求分析报告》《系统设计报告》《标准规范》《著录细则》《用户手册》等。

第十三条　所有文件由管理中心负责收集。

第五章　经费管理

第十四条　BALIS 建设项目经费用于 BALIS 各项目和子项目建设。

第十五条　BALIS 项目经费管理由 BALIS 管理委员会委托 BALIS 管理中心负责。

第十六条　BALIS 项目经费的管理和使用，必须符合国家有关财政、财务制度和本办法的规定，同时要有利于项目建设。

第十七条　子项目承建单位应按照本办法规定，本着实事求是、精打细算的原则，编制切合实际的“子项目年度经费预算”，签署意见后报 BALIS 管理中心。

第十八条　项目支出内容包括以下内容。

1. 资源建设费：用于建设和购买用于共享的文献资源的费用。

2. 设备购置费：设备购置、运输、安装、维护等费用。

3. 系统购置和开发费：技术支持环境建设中所需软件的购置和开发费用。

4. 培训费：项目实施过程中相关人员学习、进修或培训所产生的费用。

5. 项目实施过程中购置项目必需的耗材(低值易耗品)以及数据收集、整合、加工费用等。

6. 开展各馆文献资源采购协调、馆际互借、文献传递、联合参考咨询等业务工作中所需的相关费用，如物流费、通信费、复制费、咨询费等。

7. 会议费：项目实施过程中组织开展相关学术研讨、咨询等活动发生的会议费用。

8. 差旅费：项目实施过程中开展国内外业务调研、学术交流等发生的差旅费、交通费等。

9. 出版印刷费:项目实施过程中发生的版面费、编写出版费、印制费等。

10. 专家劳务费和成果鉴定费:项目实施过程中发生的专家劳动报酬和成果鉴定等费用。

第十九条　BALIS管理委员会组织专家对BALIS子项目的经费预算进行评审或评估,资助额度依据BALIS项目经费情况和评审专家的意见,以及相关的财政、财务制度并按照规定的程序审核后确定。

第二十条　子项目承建单位必须严格按照批准的子项目经费预算核定的用途、范围和开支标准使用子项目建设经费。

第二十一条　子项目经费一般不予追加,并不设不可预见费。由于不可控的因素造成的经费欠缺,明显影响项目完成的,由承建单位提出申请,经专家认定属实,管理委员会批准,可适当追加项目经费,额度不超过原定经费的5%,仍不足部分由承建单位负责解决。

第二十二条　子项目建设经费不得用于支付各种罚款、捐款、赞助等项支出,不得用于各种福利性支出,不得用于国家规定禁止列入的其他支出。

第二十三条　子项目经费中用于项目管理的部分由管理中心直接拨给承建单位,或由管理中心代管。其余部分不直接拨给承建单位,使用时由管理中心根据子项目承建单位的要求直接拨给指定的收款方。

第二十四条　未通过中期检查,因故中止实施或撤销的子项目停止拨款。

第二十五条　BALIS管理中心批准的、年度经费预算内的支出,填写子项目拨款申请表,经子项目负责人签字批准,报BALIS管理中心后,可以拨款。子项目拨款申请表的信息发生变更,应及时函告BALIS管理中心。

第二十六条　子项目拨款必须执行有关财务支出和报账的审批制度。

1. 子项目负责人要按照规定的开支范围审批所有经费支出。

2. 支出一万元以上的经费时,需向BALIS管理中心提供有关合同。

3. 经费拨划后,子项目负责人要督促有关人员及时向BALIS管理中心返回票据并报帐。

第二十七条　每年终,子项目承建单位应根据批准的子项目年度经费预算,编写相应年度的子项目年度经费决算表(表四),报送管理中心。子项目的年度经费,原则上当年必须按计划执行完。

第二十八条　子项目建设结束后,子项目承建单位应根据批准的子项目经费预算编写子项目经费决算表(表五),由BALIS管理中心审查后存档备查。

第二十九条　未通过验收的子项目,二次验收的所有费用由承建单位承担。

第三十条　子项目经费的管理和使用应接受上级财政部门、国家审计机关和BALIS管理中心的检查与监督。子项目承建单位应积极配合并提供有关资料。

第三十一条　BALIS管理中心对子项目承建单位违反本办法及BALIS管理中心项目管理办法规定的,视情节轻重分别采取书面警告、通报批评、停止拨款等处理措施,并对情节严重的有关人员,追究其相应责任。

第三十二条　BALIS管理中心根据北京市财政局的要求,对子项目的实施及经费使用效益进行评估。

第三十三条　子项目经费购置的资产属于国有资产,其使用权归子项目承建单位,必须纳入子项目承建单位的固定资产账户进行核算与管理。资产的处置按国家的有关规定执行，防止国有资产的流失。

第六章 其他

第三十四条 为保证项目的顺利进行和质量管理，管理委员会有权随时检查子项目的进行情况。子项目承建单位有配合检查的义务。

第三十五条 子项目承建单位须定期向管理中心通报项目进展情况，重大问题随时通报。

第三十六条 承建单位不得擅自改变建设内容。若需调整，必须经管理委员会批准。重大改变还需专家组讨论后再提交管理委员会办公会议批准。并签署《子项目补充协议书》。

第三十七条 子项目进行过程中，若管理委员会发现承建单位有严重违反协议的行为，或有明显的迹象表明承建单位不能胜任子项目的建设任务，经专家组评议认定后，管理委员会有权取消子项目承建单位的承建资格，并将根据情况追回剩余款项或全部款项。

第三十八条 子项目中需外购的计算机硬件和软件系统，凡由项目经费支付者，由承建单位负责组织编制招标需求，BALIS管理中心统一安排进行。

第七章 附则

第三十九条 本办法经BALIS管理委员会通过、批准后执行。

第四十条 本办法由BALIS管理中心负责修订和解释。

附录 A. 4

北京地区高校图书馆文献资源保障体系(BALIS)子项目建设管理办法

(2009.10)

北京地区高校图书馆文献资源保障体系(BALIS)是北京高校图工委领导下的北京地区高等教育公共服务体系之一。其宗旨是,在北京市教委的领导下,把国家的投资、现代图书馆理念、先进的技术手段、高校丰富的文献资源和人力资源整合起来,建设北京高等教育文献联合保障体系,依托中国高等教育文献保障系统(CALIS),实现文献信息资源的共建、共知、共享,以发挥最大的社会效益和经济效益,为北京的高等教育服务,为北京的经济建设和社会发展服务。

一、(BALIS)子项目建设

为了进一步整合北京地区高等学校图书馆文献资源,实现信息资源的共建、共知和共享,北京地区高等教育文献保障系统 BALIS 第一批确定成立四个中心,随后成立一个中心;分别由有关大学图书馆负责运行 。

1. BALIS 原文传递管理中心由中国人民大学图书馆承建,该中心的建设目的是:依托成熟的系统平台,充分利用北京高校丰富馆藏资源和高校间便捷的网络环境,采用集中式门户平台和分布式服务结合的方式,为北京地区高校读者提供原文传递服务。

2. BALIS 馆际互借管理中心由北京邮电大学图书馆承建,该中心的建设目的是:采用集中式门户平台和分布式 服务相结合的方式,充分利用北京高校丰富的馆藏资源和便捷的网络环境,为北京地区高校读者提供馆际互借服务。

3. BALIS 资源协调管理中心由首都师范大学图书馆承建,该中心主要承担北京地区高校图书馆文献资源建设中的文献评价、协调采购、资源共建以及组织文献集团采购、联合订购和统一采购的任务。

4. BALIS 培训中心由北京师范大学图书馆承建,该中心的建设目的是:为北京地区各高校图书馆之间提供学习、交流的平台,以期提高图书馆员的整体业务水平。中心将关注国内外图书馆事业发展动态,有计划地组织业务、技术等方面的培训和学习交流,为促进北京地区高校图书馆事业的发展发挥积极作用。

5. BALIS 联合信息咨询中心由北京科技大学图书馆承建,该中心的建设目的是:充分发挥北京地区高校多、综合实力强、学科特色突出等优势,以强带弱,以大带小,带动北京地区高校图书馆信息咨询服务的开展,必将有助于发挥北京高校的学科整体优势,共享高校的文献信息资源、人力资源和物质资源,提高北京高校图书馆的综合信息服务实力,为高校教学和科研的上层次、上水平做好文献信息保障;为北京地区的高等教育服务,为北京的经济建设和社会发展服务。

6. 聘请北京大学图书馆和清华大学图书馆为 BALIS 顾问馆。

二、(BALIS)子项目建设成果

1. 由 BALIS 全额资助的子项目的成果归 BALIS 所有，在子项目承建协议书中具体规定。

2. 凡可对外提供服务的成果由管理中心管理运行或托管给其他单位运行。

3. 承建单位有获得托管运行的优先权。

4. 凡获得托管运行权的单位须和 BALIS 管理中心签订《托管协议》。

三、经费

1. 所有 BALIS 子项目须按照《承建协议书》中下达的经费额度和拨款计划执行。

2. 若非管理中心责任导致经费未能及时到位，承建单位有义务帮助解决执行过程中欠缺经费，以保证子项目如期保质进行。

3. BALIS 子项目中的硬件采购，若因竞标原因节省的经费，仍由承建单位使用，用于项目建设。

4. 凡涉及软件开发的子项目，BALIS 管理中心验收通过后，若因竞标原因节省下来的软件开发经费，归管理中心调配，仍用于软件类项目建设；在保证子项目可持续发展的前提下，对承建单位给予一定比例的奖励。

四、其他

所有子项目服务网站和提交的文件均需在显著位置出现 BALIS 标志，或声明由 BALIS 建设项目支持。

五、附则

1. 本细则经 BALIS 管理中心负责人联席会议通过后执行。

2. 随着项目建设的逐步深入，对出现的新情况，BALIS 管理中心应及时修订并提交 BALIS 管理委员会联席会议通过。

附录 A.5

BALIS 大事记(2007—2017)

1. 2007 年 11 月 20 日,“北京地区高校图书馆文献资源保障体系(BALIS)培训中心成立暨‘文献资源建设培训班’开班仪式”在北京师范大学图书馆举行,BALIS 培训中心在北京师范大学图书馆正式揭牌成立。

2. 2007 年 11 月 30 日 ,“北京地区高校图书馆文献资源保障体系(BALIS)”启动仪式在中国人民大学举行。BALIS 原文传递中心在中国人民大学图书馆揭牌仪式同步启动。

3. 2007 年 12 月 4 日, BALIS 原文传递中心主页平台启动上线。

4. 2007 年 12 月 12 日,BALIS 馆际互借管理中心揭牌仪式暨馆际互借与原文传递培训会在北京邮电大学图书馆隆重召开,馆际互借管理中心正式揭牌建立,同时发布了 BALIS 馆际互借中心主页平台。

5. 2008 年 4 月 24 日 ,“北京地区高校图书馆文献资源保障体系(BALIS)资源协调管理中心揭牌仪式暨图书馆资源与资源评价研讨会”在首都师范大学图书馆隆重举行。

6. 2008 年 8 月 1 日,BALIS 北京高校网络图书馆组织代表团赴呼和浩特进行交流,先后访问了内蒙古大学和内蒙古农业大学图书馆,与两校图书馆馆长和部分部主任进行了座谈,并与内蒙古高校图工委进行了交流。

7. 2008 年 10 月 25 日 ,北京图工委组织 BALIS 各分中心主要负责人与天津数字图书馆负责人李秋实老师进行座谈交流,双方就京、津两地区的文献资源共建共享工作的开展情况进行了介绍。

8. 2008 年 11 月 21—22 日, BALIS 资源协调中心举行工作会议及成立文献资源建设专业委员会筹备会议。会议成立了文献资源建设专业委员会,并研讨了资源协调中心今后内容。

9. 2009 年 5 月 8—10 日 北京高校图工委、BALIS 管理中心,在江西南昌召开了“区域整体化建设与资源共建共享研讨会”。

10. 2009 年 6 月 10 日 ,BALIS 原文传递中心与中国科学院合作,达成“联合目录向 BALIS 成员馆提供查询服务,查询内容包括各文种印本图书、期刊以及电子资源;联合目录向 BALIS 原文传递中心提供转接原文传递服务,并为其提供必要的服务平台; BALIS 向联合目录提供本地成员馆的馆藏目录数据,将包括电子期刊在内的 BALIS 成员馆资源整合到联合目录中”等协议。

11. 2009 年 10 月,银符数据库的采购活动在 BALIS 资源协调管理中心的组织下顺利完成。

12. 2009 年 11 月 15—18 日,BALIS 资源协调管理中心资源组和专业委员会的委员们赴上海参加了上海图书馆举办的“资源采购协调与评价交流会”。

13. 2009 年 12 月 22 日 BALIS 联合信息咨询中心成立揭牌仪式暨高校学术信息分析与评价研讨会在北京科技大学举行。

14. 2009 年 12 月,BALIS 资源协调管理中心网站建成运行。

15. 2010 年 4 月 7 日,非书资料系统上线。培训会在首都师范大学举办,杭州麦达电子有限公司工作人员为非书资料分中心相关负责老师进行了光盘加工、上传、下载及使用培训，并与所有分中心馆签订了分中心的权利和义务责任书。

16. 2010 年 5 月，资源协调管理中心完成网乐视频数据库采购谈判，并于 5 月 23 日向各成员馆发放团采通知。

17. 2010 年 6 月，资源协调管理中心完成 EBSCO 英语学习中心（SRC）数据库的采购谈判，并于 6 月 7 日向各成员馆发放团采通知。

18. 2010 年 9 月，完成了 Springer-ebook 数据库的采购谈判，并于 9 月 29 日向各成员馆发放团采通知。

19. 2010 年 5 月 30 日，国家图书馆作为合作成员馆加入 BALIS 馆际互借系统。

20. 2010 年 7 月 13 日，国家图书馆作为合作成员馆加入 BALIS 原文传递系统。

21. 2010 年 12 月 24—25 日，北京地区高校图书馆年会暨 BALIS 工作会议在北京北发大酒店召开

22. 2011 年 1 月 12 日 BALIS 联合信息咨询服务系统通过验收并上线运行。

23. 2011 年 4 月 5—8 日原文传递中心组织委员馆调研浙江大学和南京大学的 ZADL、JALIS 等地域性原文传递系统。

24. 2011 年 4 月 19—21 日，BALIS 管理中心对馆际互借中心、原文传递中心、资源协调中心、联合信息咨询中心和培训中心开展工作检查。检查内容为：各中心工作进展、经费的使用、设备的运行等，查找工作薄弱环节，推广 BALIS 项目成果，进一步拓展 BALIS 项目的建设。

25. 2011 年 5 月 5 日，北京电视台的“北京您早”节目以“足不出户 大学图书馆实现通行便览”为题对“BALIS 原文传递与馆际互借 2011 年宣传月活动现场会”进行了播报。

26. 2011 年 5 月，上海图书馆作为合作成员馆加入 BALIS 馆际互借系统。

27. 2011 年 6 月 7—11 日联合咨询中心组织委员馆赴陕西省考察，与西安交通大学图书馆、陕西师范大学图书馆、西北工业大学图书馆进行了交流学习。

28. 2012 年 10 月 23 日，资源协调中心完成《博看人文社科期刊数据库》《口语伙伴》《中经视频（高校版）》《中科教育资源数据库》《大学生就业服务平台》五家数据库组团采购。

29. 2013 年 1 月 1 日，BALIS 与 CALIS 原文传递融合系统正式启动服务，北京地区高校约 50 家成员馆加入系统开展服务。

30. 2013 年 3 月 18 日，博云光盘服务系统部署运行，BALIS 资源协调中心非书资料管理系统升级为博云非书资料管理系统。

31. 2013 年 9 月 9 日，BALIS 馆际互借中心正式开通与国图馆际互借借阅系统接口，这一接口的开通将大大缩减国图工作人员的工作量，极大地提高读者的满足率以及外借数量。

32. 2013 年 11 月 1 日起 CASHL 与 BALIS 原文传递中心双方合作服务正式启动。

33. 2014 年 4 月，学科建设文献资源分析评价管理系统平台上线开通使用。

34. 2014 年 6 月 23 日，北京高校数字资源采购联盟平台正式开通上线。

35. 2014 年 10 月 22 日“中国人民大学博士生主文献数字化资源库”正式向北京高校开通，“北京高校文献资源统一检索平台”同时启动。

36. 2014 年 10 月 30 日—11 月 5 日，BALIS 原文传递中心联合 BALIS 馆际互借中心组织成员馆负责人，参观调研了绍兴图书馆、绍兴文理学院图书馆、温州大学图书馆、福州大学图书馆、厦门大学图书馆五所图书馆。

37. 2014 年 11 月 19—23 日 BALIS 联合咨询中心组织主任、委员赴广东与中山大学图书馆、华南理工大学图书馆、广东工业大学图书馆、南方电网科学研究院情报技术所、广州奥凯信息咨询有限公司等单位进行了交流学习。

38. 2014 年 11 月 25 日，BALIS 管理中心组织六大系统管理人员在中国人民大学逸夫会议中心第一报告厅对各高校馆相关管理和业务人员开展了集中培训，使北京各高校图书馆全面了解和熟悉 BALIS 资源和服务。

39. 2015 年 1 月，BALIS 原文传递中心正式启动与首都图书馆的合作服务。

40. 2015 年 3 月 1 日，BALIS 联合信息咨询中心通过集团采购的方式订购了专利检索分析数据库 Innography，供各委员馆共同使用，为开展专利信息服务。

41. 2015 年 8 月，《首都图书馆联盟》总第 6 期设专题介绍 BALIS 原文传递中心与首都图书馆的合作服务。

42. 2015 年 10 月 18—21 日，BALIS 联合信息中心组织主任、委员赴江苏大学图书馆、河海大学图书馆、南京理工大学图书馆和东南大学图书馆调研。

43. 2016 年 3 月 23—28 日，BALIS 原文传递中心在管理中心协助下联合馆际互借中心，组织所属委员馆馆长们参观调研了西安交通大学图书馆、西北工业大学图书馆、西安电子科技大学图书馆、陕西师范大学图书馆、陕西理工大学图书馆五所图书馆。

44. 2016 年 11 月 3 日，培训中心与美国华人图书馆员协会签订《BALIS 培训中心与美国华人图书馆员协会学术交流合作协议》，合作期限为 2017—2020 年，约定美国华人图书馆员协会每年选派 3～4 名专家赴京，以研讨会、座谈会等形式与北京地区高校图书馆馆员进行为期 2～3 天的学术交流与研讨。

45. 2016 年 11 月 30 日—12 月 4 日，培训中心联合 BALIS 联合信息咨询中心赴深圳考察香港中文大学（深圳）图书馆、南方科技大学图书馆、深圳大学城图书馆和深圳图书馆考察。

附录B BALIS原文传递服务项目成果列表

附录B.1

BALIS原文传递中心成员馆列表

序号	成员馆名称
1	北方工业大学图书馆
2	北方工业大学艺术设计学院图书馆
3	北京财贸职业学院图书馆
4	北京城市学院图书馆
5	北京大学图书馆
6	北京大学医学部图书馆
7	北京第二外国语学院图书馆
8	北京第二外国语学院中瑞酒店管理学院
9	北京电影学院图书馆
10	北京电子科技学院图书馆
11	北京电子科技职业学院图书馆
12	北京服装学院图书馆
13	北京工商大学嘉华学院图书馆
14	北京工商大学图书馆
15	北京工业大学耿丹学院图书馆
16	北京工业大学图书馆
17	北京工业职业技术学院图书馆
18	北京国家会计学院图书馆
19	北京航空航天大学图书馆
20	北京化工大学图书馆
21	北京吉利大学图书馆
22	北京建筑大学图书馆
23	北京交通大学图书馆
24	北京交通职业技术学院图书馆
25	北京教育学院图书馆
26	北京经济管理职业学院图书馆
27	北京科技大学图书馆
28	北京科技职业学院图书馆
29	北京劳动保障职业学院图书馆
30	北京理工大学图书馆

续表

序号	成员馆名称
31	北京联合大学生物化学工程学院
32	北京联合大学师范学院图书馆
33	北京联合大学图书馆
34	北京联合大学应用文理学院图书馆
35	北京林业大学图书馆
36	北京农学院图书馆
37	北京农业职业学院图书馆
38	北京青年政治学院图书馆
39	北京人民警察学院图书馆
40	北京师范大学图书馆
41	北京石油化工学院图书馆
42	北京体育大学图书馆
43	北京外国语大学图书馆
44	北京物资学院图书馆
45	北京信息科技大学图书馆
46	北京印刷学院图书馆
47	北京邮电大学世纪学院图书馆
48	北京邮电大学图书馆
49	北京语言大学图书馆
50	北京政法职业学院图书馆
51	北京中医药大学图书馆
52	对外经济贸易大学图书馆
53	国际关系学院图书馆
54	国家教育行政学院图书馆
55	国家开放大学图书馆
56	华北电力大学(北京)图书馆
57	清华大学图书馆
58	上海图书馆
59	首都经济贸易大学图书馆
60	首都师范大学图书馆
61	首都体育学院图书馆
62	首都图书馆
63	首都医科大学北京妇产医院分馆
64	首都医科大学北京口腔医院分馆
65	首都医科大学儿童医院分馆
66	首都医科大学附属北京朝阳医院分馆

续 表

序号	成员馆名称
67	首都医科大学天坛医院分馆
68	首都医科大学图书馆
69	首都医科大学宣武医院分馆
70	首都医科大学燕京医学院图书馆
71	首都医科大学友谊医院分馆
72	首钢工学院图书馆
73	燕京理工学院
74	中国传媒大学图书馆
75	中国地质大学(北京)图书馆
76	中国国家图书馆
77	中国矿业大学(北京)图书馆
78	中国劳动关系学院图书馆
79	中国农业大学图书馆
80	中国青年政治学院图书馆
81	中国人民大学图书馆
82	中国人民公安大学图书馆
83	中国人民解放军医学图书馆
84	中国社会科学院研究生院
85	中国石油大学(北京)图书馆
86	中国外交学院图书馆
87	中国音乐学院图书馆
88	中国政法大学图书馆
89	中华女子学院图书馆
90	中央财经大学图书馆
91	中央美术学院图书馆
92	中央民族大学图书馆
93	中央社会主义学院图书馆
94	中央戏剧学院图书馆
95	中央音乐学院图书馆

附录 B. 2

BALIS 原文传递中心
BALIS Document Delivery System

BALIS 原文传递服务规范

一、组织和管理模式

BALIS 原文传递中心负责协调各馆的原文传递服务，提供服务支持，负责各成员馆使用经费的统计和补贴发放，并为成员用户馆提供原文传递服务。

原文传递中心服务馆设在中国人民大学图书馆。

二、BALIS 成员馆与学科服务馆的申请方式

凡同意遵守原文传递中心制订的管理文件精神，愿意履行相应责任和义务，与原文传递中心签署《BALIS 图书馆原文传递服务协议》的北京高校图书馆，均可成为本服务体系的成员馆。成员馆利用 BALIS 原文传递系统向系统内其他图书馆提供原文传递服务，并从系统内其他图书馆获取原文传递服务。

成员馆中有学科特色的图书馆，可向 BALIS 原文传递中心提交学科服务范围申请，经中心馆核实方即可成为学科服务馆。学科服务馆接受系统内成员馆读者的原文传递学科服务请求，帮助读者查询国内外文献信息机构的文献并代为索取原文。

三、BALIS 原文传递成员馆与学科服务馆的业务工作

详见《BALIS 原文传递业务流程》。

四、服务模式

读者直接向成员馆或学科服务馆提出原文请求，成员馆或学科服务馆操作后将文献直接传递给读者。数据管理、统计分析以及费用结算等功能都由中心系统承担。

五、服务时限

1. 普通原文传递请求在二个工作日内送出文献，遇节假日顺延。
2. 加急原文传递请求在一个工作日内送出文献，遇节假日顺延。

六、收费标准

1. BALIS 馆藏范围内收藏的文献：

BALIS 原文传递收费＝复制费＋(加急费)

复制费：0.30 元/页（指复印＋扫描＋普通传递）；

加急费：10.00 元/篇；

说明：

(1)普通传递包含 E-mail 方式、平寄和读者自取方式。采取、挂号、传真、特快专递和人工专送方式传递文献，还需加收实际发生的传递费用；

(2)上述收费标准适用于 BALIS 原文传递成员馆收藏的普通文献，古文献和旧报刊费用另计。

2. BALIS 原文传递学科服务馆代查外馆文献索取原文费用：实际付出的费用。

七、经费补贴

参加本服务体系的各成员馆皆可享受 BALIS 原文传递中心的经费补贴，详见《BALIS 原文传递经费补贴方案》。

八、结算办法

1. BALIS 原文传递的经费结算包含 2 个层次。

(1) 原文传递中心与成员馆、学科服务馆的结算：每年 12 月 15 日进行实际经费结算。结算后，成员馆的馆际互借员要进行缴费登记以平账。

(2) 成员馆与本校读者的结算：成员馆自行与本校读者进行费用结算。

2. 结算时间为每年 12 月 15 日，同时要核算各校使用经费补贴的数量。

3. 每年结算时 BALIS 项目管理中心向原文传递中心划拨一笔经费奖励满足量/满足率及请求量名列前茅的服务馆和成员馆，以鼓励其服务工作和宣传工作。

BALIS 原文传递中心

2007 年 11 月

附录 B.3

BALIS 原文传递中心
BALIS Document Delivery System

BALIS 原文传递业务流程

一、读者流程

1. 用户注册：需要原文传递服务的用户，请先登录 BALIS 原文传递读者系统注册个人信息，经所在成员馆的际互借员审核通过后，即成为 BALIS 的合法注册用户。

2. 提交请求：

(1) 登录《CALIS 西文期刊目次数据库》等数据库检索到所需要的文献可选择向有馆藏的服务馆或学科服务馆发送请求；

(2) 填写原文传递申请表单可选择向有馆藏的服务馆或学科服务馆发送原文传递请求。

3. 获取全文：用户提交文献传递请求后，通过 E-mail 通常可在 1～2 个工作日内获得全文(邮寄方式需根据邮局邮寄时间确定)。

二、成员馆工作流程

1. 确认用户：馆际互借员以管理员的身份登录 BALIS 原文传递管理系统在"读者管理"栏目确认。系统自动发送邮件通知读者已经成为正式用户或拒绝。

2. 设定本馆读者透支额度并负责与本馆读者的结算工作。

3. 处理读者文献请求

(1) 登录管理系统，在"事务处理"接收和查看读者的文献请求。

(2) 检索本馆馆藏目录或电子资源，确定是否能提供。

(3) 下载、复制(扫描)文献。

(4) 在承诺的服务时限内以请求馆要求的方式送出文献，并进行系统处理，给予原文传递文献相应的 50%补贴。

(5) 如果无法提供，在系统中进行"无法提供"的回答处理，并说明无法提供的原因；或者提出相应的提供条件。

4. 负责的本馆原文传递的宣传培训、统计分析、日志查询、参数管理、个人信息维护等相关工作。

5. 定期与 BALIS 原文传递中心进行费用结算。

三、学科服务馆工作流程

1. 向 BALIS 原文传递中心提交委托学科范围申请，经中心馆核实方可成为学科服务馆。

2. 完成作为成员馆的各项工作

3. 根据本馆承诺的学科范围查询国内外文献信息机构的文献，提供代索取文献的服务。

BALIS 原文传递中心

2007 年 11 月

附录 B. 4

BALIS 原文传递中心
BALIS Document Delivery System

BALIS 原文传递学科服务馆申报办法

一、学科服务馆申报原因

BALIS 原文传递服务正式启动之时，BALIS 原文传递管理中心暂定中国人民大学图书馆、北京邮电大学图书馆、北京师范大学图书馆和首都师范大学图书馆 4 家 BALIS 中心馆作为学科服务馆承担代查代检、代索取服务。一年多来，4 家临时学科服务馆尽职尽责，为 BALIS 原文传递服务做出了应有的贡献，同时也为学科服务馆的正式申报积累了经验。在此基础上，为了进一步规范 BALIS 原文传递服务，管理中心决定特将 BALIS 原文传递学科服务馆正式申报工作提到议事日程。

二、学科服务馆拟定名额

6 名。

三、学科服务馆申报对象

BALIS 原文传递所有成员馆包括原定暂时承担 BALIS 原文传递学科服务馆职责的 4 个成员馆也在申报之列。

四、学科服务馆申报条件

1. 能够拟定较明确的作为学科服务馆的建设目标和建设内容。

2. 具备一定学科资源优势。

3. 具备一定服务条件和服务优势。

(1) 至少配备一名专职文献传递人员；

(2) 配有扫描仪、打印机、传真机等用于文献传递服务的必要设备；

(3) 至少参加一项其他共建共享项目，如 CALIS、NSTL、CASHL 等。

五、学科服务馆的权利和义务

1. 在享有成员馆一切权利的基础上，有权依据《BALIS 原文传递经费补贴方案》获得学科服务馆年终专项服务奖励。

2. 在履行成员馆义务的基础上，还特别强调学科服务馆义务如下：

(1) 需设有专职文献传递员，并有固定 E-mail 信箱，联系方式需上报管理中心。如联系

信息发生变化,应及时通知给管理中心;

(2) 配有扫描仪、打印机、传真机等用于文献传递服务的必要设备;

(3) 接收读者委托请求,承担 BALIS 原文传递系统内的代查代检、代索取服务。

六、学科服务馆申报和评定程序

(1) 成员馆在了解学科服务馆申报条件基础上填写《BALIS 原文传递学科服务馆申报表》进行申报。

(2) 由北京高校图工委委员和 BALIS 原文传递管理中心组成评审委员会在对申报材料进行客观、公正评审的基础上评定 6 个学科服务馆。

BALIS 原文传递管理中心

2009 年 5 月 26 日

附录 B. 5

BALIS 原文传递中心
BALIS Document Delivery System

BALIS 原文传递学科服务馆工作办法

一、BALIS 原文传递学科服务馆的职责及其产生

BALIS 原文传递学科服务馆的职责是：接收 BALIS 原文传递系统读者的委托申请，提供代查代检、代索取服务。

BALIS 原文传递服务启动初期，暂定 BALIS 的 4 家中心馆承担临时学科服务馆的工作，这 4 家中心馆一直尽职尽责，为 BALIS 原文传递服务做出了应有的贡献。

2010 年 5 月，BALIS 原文传递管理中心公示“BALIS 原文传递学科服务馆申报办法”，并组织了正式学科服务馆的申报工作。

2010 年 6 月 9 日，BALIS 原文传递管理中心在中国人民大学图书馆召开 BALIS 原文传递学科服务馆专家评审会，按照“申报馆回避”原则聘请了 7 位专家对申报材料进行评审，依据“BALIS 原文传递学科服务馆申报办法”投票产生出 6 名学科服务馆，名单如下：

北京大学医学图书馆、北京交通大学图书馆、北京科技大学图书馆、北京师范大学图书馆、北京邮电大学图书馆、中国人民大学图书馆。

二、BALIS 原文传递学科服务馆工作流程

1.“管理系统”→参数管理→委托代理服务条款，填写相应的条款细节。

2.“管理系统”→事务处理，对于无法立即完成的申请（特别是委托代查），在“处理请求”中做了初次处理之后，自动转到“处理中请求”中，待拿到原文之后，在“处理中请求”中，最终完成处理。

3.“管理系统”→事务处理，遇到“委托代查”申请时，可先在本系统的成员馆中查找是否有馆藏，确定之后，点击“转发到本系统”，即可在系统中直接转发请求；如果本系统中的成员馆也没有馆藏，建议利用国家图书馆、NSTL、CALIS/CASHL 等机构的文献资源。

4.“管理系统”→事务处理，处理“委托代查”申请时，要求：(1)在“申请单备注”中，填写相应文献来源机构的申请单号；(2)填写“委托文献来源”，单选项。

三、学科服务馆学科服务范围

1. 人文社科类：中国人民大学图书馆、北京师范大学图书馆（侧重教育学、心理学、中国语言文学、地理学等）。

2. 理工科类：北京科技大学图书馆、北京交通大学图书馆（侧重交通运输工程、信息与

通信工程等)、北京邮电大学图书馆(侧重通信工程、电子工程、计算机、自动化、软件等)、中国人民大学图书馆(侧重物理、化学、计算机等)。

3. 医学类:北京大学医学图书馆。

四、BALIS 原文传递学科服务的收费

从馆外获取文献的实际费用。

五、BALIS 原文传递学科服务馆的服务时限

依据学科服务馆向其他文献机构申请,获取委托请求文献的实际时间而定。

六、BALIS 原文传递学科服务馆的权利与义务

1. 在享有成员馆一切权利的基础上,还享有下列权利:

(1) 依据《BALIS 原文传递经费补贴方案》获得学科服务馆年终专项服务奖励;

(2) 管理中心为学科服务馆在国家图书馆系统建立用户,用于各学科服务馆向国家图书馆发送少量急需国家图书馆做代查代检、代索取的请求,中心承担费用结算;

(3) 管理中心为学科服务馆在 NSTL 系统建立账户,首次在各账户预交 2 000 元用于各馆向 NSTL 提供委托请求,用完追加。

(4) 各学科服务馆向 CALIS 等文献机构获取文献的费用,请在本系统做委托请求事务处理的时候如实添加了“费用”栏目,年终结算时中心将返回费用。

2. 在履行成员馆义务的基础上,还特别强调学科服务馆义务如下:

(1) 需设有专职文献传递员,并有固定 E-mail 信箱,联系方式需上报管理中心,如联系信息发生变化,应及时通知给管理中心;

(2) 配有扫描仪、打印机、传真机等文献传递服务必要的外部设备;

(3) 接收读者委托请求,尽力尽早完成 BALIS 原文传递系统内的代查代检、代索取服务。

BALIS 原文传递管理中心
2010 年 9 月 10 日

附录 B. 6

BALIS 原文传递中心
BALIS Document Delivery System

BALIS 原文传递隐私保护条款

尊重成员馆和读者隐私是 BALIS 原文传递系统的一项基本政策。为了保护您的隐私与安全，我们将采取严格的措施保护您的隐私，确保您的隐私权不受任何侵犯。BALIS 原文传递中心不会在未经合法授权时公开或透露您的账号信息和注册资料及系统保存的原文传递请求以及处理情况等非公开内容。

用户注册成为本系统的合法用户，将收到管理员分配的用户名以及相应的密码。该密码和用户名应妥善保存。用户不得与第三者共享密码，应确保用户名和密码的保密性。每个用户都要对以其用户名进行的所有活动和事件负全责。您可随时根据指示改变您的密码。建议您不要将密码泄露给他人。未经同意，我们的工作人员绝不会通过电话和电子邮件询问您的密码。若发现任何非法使用账号或存在安全漏洞的情况，请立即通告您的管理员或者 BALIS 原文传递中心。请记住，在您结束操作时，请退出账号并关闭您的浏览器。

如果对我们的隐私保护条款有任何疑义，请随时与 BALIS 原文传递中心联系。

BALIS 原文传递中心
2007 年 12 月

附录 B. 7

BALIS 原文传递中心
BALIS Document Delivery System

BALIS 原文传递服务评估办法

BALIS 原文传递中心
2008 年 11 月制订
2009 年 4 月第一次修订
2011 年 1 月第二次修订
2013 年 9、10 月第三次修订

一、评估目的

1. 通过对 BALIS 各成员馆原文传递服务工作的评估，达到对 BALIS 原文传递服务质量进行阶段性、综合性评价的目的，表彰先进，从而激励和推动 BALIS 原文传递服务的进一步发展，提高服务效益。

2. 通过问题的发现，进一步改进各成员馆的原文传递服务工作，使服务更加规范化，推动各馆原文传递服务的整体发展，提高服务质量，最大限度地满足成员馆的用户信息需求。

二、评估内容

1. 服务基础设施评估：人员和设备配备等。

2. 服务能力评估：包括可提供服务的资源和资源揭示情况等。

3. 服务质量及服务效果评估：从原文传递业务量，在本校宣传推广和培训的情况（包括接收请求量，提交请求量和开户人数及使用量等）；原文传递满足情况；对用户请求的响应速度；原文传递的成本核算以及用户对服务的感知程度的方面，综合评价服务质量和效果。

其中第 3 部分是最主要的评估内容。

三、评估方法与步骤

1. 确定评估目的与评估内容，建立评价指标体系，指标体系包括一级指标和二级指标，以及指标定义。

2. 确定评估模型，给出指标的权重比例，以及每个指标的具体分值。

3. 采用以下方法收集指标数据：

（1）直接评估：通过原文传递系统统计和各成员馆上报，直接获取数据。

（2）间接评估：由 BALIS 原文传递中心直接了解用户对服务的感受和满意程度。

4. 对数据进行统计、分析和研究，得出评估结果。

5. 分析评估结果，总结分析问题。

6. 根据实际情况，修订评估指标。

四、评估指标体系与计分方法

1. 评估指标的设计原则

(1) 主观性与客观性:既要有自我评价,也要有用户评价。

(2) 共同性与差异性:各个成员馆开展服务的模式、内容相同,但开展原文传递工作的时间、可供服务的资源保障等方面有一定差异,因此要充分考虑这些共同性和差异性。

(3) 科学性与可操作性:能真实客观地反映各成员馆的实际情况,同时在指标的收集、统计上也具备实际意义和可操作性。

2. 指标体系与计分方法

一级指标	分值	二级指标	分值	指标定义	数据来源	评分方法
服务能力	15	服务设备	2.5	原文传递服务所需设备:计算机、扫描仪、打印机、传真机	由各成员馆上报	配备计算机、扫描仪1项且运行良好各得1分,配备打印机、传真机得0.5分
		人员配备	2.5	是否有专职从事原文传递服务的工作人员	由各成员馆上报	配备专职人员2.5分,仅配备兼职人员1.5分
		馆藏(总结)提交	5	是否配合BALIS统一检索平台建设,提供本馆馆藏数据。(是否配合中心工作,按时提交工作总结)	管理中心统计	积极配合5分,配合4分,不够积极配合3分,不配合0分
		服务导航	5	是否有对原文服务的清晰指引、介绍和导航	由各成员馆上报	积极配合5分,配合4分,不够积极配合3分,不配合0分
服务质量与效果	85	业务量	55	完成的原文传递各种业务量(件/年):接收请求量、提交请求量和使用量等	管理中心统计	接收请求量排名第1名得25分,第2名得24.5分,第3名得24分……依次递减,39名以下得5分,“0”数据0分
						提交请求量排名前5名得15分,6~10名得14分,11~20名得13分,20~30名得12分,30~40名得11分,40名以下得10分,“0”数据0分
						使用人数排名前5名得15分,6~10名得14分,11~20名得13分,20~30名得12分,30~40名得11分,40名以下得10分,“0”数据0分
		完成时间	10	事务完成日期和事务申请日期之差的平均数	管理中心统计	符合承诺工作日(三日)为10分,每拖延1天,扣0.5分
		满足率	5	满足率	管理中心统计	100%~85%为5分,84%~70%为4.5分,69%~60%为4分,59%~50%为3.5分,49%~40%为3分,39%~30%为2.5分,29%~20%为2分,19%~10%为1分
		服务规范	5	服务规范的执行程度(是否规范使用“暂停服务”等)	管理中心统计	违规操作一次(如无故暂停服务一次扣1分)
		培训	5	开展原文传递服务培训次数、培训人数	由各成员馆上报	一年内每开展一次培训得2分,最高得3分;培训人数不足100人得1分,100人以上得2分
		用户满意度	5	用户对服务的满意程度	读者调查获得	满意得5分,比较满意得4分,一般得3分,不太满意得1分,有读者投诉得0分

五、评估结果奖项

1. 先进集体奖 20 名，奖项不做区分，综合排名前 3 名奖金 3 000 元；综合排名前 4～6 名奖金 2 000 元；综合排名前 7～20 名奖金 1 000 元。

2. 先进个人奖若干名，用于奖励服务较好成员馆馆员。（综合排名前 10 名各 2 名，其余参评达标馆各 1 名）

3. 学科服务奖（奖励六家学科委托服务馆）。

4. 最佳服务奖 5 名，用于奖励接收请求位居前 5 名的成员馆。

5. 最佳宣传奖 5 名，用于奖励宣传月活动评估得分位居前 5 名的成员馆。

6. 最佳组织奖 5 名，用于奖励在服务数量和质量上与上一年度相比有显著提升的成员馆。

7. 以上奖项除学科服务奖外，不可兼得。

BALIS 原文传递中心
中国人民大学图书馆
2016 年 12 月

附录 B.8

BALIS 原文传递中心
BALIS Document Delivery System

BALIS 原文传递收费标准及补贴方案

一、BALIS 本地系统

1. 收费标准

(1) 各成员馆间

BALIS 成员馆馆藏范围内收藏的文献：

BALIS 原文传递收费＝ 复制费 ＋（加急费）；

复制费：0.30 元 / 页（指复印＋扫描＋普通传递）；

加急费：10.00 元 / 篇；

委托 6 家学科服务馆代查：除实际发生费用外，还需加收代查费用；

国内委托代查：2 元/篇；

国外委托代查：10 元/篇；

说明：

① 普通传递包含 E-mail 方式和读者自取方式。采取挂号、传真、快递和人工专送方式传递文献，还需加收实际发生的传递费用；

② 上述收费标准适用于 BALIS 原文传递成员馆收藏的普通文献，古文献和旧报刊费用另计。

(2) BALIS 原文传递与国家图书馆

BALIS 各成员馆可通过 6 家学科服务馆向国图提交申请；

国图基于本馆馆藏的期刊文献、学位论文等文献收费按照 0.30 元/页；

加急请求每条另加收加急费 10.00 元；

缩微文献 1.30 元/页；

保存本拍照 2.30 元/页；

专利文献收取 10 元/条检索费＋0.3 元/页；

标准文献 3.50 元/页；

国家图书馆向 BALIS 原文传递系统提交的申请，按照对等原则收取相应的费用。

(3) BALIS 原文传递与上海图书馆

BALIS 各成员馆可通过 6 家学科服务馆向上图提交申请；

上海图书馆馆藏的普通文献：1 元/页；加急费：10 元/篇；

对于 1949 年以前出版的古籍和近代文献，加收文献保护费标准如下：

普通古籍(清初、乾隆年后刻本、活字本):1.00~3.00 元/拍;
普通古籍(抄本、稿本、图片、插图):4.00~5.00 元/拍;
善本古籍(一般古籍):10.00 元/拍;
善本古籍(一、二级藏品):20.00~50.00 元/拍;
民国图书与期刊:0.5~5 元/页;
民国(图书、期刊整本复制、各类图片、插图):5.00 元/页;
原件报纸或缩微报纸:0.50~2.00 元/页;
上海图书馆向 BALIS 原文传递系统提交的申请,按照对等原则收取相应的费用。

2. 补贴方案

BALIS 原文传递中心对以上 BALIS 馆馆间、BALIS 对上海图书馆、国家图书馆提交的申请每篇文献的补贴金额为该篇总费用的 100%,但单笔请求原则上总费用不得超过 150 元,还按 1 篇/2 元标准对服务馆所完成的请求进行奖励,如有特殊需求请向中心进行申请。

二、BALIS 本地系统中 NSTL 对 BALIS 成员馆

1. 收费标准

	类型	收费标准	发送方式
文献传递	一般文献	0.3 元/页	电子邮件、自助获取
	专利文献	5 元/篇	

	类型	复制费		服务费	发送方式
		NSTL 成员单位馆藏	其他单位馆藏		
代查代借	一般文献	0.3 元/页	按照馆藏单位的收费标准	2 元/篇	电子邮件、自助获取
	专利文献	5 元/篇			

注:一般文献包括:除专利文献要以外的中外文期刊、会议、学位论文、科技报告等;加急费一般为 10 元。

2. 补贴方案

BALIS 原文传递中心对每条申请的补贴金额为该篇申请总费用的 50%,另外 50% 由 NSTL 补贴,原则上单笔申请总费用不得超过 300 元。加急费不补贴,NSTL 馆藏范围外的代查代检申请不补贴,如有特殊需求可向中心提出申请。

三、CASHL 系统

1. 收费标准

BALIS 各成员馆从 CASHL 馆藏范围之内获取文献,执行 CASHL 的收费标准,从 CASHL 馆藏范围之外获取文献,执行借出馆的收费标准;
CASHL 文献传递收费=复制费+加急费+代查代检费;
其中:复制费:¥0.30 元/页(指复印+扫描);
加急费:¥10.00 元/篇;
代查代检费用:国内高校馆 2 元/篇,国内非高校馆 5 元/篇,国际 10 元/篇。

2. 补贴方案

BALIS 原文传递中心对每条申请的补贴金额为该篇申请总费用的 50%，另外 50% 由 CASHL 补贴，原则上单笔申请总费用不得超过 300 元。代查代检申请没有补贴，如有特殊需求可向中心提出申请。CASHL 还按 1 篇/6 元标准对服务馆所完成的请求进行奖励。

四、结算时间

BALIS 原文传递中心每年 11 月 30 日进行文献传递经费结算，计算上一年度 12 月 1 日至本年度 11 月 30 日期间发生的费用，同时要核算各校使用经费补贴的数量，下一年度 3 月份左右拨款。

五、年终评估奖励方案

BALIS 原文传递中心每年 12 月进行年终评估，评选服务先进集体和服务先进个人，并设立专项奖励经费。

2016 年 12 月

附录 B. 9

中国高校人文社会科学文献中心(CASHL)
北京地区高校图书馆文献资源保障体系
(BALIS)

合作协议书

2013 年 10 月 14 日

甲方：中国高校人文社会科学文献中心(CASHL)管理中心
乙方：北京地区高校图书馆文献资源保障体系(BALIS)管理中心

一、合作双方概况

中国高校人文社会科学文献中心(China Academic Social Sciences and Humanities Library，CASHL)是在教育部领导下，本着“共建、共知、共享”的原则、“整体建设、分布服务”的方针，为高校及全国人文社会科学教学和研究建设的文献保障服务体系，其最终目标是成为“国家人文社会科学资源平台”。

“北京地区高校图书馆文献资源保障体系(BALIS)”是北京高校图工委领导下的北京地区高等教育公共服务体系之一。其宗旨是，在北京市教委的领导下，把国家的投资、现代图书馆理念、先进的技术手段、高校丰富的文献资源和人力资源整合起来，建设北京高等教育文献联合保障体系。

二、合作目标

双方合作的目标：为 BALIS 用户营造更有益于教学科研的信息服务环境，提高服务水平；同时促进 CASHL 建设成果的推广利用，扩大信息资源共建共享的范围，并推动 BALIS 原文传递服务的拓展和深化。

三、合作双方的权利和义务

(一)甲方的权利与义务

1. 按照 CASHL 文献传递的服务规范、工作流程以及经费补贴方案等业务方案，向乙方提供文献传递服务；

2. 为甲方的馆际互借员在系统中建立管理员，并分配相应的权限；

3. 组织 CASHL 文献传递服务的相关会议及业务培训；

4. 做好文献传递的统计及结算工作。

(二)乙方的权利与义务

5. 整合甲方和本地的服务，为本地成员馆提供服务；

6. 组织本地成员馆参加甲方所提供的相关业务培训工作和其他活动；

7. 宣传推广 CASHL 的资源与服务，积极发展成员馆；

8. 遵守甲方的服务规范，合理合法地利用甲方提供的服务；

9. 配合甲方做好文献传递的统计及结算工作。

四、相关费用及支付

乙方从 CASHL 馆藏范围内获取文献，执行 CASHL 的收费标准和结算办法(见附件)，从 CASHL 馆藏范围之外获取文献，执行借出馆的收费标准和结算办法。

五、协议的有效期

本合同自双方签订之日起生效，如无特殊情况，长期有效。在此期间，任何一方希望终止协议，应提前 2 个月以书面形式通知对方。本协议终止时，乙方应办理费用结算手续，同时甲方将停止乙方的文献传递服务。

六、附录

1. 本协议未尽事宜，由双方协商解决，如协商不成提请北京仲裁委员会仲裁。

2. 本合同一式两份，甲乙双方各执一份，具有同等效力。本协议自签订之日起有效。任何一方可以提前提出中止协议。

3. 本协议未尽事宜，双方可以友好协商解决或签订补充协议。

甲方：中国高校人文社会科学文献中心（CASHL）管理中心

乙方：北京地区高校图书馆文献资源保障体系（BALIS）管理中心

甲方代表人（签字盖章）：

2013 年 10 月 14 日

乙方代表人（签字盖章）：

2013 年 10 月 14 日

附件:CASHL 收费标准和结算办法

复制费:¥0.30 元/页(指复印十扫描);
加急费:10.00 元/篇:
传递费:

传递方式	投递地区	邮费、包装费等(件/次)
E-mail		免费
网上文献传递系统(Ariel/CALIS)		免费
读者自取		免费
传真		¥1.00 元/页
普通函件	本地	¥0.30 元/页
	外地	¥0.60 元/页
平信挂号	本地	4 元起(10 页以内),以后每增加一页加收 0.30 元
	外地	6 元起(10 页以内),以后每增加一页加收 0.60 元
特快专递	本地	50 页以下 15 元,以后每增 50 页加收 3 元(不足 50 页者,按 50 页计算)
	外地	50 页以下 30 元,以后每增 50 页加收 6 元(不足 50 页者,按 50 页计算)
人工专送	本地	10 元起(按实际费用结算)
	外地	20 元起(按实际费用结算)

说明:1. 目前 CASHL 文献传递服务主要由 CASHL 中心馆承担,中心馆设在北京、上海、武汉、长春、广州、南京、成都等城市。上表中提到的本地指中心馆城市所在地区,外地指中心馆城市之外的地区。
2. 所有收费价格均为税前价格;如需开具发票加收 5.5%的税费。
3. 如 CASHL 调整收费标准和结算办法,以最新调整为准。

附录 B. 10

BALIS 管理中心与首都图书馆合作协议

甲方：BALIS 管理中心

乙方：首都图书馆

BALIS，即北京地区高校图书馆文献资源保障体系，是北京高校图工委领导下的北京地区高等教育公共服务体系之一。BALIS 现有成员馆 91 家，其中包括 2 个合作馆（国家图书馆和上海图书馆），1 个团体馆（北京地区医院图书馆协会）。首都图书馆是北京市属公共图书馆服务体系中的龙头馆，下属 18 个区级图书馆。BALIS 与首都图书馆之间文献特点和内容存在较大的互补性。为了满足首都图书馆及 BALIS 用户对文献的需求，首都图书馆和 BALIS 原文传递中心通过多次交流商讨，达成以下良好的合作意向：

1. 合作模式：BALIS 成员馆以中国人民大学图书馆、北京大学医学部图书馆、北京师范大学图书馆、北京交通大学图书馆、北京科技大学图书馆、北京邮电大学图书馆等 6 家学科服务馆为节点向首都图书馆提交原文委托请求；同时首都图书馆作为北京市公共图书馆的节点，向 BALIS 原文传递系统提交原文委托请求。

2. 联系人：首图配备一位老师做固定联系人，并将其联系方式包括电话、E-mail、QQ 号（以备加入到 BALIS 原文传递交流群）等告知 BALIS 原文传递管理中心；BALIS 原文传递管理中心老师负责与首都图书馆的联系。

3. 收费标准：BALIS 成员馆基于各馆馆藏的期刊文献、学位论文等文献收费按照 0.30 元/页，加急请求每条另加收加急费 10.00 元；缩微文献 1.30 元/页，保存本拍照 2.30 元/页，专利文献收取 10 元/条检索费＋0.3 元/页，标准文献 3.50 元/页；首图向 BALIS 成员馆收费按照对等原则收取。

＊费用结算采用实报实销的方式，即协议双方每年 1 月对上一年实际发生的费用进行统计结算。

4. 文献传递方式：双方以数字资源为主，提供电子版的文献传递方式。古籍善本等纸质文献的复制，依各馆实际情况处理。

5. 完成时间：基于本馆馆藏的普通请求，双方在 3 个工作日内完成；委托请求需要转到其他图书馆处理，则处理时间有一定顺延。

6. 其他方面：如有未尽事宜，双方协商解决、协商未果的，可提请北京市朝阳区人民法院诉讼解决。

7. 本协议一式两份，自双方签章之日起生效，本协议为长期有效，任何一方提前一个月书面通知可终止本协议。本协议终止后应进行统计结算。本协议项下的书面通知，以合同载明的地址发送给对方，第二日视为送达给对方。

附件：双方成员馆名单

甲方： BALIS 管理中心	乙方：首都图书馆
地址：	地址：北京市朝阳区东三环南路 88 号
代表（签章）	代表（签章）
联系方式：	联系方式： 67358114-6323
2014 年 12 月 24 日	2014 年 12 月 24 日

附录 B. 11

战略合作协议书

北京地区高校图书馆文献资源保障体系
(BALIS)管理中心
国家科技图书文献中心(NSTL)

北京
2016 年 12 月

甲方：北京地区高校图书馆文献资源保障体系管理中心
乙方：国家科技图书文献中心

一、双方概况

北京地区高校图书馆文献资源保障体系(BALIS)是北京地区高校图书馆工作委员会领导下的北京地区高等教育公共服务体系之一。其宗旨是，在北京市教育委员会的领导下，把国家的投资、现代图书馆管理、先进的技术手段、高校丰富的文献资源和人力资源整合起来，建设发展成北京高等教育文献联合保障体系。

国家科技图书文献中心(NSTL)是根据国务院领导的批示，于2000年6月成立的一个基于网络的科技文献信息服务平台，成员单位包括中国科学院文献情报中心、中国科学技术信息研究所、机械工业信息研究院、冶金工业信息标准研究院、中国化工信息中心、中国农业科学院农业信息研究所、中国医学科学院医学信息研究所、中国标准化研究院标准馆和中国计量科学研究院文献馆。

二、合作目标

推动BALIS原文传递服务的拓展和深化，促进NSTL文献资源在北京高等院校的推广利用，进一步扩大文献资源共享范围，营造更有益于教学科研的文献服务环境。

三、双方的权利和义务

1. 甲方为乙方文献服务人员在BALIS系统中建立账号，分配相应的权限；
2. 甲方利用乙方文献资源，为甲方成员馆提供文献传递服务；
3. 甲方组织成员馆相关人员参加乙方所提供的相关业务培训活动；
4. 甲方应积极宣传推广乙方的科技文献资源与服务；
5. 甲方提供文献传递服务应遵守国家相关的法规、办法和乙方的有关服务规范。
6. 甲方配合乙方做好文献传递的统计及结算工作。
7. 乙方各成员单位负责甲方的文献传递服务，并由NSTL用户服务中心统一协调双方服务人员对接及联系；
8. 乙方配合完成与甲方的系统对接工作，并配合甲方之后的系统升级等工作做好技术维护；
9. 乙方按照NSTL文献传递的服务规范、业务流程向甲方成员馆提供文献传递服务；
10. 乙方组织NSTL文献传递服务的相关会议及业务培训；
11. 乙方做好文献传递的统计及结算工作。

四、相关费用及支付

1. 甲方从乙方各成员馆馆藏范围内获取文献传递及申请乙方各成员馆馆藏范围内的代查代借复制费，执行NSTL的收费标准的50%，NSTL的具体收费标准详见附件。

2. 费用结算采用实报实销的方式，即协议双方每年1月对上一年度实际发生的费用进行统计结算，由甲方向乙方支付〔由NSTL用户服务中心(设立在中国科学技术信息研究所)代收〕。

五、其他

1. 本协议的有效性、解释与效力均应适用国内有关法律法规。

2. 当双方基于本协议或与之有关的问题产生任何争议的，双方应首先通过友好协商进行解决。如果协商不成的，可以将争议提交至 NSTL 所在地人民法院进行诉讼。

3. 本协议的有效期为 3 年，本协议自签订之日起生效，协议有效期满后，如任何一方未提出终止协议内容，协议自动延续一个有效期。甲乙双方均不得擅自中断本合同的合作，任何一方希望终止协议，应最少提前 1 个月以书面形式通知对方。否则，违约方承担全部责任并赔偿对方的经济损失。

4. 在协议有效期内，如双方中任何一方提出对协议条款改动，均须共同协商，达成协议后签署补充协议。

5. 本协议一式四份，甲乙双方各持两份。

甲方：北京地区高校图书馆文献资源保障体系管理中心

甲方代表人（签字盖章）：

2016 年 12 月

乙方：国家科技图书文献中心

乙方代表人（签字盖章）：

2016 年 12 月

附件:NSTL 的收费标准

	类型	收费标准	发送方式
文献传递	一般文献	0.3 元/页	电子邮件、自助获取
	专利文献	5 元/篇	

	类型	复制费		服务费	发送方式
		NSTL 成员单位馆藏	其他单位馆藏		
代查代借	一般文献	0.3 元/页	按照馆藏单位的收费标准	2 元/篇	电子邮件、自助获取
	专利文献	5 元/篇			

注:1. 一般文献包括:除专利文献以外的中外文期刊、会议录、文集汇编、学位论文、科技报告等。

2. 版权费:对于个人用户和公益性机构用户,不收取版权费,只对于企业机构用户,收取外文文献版权费。

3. 版权费暂定收取标准:外文期刊、外文会议文献、外文文集汇编:5 元/篇;外文学位论文和国外科技报告:10 元/篇。

4. 其他方式发送的邮寄费,按照邮寄方标准收取。

附录C BALIS资源协调管理项目成果列表

附录 C.1

北京地区高等教育文献保障系统(BALIS)建设子项目承建协议书

委托方：BALIS 管理中心

承建方：首都师范大学图书馆

承建子项目名称：BALIS 资源协调管理中心

编号：04

一、委托方责任和义务

1. 为保证 BALIS 建设项目有序和高效率运行，委托方负责制订管理条例、标准规范和规章制度。

2. 委托方提供下列支持，作为承建方完成建设任务的必要条件：

(1) 提供管理与建设经费　万；

(2) 提供必要的硬件设备；

(3)提供必要的业务指导和工作人员培训。

3. 委托方负责与 BALIS 系统外的国内外主要文献信息服务系统建立合作关系，为承建方扩展资源共享渠道提供方便。

二、承建方的责任和义务

1. 承建方必须遵守委托方制订的各项管理条例、标准规范和规章制度。

2. 承建方必须按《子项目可行性研究报告》提出的目标和管理中心管理工作的要求，利用 BALIS 专项资金完成下列建设任务。

结合北京高校的实际情况，积极组织和参与北京高校的文献保障系统的各项工作，加强文献服务队伍建设，开展多种形式的共建共享工作，形成强有力的文献保障服务能力，具体如下：

(1) 构建 BALIS 资源协调管理中心门户以及相关的硬件平台，充分利用自身的资源与服务优势，面向北京高校服务；

(2) 承担北京地区高校图书馆文献资源建设中的文献评价、协调采购、资源共建以及组织文献集团采购、联合订购和统一采购的任务；

(3) 配合“资源与服务评估”子项目与管理中心管理工作的需要，提供与本中心工作相关的统计数据，展开必要的用户的问卷调查；

(4) 做好与北京非高校系统文献信息服务机构的接口工作，根据本中心所负责的文献保障任务，整合相关资源与服务，提高文献保障与服务能力；

(5) 支持与配合 BALIS 管理中心、其他服务中心和子项目承建单位进行 BALIS 项目建设组织各项活动。

3. 承建方须按《子项目可行性研究报告》提出的目标，向委托方提供以下成果：

（1）运行良好的BALIS资源协调中心门户网站及相关的运行统计报告；

（2）组织面向北京高校成员馆的业务培训，三年累计不低于200人次；

（3）符合“资源与服务评估”子项目管理中心管理工作要求的、与本中心负责的资源与服务相关的数据统计。

4. 承建方为了完成上述建设任务，提供上述成果，提出的目标，须提供以下保证：

（1）配备的资源（人力、设备、场地）数量合理，到位准时。

（2）若非管理中心责任导致经费未能及时到位，承建单位有义务帮助解决执行过程中欠缺经费，以保证子项目如期保持进行。

（3）子项目门户网站和提交的文件均需在显著位置出现BALIS标志，或声明由BALIS北京市教育委员会共建项目专项资助建设项目支持；列入子项目验收成果清单的出版物或论文均须注明是由BALIS北京市教育委员会共建项目专项资助建设项目支持。

三、其他未尽事宜，双方协商解决

附录 C. 2

BALIS 非书资料系统测试报告

一、工作准备

用户参与单位	首都师范大学图书馆	
	北京第二外国语学院图书馆	
	中国人民大学图书馆	
	北京科技大学图书馆	
软件参与厂商	杭州麦达电子有限公司	
	畅想之星	
软件名称	博文非书资料管理系统	
	首师大非书资料管理平台	
测试环境	首都师范大学图书馆	HP dx5150 AMD 64 位/双核/4200+/ 2.2G 内存/4G 硬盘/500G Windows 2003 r1
	北京第二外国语学院图书馆	
	中国人民大学图书馆	
	北京科技大学图书馆	
测试人员	首都师范大学图书馆	赵金龙 68902476/3311
	北京第二外国语学院图书馆	朱海涛
	中国人民大学图书馆	梁民
	北京科技大学图书馆	刘恩涛

二、测试目的

BALIS 准备购买一套光盘管理系统，采用中心和分中心的管理模式，通过级联查询为读者提供服务。

三、软件功能测试

本次测试主要就五个方面进行测试：

1. 界面的用户易用性、友好性、扩展性；
2. 光盘数据加工；
3. 中心和分中心模式；
4. 使用统计分析；
5. 外来系统的对接支持。

1. 界面的用户易用性、友好性、扩展性

	功能	博文非书资料管理系统(A)	首都师范大学非书资料管理平台(B)	备注
界面的易用性友好性扩展性	信息揭示	中图分类＋栏目＋导航＋检索栏目(中图分类法、最新收录、单击排行、公告栏、用户登录)导航(首页、总览、分类浏览、用户留言、工具下载、注销)检索(简单 组合)	导航＋栏目栏目(特别推荐、网站导航、最新增加、工具下载、单击排行、操作指南)导航(随书资源、独立光盘、随刊资源、语言文学、器乐欣赏、声乐欣赏、影视与艺术、综合文艺、科学与教育、网络课堂、外语学习、课件资源、演示数据)检索(综合检索 导航页面内有检索)	(1)B 在第一次使用时,提示安装 Activex 控件,首次运行却需要卸载再安装,设计得不够友好。IE7/IE8 支持不好,需要手动修改安全设置,才能使用。非 IE 浏览器不支持 Activex,没有办法实用该系统 (2) A 的界面设计更便于使用,①通过分类＋检索便于查找资源;②兼顾了使用热点和最新资源信息;③下载工具等其他信息布局合理方便实用 (3) B 的界面从资源类型的角度安排设计,每个类型下提供分类＋检索。兼顾了使用热点和最新资源信息。下载工具等其他信息布局不合理。不方便读者查找资源
	栏目信息数量设定	可以通过参数设定	不支持	需要设置数量,保持界面的美观的同时,方便读者查找最好不要滚屏
	栏目设定	可以屏蔽、添加新栏目	可以屏蔽、添加新栏目	B 通过开发工具调整 栏目过多需要滚动屏幕 A 一部分可以通过设置,一部分需要修改程序
	简单检索	提供	提供	A 首页显示 B 首页面连接 /航页面内有检索
	组合检索	提供	提供	B 题名、作者 / 题名、作者、ISBN、索书号、简介、出版者、收藏号 A 题名、作者、索书号、财产号、出版社、ISBN、文摘、关键字、中图分类法
	使用帮助文档	提供	提供	A 位置明显 详细 B 位置不明显 简单
	界面风格定制	不提供	不提供	A 通过开发可以改变 B 通过开发工具可以改变作为一个团体用户,应该有自己的界面风格,颜色、图标等。而不是体现公司的产品,可以提供公司信息,要弱化
	读者推荐	提供	提供	A 通过留言板的形式,信息需要读者输入 B 通过留言板的形式,信息不需要读者输入,读者在其他系统检索后自动抓取

2. 光盘数据加工

	功能	博文非书资料管理系统(A)	首都师范大学非书资料管理平台(B)	备注
光盘数据加工	软件模式	B/S C/S	B/S	
	光盘信息	导入 MARC Z39.50	网页抓取 Z39.50	A 多一道工序,字段选择多 B 便捷,字段选择受限制提供上传书封面照片
	光盘信息字段	模板	模板	都是通过模板的形式提供,用户不能自己制作模板,需要公司解决
	光盘存放	多服务器,多路径	多服务器,多路径	
	光盘剔旧	直接删除	有工具可以删除,可以迁移	

3. 中心和分中心模式

	功能	博文非书资料管理系统(A)	首都师范大学非书资料管理平台(B)	备注
中心和分中心模式	OAI 收割	提供	提供	A 可以收割元数据和光盘镜像,同时可以进行细化的访问控制,定时收割 B 提供工具,不能进行细化的访问控制
	联合检索	提供	提供	
	中心/分中心管理	提供	提供	A 详细 B 简单
	联合检索显示方式	折页	数量链接	A 直观 B 揭示数量 最好是两者结合,折页显示同时可以看到数量

4. 使用统计分析

	功能	博文非书资料管理系统(A)	首都师范大学非书资料管理平台(B)	备注
使用统计分析	报表类型	年报表 月报表 日报表 光盘浏览统计 请求光盘统计 用户记录制作统计 用户光盘制作统计 分中心资源统计	工作量统计 资料单击排行 类别单击率统计 用户单击排行 访问 iP 点击排行	B 内容上多数只提供单击次数 A 内容上包括元数据浏览、光盘下载、光盘运行
	分中心资源统计	提供	不提供	
	单位统计	提供	不提供	需要这个功能,便于统计各家提供的服务
	资源类别统计	不提供	不提供	不能就分类后的资源使用进行通计

5. 外来系统的对接支持

	功能	博文非书资料管理系统(A)	首都师范大学非书资料管理平台(B)	备注
外来系统的对接支持	OPAC	提供	提供	A 剔换网页,Javascript 的 dom 解析 B IE 的 ActiveX 技术
	电子书	提供	提供	
	Openurl	提供	提供	A 有文档 B 没有文档
	Web service	提供	提供	A 购买后提供 B 没有文档
	OAI	提供	提供	

四、总结

通过使用两个软件发现,虽然软件共同的目的是解决非书资料,但采取的设计方法截然不同。博文非书资料管理系统,沿用了自动化管理系统的设计理念,一切数据的组织以MARC 为基础,分类法为辅助。首都师范大学非书资料管理平台,以数据的原始形态为基础进行分类组织,在大的分类上,根据资源的特点采用不同的分类揭示。在于 BALIS 准备采取的中心/分中心的基础上,从五个方面进行比较得出博文非书资料管理系统更适用于 BALIS 的需求,并且其有集中和分散两种模式下的成功案例。推荐购买博文非书资料管理系统。

建议:提供多套显示模板,体现网图和各分中心的特点。

加强统计功能,实现以单位为基础的分类统计。

联合检索结果的显示,提示有多少条。

2009 年 9 月 6 日

附录 C.3

非书资料系统服务评估办法(试行稿)

BALIS 资源协调中心

一、评估目的及对象

1. 为奖励在 2016 年度 BALIS 非书资料工作中做出突出贡献的成员馆、馆员,表彰先进,提升服务水平,推动 BALIS 非书资料工作繁荣发展,BALIS 资源协调中心非书资料项目组特制订本办法。

2. 本年度参与了 BALIS 博云非书资料系统服务的成员馆均是本办法评估的对象。

二、评估标准

1. 服务能力:人员配备、服务导航情况,以及馆藏资源数量。

2. 服务质量及服务效果:非书资料使用量(包括浏览量、下载量、读者培训情况和自评满意度等)。

3. 其中第 2 部分是最主要的评估内容。

三、评估程序与步骤

1. 确定评估目的与评估对象,建立评估指标体系,指标体系包括一级指标和二级指标,以及指标定义。

2. 确定评估标准,给出指标的权重比例,以及每个指标的具体分值。

3. 通过非书资料项目组长评定、非书资料系统统计及各成员馆上报等方式获得数据。

4. 对数据进行统计、分析和研究,得出评估结果和拟奖励名单。

5. 拟奖励名单在“BALIS 网站”进行为期一周的公示。

6. BALIS 颁奖。

四、评估原则与计分方法

1. 评估指标的设计原则

(1) 全面了解与重点评估相结合。既要评估成员馆整体情况,又要对平时认真、细致开展服务的成员馆进行奖励。

(2) 评估与引导相结合。既要对服务工作开展情况做出判断,更要为服务的发展与改进提出建设性思路与办法。

2. 评估体系与计分方法

一级指标	分值	二级指标	分值	指标定义	数据来源	评分方法
服务能力	20	人员配备	10	是否有专职从事非书资料服务的工作人员	各成员馆上报	配备专职人员 10 分，仅配备兼职 5 分
		馆藏资源	5	本地系统/云服务	组长评定	有本地系统 5 分，云服务 3 分
		服务导航	5	是否对非书资料服务进行清晰指引、介绍和导航	组长评定	服务介绍、指引清晰 5 分，较清晰 4 分，不够清晰 2 分，无介绍 0 分
服务质量与效果	80	浏览量	20	浏览元数据次数	公司统计	8 000 以上 20 分，4 000 以上 18 分，3 000 以上 16 分，2 000 以上 14 分，1 000 以上 12 分，1 000 以下 10 分
		下载量	40	下载次数	公司统计	下载次数 3 000 以上 40 分，1 500 以上 36 分，1 000 以上 32 分，700 以上 28 分，500 以上 24 分，500 以下 20 分
		培训	15	开展非书资料服务培训次数、人数	组长评定＋成员馆上报	本年度在新生培训中开展非书资料培训得 10 分；此外，有其他宣传培训的得 5 分（需提供培训照片），未开展培训 0 分
		满意度	5	读者满意度	各成员馆上报	成员馆自评工作满意度，最高 5 分，最低 1 分

五、奖项设置

1. 先进集体奖共计 20 名，根据综合排名各设一、二、三等奖：一等奖 5 名，二等奖 7 名，三等奖 8 名。

2. 先进个人奖 15 名，用于奖励服务较好成员馆馆员（按除业务量之外的分数排名评选）。

BALIS 资源协调中心

2016 年 6 月

附录 C.4

BALIS 资源协调中心
资协〔2013〕4 号

学科分析调查表

BALIS 资源中心与北邮创讯未来软件技术有限公司合作的“学科建设文献资源分析管理数据库”已初见成效，为了能给各馆进行文献资源科学评价，我们需要了解各个学校图书馆学科文献建设的情况，以及大家对于目前学科文献建设的看法与意见，通过研究解决其中存在的问题，以便更好地为各学校提供文献保障服务。

为了下一步我们更好地为各馆进行文献评价，请希望做学科文献评价的图书馆相关负责老师认真填写下表，问题中有“＊”的请务必填写。谢谢！

＊ 1. 本馆有 OPAC 吗？有，请填写地址：________________

A. 有，能互联网访问　　B. 有，校园网访问

C. 有，图书馆内访问　　D. 无

2. 您对图书馆学科建设文献保障的整体情况是否了解？

A. 非常熟悉　　B. 大体了解　　C. 不了解

3. 您馆学科文献建设采访的相关依据是

A. 一级学科　　B. 二级学科

C. 中图法相关类目　　D. 其他

＊4. 请按教育部学科排名列出本馆重点建设学科。并列出相应的“关键词”或“主题词”(最多 10 个)

5. 您对本馆重点采购图书的出版社情况了解吗？

A. 非常熟悉　　B. 大体了解　　C. 不了解

＊6. 请列出本馆重点采购图书的出版社(最多 10 个)

7. 您直接使用出版社征订目录采购吗？

A. 有（继续答 8）　　B. 无（继续答 9）

8. 请列出直接使用征订目录的出版社(最多 10 个)

＊9. 您认为学科分析比较主要考虑哪几个因素？（可多选）

A. 图书馆　　B. 出版社　　C. 馆藏分类

D. 学科分类　　E. 其他________________

＊10. 如果做学科分析馆藏比对，您最需要和哪些馆馆藏目录比对？（请列出：最多 5 个）

*11. 如果做学科分析馆藏比对，您最希望和哪些出版社的征订目录比对？（请列出：最多5家）

*12. 征订目录中，您认为哪个信息最重要？（最多选3个）

A. 题名　　B. ISBN号　　C. 出版社

D. 出版时间　　E. 编著者

F. 其他________________

13. 您希望评价出的结果？

14. 请对附件中的学科分类总表对应的类号是否合理提出建议。

BALIS资源协调中心

2013年3月25日

附录 C.5

BALIS 数字资源集团采购谈判工作准则

一、BALIS 数字资源集团采购目标

BALIS 数字资源集团采购谈判以取得北京地区最低采购价格为目标。

二、BALIS 数字资源集采谈判组织规范

成立谈判组:BALIS 数字资源集团采购谈判小组由数字资源工作组的委员馆长及专家老师组成,以对数据库的熟悉程度作为优先分组依据,小组构成人数为 3～5 人。其中 1 人为牵头馆成员,并担任谈判组组长。每个集采谈判小组随着该数字资源的谈判工作完成而自动解散。

三、组团前的准备工作

由谈判组老师收集拟谈判的数据库相关资料(可从集采平台上导出)。内容包括:

1. 数据库商资质证明、相关业绩等;
2. 数据库相关内容介绍,数据量;
3. 详细的资源列表等;
4. 试用评估报告。

四、BALIS 数字资源集采谈判

谈判组成员与数据库商就集采方案进行当面谈判讨论,内容包括:

1. 讨论分析第三条的相关内容,确定其准确性。
2. 明确产品的售后服务。
3. 数据库团采价格方案。集团采购应尽量提供多种价格方案,可参考以下因素:(1)基准价格,从哪个数据库价格开始谈;(2)团购数据库数量;(3)参加团购用户量;(4)资源分级、分包;(5)团采年限。

五、BALIS 数字资源集采谈判方案(见由谈判组提供 BALIS 数字资源集团采购方案》)

六、对国内代理的数据库不纳入集团采购谈判工作中

七、将谈判组成员讨论通过的集采方案签字后报 BALIS 资源协调中心审核备案

附录 C.6

馆配市场生态环境建设共识
(台湖共识)

为了维护馆配市场和谐稳定，迎接网络和数字技术的挑战，促进我国出版、发行和图书馆事业的繁荣发展，从事图书馆馆配工作的出版社、馆配商、招标代理机构和图书馆的代表齐聚台湖，就建立积极健康的馆配市场生态环境，达成如下共识：

1. 出版环境。建立满足馆配需求的，科学引导、质优量足、良性循环的馆配图书出版环境。

2. 信息环境。为用户提供完整、及时、准确、客观的出版信息和专业、学术、透明的，有针对性的馆配信息；反对以次充好、以偏概全、混淆新旧、以价定夺的馆配书目；积极呼吁政府及行业尽快搭建社会公共出版信息发布平台。

3. 市场环境。建立以学术、教育类图书为主，大众、市场类图书为辅；采购新版图书为主，补充缺藏旧书为辅；目录选书为主，现场选书为辅的馆配模式；反对盗版、盗印、低质、低俗的出版物冲击馆配市场；反对在馆配过程中获取不正当利益；积极呼吁政府及行业尽快搭建覆盖整个馆配系统沟通、共享、流转、交互的馆配流通平台。

4. 投标环境。遵循公开、公平、公正竞争和诚实信用原则，依法开展招投标活动，维护馆配招投标的信誉；依法组建评审委员会，确保评审过程公正、安全、保密；反对限制、排斥潜在投标馆配商的商务、技术条款；反对以不合理的注册资金、销售业绩及资格等条件对潜在馆配商实行歧视或差别待遇；根据图书出版年限、发行和加工服务成本等合理确定采购价格，杜绝恶意竞争。

5. 服务环境。客观、合理的选择、评价馆配商和馆配服务；合理制订馆配技术需求与参数，为馆配工作提供便利条件；合理选择配套服务的类型和内容，倡导推进馆配服务的专业化、社会化、市场化。

2012 年 5 月 29 日

附录 C.7

高校图书馆中文图书馆配工作指南
(征求意见稿)

1 总则

1.1 为维护馆配市场和谐稳定、寻求馆配主体各方的利益平衡点,倡导建立积极健康的馆配市场生态环境,有利于馆商之间的良性互动,互利双赢,促进馆配业务沿着有序的轨道发展,共同推动图书馆事业的繁荣发展,特制订本指南。

1.2 本指南以《中华人民共和国招标投标法》《中华人民共和国招标投标法实施条例》《中华人民共和国政府采购法》《中华人民共和国政府采购法实施条例》《政府采购货物和服务招标投标管理办法》《出版物市场管理规定》等有关法律法规为依据。

1.3 本指南参照《教育部普通高等学校图书馆文献集中采购工作指南》、中国图书馆学会《图书馆文献采访工作规范》等行业法规。

1.4 本指南适用于从事高校图书馆中文图书馆配工作的出版社、馆配商、图书馆和招标(采购)代理机构。

2 术语

2.1 馆配图书

能够满足图书馆特定读者需求的图书,一般以学科专业、工具资料和经典前沿图书为主,兼顾大众阅读;其特点是品种较多,复本数量较少,并对出版时间和入藏时间有较高的要求。

2.2 馆配工作

出版社、馆配商、招标(采购)代理机构和图书馆围绕图书馆的中文图书采购所进行的出版信息采集、发布、图书采购、配供及相关专业配套服务。

2.3 馆配商

以盈利为目的、以图书馆为主要服务对象,提供印刷型中文图书及相关专业服务的图书供应商;是连接出版社和图书馆的主要枢纽。

2.4 馆配图书采购方式

指馆配商为图书馆采购图书提供的选购方式,包括目录采购(期货目录采购、现货目录)和现场采购等。

3 出版社

3.1 主动与读者、图书馆、馆配商沟通,选择出版适合馆配的图书。

3.2 出版信息

3.2.1 提供本社完整、及时、准确的出版信息。

3.2.2 信息可以由合作的馆配商发布,也可以直接公开发布。发布方式可分为:网络、光盘、纸本、书目报等。

3.2.3 出版信息包括出版目录、各类馆配目录、专业分类目录、期货目录、现货目录、新书目录等。

3.2.4 提供的出版目录应包括书号、正题名、丛书名、著者、出版社名称、版次、出版年、价格、装订形式、开本、分类，阅读对象、主题词、内容提要、分辑名、分辑号等项目。

3.2.5 目录格式包括文本、表格、MARC 格式、数据库格式。

3.3 根据资质、信誉、经营能力选择适合的馆配商，履行与馆配商签订的有关协议，及时满足合作者的补货需求。

3.4 三年内出版物不低于常规价发行。

4 馆配商

4.1 基本资质

4.1.1 按期年检的企业法人营业执照，经营范围必须含图书批发或零售项目；

4.1.2 税务登记证；

4.1.3 组织机构代码；

4.1.4 出版物经营许可证；

4.1.5 具有独立承担民事责任的能力；

4.1.6 审计报告或资信证明；

4.1.7 有依法缴纳税收和社会保障资金的良好记录；

4.1.8 参加政府采购活动前三年内，在经营活动中没有重大违法记录。

4.2 馆配基本条件

4.2.1 具有一定的图书采购、仓储、现采、配送等基本条件和能力。

4.2.1.1 与符合图书馆相关采购需求的出版社及具有较强供货能力的图书批发商签订授权书或合作协议；

4.2.1.2 及时采购与项目相符的图书，及时反馈订单信息、及时补货；

4.2.1.3 采用自有或租赁方式，具备适合项目的仓储条件；

4.2.1.4 提供适合项目需求的现采图书品种及设备条件，提供采购信息统计，并及时反馈现采数据；

4.2.1.5 及时配送图书到指定位置；

4.2.1.6 及时与出版社结账。

4.3 投标文件

4.3.1 按照招标文件要求、规格制作投标文件。

4.3.2 在商务条款中应着重体现。

4.3.2.1 企业的财务状况；

4.3.2.2 经营状况和特色，即经营内容、经营场所、人员配备、行业优势、学科优势及地域优势；

4.3.2.3 同类项目的合作情况，包括合作图书馆的类型、规模、合作时间、销售金额等。

4.3.3 参考以下因素作为报价依据。

4.3.3.1 图书出版年限；

4.3.3.2 图书类型(教材、可在社会发行的内发书等)；

4.3.3.3 不同出版社进货折扣区间；

4.3.3.4 图书发行成本；

4.3.3.5 加工服务及耗材。

4.3.4 根据自身情况分别选择投不同的包和确认不同的报价。

4.3.5 根据自身条件对图书馆提出的服务要求予以承诺。

4.4 馆配信息

4.4.1 根据用户需要，按照各出版社提供的出版信息编制项目所需的包括期货书目、现货书目、新书书目在内的全部中文图书馆配目录；

4.4.2 按出版月、季、年定期提供馆配目录；

4.4.3 馆配目录包括书号、正题名、丛书名、著者、出版社名称、版次、出版年、价格、装订形式、开本、分类，阅读对象、主题词、内容提要、分辑名、分辑号；

4.4.4 目录格式包括文本、表格、MARC 格式、数据库格式。

4.5 目录采购服务

4.5.1 按照订单采购和配送图书；

4.5.2 及时处理订单并反馈订购信息；

4.5.3 送书周期一般不超过 60 个工作日；

4.5.4 书目采购到书率达到 85%，每季度到书率不低于 80%，年到书率不低于 85%。

4.6 现场采购服务

4.6.1 提供适合一般馆配项目的现采图书品种及选书所需设备条件；

4.6.2 提供采购信息统计，并及时反馈现采数据；

4.6.3 严格按照图书馆现场采购图书的品种配货，防止任意搭配；

4.6.4 现采配货率应达到 100%，送书时间一般不超过十五个工作日；

4.6.5 看样选购三月内新书到货率 95%，三个月至六个月的学术类图书到货率 90%。

4.7 编目数据

4.7.1 以 ISO2709 国际标准、《中国图书馆分类法》《中图分类主题词表》为格式依据，参照国家图书馆和 CALIS 联机编目手册，提供可导入用户系统的编目数据；

4.7.2 编目数据须随书配送并与到馆图书一一对应；

4.7.3 编目数据提供包括主动推送（电子邮件）、网站下载等方式。

4.8 配送服务

4.8.1 包装材料坚固、防潮；

4.8.2 包装内应附随书清单，且与包内图书码放顺序一致；

4.8.3 包装规格应参照物流包装标准；

4.8.4 将货物发至甲方指定的位置；

4.8.5 按需提供货运单、收货确认函、销售单；

4.8.6 文明装卸、码放整齐（不含上架）。

4.9 退换图书

4.9.1 不符合图书质量的品种；

4.9.2 到馆图书与订单不符的品种；

4.9.3 运输和打包时造成破损的图书。

4.10 结账

4.10.1　依据签署的图书购销合同规定折扣实洋结算；

4.10.2　无购销合同的按照约定折扣实洋现采现结；

4.10.3　须开具税务部门认证的正式发票。

4.11　增值服务(不计入报价内)

4.11.1　提供书展、订货会服务；

4.11.2　提供现采配套服务(如车辆服务等)；

4.11.3　提供馆藏、采购图书分析。

4.12　附加服务(计入报价内)

4.12.1　盖馆藏章、贴条码、贴书标、嵌磁条、贴芯片、覆膜；

4.12.2　按照本馆需求对编目数据进行修改、加工、添加馆藏项；

4.12.3　典藏、上架；

4.12.4　按合同约定的品牌、型号提供耗材。

5　图书馆

5.1　采购组织

高校图书馆是管理全校文献类资产的职能部门，受学校委托，主持文献采购工作；协调学校财务、设备资产、纪检、监察、审计等相关部门，确定采购方式及其基本操作方法。

5.2　采购原则

中文图书采购应该根据国家相关政策法规、图书馆藏书建设方针政策、各类图书出版发行状况、馆配市场的渠道和规律，制订采购计划，选择采购方式，以保证中文图书采购的质量。

5.3　采购计划与预算编制

5.3.1　及时申报中文图书采购项目，按实际需求申报预算额度、编制计划；

5.3.2　文献采购项目计划和预算应包括，本项目建设依据及必要性、项目建设内容、经费预算及支撑材料、项目的简单效益分析；

5.3.3　准备项目支撑材料和评审答辩，调整审减后的项目内容和预算。

5.4　中文图书的政府采购和非政府采购

高校图书馆采购图书纳入政府集中采购目录，或超过采购限额标准时应采用政府采购。

5.5　中文图书的集中采购和分散采购

5.5.1　纳入政府集中采购目录的图书依法实行集中采购；

5.5.2　未纳入政府集中采购目录、采购限额标准以上的图书依法实行分散采购。

5.6　选择代理机构

5.6.1　采购图书纳入政府集中采购目录的，由政府集中采购部门委托招标(采购)代理机构中具备政府采购资格的代理机构代理；

5.6.2　采购图书未纳入政府集中采购目录的，采购人可以委托招标(采购)代理机构代理。

5.7　政府采购方式

5.7.1　单项或批量采购金额达到采购公开招标数额标准以上的项目，未经省级以上人民政府批准，都必须采用公开招标的方式。

5.7.2　邀请招标

所采图书具有特殊性，只能从有限范围的馆配商处采购的，可由采购人从符合相应资格条件的，通过随机方式选择三家以上馆配商，向其发出招标邀请书。

5.7.3 竞争性谈判

5.7.3.1 公开招标不足三家投标，经申请可改为竞争性谈判；

5.7.3.2 采用招标所需时间不能满足用户紧急需要的。

5.7.4 单一来源

5.7.4.1 只能从唯一馆配商处采购的；

5.7.4.2 发生了不可预见的紧急情况不能从其他馆配商处采购的；

5.7.4.3 必须保证原有采购项目一致性或者服务配套的要求，需要继续从原馆配商处添购，且添购资金总额不超过原合同采购金额百分之十的。

5.7.5 询价(中文图书无此方式)。

5.8 图书馆在委托招标采购中的职责

5.8.1 招标材料的准备；

5.8.2 与招标(采购)代理机构共同制作标书；

5.8.3 参加评审会议，发表意见；

5.8.4 及时确认招标(采购)文件；

5.8.5 签订采购合同；

5.8.6 办理项目验收和资金支付；

5.8.7 备案与归档；

5.8.8 接受监督检查。

5.9 招标材料的准备

5.9.1 图书采购量、本次采购相关情况、近年采购情况等。

5.9.2 按图书类型、学科专题、出版地区、进货渠道、馆配商供货范围分包，或按年度采购金额分为若干包，可平均划分也可递进式分等级划分。

5.9.3 确定中标人数量。

5.9.3.1 每标段可设一个中标人或多个中标人；

5.9.3.2 可设立每个项目中不得重复中标。

5.9.4 提供相关馆配商基本情况和业务能力，近年采购业务往来情况，拟推荐馆配商名单等。

5.9.5 对评标方式、评标标准、评标小组组成等提出建议。

5.9.6 说明招标后文献结算付款等事宜。

5.10 技术需求与参数

5.10.1 编写符合本馆实际情况的技术需求和参数

5.10.1.1 明确图书采购范围，如出版时间、质量、品种等；

5.10.1.2 明确对馆配商的要求，包括资格、采访数据的提供、售后服务、增值服务、附加服务等；

5.10.1.3 明确交货时间、地点、方式等。

5.10.2 根据相关法规，不得列入的内容

5.10.2.1 不得在招标(采购)文件或向招标(采购)代理机构提交的用户需求书中列入限制、排斥潜在馆配商的商务、技术条款；

5.10.2.2　不得列入单一品牌的规格技术标准及其他有违公平竞争的条款；

5.10.2.3　不得以不合理的注册资本金、销售业绩以及资格条件等条款对潜在馆配商实行歧视或差别待遇。

5.11　馆配商的选择依据

5.11.1　企业内部竞争力，如人力资源、财务状况、组织管理能力。

5.11.2　企业外部竞争力，如所处地理位置等。

5.11.3　对本项目的理解和响应，如对图书馆馆藏需求的了解、对学科建设或者读者群的了解等。

5.11.4　信息提供能力。

5.11.4.1　及时提供书目信息，周期短；

5.11.4.2　信息提供可以满足项目在数量、特色等方面的需求，并可按要求及时补充；

5.11.4.3　书目信息正确、完整；

5.11.5　图书质量、交货能力。

5.11.5.1　提供图书品种的能力较强，和较多的出版社、代理商建立起购销委托关系，以保证有足够的品种和数量供图书馆选择；

5.11.5.2　具备特殊订单（参照采购往年图书、特殊图书等情况）、小额紧急订单（如需要在较短的时间内供应指定图书等）处理能力。

5.11.6　客户服务能力。

5.11.6.1　提供目录采购服务、现场采购服务；

5.11.6.2　处理订单及时，反馈信息及时，能够对采购信息进行分析、筛选等；

5.11.6.3　按合同要求提供标准的采访数据和编目数据；

5.11.6.4　按合同要求及时将图书送到指定地点，到书率高，送书清单完整、准确等；

5.11.6.5　及时无条件退换残、错图书。

5.11.7　合理的价格。

5.12　编制招标（采购）文件

编制招标（采购）文件，向投标（报价）人提出任务、条件和要求，作为评标（评审）的依据和订立合同的基础。标书内容必须包括对投标（报价）人资质要求、技术要求、服务要求、报价办法和要求等。

5.13　审核招标（采购）文件

招标（采购）代理机构在招标（采购）文件起草后，应征求专家的咨询审核，图书馆应当认真考虑咨询专家对招标（采购）文件的审核意见。

5.14　参与开标、评标

参与开标、评标等过程；在评标中向评标委员会介绍相关情况、解答专家提问；接受评标结果。

5.15　采购文件的确认

5.15.1　按照评审委员会依法推荐的中标、成交候选人顺序确定中标、成交馆配商；

5.15.2　在五个工作日内向招标（采购）代理机构出具书面确认函；

5.15.3　不擅自在评审委员会推荐的中标、成交候选馆配商之外确定中标、成交馆配商。

5.16　签订合同

5.16.1　在中标、成交通知书发出之日起三十日内，按照采购文件确定事项与中标、成交馆配商签订采购合同，不得无故拒绝；

5.16.2　不与中标、成交馆配商签订有悖于合同实质内容的协议或补充合同；

5.16.3　不擅自变更或终止采购合同。

5.17　备案与归档

5.17.1　政府采购项目的采购合同自签订之日起七个工作日内，图书馆应将合同副本报同级政府采购监督管理部门备案；

5.17.2　属招标（采购）代理机构代理采购的，需将采购合同副本送招标（采购）代理机构归档；

5.17.3　对每项采购活动的招标（采购）文件应当按照《政府采购法》及相关规定进行建档保存。

5.18　信息收集

5.18.1　出版信息收集，注重对各种专业出版机构书目信息的搜集，特别是知名出版机构和相关出版机构的书目信息；

5.18.2　馆配信息收集，对馆配商提供的书目信息及时整理加工筛选。

5.19　目录选订

依据本馆采购策略和实际情况，将馆配书目和搜集到的书目信息制作成采访目录，选择确定要采访的图书，及时查重、发送订单。

5.20　现场采购

现采工作是根据馆藏建设目标、经费使用情况，图书馆采购人员或者其他可以协助图书馆选购的人员，选择馆配会、图采会、订货会及馆配商提供的现采基地，进行定期或不定期地现场采购图书。现采订单查重后，应及时报送馆配商。

5.21　图书验收

图书馆所订图书到馆后，由验收人员对图书的数量、质量、价格等进行的核查工作。主要是核查订单、到货清单和图书，核对三者是否一致，图书的质量、数量是否达到入藏要求，价格是否有误，并及时处理。

5.22　图书登到

图书馆入藏图书都要进行登到，包括总括登到和个别登到两种，要做到及时、准确、完整、一致。

5.23　编目、加工、典藏

5.23.1　制作、检查 CNMARC　数据格式，满足国图标准或 CALIS 格式；

5.23.2　盖馆藏章、贴条码、贴书标、嵌磁条、贴芯片、覆膜等；

5.23.3　按照图书采购原则，将图书典藏分配到相应阅览室或书库。

5.24　退换图书

及时将不符合图书质量的、到馆图书与订单不符的、运输和打包时造成破损的图书与馆配商进行退换。

5.25　结账

依据签署的图书购销合同中规定的折扣实洋及时结算。

5.26　馆配商评价

5.26.1　对图书馆馆藏需求的是否了解；

5.26.2　书目信息提供是否及时、完整；

5.26.3　订单处理、反馈是否及时；

5.26.4　图书到馆时间、到书率、送书清单情况；

5.26.5　残、错图书无条件退换是否及时；

5.26.6　提供增值服务(订货会、现采、车辆服务等、馆藏采购分析)情况。

6　招标(采购)代理机构

6.1　合同与协议

6.1.1　依法接受采购人的委托，与采购人签订委托代理协议，确定代理事项、明确双方的责权利；

6.1.2　遵循公开、公平、公正和诚实信用原则，按照确定的采购方式和法定的程序组织实施招标采购工作。

6.2　管理

6.2.1　依据物价部门的有关规定收取代理服务费用；

6.2.2　建立健全内部监督管理制度，明确采购代理活动的执行程序，接受监督管理部门的监督管理；

6.2.3　加强自身队伍建设，不断开展教育和培训，提高其相关职业素质和专业技能，符合政府采购监督管理部门规定的专业岗位任职要求；对工作人员的专业水平、工作实绩和职业道德状况定期进行考核；工作人员经考核不合格的，不得参与各种采购工作；

6.2.4　不得弄虚作假骗取政府采购业务代理资格；

6.2.5　应在采购人委托的范围内办理政府采购事宜，不得向采购人行贿或者采取不正当手段谋取代理业务。

6.3　代理服务内容

6.3.1　办理招标(采购)有关手续的报批；

6.3.2　编制招标(采购)文件、资格预审文件；

6.3.3　发布招标(采购)公告、受理投标(报价)报名；

6.3.4　组织资格预审；

6.3.5　招标(采购)答疑；

6.3.6　组织开标、评标(评审)；

6.3.7　编制评标(评审)报告；

6.3.8　发放中标(成交)通知书；

6.3.9　协助采购人签订项目合同。

6.4　招标(采购)文件的编制

采购人应当根据招标(采购)项目的特点和需要编制招标(采购)文件。招标(采购)文件应当包括采购项目的技术要求、对投标(报价)人资格审查的标准、投标报价要求和评标(评审)标准等所有实质性要求和条件以及拟签订合同的主要条款。

6.4.1　为采购项目编制招标(采购)文件；

6.4.2　根据项目的金额、周期等要求完成商务部分；

6.4.3　按照图书馆提供的技术需求和参数编写技术需求部分；

6.4.4　招标(采购)文件发布前必须聘请相关专业专家评审；

6.4.5 不在采购文件中列入限制、排斥潜在供应商的商务、技术条款；

6.4.6 不列入单一品牌的规格技术标准及其他有违公平竞争的条款；

6.4.7 不以不合理的注册资本金、销售业绩及资格条件等条款对潜在供应商实行歧视或差别待遇；

6.4.8 不得采用任何方式阻挠和限制供应商自由进入本地区和本行业采购市场。

6.5 审核

6.5.1 在招标文件起草后，应聘请相关专业的专家对文件进行审核；

6.5.2 审核专家应从专家库图书馆专家中选择；

6.5.3 不得随意更改咨询专家的审核意见或擅自对已审定的采购文件做出修改。

6.6 发布招标信息

按有关规定在报刊、电子网络或其他指定的媒体上发布采购信息、招标(采购)公告，告知投标(报价)要求、报名截止时间、开标(报价)时间等相关信息。

6.7 投标(报价)资格审查

按照相关法规规定和本次采购的要求，对投标(报价)人进行基本资格审查，合格者方能进入详细评审。

6.8 成立评审委员会

6.8.1 依法组建评审委员会，评审委员会由评审专家和采购人代表组成；

6.8.2 评审专家应从同级或上一级财政部门设立的政府采购评审专家库(图书馆专业)中，通过随机方式抽取。

6.9 开标

6.9.1 按招标文件中载明的投标截止时间、地点接受馆配商递交的投标文件；

6.9.2 在招标文件规定的投标截止时间后送达的投标文件，招标人应当拒收；

6.9.3 开标时，各投标文件应密封完好；

6.9.4 截至投标截止时间，提交投标文件的投标人少于三个时，应当停止开标，依法重新组织招标，或转为其他采购形式；

6.9.5 参与开标的人员包括投标人、招标(采购)代理机构和采购人代表。

6.10 评标(评审)

6.10.1 介绍评标(评审)委员会成员、采购人、监督人员；

6.10.2 在评标(评审)委员会成员、采购人、监督人员全部到齐情况下，逐一拆解投标(报价)文件；

6.10.3 应推荐一名评标委员会成员为组长，全面负责本次评审工作；

6.10.4 邀请采购人代表客观介绍本项目的情况；

6.10.5 评标(评审)委员会完成评标(评审)工作，按综合评分法排序推荐预中标人；

6.10.6 评标(评审)小组完成评标(评审)后，应当向采购人提出书面评标报告，推荐中标候选人，或经采购人授权，直接确定中标(成交)人；

6.10.7 在评审过程中，如实记录评审委员会的评审意见。

6.11 公示

采购活动完成后，应当将采购结果在财政部门指定的政府采购信息发布媒体上公告。在发布公告的同时，招标(采购)代理机构应当向中标供应商发出中标通知书，中标通知书对采购人和中标供应商具有同等法律效力。

6.12 据《政府采购法》及相关规定，及时对供应商的询问做出解释；对投标人的质疑做出书面答复，负责解答质疑等。但答复的内容不得涉及商业秘密。

6.13 招标（采购）代理机构协助采购人完成与中标人签订合同。

6.14 招标（采购）代理机构应保管好从立项、招标、签订合同完毕的所有资料，并报相应的主管部门备案。

附录 C. 8

BALIS 资源协调管理中心
资协〔2014〕5 号

BALIS 资源协调中心与北京尚善公益基金会联合举办“知识守护心灵 阅读传递爱心”活动通知

一、活动背景

2013 年 5 月 1 日开始实施的《中华人民共和国精神卫生法》中明提出:“精神卫生工作实行以预防为主的方针”,政府、社会组织、单位及家庭等都有“开展维护和增进公民心理健康、预防和治疗精神障碍”的义务及责任。大学生群体,一个看似轻松,事实上却承担巨大压力的群体,学业、生活、情感、就业多重大山的压迫下,大学生的心理健康已经告急。

4 月 23 日是世界读书日,5 月 25 日为大学生心理健康日,很多学校图书馆会开展阅读推广服务月活动,为了使各馆的活动更加丰富多彩,BALIS 资源协调中心与北京尚善公益基金会联合在 2014 年 4—5 月份举办“知识守护心灵 阅读传递爱心”的活动。希望通过在高校图书馆定点设立公益书架的方式让更多人关注精神健康,同时也参与到传播精神健康知识的公益事业中来。

二、活动内容

1. 在愿意参加活动的 BALIS 成员馆设立公益书架,公益书架由《关爱精神健康关注抑郁症认知手册》(宣传册)、相关图书 、专用书架三部分组成,相关图书将邀请专家学者推荐书目,BALIS 资源协调中心审核书目,由基金会统一购买赠送,以保证图书品种的丰富性和编校质量。

2. 根据各高校图书馆条件不同,每个公益书架配《认知手册》500～1 000 册;相关书籍 10～20 种,每种 3～5 册,总共 80～100 册,首批推荐的图书包括《图说抑郁症防治》《我因思爱成病》《旷野无人》等。

3. 为了使更多的读者能利用这批图书,希望各馆能加工这批图书并专架陈列、借阅;没有条件专架借阅的馆,可以采取图书漂流,各馆根据实际情况可以与基金会商量。

4. 可以协助各馆活动,邀请研究心里阅读疗法的专家进行讲座等活动。

北京尚善公益基金会成立于 2012 年 10 月 25 日,是国内首家关注精神健康、抑郁症防治及知识普及的公益基金会。北京尚善公益基金会自成立以来便把大学生的精神健康作为关注重点,通过公益漂书和知识讲座等活动已经在北京 29 所高校发放了 2 万多册精神健康类书籍，惠及大学生受众近10万人。

请有意向参加活动的图书馆填写下表，并于4月18日前将下表发至BALIS资源协调中心，联系人：刘娜，联系方式：68903203。

BALIS资源协调管理中心

2014年4月9日

附录 D　BALIS 培训项目成果列表

附件 D.1　BALIS 培训中心现行规章制度

北京地区高校图书馆文献资源保障体系(BALIS)
培训中心工作条例

第 1 条　BALIS 培训中心是北京地区高校图书馆文献资源保障体系(BALIS)下设五个分中心之一。该中心在北京地区高校图工委的统一领导下,认真贯彻落实 BALIS 管理委员会的决议精神和工作计划,举办各类培训班、学术会议和形式多样的业务交流活动,为北京地区各高校图书馆之间提供学习、交流的平台,以期提高图书馆员的整体业务水平。按照 BALIS 管理委员会规定,培训中心设在北京师范大学图书馆。

第 2 条　成立中心管理机构。机构组成为主任 1 人、副主任 1 人、委员 4 人,各成员馆选派工作人员 1 人。

第 3 条　本着“公开”“公正”和“科学”的原则,加强中心的机构管理,实行分工负责制。

第 4 条　规范培训中心档案管理,档案建立地点设在主任馆,即北京师范大学图书馆。

第 5 条　培训中心应根据北京地区高校图书馆发展状况和业务需要,制订年度培训计划和中长期培训方案。有计划地组织业务、技术等方面的培训和学习交流,为促进北京地区高校图书馆事业的发展发挥积极作用。

第 6 条　培训中心管理机构的各委员馆有责任关注国内外图书馆事业发展动态,根据北京地区高校馆的培训需求,向培训中心提出培训要求和工作建议。

第 7 条　各类培训及交流活动由中心各委员轮执承办,其他各委员馆有责任配合承办馆做好每一次培训工作和活动。

第 8 条　为做好培训和交流活动,制订本中心培训工作程序。

第 9 条　严格执行《“北京地区高校图书馆文献资源保障体系”(BALIS)项目经费使用办法》,制订本中心经费管理办法。

第 10 条　各机构馆有权对中心工作和各成员馆承办的活动及经费支出情况进行全面监督和检查。

第 11 条　本中心具体机构成员如下:

主　　任:刘松柏(北京师范大学图书馆馆长)

副 主 任:王　琪(北京师范大学图书馆副馆长)

委　　员:潘　薇(中国农业大学图书馆副馆长)

魏育辉(北京工业大学图书馆副馆长)

谢志耘(北京大学医学部图书馆副馆长)

杨晓景(北京外国语大学图书馆副馆长)
工作人员:曾　姗(北京师范大学图书馆)
李雪原(中国农业大学图书馆)
范蔚蔚(北京工业大学图书馆)
张晓雁(北京大学医学部图书馆)
韩秀华(北京外国语大学图书馆)

BALIS 培训中心
2009 年 3 月 30 日

BALIS 培训中心培训工作程序

一、本中心机构应根据北京地区高校图工委、BALIS 管理委员会指示精神和中心总体工作方案,制订年度培训/活动工作计划。

二、各机构馆认真执行本中心年度培训/活动工作计划,遇特殊情况由中心机构研究决定调整工作计划。

三、配合北京地区高校图工委、下属各专业委员会、BALIS 管理委员会,BALIS 各分中心等做好各项培训工作。

四、各机构馆积极了解北京地区高校图书馆的培训需求,向中心申报并组织形式多样的培训活动。

五、各机构馆的工作人员负责培训/活动的组织、协调。具体负责所承办培训/活动的会议通知、会务安排、聘请专家、会议服务、经费管理、宣传报道、总结等事宜。

六、每期培训结束后,向考察(试)合格的学员颁发本中心结业证书。

七、每次培训/活动结束后,由承办馆进行工作总结,并将本次培训/活动的上述全部资料报主任馆,主任馆负责报送北京地区高校图工委、BALIS 管理委员会及相关单位并存档。

BALIS 培训中心
2009 年 3 月 30 日

BALIS 培训中心经费管理办法

一、严格执行《"北京地区高校图书馆文献资源保障体系"(BALIS)项目经费使用办法》。

二、认真做好年度预、决算工作,真实、准确、及时上报 BALIS 管理委员会。

三、中心的经费由主任馆,即北京师范大学图书馆负责管理。

四、打入北京师范大学账户的中心的经费管理纳入北京师范大学图书馆财务的统一管理,独立账户。北京师范大学图书馆财务为学校统一账户,户名为"北京师范大学"。放在北京高校图工委的经费,按图工委规定程序办理支出手续。

五、中心经费的使用按年度工作计划、中心工作会议决定及 BALIS 管理委员会拨款额度执行。

六、经费使用范围主要包括：设备租赁费、资料费、差旅费、会议费、复制费、劳务费（专家、工作人员）、网页维护费等。使用范围将根据 BALIS 管理委员会下拨年度经费的具体要求进行调整。

七、经费支出需按以下程序进行：

1. 每次培训及活动的承办委员馆向中心主任上报活动内容及预算。

2. 经中心主任批准后，各承办馆可根据预算额度和使用范围进行支出。

3. 培训及活动结束后，由承办馆领导对结算进行审批签字，向主任馆上报并提交经费支出明细表。

4. 中心主任审核支出情况。

5. 中心主任馆（北京师范大学图书馆）向承办委员馆支付款项，承办委员馆出具北京市统一地税发票。

八、年终向 BALIS 管理委员会上报经费支出结算，并向机构全体成员馆公布经费使用情况。

BALIS 培训中心

2009 年 3 月 30 日

附录 D.2

BALIS 培训中心十三五期间的发展规划

一、BALIS 培训中心总体发展目标

BALIS 培训中心将用 3～5 年的时间构建“图书馆学基础理论课程培训”“图书馆基本业务培训”“图书馆业务发展前沿、趋势和最佳实践培训”“馆员发展培训”4 大课程体系，针对“新入职馆员”“资深馆员”“非图情专业馆员”“部门主任”“馆长”5 类主要培训对象的“4 纵 5 横”的线上线下相结合的培训体系。培训中心将配合 BALIS 在北京高校图书馆探索建立馆员资格准入的培训制度。

二、培训体系建设

1　课程体系

1.1　图书馆学基础理论课程培训体系

培训目标：根据馆员利用零散时间开展学习的方式，以讲座的形式，使馆员在通过 1～2 次集中培训，基本了解图书馆学基础理论、图书馆基本发展史，掌握图书馆学的基本词汇，尽快融入图书馆学的话语体系。

培训对象：非图书情报专业的馆员（含新履职的非专业出身馆领导）。

培训课程：该培训课程体系主要包含《图书馆基础理论》《图书馆事业发展史》《信息组织》《信息描述》《信息检索》和《图书馆自动化系统》6 门图书馆学专业的核心课程。

1.2　图书馆基本业务课程培训体系

培训目标：以讲座的形式，使学员在较短的时间内对图书馆的基本业务流程、基本工作内容有所了解；以系列讲座并配以实地操作实习的形式，使学员能够掌握图书馆的核心业务内容和基本技能，具备在图书馆工作的基本能力。

培训对象：新入职馆员。

培训课程：该培训课程体系主要围绕图书馆采、编、典、流、咨询、系统、管理等主要业务流程设置培训课程，内容主要涉及文献采访、文献编目、文献典藏、流通实务、阅读推广、科技查新、文献传递与馆际互借、参考咨询、学科服务、图书馆软硬件维护、图书馆类应用开发、图书馆发展规划制订等。

1.3　图书馆业务发展前沿、趋势和最佳实践课程培训培训体系

培训目标：以讲座的形式，是学员对图书馆业务发展前沿、趋势有比较深入的了解，以便于推动各馆相关业务的发展。

培训对象：图书馆馆长、部门主任、业务骨干、资深馆员。

培训内容：该培训体系的课程主要涉及图书馆事业发展、图书馆学前沿、图书馆业务发展进展等现状分析和趋势之类的内容，也会涉及国内外图书馆业务工作中的最佳实践案例、经验交流等方面内容。

1.4　馆员发展课程体系

培训目标：围绕馆员发展需求，以讲座、课程等形式提供馆员职业发展规划、科研写作、项目申请、人文关怀、心理健康等方面培训，在推动馆员自身发展的同时，推动各馆事业的迅速发展。

培训对象：各层次有需求的馆员。

培训内容：该培训体系的课程围绕馆员深入全面发展，设立包括论文写作投稿、项目申请、心理健康和调节、管理能力提升以及当前社会政治、经济、文化热点内容设置课程。

2　培训教师队伍

2.1　立足北京，放眼全国，选择合适的培训专家，建立培训专家队伍

培训专家队伍将围绕"4 纵 5 横"的培训体系，依托在京具有图书情报专业教学单位（北京大学信息管理系、中国科学院文献情报中心、中国科技信息研究所、中国农科院农业信息研究所、中国医科院医学信息研究所、国家图书馆、中国人民大学信息资源管理学院、北京师范大学政府管理学院信息管理系、中国农业大学图书馆、北京理工大学图书馆等机构）的图书情报教育专任教师以及在京高校图书馆馆长、副馆长、部门主任、资深馆员和国内相关领域知名专家共同建成。

BALIS 培训中心将系统梳理以上各单位专家学者的研究方向、业务领域，并定期跟踪专家动态。

2.2　培训教材建设

为了系统展示培训内容，方便馆员系统学习，培训中心也将组织相关专家和从业人员，围绕图书馆当前热点、难点工作，开发基础培训、业界动态和最佳实践的教材，以推动在京高校图书馆工作更顺利地开展。

三、培训平台建设

1. 平台功能

集 BALIS 培训中心主页、培训报名、培训需求调查、在线学习、在线交流、在线测试等功能于一体。

2. 主要模块

2.1　BALIS 培训中心主页功能

该平台是 BALIS 培训中心对外提供服务的主页面，承担 BALIS 培训中心对外展示和宣传的全部功能，包含培训中心介绍、组织架构、联系方式等。

2.2　培训通知发布、报名、回执反馈功能

平台能够配合线下培训完成培训通知发布，在线报名、在线统计管理、数据导出等功能，并能够根据需求定制在线的培训需求调查问卷和培训反馈问卷和回收问卷。

2.3　网络培训学习平台

为了满足在京高校图书馆馆员随时随地、系统、自助培训学习的需求，培训中心将在现有线下培训的基础上，建立网络培训学习平台。平台提供在线学习、在线交流、在线测试功能，满足上述 5 个层次馆员的培训需求。平台同时推出手机版。平台由现在与 BALIS 合作的第三方公司根据培训中心的需求建立。

2.4　建立在线课程库

网络培训学习平台的内容涵盖上述 4 大培训体系的相关内容，以获得授权的音视频资

源为主，辅以相关的课件资源、工具资源、经过整理的使用说明书等资源。课程资源包括培训中心已经获得授权的培训现场录像、相关专家已录制的在线课程，互联网国内外免费的精品专业课程、聘请相关专家新录制的在线课程，也会从已有商家的视频数据库中购买少量的相关课程资源，并鼓励在京高校图书馆将各馆将获得授权的培训课程录像、专家讲座录像，丰富到在线课程中。培训中心也将通过优秀案例评比等方式征集各馆实践中好的想法、做法，做成培训交流的课件纳入在线课程库。在线课程库中含有一定数量的15分钟以内的“微”课程，方便馆员利用碎片时间进行学习。

BALIS培训中心

2015年10月8日

附录 D.3

2007—2017 年 BALIS 培训中心线下培训概况表

序号	年份	日期	培训班主题	培训教师	参与馆数量	参与馆员数量
1	2007	11 月 20—23 日	文献资源建设培训班	武汉大学、华东师范大学、复旦大学、厦门大学、南京大学和北京师范大学等图书馆学界的文献资源建设专家	60	160
2	2008	5 月 23 日	图书馆发展战略研究专题培训班	国家图书馆研究院院长索传军研究员、台湾政治大学图书资讯与档案学研究所杨美华		200
3	2008	12 月 25 日	北京地区高校图书馆统计工作培训班	教育部高等教育司教学条件处处长、教育部高校图书馆工作指导委员主任李晓明、首都师范大学图书馆馆长胡越	50	100 多
4	2009	6 月 5 日	北京地区高校图书馆工作社会化高层论坛	首都师范大学图书馆馆长胡越、清华大学图书馆书记高瑄、北京师范大学图书馆副馆长黄燕云、中国青年政治学院图书馆副馆长郑丹娘、北京第二外国语学院图书馆馆长韩荔华、北京工业大学图书馆副馆长魏育辉、北京大学图书馆书记高倬贤	50	130
5	2009	10 月 28 日	图书馆学论文的写作与投稿	《大学图书馆学报》专职编辑王波		200
6	2009	11 月 2—20 日	北京地区高校图书馆馆员专业知识与职业技能培训班	澳大利亚悉尼大学图书馆副馆长 Su Hanfling		42
7	2010	4 月 23 日	北京地区高校图书馆新馆建筑/建设研讨会	北京师范大学图书馆副馆长王琪、中国人民大学图书馆副馆长刘春鸿、北京理工大学图书馆副馆长崔宇红、北京大学图书馆副馆长武振江、对外经贸大学图书馆馆长邱小红、中国青年政治学院图书馆馆长郑丹娘、北京第二外国语学院图书馆副馆长宋志红		60 多
8	2010	5 月 27 日	数字图书馆的用户与电子图书——以人为中心的多媒体数字图书馆	加拿大阿尔伯塔大学学习中心副主任 Margaret Zelman Law		
9	2010	5 月 28 日	美国大学图书馆过去、现在与未来	美国宾汉姆顿大学图书馆馆长 John M. Meador. Jr		
10	2010	7 月 5—9 日	北京地区高校图书馆馆员“图书馆绩效评估”培训班	香港大学图书馆副馆长 Peter Edward Sidorko	20	50

续 表

序号	年份	日期	培训班主题	培训教师	参与馆数量	参与馆员数量
11	2010	10月13—14日	“文献分类与主题标引”基础培训	《中图法》编委会顾问、原北京大学信息管理系教师张涵和北京大学图书馆资深编目员刘丽静	38	68
12	2010	11月16—17日	文献资源建设实证分析培训班	复旦大学图书馆龙向洋、南京大学图书馆陈远焕、北京大学图书馆陈体仁、厦门大学图书馆钟建法、浙江大学图书馆张军、武汉大学图书馆张洪元		80
13	2011	5月25—27日	《中图法》第五版及《中分表》网络版培训班	《中图法》第七届编委会顾问张涵和,《中图法》第五版副主编、国家图书馆名称与主题规范组负责人卜书庆	30	80
14	2011	6月10日	北京/天津地区数字图书馆新服务应用研讨班	清华大学图书馆姜爱蓉副馆长、北京大学图书馆陈凌副馆长、北京科技大学张丽英主任、华中农业大学图书馆余丽清		100
15	2012	3月26—30日	图书情报专业知识英语培训“Data Curation”	澳大利亚悉尼大学图书馆 Sten Christensen		30
16	2012	5月31日	“北京地区高校图书馆工作社会化(第二期)”研讨会	清华大学图书馆书记高瑄、北京航空航天大学图书馆馆长杨晓光、中国人民大学图书馆副馆长宋姬芳、北京师范大学图书馆副馆长王琪等	46	80
17	2013	5月31日	新技术新服务应用、新趋势发展讲座	清华大学图书馆系统部副主任窦天芳、清华大学图书馆学术委员会主任林佳	24	100
18	2013	6月25日	“大数据时代图书馆创新服务”研讨会	北京大学图书馆副馆长、CALIS管理中心副主任陈凌、清华大学图书馆副馆长姜爱蓉、中国科学院国家科学图书馆副研究馆员刘峥、北京师范大学图书馆学术委员会主任孙魁明		80
19	2013	10月17日	古籍类大型文献出版交流研讨会	相关图书馆人员及11家专业出版社	15	30
20	2013	12月4日	“非书资料联合管理系统”研讨会	BALIS资源协调管理中心主任、首都师范大学图书馆副馆长熊丽	43	70
21	2014	6月6日	北京地区高校图书馆新技术应用与服务模式创新研讨会	清华大学图书馆副馆长姜爱蓉、北京师范大学图书馆分党委书记李晓娟	50	150
22	2015	5月15日	“数图新服务研讨班”培训会	清华大学图书馆姜爱蓉研究馆员、南京大学信息管理学院清苏新宁教授、北京师范大学政府管理学院信息管理系主任刘晓娟副教授、中国科学技术信息研究所高级工程师梁冰	50	170

续表

序号	年份	日期	培训班主题	培训教师	参与馆数量	参与馆员数量
23	2015	11月20日	“学科服务实践与思考”培训会	北京大学信息管理系副主任王继民教授、清华大学图书馆副研究馆员曾晓牧、北京师范大学图书馆副研究馆员于静、中国农业大学图书馆副研究馆员陈仕吉	50	140
24	2016	4月20—21日	北京地区高校图书馆“非图情学科背景馆员图情专业知识提升研讨班”，涵盖“图书馆业务实践与理论研究”“数字图书馆”“信息组织”“信息描述”4门图书馆学的核心课程	北京师范大学政府管理学院信息管理系主任刘晓娟副教授及符绍宏教授、黄国彬副教授、赵荣副教授	47	160
25	2016	11月2日	北京地区高校图书馆“数字环境下美国高校图书馆实践进展”研讨会	美国蒙大拿大学莫林和麦克·曼斯菲尔德图书馆张沙丽馆长和美国华人图书馆协会副会长、中佛罗里达大学图书馆资源采建服务部张滢主任	40	130
26	2017	5月10日	北京地区高校图书馆馆长论坛研讨会	北京大学图书馆朱强馆长、东北师范大学图书馆刘万国馆长和北京大学信息管理系刘兹恒、南开大学信息资源管理系柯平	30	42
27	2017	6月20日	中国矿业大学（北京）图书馆定制培训——图书馆组织文化与科学管理	北京科技大学图书馆季淑娟馆长	1	32
28	2017	6月30日	北京地区高校图书馆“美国高校图书馆嵌入式学科服务实践进展”研讨会	美国俄亥俄大学图书馆3位学科馆员	38	100多
29	2017	7月4日	中国矿业大学（北京）图书馆定制培训——图书馆职业道德	北京师范大学政府管理学院李永瑞副教授	1	32

附录 D.4

BALIS 培训中心网络培训平台采购指标参数

1 项目背景

BALIS 培训中心是北京地区高校图书馆文献资源保障体系(BALIS)下设的原文传递、馆际互借、资源协调、培训、参考咨询五个中心之一,培训中心旨在为北京地区各高校图书馆之间提供学习、交流的平台,以期提高图书馆员的整体业务水平。

BALIS 培训中心构建的网络平台将集成培训中心门户和在线培训平台功能,旨在充分运用现代网络及多媒体技术,进一步加强 BALIS 培训中心与成员馆之间及成员馆之间的交流互动,并通过搭建北京地区高校图书馆馆员在线培训课程体系,进一步拓展馆员培训内容,丰富馆员培训的形式,加大培训馆员的覆盖范围,提升馆员培训效果,更加圆满地完成 BALIS 推动北京地区高校图书馆事业发展的任务。

2 总体要求

网络培训平台将作为培训中心门户网站的形式交付,平台在进行系统规划和设计时,应结合系统的实际应用和发展要求,遵循以下总体建设原则:

· 实用性原则

以现行需求为基础,充分考虑发展的需要来确定系统规模,功能模块子系统可以插件方式扩展。系统需要利用相关技术实现网络培训平台视频课程的顺畅播放。

· 安全性原则

系统应能提供网络层的安全手段防止系统外部成员的非法侵入以及操作人员的越级操作,保护网络建设者的合法利益,所有应用项目和软硬件都应当具有比较好的安全方案。可根据不同的业务要求采用不同的安全措施,保证发生故障时不影响整个系统的正常运行。需提供各级数据备份机制能够每天非工作时段定时备份数据库,具有相关策略对知识产权进行保护。

· 健壮性原则

系统设计能有效地避免单点失败,在设备的选择和关键设备的互联时,应提供充分的冗余备份,一方面最大限度地减少故障的可能性;另一方面要保证网络能在最短时间内修复。

· 规范性原则

系统设计所采用的技术和设备应符合国际标准、国家标准和业界标准,为系统的扩展升级、与其他系统的互联提供良好的基础。

· 成熟和先进性原则

系统结构设计、系统配置、系统管理方式等方面采用国际上先进同时又是成熟、实用的技术。

· 可管理性原则

整个系统的设备应易于管理,易于维护,操作简单,易学,易用,便于进行系统配置,在设备、安全性、数据流量、性能等方面得到很好的监视和控制，并可以进行远程管理和故障诊断。

· 个性化原则

能够提供个性化的服务，针对不同的系统用户设计不同的操作界面、操作内容及操作流程，更方便于用户的使用。

3 功能要求

3.1 前端应用需求

3.1.1 门户主页★[①]

BALIS 对外展示和宣传的门户和资源利用入口。

1. 培训中心相关内容：培训中心介绍、组织架构、联系方式、BALIS 及各中心的链接等。

2. 培训动态：通过对新闻、消息、通知等方式对培训进行动态展示与报道，并且需带有时间段设定功能，可以设定公告失效日期。

3. 课程展示与检索：实现课程的展示和检索，能够提供课程选择利用的排行，引导用户按多种方式组合筛选，更精准地获取培训视频。

4. 登录入口：培训馆员注册、登录和系统管理员的登录入口。

5. 培训资源专题定制，推荐最新培训服务和会议服务。

3.1.2 线下培训管理 ★

平台能够配合线下培训完成培训通知发布，在线报名、在线统计管理、数据导出等功能，并能根据需求定制和利用相关在线问卷。

1. 培训发布：发布每次线下培训通知。

2. 在线报名：管理员在线发布培训活动的网上报名链接，后台支持报名项目注册信息的设计，馆员成功报名参会后系统自动给相关馆员发送成功报名的邮件，支持对馆员注册信息的统计及 Excel 导出。

3. 培训反馈问卷发放与回收分析：中心工作人员可以根据需要线上发布对培训相关的调查问卷，系统能提供问卷的自动统计分析。

3.1.3 在线培训系统

支持培训课程体系和培训课程创建、馆员在线培训过程跟踪和控制、在线测试、交流互动、学员成绩评测和培训成果反馈。

1. 系统架构★：采用 B/S 结构，无须另行安装插件就可以支持主流浏览器(IE、Firefox、Chrome、360 等)。

2. 文档格式和视频码流自动转换功能★：支持 doc、ppt、pdf、txt 等多种格式的文档上传，支持 rmvb、3gp、mpg、mpeg、mov、wmv、asf、avi、mkv、mp4、flv、vob、f4v 等高清和网络格式视频上传，上传后自动转码，无须下载可以直接在线阅读。

3. 课程设置★：允许课程管理员设置课程体系、课程，并根据需要定制不同的课程专题，设定是否需要在课程培训完成之后参加考试。知识点拓展阅读功能，可以根据一个关键词自动生成相关知识点的知识树，并可推送与培训内容相关的图书、期刊、论文等资料。

4. 在线培训过程控制与管理★：可以实现在线视频、音频的在线培训功能，并可以在线

① 星号为招标必备项目

培训进度的跟踪，课程的教学视频文件具有一定的“防拖拽和防窗口切换”功能，视频播放时无法快进，也不能再打开其他页面，支持培训视频中任意时间点插入图片或 PPT。

5. 在线考试★：选择了需要考试课程的馆员通过在线答卷方式进行考试、测评，测评之后可在线查看考试结果、分数、答案。

6. 个人培训档案：系统能够记录并统计每位馆员的登录次数、培训课程使用情况、测试完成情况的情况等多项培训考核指标，可在用户个人的培训档案页面可集中展示。

7. 课程评价：参与培训的馆员可以对培训课程评价与打分，也可以配合文字及 BALIS 培训中心自己构建的评价指标进行在线评价。

8. 题库管理：管理员可以创建课程试题库，对试题库进行管理，包括添加、修改、删除、查询、浏览等功能。题库支持 Excel 及 Word 格式的模板方式导入。试卷可多次重复使用。

9. 证书管理★：馆员全部参与完成设定课程之后，可根据要求导出并下载打印证书。

10. 在线交流：馆员可以在讨论区中结合课程或实践问题发起讨论，管理员可针对精彩的讨论或有重要意义的讨论做加精或置顶的操作，也可对非法讨论进行删除。

11. 移动培训：提供支持 IOS 和 Android 系统专门 APP 移动客户端，供馆员利用移动设备在线培训。

3.1.4 培训直播

支持线下课程或录播课程的现场直播。

1. 实现异地多方同步进行实时互动直播，并准确模拟真实超大规模网络虚拟活动的体验，利用网页互动加以提升，把视频、文档和桌面等互动内容，均在网页中清晰展示。★

2. 在多方实时多媒体音视频以及数据的互动交流的同时，实时稳定地把直播情况传播到网络虚拟会场上，供广大普通参会者观看。★

3. 提供组织者、嘉宾、Web 用户三者之间的一对一的私聊，在不影响直播的整体进程的同时，保证信息的安全性。

4. 系统提供强大的数据功能，支持文档、图片共享、桌面共享、区域屏幕共享和应用程序共享。

5. 支持 Word、PPT、Excel、pdf、txt、jpg 等多种文档和视频格式。

6. 支持共享文档同步翻页，同步标注。

7. 支持电子白板，可连接手写板或者触屏电脑使用。

3.1.5 图情专家数据库★

支持构建在线专家库，需要实现专家基本信息（姓名、性别、单位、职称、职务、研究领域、近期研究动态、联系电话、联系邮件等）录入、更新、查找，也支持导入 Excel 格式的专家信息。系统支持专家库专家、专家研究特长的简单检索和多个项目的复合检索。

3.2 后台管理需求

3.2.1 系统管理需求★

1. 权限管理：对 BALIS 培训中心中用户、资料等资源设定权限，进行安全控制。

2. 机构管理：可以通过 BALIS 培训中心中的功能对 BALIS 的成员馆等组织机构进行设置和管理，可以对机构进行调整等操作；并可以对机构及机构内员工进行批量迁移操作。

3. 公告管理：对 BALIS 培训中心中的培训、活动或其他动态进行发布消息与公告的操作与设置。

4. 日志管理：管理员可查阅用户的登录情况，也可查阅 BALIS 培训中心的运行状态等信息。

5. 数据管理:对用户信息、课程数据、资料库等数据进行备份、复制、移动等批量操作。

3.2.2 用户管理★

1. 学员管理:参加培训的馆员可以对个人信息和相关功能进行管理与配置操作。

2. 培训师管理:平台管理员可以进行培训师操作与管理,设定在线培训与课程安排等。

3. 管理员管理:设定系统管理员,管理员可以对学员、资源、培训师、专家库等方面进行管理。

4. 角色管理:可建立学员、培训教师、管理员、超级管理员等角色,各级管理员也可以根据自身的需求创建角色和为角色指定权限。

3.2.3 培训课程管理★

1. 课程分类管理:课程可以按照培训特点、时间、专题等进行分类,每个课程处于某个分类下,以列表形态展示;提供学员系列分类管理。

2. 课程体系:相关课程相互分工与配合形成独特的课程体系。

3. 课程发布:将开发的课程由 BALIS 培训中心工作人员进行课程制作,由平台管理员进行培训视频内容的上传管理。

4. 课程设置:将课程进行分类、体系和标签设置,方便搜索与定位。

3.2.4 考试管理★

1. 试题管理:有专门的试题库对试题进行管理,对试题可以设定分类、标签等。

2. 试卷管理:用试题和相应需求组成试卷。

3. 证书管理:对符合要求的馆员可以发布认证证书,对证书进行添加、修改、删除等操作;并可以在特定体系课程全部修完或考试之后,自动匹配相应证书流程。

3.2.5 反馈管理

1. 效果反馈:从培训课程针对性、课程内容的新颖性、实用性以及相关需求对培训课程及需求进行反馈,并生成数据结果。

2. 考试课程管理:针对学过的课程进行考核,对题目、时间进行规定,并可以进行考试跟踪,允许与进阶课程进行对接,馆员培训资格符合要求才可以进行下一阶段培训。

3. 考试成绩管理:记录每个学员的所有考试成绩,可以统计生成培训状况图表,并且分数作为进阶培训的参考。

4. 考试反馈管理:对考试题目设置、考试界面友好度进行反馈,汇总意见为系统完善准备。

附录 D. 5

BALIS 培训中心与中国矿业大学(北京)图书馆定制主题培训方案

第一期:"馆员职业发展主题"培训方案		
主题	主讲人	主讲人单位
图书馆职业道德	李永瑞副教授	北京师范大学政府管理学院
图书馆组织文化和管理制度	季淑娟馆长	北京科技大学图书馆
图书馆职业规划	于然副教授	北京师范大学 工商管理学院人力资源管理系
图书情报学的科研写作	王波教授、资深编辑	《大学图书馆学报》常务副主编

附录 D.6　BALIS 培训中心部分工作相关报道

北京地区高校图书馆文献资源保障体系(BALIS)培训中心成立暨“文献资源建设培训班”开班仪式

2007年11月20日,“北京地区高校图书馆文献资源保障体系(BALIS)培训中心成立暨‘文献资源建设培训班’开班仪式”在我校图书馆举行。来自北京地区近60所高校图书馆160多位代表参加了会议,北京高校图工委副主任兼秘书长、BALIS管理委员会常务副主任、中国人民大学校长助理兼图书馆馆长倪宁,中国图书馆学会高校分会主任、CALIS中心常务副主任、北京大学图书馆馆长戴龙基,北京高校图工委副主任、BALIS管理委员会副主任、BALIS管理中心主任、首都师范大学图书馆馆长胡越,中国图书馆学会常务理事兼副秘书长、北京高校图工委副主任、北京邮电大学图书馆馆长代根兴等出席会议并讲话。倪宁馆长为培训中心揭牌。北京高校图工委副主任、BALIS培训中心主任、我校图书馆馆长刘利代表北京师范大学图书馆致欢迎词,并就培训中心今后的工作发表了意见。北京师范大学副校长樊秀萍向大会发来了贺信。

北京地区高校图书馆文献资源保障体系培训中心是北京地区高校图书馆文献资源保障体系(BALIS)下设的四个中心组之一,由北京师范大学图书馆主持建设。其他三个中心分别为:文献传递中心(中国人民大学图书馆)、馆际互借中心(北京邮电大学图书馆)、资源协调中心(首都师范大学图书馆)。培训中心的成立为北京地区图书馆馆员提供了学习交流的平台,它将为推进北京地区高校图书馆的业务培训和学术交流,促进北京地区高校图书馆事业的发展发挥积极作用。

本届培训班为该中心举办的第一期培训,邀请了来自武汉大学、华东师范大学、复旦大学、厦门大学、南京大学和北京师范大学等图书馆学界的文献资源建设专家作为培训教师,培训的核心内容是文献资源建设问题,涉及文献采选的宏观与微观实践;文献经费预算、分配和控制办法;图书馆协作共建模式与图书馆协作的发展;馆藏复选原理、方法与操作;馆藏评价方法与操作;文献集中采购工作等专题。本期培训班为期四天。

BALIS 培训中心举办“图书馆发展战略研究”专题培训

由北京地区高校图书馆文献资源保障体系(BALIS)培训中心联合中国人民大学图书馆、北京师范大学图书馆共同举办的“图书馆发展战略研究”专题培训于2008年5月23日在北京师范大学图书馆举行,如图附1所示,北京高校图工委副主任、BALIS中心副主任、北京邮电大学图书馆代根兴馆长出席了培训。此次培训邀请国家图书馆研究院院长索传军研究员、台湾政治大学图书资讯与档案学研究所杨美华教授做了“图书馆发展战略研究”专题讲座,来自北京地区高校图书馆的近200位同仁参加了此次培训。

北京师范大学图书馆刘利馆长到会致辞。刘馆长指出,此次培训的议题不仅是近年来图书馆界所关注的,也是图书馆在面向未来的发展过程中所亟待解决的实际问题。希望通过此次培训,促进图书馆界同行间的广泛交流,并最终推动图书馆工作的开展。

图附1　2008BALIS培训中心“图书馆发展战略研究”专题培训

索传军研究员做了题为“数字时代图书馆发展的战略思考——兼论数字馆藏评价”专题报告。他以影响图书馆发展的相关因素作为引子，分析了新时期图书馆所处环境的变化，进而从馆藏发展政策、馆藏评价等方面论述如何进行数字资源建设，并提出高校图书馆数字馆藏政策发展政策的内容框架。

杨美华教授做了两个专题报告。专题报告“近年来台湾图书馆事业的进展”图文并茂地介绍了近十年来台湾地区各类型图书馆事业的发展情况，大量的图片和事实数据使大家了解了台湾地区各类型图书馆极具国际视野的馆舍建筑，以及如何顺应信息技术带给信息用户的影响从而为用户提供更加多样化服务的现状；专题报告“ Web2.0 在图书馆知识管理与信息服务中的应用”则详细介绍了台湾地区 Web 2.0 创新服务模式及在图书馆的应用。

专题报告后，索传军研究员及杨美华教授还与在场的图书馆界同仁进行了互动交流。此次培训日程安排紧凑，信息量大，受到与会人员的广泛肯定。

“北京地区高校图书馆统计工作培训班”举办

为了加强北京地区高校图书馆统计工作规范化，指导各馆做好各项统计工作，北京高校图书馆工作委员会与 BALIS 培训中心联合举办“北京地区高校图书馆统计工作培训班”。具体安排如下：

2008 年 12 月 25 日，由北京高校图工委和 BALIS 培训中心联合在北京师范大学图书馆举办“北京地区高校图书馆统计工作培训班”。来自北京地区近 50 所高校的近百名图书馆界同仁参加了本次培训。

教育部高等教育司教学条件处处长、教育部高校图书馆工作指导委员主任李晓明，中国图书馆学会副理事长、北京高校图工委副主任、BALIS 管理中心主任、首都师范大学图书馆馆长胡越，北京高校图工委副主任、BALIS 培训中心主任、北京师范大学图书馆馆长刘松柏出席会议并致辞。会议由北京师范大学图书馆副馆长王琪主持。

讲座内由三部分组成，分别由李晓明处长做“高校图书馆数字资源计量指南”辅导讲座，胡越馆长做“高校图书馆事实数据库”辅导讲座，以及现场答疑互动。李晓明处长作为《高校图书馆数字资源计量指南》制订的权威，指出了该指南制订的背景、意义和原则，逐条讲解了指南中的条款和数字资源的计量方法；胡越馆长指出高校图书馆统计工作的重要性，详细地讲解了高校图书馆事实数据库的填报方法和注意事项；在答疑环节李晓明处长和胡越馆长就大家共同关心的问题进行了耐心细致的讲解。

通过本次培训使与会者对高校图书馆统计工作的重要意义和高校图书馆统计工作的内容有了全面了解，对具体的操作规程有了进一步掌握。大家对做好高校图书馆的统计工作充满信心，更希望图工委和 BALIS 培训中心在今后举办更多的专业培训，推动高校图书馆工作迈上新台阶。

“北京地区高校图书馆工作社会化高层论坛”举办

由北京地区高校图书馆文献资源保障体系(BALIS)培训中心和中国农业大学图书馆联合举办的北京地区“高校图书馆工作社会化高层论坛”，2012 年 6 月 5 日在中国农业大学西区图书馆举行。北京高校图工委副主任、首都师范大学图书馆馆长胡越，中国农业大学图书馆馆长何秀荣教授，北京地区高校图书馆文献保障体系（BALIS）培训中心副主任、北京师范大学图书馆副馆长王琪在开幕式上致辞，中国农业大学图书馆副馆长潘薇主持会议，来自北京 50 余所高校的近 130 名代表参加了此次大会。

高校图书馆工作社会化，是图书馆界近年来广泛关注和探讨的课题，主要是如何将图书馆业务和服务进行部分外包，从而有效地整合图书馆资源，提升图书馆的管理水平，促进图书馆快速发展。“高校图书馆工作社会化高层论坛”的举办，对北京地区各高校图书馆开展业务研究、提高工作效率和服务水平是一个极好的深入的交流机会。

论坛会上，专家们分别就图书馆工作社会化的理论探讨和各馆的实践经验做了专题报告：北京高校图工委副主任、首都师范大学图书馆馆长胡越做了题为“高校图书馆工作社会化思考 ”的报告，清华大学图书馆书记高瑄做了题为“清华大学图书馆勤工助学管理经验介绍”的报告，北京师范大学图书馆副馆长黄燕云做了题为“高校图书馆编目工作社会化思考”的报告，中国青年政治学院图书馆副馆长郑丹娘做了题为“新馆搬迁准备与图书馆工作社会化思考”的报告，北京第二外国语学院图书馆馆长韩荔华做了题为“北京第二外国语学院图书馆服务外包经验介绍”，北京工业大学图书馆副馆长魏育辉做的题为“北京工业大学图书馆服务外包经验介绍”的报告。此外，北京大学图书馆书记高倬贤就高校图书馆界比较关心的岗位聘任工作做了“北京大学图书馆全员岗位聘任与部门干部工作介绍”。这些专题报告都是与会代表高度关注的热点话题。

论坛进行了分组讨论，与会代表就高校图书馆工作社会化、岗位聘任以及图书馆的相关工作进行了广泛、热烈的研讨。通过这次研讨，使各馆在业务建设，合理配置资源，提升服务水平和如何进行机构改革等方面的目标更加明确，思路更加清晰。

《图书馆学论文的写作与投稿》培训讲座

2009 年 10 月 28 日，BALIS 培训中心与中国人民大学图书馆在人大图书馆报告厅联合举办了“图书馆学论文的写作与投稿”培训讲座，聘请《大学图书馆学报》专职编辑王波做讲座。

王波老师多年从事《大学图书馆学报》的专业编辑工作，积累了丰富的撰文、投稿等实践经验。王波老师讲述了论文写作的体例、格式等规范要求，投稿规则、程序，以及需要注意的问题等。讲座内容具体、翔实,对提高图书馆员的写作能力,提高投稿的使用率都有极大帮助。讲座受到热烈欢迎,与会者希望今后 BALIS 培训中心多组织这类讲座,以解决图书馆员的具体而实际的问题,从多方面提升高校图书馆素质。北京地区高校图书馆近 200 名馆员参加了讲座。

“北京地区高校图书馆馆员专业知识与职业技能英语培训班”圆满结束

2009 年 11 月 2—20 日,BALIS 培训中心与中国农业大学联合举办为期三周的“北京地区高校图书馆馆员专业知识与职业技能英语培训班”在大家的共同努力下圆满结束。本次培训聘请澳大利亚悉尼大学图书馆副馆长 Su Hanfling 为授课教师。

本次培训内容分为三个主题:(1)图书馆读者与服务;(2)数字图书馆;(3)图书馆未来发展趋势。培训课程每周展开一个主题,从分析用户及用户需求开始,到数字图书馆所提供的资源、技术与服务,再到图书馆专业发展趋势,每个主题下提供了丰富的学习、研讨内容,并将这些内容与教师所在的澳大利亚悉尼大学图书馆的相关工作结合,深入分析,引导学员们对主题进行分析和讨论。培训教材及相关资料内容丰富,脉络清晰,逻辑性强,便于参考和理解。

培训授课为全英语互动式教学,分为 6 个小组,每组 7 人,以小组为单位进行案例分析和讨论。采用“参与式”与“头脑风暴法”教学法。参与式培训法使每个学员都有机会参与主题的分析和讨论,而“头脑风暴法”则在短时间内,发挥每个学员的想象力对相关问题提出自己的思路和看法。为了检验本次培训班的效果,培训最后进行了主题考试及教学评估。

在培训班的结业式上,学员们与外籍教师共同畅谈了此次培训的收获与感想。大家一致认为本次培训学习收获颇丰,不仅使学员拓展了专业知识,了解国内外图书馆发展和信息服务的新趋势,开阔眼界,而且极大提高了英语听、说、读、写的水平和交流能力。培训取得了良好效果,达到了预期目标,深受全体学员的欢迎。大家一致表示希望培训中心今后组织更多的培训活动,为北京地区高校图书馆员创造学习交流的机会的平台。2009 年图书情报专业英语培训班如图附 2 所示。

图附 2 2009 年图书情报专业英语培训班

培训期间，学员来自北京不同的高校图书馆，居住分布于北京各个地区，大家克服了交通、食宿等不便，特别是中午没有午休的劳累，风雨无阻，坚持按时上课，得到了外教的好评。BALIS培训中心王琪副主任对大家的学习精神给予了赞扬。

北京地区高校图书馆新馆建筑/建设研讨会顺利举办

2010年4月23—24日，由BALIS培训中心组织和北京师范大学图书馆共同主办的“北京地区高校图书馆新馆建筑/建设研讨会”在北京顺利举办。中图学会高校分会、北京高校图工委及BALIS各中心负责人出席了会议，来自北京师范大学图书馆、中国人民大学图书馆、北京大学图书馆、北京理工大学图书馆、对外经贸大学图书馆、中国青年政治学院图书馆、北京第二外国语学院图书馆、清华大学图书馆和中国农业大学图书馆等60多位代表参加了本次会议，如图附3所示。会议由BALIS培训中心委员、中国农业大学图书馆副馆长潘薇主持，BALIS培训中心主任、北京师范大学图书馆馆长刘松柏致辞。此次会议就馆藏功能、藏书布局、管理与服务模式、图书馆功能布局、RFID技术应用、家具设备应用等新馆建设主题展开了深入的探讨。

图附3　2010年北京地区高校图书馆新馆建筑/建设研讨会成员

会议由BALIS培训中心委员、中国农业大学图书馆副馆长潘薇主持，由BALIS培训中心主任、北京师范大学图书馆馆长刘松柏致辞，刘松柏馆长指出：当前许多高校都面临着馆舍紧张问题，都在规划新图书馆建设或者正在开展新图书馆建设工作，在建设过程中遇到很多共同关注和急待解决的问题，该研讨会的举办有利于促进各高校图书馆建设经验的交流，对各高校新图书馆建设的实践工作具有实际指导意义。

北京师范大学图书馆副馆长王琪、中国人民大学图书馆副馆长刘春鸿、北京理工大学图书馆副馆长崔宇红、清华大学图书馆副馆长陈杰渝、北京大学图书馆原副馆长武振江、对外经济贸易大学图书馆馆长邱小红、中国青年政治学院图书馆副馆长郑丹娘、北京第二外国语学院图书馆副馆长宋志红、中国农业大学图书馆馆长助理黄兴建在大会做交流发言，从多方面介绍了在新图书馆建设中的经验以及值得借鉴的问题，主题涉及图书馆建筑、图书馆噪音控制、图书馆建设构想与实践、图书馆建筑与功能变化、RFID技术在图书馆中的应用、旧馆改造经验与问题等。

与会代表围绕“新馆藏书建设、管理模式与服务模式”以及“新馆功能布局、新技术与新设备应用”两大主题进行了分组讨论。与会代表踊跃发言，就各自图书馆在建设和使用中取得的经验进行了充分的交流。

本次会议反响极好，与会都一致认为这是一次切合实际，真正能够解决问题，学到经验，借鉴不足的会议。本次会议不仅是各高校新图书馆建设经验的展示，还将对高校今后新图书馆建筑/建设的理念产生十分积极的影响。

BALIS 与编目专业委员会联合举办“文献分类与主题标引”培训班

2010 年 10 月 13—14 日，为期两天的“文献分类与主题标引”培训班在北京师范大学图书馆会议报告厅圆满结束。此次培训班由北京高教学会图书馆工作委员会编目专业委员会主办，BALIS 培训中心协办，北京师范大学图书馆承办，共有 38 个图书馆的 68 名学员参加了培训。

此次培训班由编目专业委员会主任、北京师范大学图书馆副馆长黄燕云老师主持。BALIS 培训中心副主任、北京师范大学图书馆王琪副馆长在开幕式上致欢迎辞。培训班特聘请图书馆界的知名专家、《中图法》编委会顾问、原北京大学信息管理系教师张涵老师，和北京大学图书馆资深编目员刘丽静老师授课。张老师就文献主题、分类的理论采取由表及里地进行阐述与分析，并通过大量的实例，深入浅出地为学员阐明编目员在为文献著作进行主题标引时遵循的基本原则、主题词在 MARC 中的著录方法，以及使用《中国分类主题词表》电子版的技巧，挖掘其优势以达到准确地类分与标引文献。刘丽静老师则言简意赅地介绍了我国文献分类法的沿革历史。之后刘老师通过列举了大量实例，条分缕析，就实际使用《中图法》应遵循的原则，分类技巧，疑难文献归类等向学员们一一做了详细的讲解。培训结束后，向学员颁发了结业证书。

首次由编目专业委员与 BALIS 培训中心合作举办的专业培训取得了圆满成功。通过 2 天的培训，学员们对文献的分类和主题标引有了更深刻的认识和更清晰的思路。大家均表示此次培训获益匪浅，并希望今后能够更经常地参加编目专业的技术培训，提高自己的业务水平与技巧，促进编目工作的开展。

文献资源建设实证分析培训班举办

为了进一步指导高校图书馆树立文献资源发展和文献资源建设全局观，深入掌握采访工作过程中的操作技巧，依据相关文献数据进行深层分析，加强文献资源建设，更好地为馆藏文献资源建设提供决策依据，提高图书馆为教学科研服务的能力，BALIS 培训中心与北京高校网络图书馆会联合于 2010 年 11 月 16—17 日举办了“文献资源建设实证分析培训班”。培训中心主任、北京师范大学图书馆刘松柏主任做了开班致辞，指出各馆应该努力提高业务，提高专业馆员技能，推动图书馆业务更大发展。

本次培训邀请的专家包括：复旦大学图书馆采编部副主任、副研究馆员龙向洋，南京大学图书馆副研究馆员陈远焕，北京大学图书馆采访部主任、副研究馆员陈体仁，厦门大学图书馆采访部工作、副研究馆员钟建法，浙江大学图书馆采访中心主任张军，武汉大学图书馆副馆长、副研究馆员张洪元等作为授课教师，他们拥有多年丰富教学、实践等多方面经验的专家进行授课，既有丰富理论知识，又有充分实践例证。

本次培训涉及的主要内容包括：(1)中文图书采访中的数据分析与文献关联；(2)中文图

书典型案例分析;(3)中文图书资源建设中的统计分析问题;(4)外文图书收藏体系建设及其实务;(5)外文图书采选质量提升探微;(6)外文电子资源总体评价;(7)外文期刊选择中的数据分析等方面。

本次培训具有极强的专业性和业务深度,收到了非常好的效果。近 80 个馆的馆领导、中层干部业务骨干和相关馆员参加了此次培训。

BALIS 培训中心通过检查验收

2011 年 4 月 19 日,由北京市教工委、北京高校图工委、BALIS 管理中心的有关领导来到 BALIS 培训中心,对三年来的工作进行指导和验收。

BALIS 培训中心是北京地区高校图书馆文献资源保障体系即 BALIS 管理中心下设的原文传递、馆际互借、资源协调、培训及联合信息咨询五个中心之一,于 2007 年 11 月正式启动,挂靠北京师范大学图书馆。

此次前来的检查组由北京高校图工委主任、BALIS 管理中心主任、中国人民大学图书馆馆长刘大椿,北京市教工委金红莲处长,高校图工委副主任、委员,BALIS 各分中心主任等领导和专家组成。培训中心主任刘松柏,副主任王琪,委员潘微、魏育辉等人参加了检查验收。

培训中心主任、北京师范大学图书馆馆长刘松柏汇报了培训中心自成立以来的发展情况,对培训中心三年以来的工作做了全面总结,对经费使用情况做了汇报,并分析了培训中心目前存在的问题,以及今后的发展规划。

检查组对培训中心的工作给予了充分肯定,认为该中心圆满完成了预期任务,较好地履行了中心的培训职能,为北京地区各高校图书馆之间提供了一个很好的学习、交流平台,极大地促进了图书馆员整体业务水平的提升。培训中心在工作中注重创新,培训方式灵活,强调投入产出比,用有限的培训经费取得了较好的培训效果等方面得到了与会专家的赞扬。同时,专家组认为培训中心的工作总结及资料准备充分、认真、细致,档案、资料汇编规范,条理清晰。

刘大椿主任指出:BALIS 培训中心挂靠在北京师范大学图书馆,能充分利用北京师范大学优质的教育资源,使得培训中心的工作能更顺利地完成。北京市教工委金处长谈到,培训中心基本上每个季度都有一个专题培训,且培训力度较大,培训工作做得非常到位,对图书馆员业务能力的提升有很大帮助。

专家组与培训中心机构成员关于培训中心的发展定位,图书馆员培训课程设置,培训的标准体系的建立,经费使用、建立培训实习基地等问题进行了深入的探讨,给出了很好的指导性建议。北京市教工委金处长建议,在开展培训时,可以多多引导和带动一些市属高等高职学院的图书馆员的培训,发扬大馆风范,多给中小图书馆馆员开展培训。会议结束后,专家组对北京师范大学图书馆新馆进行了参观。

BALIS 培训中心举办"北京地区高校图书馆工作社会化(第二期)"研讨会

2012 年 5 月 31 日,由 BALIS 培训中心组织主办的"北京地区高校图书馆工作社会化(第二期)研讨会"在北京师范大学图书馆举办。来自北京师范大学图书馆、中国人民大学图书馆、北京大学图书馆、清华大学图书馆、北京航空航天大学图书馆、北京工业大学图书馆、北京外国语大学、北京建筑工程学院图书馆及首都师范大学图书馆等 46 所高校图书馆,80 多位代表参加了本次会议。会议由 BALIS 培训中心委员、北京外国语大学图书馆副馆长杨晓景和北京工业大学图书馆副馆长魏育辉分别主持。BALIS 培训中心主任、北京师范大学图书馆馆长刘松柏致辞，刘馆长指出：高校图书馆工作社会化是图书馆工作发展的必然趋势，国外图书馆早已将很多工作社会化，图书馆工作社会化最终目的是为推动高校工作的深入，提高服务及各项工作质量，提高人员素质。此次会议就如何执行《劳动合同法》的实施对高校图书馆非事业编制人员聘用与管理的影响，高校图书馆如何使用服务外包公司，外包服务中应该注意的问题，高校图书馆业务、技术、服务等工作社会化，高校图书馆服务外包经验，高校图书馆学生工的聘用与管理等主题展开了深入的探讨。

清华大学图书馆书记高瑄、北京航空航天大学图书馆馆长杨晓光、中国人民大学图书馆副馆长宋姬芳、北京师范大学图书馆副馆长王琪、北京工业大学图书馆副馆长魏育辉、北京建筑工程学院图书馆馆长王锐英做大会交流发言，从多方面介绍了图书馆工作社会化中的经验以及值得借鉴的问题，主题涉及高校图书馆业务外包思考、服务外包探索与实践、流通业务外包的实践与思考、非事业编制人员管理等内容。北京书尚公司有限公司、北京华泰曙光科技有限公司、北京航空兴业办公家具有限公司三家应邀参加本次研讨会，并就外包人员的团队管理与建设、编目外包与资源整合、图书馆服务外包工作的展开做了发言。

本次会议反响极好，与会代表一致认为这是一次切合实际，确实能够解决问题，学到经验，借鉴不足的会议。本次会议不仅是各高校图书馆工作社会化经验的展示，也将对高校图书馆工作社会化深入进行具有十分积极的影响。

北京地区高校图书馆新技术应用与服务模式创新研讨会成功举办

2014 年 6 月 6 日，由北京地区高校图书馆文献资源保障体系（BALIS）培训中心与北京师范大学图书馆联合举办的“北京地区高校图书馆新技术应用与服务模式创新研讨会”在北京师范大学图书馆三层报告厅举行。本次会议旨在加强北京地区高校图书馆业务交流，促进各馆对新技术的学习和了解，推动新技术在高校图书馆的应用与发展。

BALIS 培训中心主任、北京师范大学图书馆馆长张奇伟致辞指出：移动技术的发展为高校图书馆管理与服务模式创新带来新的挑战和机遇，图书馆人应抓住机会开拓创新，为教学科研提供更加便捷、及时、有效的资源和服务。超星集团副总经理张龙岐出席并致辞。

清华大学图书馆副馆长姜爱蓉做了题为“移动技术驱动图书馆服务创新发展”的主旨报告，展示了近年来移动技术的发展概况，介绍了移动技术在高校图书馆中的应用、发展，以及移动服务对图书馆各项工作的推动。北京师范大学图书馆分党委书记李晓娟就数字化环境下高校图书馆流通服务模式的新变化与新对策做专题报告，介绍了北京师范大图书馆的服务新模式及开展的相关工作。超星集团相关人员就移动服务新技术、数字化图书馆发展趋势等问题做了大会交流，并演示了移动阅读的新产品。

会议的召开对促进北京地区高校图书馆新技术的应用，提升服务水平有着重要作用。来自北京地区近 50 所高校图书馆共 150 余人参加了会议。

大数据时代图书馆创新服务研讨会召开

2013 年 6 月 25 日，由 BALIS 培训中心与北京方正阿帕比技术有限公司主办的“大数据时代图书馆创新服务研讨会”在北京师范大学图书馆隆重召开。北京师范大学图书馆馆长张奇伟，北京大学图书馆副馆长、CALIS 管理中心副主任陈凌，清华大学图书馆副馆长姜爱蓉，中国科学院国家科学图书馆副研究馆员刘峥，北京师范大学图书馆学术委员会主任孙魁明及京津地区各大高校图书馆馆长近 80 人参加了此次会议。

研讨会在北京师范大学图书馆张奇伟馆长对于图书馆在大数据时代来临的期待中拉开了序幕。张馆长对于图书馆未来的数字化建设充满了信心，但是在大数据的压力下，图书馆又该如何应对从而提供更高品质的服务呢？这也是参会所有图书馆人的共同疑问。

针对这个问题，北京大学图书馆陈凌副馆长给出了他的答案，他认为"各高校图书馆不仅要将传统图书馆与数字图书馆结合起来，纸型资源与电子资源互补共存，在资源数字化的基础上，更要实现大数据的共享、重视知识服务的实现"。

说到知识服务，清华大学图书馆姜爱蓉副馆长就现有的学术资源发现系统进行了深入的分析与解读，她表示："在图书馆纸质资源逐渐转化为海量数字资源的现在，具有强大的知识检索功能的学术资源发现系统是图书馆所期待的，而要实现真正资源发现的核心技术就是语义分析。"

中国科学院国家科学图书馆在语义技术领域中进行了深入的研究，刘峥副研究馆员为在座的各位老师介绍了中国科学院国家科学图书馆建立知识组织的案例，从技术方面剖析了语义分析的原理与知识组织的建立方法，从技术层面上支撑着图书馆提供知识服务的可行性。

在大数据环境下，面对图书馆大量的知识资源与教学管理系统之间的断档，作为会议的主办方，方正阿帕比技术有限公司行业总监刘春涛为在场领导介绍了方正阿帕比"以知识服务构建课程教参解决方案"。方正阿帕比自从推出数字图书馆服务以来，始终致力于为图书馆提供更加符合时代趋势以及用户需求的产品与服务。帮助图书馆建立一个无处不在、主动智能的图书馆服务环境，从而塑造良好的读者体验，改变传统的被动式服务模式，提升图书馆的校园影响力，为数字化校园建设添砖加瓦。以此为初衷，方正阿帕比完成了以知识服务为基础的课程教参服务方案。将知识载体，即书、报、刊中的内容以知识为核心重新组合，方便简洁地提供给需要知识的人使用，帮助学生提升查找课程知识的能力。

北京方正阿帕比技术有限公司提供的"以知识服务构建课程教参解决方案"得到了在场领导的广泛关注，各参会人员就大数据与知识服务对于高校图书馆的影响进行了激烈的讨论，其中孙魁明主任对大数据时代下的知识服务的积极作用进行了分析，并结合工作经验呼吁，不仅仅要使用大数据，更要创造大数据，这也更加坚定了高校图书馆未来的发展方向——在大数据的支撑下向读者提供更好的知识服务。

BALIS 培训中心举办北京地区高校图书馆"数图新服务研讨班"

2015 年 5 月 15 日，由北京地区高校图书馆文献资源保障体系(BALIS)培训中心与北京师范大学图书馆、北京万方数据股份有限公司联合举办的"北京地区高校图书馆'数图新服务研讨班'"在北京师范大学图书馆三层报告厅举行。本次会议旨在加强北京地区高校图书馆业务交流，了解数字图书馆领域发展现状及研究热点，分析新时期图书馆及情报服务行业面临的机遇与挑战，研讨未来的发展对策。

BALIS 培训中心主任、北京师范大学图书馆张奇伟馆长致欢迎辞。他首先介绍了 BALIS 培训中心的工作内容及今后工作的设想，对本次培训能与万方数据公司合作表示感谢，并强调 BALIS 培训中心会进一步开拓思路、加强合作，在北京地区高校图书馆业务培训中发挥更大的作用。北京万方数据股份有限公司市场部总监刘庆伟出席并致辞。

清华大学图书馆姜爱蓉研究馆员做了题为"图书馆系统的演变与发展"的主旨报告，报告结合清华大学图书馆系统的变迁，系统梳理了从20世纪60年代至今图书馆系统的发展历程。她指出，伴随着数字资源和信息技术的飞速发展，图书馆系统将面临革命性而非改革性的发展，发现系统和下一代图书馆自动化系统已成为图书馆界关注和实践的热点内容。南京大学信息管理学院的苏新宁教授做了“大数据环境下数字图书馆面临的挑战”的报告，报告详细分析了当前图书馆面临的大数据环境，从“资源范畴”“资源融合”“资源组织加工”“应用技术”“服务产品”等8个方面分析大数据环境下数字图书馆面临的挑战并提出科学可行的实施策略。

北京师范大学政府管理学院信息管理系主任刘晓娟详细介绍了Altmetrics的起源、发展、相关工具与服务及存在的问题，简要介绍了Altmetrics相关实证分析的进展。中国科学技术信息研究所高级工程师梁冰以“新时期图书馆及情报服务行业面临的机遇和挑战”为题，分析了当前科技信息服务环境，并结合NSTL的资源、服务、业务工作平台、运行模式等详细介绍了NSTL的发展方向及发展转型策略。此外，商务印书馆和万方公司分别介绍了《东方杂志》全文数据库和科教视频资源等数字资源新产品。

大会围绕会议主题多角度地展现和交流数图新服务的发展、机遇与挑战。来自北京地区近50所高校图书馆170余人参加了本次会议。

北京地区高校图书馆“学科服务实践与思考研讨班”成功举办

2015年11月20日，由北京地区高校图书馆文献资源保障体系(BALIS)培训中心与北京师范大学图书馆联合举办的“北京地区高校图书馆‘学科服务实践与思考研讨班’”在北京师范大学图书馆三层报告厅举行。本次会议旨在加强北京地区高校图书馆业务交流，了解学科服务最新实践和做法，推动图书馆服务模式的创新和服务水平的提升。

BALIS培训中心主任、北京师范大学图书馆张奇伟馆长致欢迎辞。他回顾了BALIS培训中心近年所做的工作，说明了本次培训的背景和意义，重点介绍了培训中心目前在培训课程体系构建、培训平台以及培训专家库建设等方面正在开展的工作。他强调，BALIS培训中心会进一步开拓思路、加强合作，在北京地区高校图书馆业务培训中发挥更大的作用。

北京大学信息管理系副主任王继民教授做了题为“高校一级学科数据分析平台的构建与应用”的主旨报告，报告结合北京大学一级学科数据分析平台的建设实践，系统介绍了高校一级学科评估的国内外进展、学科数据评估平台建设的内容，重点阐述了人文社会科学学科评估数据的获取与分析方法。清华大学图书馆曾晓牧副研究馆员做了题为“基于有效信息行为的学科服务”的报告，详细介绍了清华大学图书馆数理地学科服务团队利用“精英访谈法”和“引文分析法”挖掘学科用户有效信息并以此为基础在学科馆藏、学科导航建设以及信息素养教育方面所开展的学科服务工作。

北京师范大学图书馆馆长助理于静副研究馆员以“北师大图书馆嵌入式信息素养教育的实践探索”为题，结合北京师范大学图书馆文理科学科用户信息素养能力情况的调查与分析，讲解了该馆在嵌入教学、嵌入科研和嵌入空间环境的信息素养教育以及微课程建设的实践。中国农业大学图书馆信息服务部主任陈仕吉副研究馆员做了题为“基于ESI的学科发展分析与规划”的报告，分享了中国农业大学图书馆利用ESI数据库所进行的校内优势学科的学科排名、学科发展态势测评和学科前沿探寻分析的方法和经验。

培训会紧密围绕会议主题，多角度展现和交流了近年来北京地区高校图书馆学科服务的探索实践，圆满完成了本次培训任务。来自北京地区近40所高校图书馆以及北京师范大学学科规划处等校内外机构 140 余人参加了本次会议。

北京地区高校图书馆“非图情学科背景馆员图情专业知识提升研讨班”成功举办

2016 年 4 月 20—21 日，由北京地区高校图书馆文献资源保障体系（BALIS）培训中心与北京师范大学图书馆联合举办的“北京地区高校图书馆‘非图情学科背景馆员图情专业知识提升研讨班’”在北京师范大学图书馆三层报告厅举行。本次会议旨在加强北京地区高校图书馆交流，提升高校图书馆非图情学科背景馆员的图情专业知识素养，推动各馆进一步提升业务和服务水平。

BALIS 培训中心主任、北京师范大学图书馆张奇伟馆长在开班仪式上致欢迎辞。他简单回顾了中心近年所做的工作，说明了本次培训的背景、核心内容和意义，介绍了培训中心的今年下半年及将来的一些工作设想。他强调，BALIS 培训中心会进一步开拓思路、加强合作，在北京地区高校图书馆业务培训中发挥更大的作用。

本次研讨班聘请我校政府管理学院信息管理系主任刘晓娟副教授及符绍宏教授、黄国彬副教授、赵荣副教授四位老师作为授课讲师，授课内容涵盖了“图书馆业务实践与理论研究”“数字图书馆”“信息组织”“信息描述”四门图书馆学的核心课程，每门课程用半天的时间，重点介绍了这些课程的核心概念、核心理论、研究方法、研究热点和研究趋势。四位老师将学科理论与自己掌握的实践案例紧密结合，深入浅出地进行讲解，赢得了与会者的充分认可和赞扬，使北京地区高校图书馆非图情学科背景的馆员用最短的时间快速了解并掌握图书馆学的基础知识。

研讨会紧密围绕会议主题，系统高效地普及了图书馆学基础理论知识和基本研究方法，圆满完成了本次培训任务。本次研讨班，来自北京地区 47 所高校图书馆和华北地区部分高校图书馆等校内外机构 160 余人参加了本次研讨会。

北京地区高校图书馆“数字环境下美国高校图书馆实践进展”研讨会成功举办

2016 年 11 月 2 日，由北京地区高校图书馆文献资源保障体系（BALIS）培训中心与北京师范大学图书馆联合举办的“北京地区高校图书馆‘数字环境下美国高校图书馆实践进展’研讨会”在北京师范大学图书馆三层报告厅举行。本次会议旨在加强北京地区高校图书馆交流，增进高校图书馆馆员了解近年来美国高校图书馆实践进展及相关业务发展情况。

研讨会由 BALIS 培训中心委员，中国农业大学图书馆副馆长潘微主持。BALIS 培训中心主任、北京师范大学图书馆张奇伟馆长致欢迎辞。他从近期培训会主题、培训平台、课程体系建设、交流合作四个方面简单回顾了中心近年所做的工作，并说明了本次培训的背景、核心内容和意义，也介绍了培训中心明年的工作设想。他强调，BALIS 培训中心会进一步开拓思路、加强合作，在北京地区高校图书馆业务培训中发挥更大的作用。

本次研讨班邀请美国蒙大拿大学莫林和麦克·曼斯菲尔德图书馆张沙丽馆长和美国华人图书馆协会副会长、中佛罗里达大学图书馆资源采建服务部张滢主任分别以“数字化环境下研究型图书馆支持科研的任务与实践”和“以用户为中心的馆藏服务：数字环境下大型学术图书馆的趋势与实践”为题，介绍了美国大学图书馆近年馆藏资源建设、战略发展规划、机构及人员调整等方面的实践进展，并展望了大学图书馆未来的发展趋势。报告之后，二位专家与在场馆员进行了紧密的互动交流。

研讨会紧密围绕会议主题，系统高效地普及了美国大学图书馆近年一些的新理念、新经验、新做法，圆满完成了本次培训任务。本次研讨会，来自北京地区40余所高校图书馆130余人参加了本次研讨会。

北京地区高校图书馆“馆长论坛”研讨会成功举办

2017年5月10日，由北京地区高校图书馆文献资源保障体系（BALIS）培训中心与北京师范大学图书馆联合举办的“北京地区高校图书馆馆长论坛研讨会”在北京师范大学图书馆一层会议室举行。本次会议旨在加强北京地区高校图书馆交流，分享管理经验，探讨科学管理，提升北京地区高校图书馆领导层管理水平。

BALIS培训中心主任、北京师范大学图书馆张奇伟馆长在馆长论坛开幕式上致欢迎辞。他简单回顾中心近年工作推进情况，重点介绍了本次论坛召开的目的、意义、专家及内容选择等方面的考虑，也介绍了中心2017年的主要工作计划和内容。他特别强调，BALIS培训中心接下来将采用问卷和座谈会的形式深入了解图书馆及馆员的需求，在推动北京地区高校图书馆事业发展中发挥更大的作用。

本次馆长论坛分为上、午两个时段。上午由BALIS培训中心委员、中国农业大学图书馆副馆长潘微主持，北京大学图书馆朱强、东北师范大学图书馆刘万国两位资深馆长现身说法，结合自身经历，分别以“如何当馆长——个人的经验和体会”“‘寻求合作，赢得发展’——馆长工作点滴体会”为题介绍“如何选人、用人”“如何高效进行馆领导班子合作、校内外合作”“馆长当前和未来应重点关心的工作内容”等方面的经验。下午则由北京高校图工委秘书长助理、中国人民大学图书馆副馆长刘春鸿主持，北京大学信息管理系刘兹恒、南开大学信息资源管理系柯平两位业界知名教授分别以“高校图书馆管理与服务常态化”和“图书馆发展的十大趋势”为题，分析当前图书馆面临的新环境、新趋势、新机遇和新挑战，并结合大量的实践案例介绍了“高校图书馆如何科学地进行管理决策”“高校如何进行推动馆里服务创新”等方面的内容。每场报告之后，报告专家都和与会馆长们进行了卓有成效的交流讨论。

BALIS培训中心举办“美国高校图书馆嵌入式学科服务实践进展”研讨会

2017年6月30日，北京地区高校图书馆文献资源保障体系（BALIS）培训中心在北京师范大学图书馆举办“北京地区高校图书馆‘美国高校图书馆嵌入式学科服务实践进展’研讨会”。研讨会由北京师范大学图书馆分党委书记李晓娟主持，BALIS培训中心委员、北京大学医学部图书馆副馆长谢志耘代表培训中心发表了热情洋溢的致辞。本次研讨会邀请到美国俄亥俄大学图书馆三位学科馆员介绍了俄亥俄大学图书馆在历史学、医学等领域的学科服务开展情况。

社会科学学科馆员保罗·坎贝尔（Paul C. Campbell）结合2015年ACRL最新颁布的《高等教育信息素养框架》介绍了作为学科馆员如何与专业课老师合作，嵌入历史学《研究与写作》专业必修课。保罗·坎贝尔（Paul C. Campbell）结合相关研究成果和自身体会分析了图书馆一次性培训（One-Shot Library Instruction）和嵌入式培训（Embedded Librarianship）的区别，并从Project Information Literacy项目的调研结果出发，结合课程教学大纲及ACRL《高等教育信息素养框架》设计了嵌入式课程的内容及案例，并积极配合专业课教师帮助学生掌握如何区分历史学学习过程中的一次文献、二次文献及三次文献。

医学与健康学学科馆员汉娜·斯坎米雷(Hanna Schmillen)分享了学科馆员作为方法学家,如何在医学领域系统性评价(Systematic Reviews)过程中参与项目管理、合著论文并保证研究质量的经验。她从系统性评价(Systematic Reviews)的产生、发展、类型、作用等入手,分析了在整个系统性评价的过程中,学科馆员如何发挥信息检索专家的作用,如何扮演良好的项目管理者并做好质量控制,以最终保证系统性评价的质量。

克里斯托弗·古德(Christopher S. Guder)博士发表题为《从"土豆"到"用户":运用费舍尔爵士的农业裂区修正模型探究 LibQual+信息控制维度的用户感知》的演讲,如图附 4 所示。这份报告将统计学史上经典的裂区(split plot)模型应用到图书馆学的研究,通过对用户类型(本科生、研究生、教师)、学校类型(高水平研究型大学、中等硕士项目硕士学位授予大学)、用户信息控制的程度(最低、感知、预期)三组变量内部及三组变量之间关系进行统计分析研究。研究结果表明:在最低、感知和预期的图书服务质量之间存在显著差异,不同层次的被调查者群体间在最低、感知和预期的图书馆服务质量分数上存在显著差异,在不同层次的调查对象群体和最低、感知与预期的图书馆服务质量分数之间存在显著的交互影响。

图附 4 克里斯托弗·古德博士发表演讲

讲座之后,与会者就嵌入式教学、在线教学、新媒体教学、系统性评价等问题与三位学科馆员进行了深入沟通与交流。北京大学医学部图书馆谢志耘副馆长现场从医学馆员的角度详细介绍了我国医学图书馆馆员在循证医学领域开展系统性评价工作的基本情况。

本次会议共有来自北京、天津地区的 38 所图书馆的近百位馆员参与,通过本次会议与会者深入了解了美国俄亥俄大学图书馆学科服务的相关最新实践和做法,以期对后续开展学科服务提供参考。

参考文献

[1]武汉大学图书馆．CALIS 三期建设子项目验收总结报告[G]．全国高校专题特色数据库．2012.

[2]王文清．中国高等教育数字图书馆系统建设回顾和展望[J]．数字图书馆论坛，2008(12)：22-31.

[3]王燕，柴丽娜，董峥．CALIS 与图书馆建设[J]．数字图书馆论坛，2013(1).

[4]刘兹恒，周佳贵．CALIS 共建共享方式评述[J]．数字图书馆论坛，2013(1).

[5]王文清，张月祥，关涛，等．CALIS 资源整合与云服务[J]．国家图书馆学刊，2015(2).

[6]祝森生．大数据时代关于智慧图书馆的几个研究问题探讨[J]．图书与情报，2013(5)：126-128.

[7]何柯．基于 JALIS 特色资源整合平台的江苏省高校图书馆特色库建设分析[J]．内蒙古科技与经济，2016(8).

[8]何继红，周建屏．JALIS 特色资源整合平台建设研究[J]．图书馆学研究，2011.10.

[9]罗钧，李雪溶．江苏省高校图书馆馆际互借与文献传递服务的现状及态势分析[J]．图书情报工作，2016，9.

[10]范亚芳，曹作华．江苏高校图书馆特色资源数据库建设问题研究[J]．图书情报工作，2009(9)：71-74，105.

[11]许珍儿．福州大学城图书馆联盟建设[J]．吉林教育学院学报，2012 (4).

[12]王凤满，黄华美．技术因素与大学城图书馆联盟——以福州大学城图书馆联盟为例[J]．图书馆学研究，2013. 8.

[13]李超．福州大学城文献信息资源共建共享体系探析[J]．河北科技图苑，2014.11.

[14]詹庆东．大学城图书馆联盟顶层设计[J]，图书情报工作，2013 (12)：56-59，76.

[15]李超．浅谈福州大学城信息资源共建共享的未来发展[J]．内蒙古科技与经济，2017.1.